中国社会科学院大学

人文社会科学
新苗支持计划
优秀论文选

（第一辑）

OUTSTANDING
PAPERS OF
NEW TALENTS UNDERGRADUATES
IN THE HUMANE AND SOCIAL SCIENCES

主编 林维

社会科学文献出版社
SOCIAL SCIENCES ACADEMIC PRESS (CHINA)

代 序 为什么我们要有人文社会科学新苗支持计划

　　呈现在大家面前的是一本有些特殊的论文集，其中的作品均出自中国社会科学院大学本科生之手，并且，它们都是社科大人文社会科学新苗支持计划项目资助的成果。因此，我相信，读者在阅读这些论文时，可能会感觉到同学们的思想的清浅和稚嫩；但我还相信，读者也能从中品味出他们的思考本身的力量和新鲜，那种春天的新苗挣扎着拱破土地的力量和新鲜。

　　为什么要专门为本科生正式出版一本这样的论文集？为什么社科大要专门设置本科生的人文社会科学新苗支持计划项目？我想从推广新苗支持计划的角度，通过对"中国社会科学院大学"这一校名的释义分析，做出回答。

　　中国社会科学院大学成立于2017年，因此，这是一所年轻的大学；但它又是建立在中国社会科学院研究生院四十余年悠久、优秀的办学历史基础之上的大学，所以，社科大已经是一所年逾不惑的大学。"笃学、慎思、明辨、尚行"的传统使它具有了自己独特的气质，它清楚地懂得自身在国家建设和发展中的地位和责任。校名中的"中国社会科学院"七个字，既是一种光荣的传承，也是一种鞭策和压力，因为它意味着学校包括人才培养工作在内的各项工作和成就都要和中国社会科学院在整个人文社会科学体系中的地位和影响相符合。这所大学的成立，绝不仅仅是国内外大学总量数字上的简单增加，它有自己的理想定位和目标雄心，我们必须为了实现这样一种理想和雄心而努力而奋斗。

　　第一个词，中国。这是我想特别强调的。在某次和2019级本科生同学座谈时，我曾经用"全球视野、中国情怀、时代担当"来勉励他们。未来属于青年，一批又一批的大学生构成了研究中国问题、解决全球事务的最新鲜的后备力量，社科大的本科生应当同样承当起这样的责任。在全球化背景下中国的土地上，我们首先要研究中国的学问，解决中国的问题，构建中国的学术体系，形成中国的话语体系，发展中国的学科体系。我们必须深刻地理解我们脚下的这块土地，它的历史、血脉、教训和成就。我们的学问首先必须扎根于中国的实践，深刻地体悟中国人民的利益期待和权利请求，并且始终明确自己在时代发展过程中的责任，勇敢地承担自己的建设性义务。没有国家意识，没有中国问题意识，没有对祖国深沉的热爱和理性的判断，我们的学问就会失去灵魂。与此同时，要想研究好中国的学问，还需要特别重视全球视野，这也和社科大人才培养的国际化特色相关联。在一个全球化的时代讨论中国，无论如何离不开全球变迁的背景，离不开中国和世界的互动。新时代的中国大学生应该要有比前一代人更广阔的全球视野和世界胸怀，应该更主动地、全方位地参与到全球事务中去，担当起解决全球问题的责任。

第二个词，社会科学。它意味着我们将社会作为对象加以科学研究，进行人文社会科学的学术探讨和学术建设。我们对社会进行科学的研究，是为了了解它、建设它，并且最终是要改造它。这是一个时不我待的任务，因此我们特别希望本科生同学能够提前进入学术的探索状态，明白学问的意义，理解学术的使命；希望我们的本科生从通过课题研究着手学术探索的第一天起，就学会尊重学术规范，遵守学术道德，崇敬学术伦理。

第三个词，大学。大学当然是一个研究学术的地方。四十余年来，中国社会科学院研究生院建立了很好的研究型人才培养模式，培育了一批又一批的学术精英和国家治理人才。社科大成立至今，每年本科招生规模仅四百人左右，无论是本科生导师制，还是理想中的本硕博一体化培养，从人才培养的角度，我们都希望更多本科生能够接着攻读研究生，以学术为追求，以研究为志业。所以，我们一直在思考怎样把这样一种研究生学术能力培养的传统前移植入本科生培养环节，探索在这样一所截至目前本科生规模仍然很小的大学中，如何通过学术训练的日常化有效提升本科生的学术能力和研究意识，让他们能够在本科阶段就养成持久的学术探索热情，掌握学术研究的方法，形成更好的学术研究能力，获得更为深刻的学术领悟，从而为未来的人文社会科学的发展输送更多的新生力量。

正是基于这样的思考，我们设立了人文社会科学新苗支持计划，作为社科大本科生培养的一个特色学术支持项目，支持本科生从事课题研究、学术团体建设、读书会活动，开办学术竞赛、学生学术刊物、学术沙龙等。其目的，是要传承社科院深厚的人文社会科学学术传统，鼓励社科大学子更早地培养起对学术的好奇和热爱，更早地开始进行学术的探索，更早地掌握学术规范和研究方法，更早地进行独立的科研活动，更早地领会学术的精神和快乐，从而为未来的学术道路和实践道路奠定良好的基础。我们希望通过这样一种尝试，促进社科大的本科生提前进入研究性学习的状态。

高教大计，本科为本，本科不牢，地动山摇；人才培养为本，本科教育是根。本科教育处于人才培养的核心地位、教育教学的基础地位、新时代教育发展的前沿地位。社科大党委高度重视本科生的培养，在立德树人方针的指引下，认真探索一流本科教育建设，致力于培养忠诚的接班人和卓越的研究者。学校制定了一系列制度，在各部门的大力支持下，鼓励教师投入更多时间进行人才培养模式的创新，促进本科生的全面成长，大力支持学生培养解决社会问题的责任感、创新学术的使命感，促使其成为一流本科人才。

从2019年开始，社科大每年不断增加投入，学生的学术研究兴趣不断高涨，人文社会科学新苗支持计划得到了越来越多的同学的关注和参与。在新苗支持计划的资助下，在教师们的辛勤培养和悉心指导下，我们的本科生积极组建学术研究团体，编辑学生学术刊物，参加学术竞赛，组织学术调研，开展读书沙龙活动，学术生态欣欣向荣，各类成果纷纷涌现。在新苗支持计划的支持下，法学院本科生参加国际模拟法庭比赛，获得中国区冠军并赴华盛顿参加全球比赛；新闻传播学院开办基层文化工作坊，鼓励同学们长期关注传统文化、基层治理、乡村重建等议题，与教授展开学术对话；在疫情期间，互联网法治研究中心举办线上新苗学术沙龙，先后围绕游戏直播的著作权法问题、人脸识别的风险和规制、共享经济下网约车司机的职业保障困境和出路等议题，由本科生做独立报告，同时邀请清华、北大、社科大等高校的学者和互联网业界的专家做点评，在校内外引起极大反响。随着新文科建设的深入，我们还特别鼓励本科生组建跨学科研究团队，开展跨学科研究。新苗计划项目支持学生参与组织编辑《计算社会科学》内刊，促使学生主动适应新时代哲学社会科学发展的新要求，深入理解哲学社会科学与新一轮科技革命和产业变革交叉融合所带来的新挑战，养成跨学科视角研究的学术视野，始终勇立潮头关注前沿，成为学术的"后浪"。

在新苗计划项目的支持下，有相当一批本科生在学习期间就能够围绕真问题，提出新看法，并积极尝试学术写作，很多同学于在读期间就在报纸期刊上公开发表了学术文章或论文。这本文集就是从新苗支持计划本科生项目的获奖研究成果中认真遴选，择其优秀者编辑成册的。毫无疑问，他们所分享的学术观点可能仍然是稚嫩的，也可能是片面的，但是我们仍然想把他们思考的努力呈现给大家。对绝大部分作者而言，这应该是他们第一次学术研究的成果，对于他们各自的本科生活将是一个特别好的纪念，因此也在某种程度上具有了里程碑式的意义。相对于这些本科生同学将要开始的学术道路而言，这只是不起眼的一小步，却是最重要的第一步。未来的学术道路漫长而艰辛，尽管心怀热爱，但仍会不时感到求索的寂寞、痛苦和挣扎。我祝愿同学们今天所迈出的这一小步，能够成为对未来具有重要意义的一大步，无论是对于这些同学自己，还是对于社科大。或许要等到若干年后，我们驻足回望，才会真正地明白这初始一小步的意义所在。借此机会，我还要特别感谢项目指导教师们所付出的辛劳，特别感谢社会科学出版社和编辑们对这一项目的支持，尤其是对我们本科生同学学术热情的肯定。我们计划将这一颇具意义的工作继续开展下去，也特别希望我们的老师们能够一如既往地支持这一项目，期待我们的本科生同学能够更热情地参与到这一项目中来。

成为社科大的本科生，大部分同学会有一个特别的机遇，就是在入校后，社科院的学部委员和一批博士生导师将会担任其学业导师，指导其如何开始自己的学术研究，为其答疑解惑。这其中的很多人，尤其是我们的学部委员，都是我们老一辈的学术大师。与他们对话、同行，就犹如阅读经典，在耳濡目染之中就接受了教诲和熏陶，得到了丰富、宝贵的学术滋养。学术的未来是寄托在这些新苗身上的，他们要在将来的学术道路上，不断地认真思考如何接续传统，如何传承创新，如何让点点新苗苗壮成长为巨木深林。

衷心地希望在中国社会科学院这株常青的学术参天大树上长出更多学术新苗，也衷心地祝福我们的同学征途漫漫，未来可期。

是为记。

林　维

2021 年 3 月于北京四季青

目　录

"95后"大学生消费结构调查与思考

——以北京市部分高校为例

郑宜帆　汤珂涵　王　露　王　浩　张成程[*]

摘　要　随着我国社会经济的迅速发展，我国大学生数量也随之高速增长，大学生作为一个特殊的消费群体越来越受到消费研究领域的关注。作为即将步入社会的后备军，大学生消费群体有着不同于其他消费群体的消费心理和消费行为。本研究基于学界已有研究成果，通过对北京部分高校的大学生进行问卷调查，运用 SPSS 数据处理软件，对"95后"大学生的结构组成、消费行为与消费心理特征进行了分析，总结"95后"大学生消费结构的合理之处以及仍存在的一系列问题，为引导当代大学生消费行为寻求合理路径，从而促进当代大学生逐步形成健康消费观念。

关键词　消费结构；消费特点；消费理念；大学生

一　导论

（一）选题缘由及意义

1. 选题缘由

新时代的今天，中国经济转型不断推进，我们所面临的消费环境每天都在发

---

* 郑宜帆，马克思主义学院 2017 级本科生；汤珂涵，马克思主义学院 2017 级本科生；王露，马克思主义学院 2017 级本科生；王浩，商学院 2017 级本科生；张成程，外国语学院 2017 级本科生。

生变化，消费的方式方法和类型越来越多样化，各种消费领域的衍生品层出不穷。大学生作为高等教育的受教育群体，有着较高的认知水平，但是受到西方消费主义思潮和一些不合理消费心理的影响，在消费过程中会不自觉产生一些不合理的行为。前几年发酵的一系列"大学生裸贷"事件震惊整个社会，引起了人们对大学生消费群体的关注，近年来，在大学生消费意识不断进步的同时，"大学生裸贷"的事件随之减少，大学生的消费状况也在逐步发生变化。但是极端案例数量的减少并不能说明目前在校大学生的消费已经完全符合理性消费标准，仍存在许多问题亟待解决。例如，在现代小额信贷为大学生的消费提供便利的同时，仍然有不少大学生困顿于此，"花呗"带来的超前消费，一不留神就使冲动的消费者陷入过度消费的窘境。由此可见，大学生的消费问题仍应当是当前整个社会必须关注的重要问题之一。

立足于此，本研究通过对"95后"大学生消费情况的调查分析，着重分析在当前经济转型加速、互联网金融快速发展的背景下，在校大学生的消费类型结构及消费行为与消费心理，以期发现"95后"大学生消费结构中存在的问题，并提出针对性建议。

2. 选题意义

本研究通过了解北京地区部分高校大学生的消费结构，分析概括目前大学生的消费方式，使针对当前大学生消费结构的研究结论得到进一步完善，从而紧跟快速变化的时代。通过对大学生消费结构的分析研究，以期能发现大学生目前消费结构中仍存在的问题，为大学生的消费行为、消费方式提供合理化的意见，规范并引导其消费行为。作为当下主力消费人群之一，大学生树立正确的消费观念，进行合理正确的消费，对于建成"美丽、绿色、可持续"的小康社会有着积极的促进作用，对于拉动消费升级、促进国家经济持续健康发展有着深远影响。

（二）文献综述

本研究通过查阅中国知网、国家哲学社会科学文献中心等网络资料库近五年内的相关论文，对消费类型的划分、大学生消费结构的特征分析、大学生消费结构存在的问题等相关研究进行了整理与归纳。

1. 关于消费类型的划分

关于消费结构的研究，首先涉及的是学界对于消费结构的划分，在以往研究成果中，大体可分为以下几种。

（1）按消费领域划分：学业领域、生活领域、社会交往领域

洪阳在其研究中将大学生的消费结构划分为这三部分。学业领域消费主要是指学杂费和住宿费。生活领域消费主要指学生的穿衣、吃饭和课外运动，这是大学生消费的主体部分。社会交往领域主要指通信、健身、上网和娱乐，月消费不等，与个人生活条件有关。①

但是这种分类方式过于简单，没有考虑到学杂费和住宿费并不参与大学生每月的日常性消费，也没有考虑到大学生在校期间对于自身发展的投资，因此具有实际操作层面的局限性。

（2）按消费目的划分：生存资料消费、享受资料消费、发展资料消费

大学生的生存资料消费——大学生在学校生活中的生存消费主要以吃饭穿衣方面为主。调查显示，大学生在学校生活中的生存花销主要集中在吃饭和穿衣方面，但是这一比例正在不断降低。

大学生的享受资料消费——伴随着经济发展水平的提高和家庭收入的增加，当代大学生相比父母一代有更好的条件，进行更多的身心愉悦活动，包括外出游玩、购买先进的娱乐设备等享受消费。

大学生的发展资料消费——大学生的消费理念越来越成熟，希望通过发展资料的消费来获得以后想掌握的技术。所以大学生群体中有一部分人开始有意识地趋向于增加有关学习效率以及能力扩展的消费形式。许多大学生在大学期间花费不少金钱学习新技能，不断地考证，丰富自己的学习履历。②

骆郁廷、骆虹在分析大学生消费结构时应用了这一分类方式③，这种分类方式在总体上概括性较强，且分类所涵盖的消费内容较为全面。因此，这是目前研究大学生消费结构时较受认可的分类方式。

（3）按消费需求划分：基础消费、形象消费、偏好消费、自我发展消费

---

① 洪阳：《当代大学生消费结构与消费行为探析》，《现代营销》（创富信息版）2019 年第 1 期。

② 范强：《大学生经济状况调查分析及建议》，《现代营销》（经营版）2019 年第 4 期。

③ 骆郁廷、骆虹：《论新时代大学生网络消费的价值引导》，《思想教育研究》2019 年第 12 期。

朱天成、毛睿杰、张坤宁在研究中使用了这种较为新颖的分类方式。

基础消费是指大学生在校学习期间必须从生活费中支出的一部分费用，包括食品消费和社交消费。社交消费是大学生为了能够获得社会认同、满足自身群体归属感以及情感交往的需求而进行的消费。

形象消费是指大学生将生活费用于个人着装打扮上的费用。这其中包括衣着费用、化妆护肤品费用和生活用品费用。

偏好消费是大学生为追求和实现个人爱好而支出的产品和劳务费用，如体育运动、电子设备、追星等。

自我发展消费是指很多在校大学生都会利用在校期间考取证书（如四六级证书、计算机证书、会计从业人员资格证书等），还会购入相应的参考书、报名相应的辅导班等费用。①

在此需要注意的是，这种分类基于上海这一大都市的具体情况，上海有着相对领先的经济发展现状，上海的大学生消费结构也有着很多不同于其他城市大学生消费结构的特别之处，比如，我们通常将衣着划入必需的基础消费，但在发达地区，衣着不再仅仅是蔽体的工具，而是展示个人品位与地位的一种方式，所以这一地区性特征被列到了基础消费之外。从这点来看，这种划分方式并不具有普适性，仅限于经济相对发达地区。但是这一分类也给我们提供了一种新的思路，如果衣着、饰品等在大学生的月消费比例中已经占到了 25% 以上，我们也确实不应该笼统地把这一项归入基础消费。

黎之阳、胥若男在研究大学生消费结构时，将自我发展消费按照大学生所处的环境进行了分类研究，一本院校，二本院校和三本及职业院校的学生消费比重也具有差异性。一本院校的学生消费以出国留学、学习深造为主，二本院校的学生消费以考研、专业培训为主，三本及职业院校的学生消费则是以社会交往、职业培训为主。②

这种分类虽然有其适当之处，但是并没有将自我发展消费细化到不同院校的必要性，因为我们关注的是消费的比例，而不是具体的消费项目，因此这一理论框架也存在需要改进的地方。

---

① 朱天成、毛睿杰、张坤宁：《上海市大学生消费结构分析——基于对上海市部分高校发放问卷调查》，《中国市场》2018 年第 28 期。

② 黎之阳、胥若男：《基于互联网消费模式下的大学生消费结构现状及趋势分析》，《经贸实践》2018 年第 24 期。

2. 对大学生消费结构的特征分析

（1）消费结构趋同化

林梅、琚迎认为从消费结构来看，随着消费的转型升级，城市居民已由物质性、基础性消费向精神性、发展性消费转变。无论是来自城市的大学生还是来自农村的大学生，因为其自身经济来源主要是家庭，并且大学基本在城市中，所以大学生消费结构可能会受到城市家庭消费结构的影响，呈现出与城市家庭消费结构相似的特征。通过数据分析可以看出，在消费结构中，随着生活费总额的提高，物质性消费的比重不断降低，发展型消费和享受型消费的比重逐渐提高，体现出大学生消费结构变更的一般趋势，这一点与城市家庭消费结构有相似特征。[①]

（2）结构不断升级、内部比例渐变

雷异乡研究了大学生消费结构的内部变化。大学生的消费结构随着社会发展也在不断改变，在消费内容和消费结构方面都展露出日益多样化和现代化的特征。目前大学生消费中占比最高的是饮食、购物和电话费，但是比例在不断下降，其次是社交、娱乐、交通、住宿、旅游等。与以往的大学生相比，如今的大学生消费支出中除了学习方面以及基本的生活消费（衣食住行等方面），娱乐、通信、恋爱以及人际交往方面的消费正逐渐增加，消费能力也随着时代发展而增加。[②]

（3）受互联网消费方式和信贷发展影响巨大

崔源在研究中都关注到了互联网和信贷在"95 后"大学生消费结构中的巨大影响作用。[③]在中国经济转型的大背景下，"互联网＋"飞速发展，各种传统行业与互联网结合，供给端的不断发展也带来了消费方式和消费结构的变化，在互联网时代成长起来的一代正是这场消费结构变化的先行者。在这一现实基础上，现代信贷平台的快速发展，为大学生群体提供了短时间内超过自身支付能力的可能，也对他们的消费结构产生了很大的影响。对于"95 后"大学生的消费结构的研究，互联网的快速发展是不可忽视的考虑因素之一。

---

① 林梅、琚迎：《"90 后"大学生消费结构的调查分析》，《思想理论教育》2014 年第 2 期。
② 雷异乡：《大学生消费结构分析——以××大学为例》，《山西农经》2017 年第 23 期。
③ 崔源：《互联网金融对大学生消费模式的影响》，《金融经济》2018 年第 4 期。

3. 关于大学生消费结构中仍存在的问题

（1）受不良消费心理影响较大

陈路曦等人在其研究中都关注到，在大学生活中学生往往会出于攀比心理或从众心理，在一些可以满足自我尊重或者炫耀的方面花费不必要的金钱。[①] 但是在有限的生活费里，为了填补这部分空缺，大学生会有意识地降低自己在吃饭方面的消费。部分大学生为了满足自己的虚荣心，会过分追求潮流品牌，极易产生攀比现象。部分大学生为了追求潮流，甚至不考虑自己的实际消费能力，或是平时过分节俭，或是通过向他人借钱来满足自己的攀比心理。

陈柯蓓强调了冲动心理对于大学生消费的负面影响。[②] 随着经济的不断发展，娱乐享受型消费对于青年人的吸引力日益增加，久居象牙塔的大学生难以抵抗物质层面的诸多诱惑。许多大学生在面对更高层次物质的诱惑时，会受攀比心理和从众心理的影响，不自觉地出现过度消费的现象。攀比心理、过度消费和过多的享受型消费，都导致了大学生群体的消费结构向享受型消费主导模式靠拢。

（2）储蓄观念淡薄，防范风险能力低

在人均消费预算水平下，大学生容易出现"月光"。大学生的储蓄意识依旧薄弱，也缺少投资理财的想法，"月初大手大脚，月底缩衣节食"的现象时有发生。大多数大学生的生活费处于 1600 元以下这个区间，往往习惯于父母"多给多花，少给少花"的消费方式，而少有前瞻性储蓄意识。

范强的研究认为，脆弱的消费结构和过强的消费欲望促成了大学生"月光族"的出现。攀比引发的超前消费心理以及受到不正确的社会价值观与消费观的影响，导致部分学生无法合理分配自己的生活费，加上突发状况导致的资金迟滞甚至资金链的断裂，部分大学生不断透支，最终身陷恶性"校园贷"事件。

二　研究思路、研究方法与研究难点

（一）研究思路

本研究首先围绕大学生消费心理方面、消费状况、互联网时代消费特点等方

---

① 陈路曦、赵寅亨：《大学生消费心理研究》，《辽宁广播电视大学学报》2015 年第 4 期。
② 陈柯蓓：《大学生消费观存在的问题及对策》，《人民论坛》2018 年第 33 期。

面的资料文献及相关论文进行收集与梳理，从当前大学生消费结构的发展趋势入手，采取调查问卷的形式收集相关数据。为充分了解"95 后"大学生的消费结构状况，本次调查采用分层抽样的方法，抽样对象包括中国人民大学、中国政法大学、中国社会科学院大学、北京航空航天大学、北京理工大学、中国矿业大学六所具有代表性的在校生。最后对问卷进行全面的分析，系统化掌握当前大学生消费存在的优点与问题，得出结论，并提出建议。

（二）研究方法

1. 文献资料法

通过文摘、索引期刊等检索工具书查阅文献，同时通过中国知网、万方数据知识服务平台等线上查阅文献的平台进行相关资料的收集。

2. 访谈法

在确定理论框架后制订访谈计划，对大学生群体进行采访，获得切实的访谈资料和数据，并以客观事实为依据进行综合分析，得到初步结果。

3. 问卷调查法

制定具有针对性的调查问卷，以集体分发的方式发送问卷，通过问卷星、SPSS 等统计分析软件对收集到的问卷信息进行整理与分析，结合相关资料文献，得出研究结果，探索出合适的解决方法并提出建议。

（三）研究难点

整个研究存在两大难点。其一是人力物力的限制，我们所选取的样本容量为300，工作量较大，研究对象不确定性因素多，需要更多的实地考察才可以获得详细真实材料，需要大量的人力、财力和时间，对研究人员是一种挑战。其二是所需要的资料文件获取的难度较大，以往的学术研究只注重对大学生消费观现状的调查以及消费方式、消费观念、消费心理和消费行为等方面的研究，关于大学生消费结构的研究数量有限，且缺乏实时性，可供参考程度较低。

三 "95 后"大学生消费结构与消费特点分析

随着经济社会的不断发展和物质文化生产的日渐丰富，"95 后"大学生日常生活中的消费结构也在朝着多元化方向发展。同时，与社会的固有认知不同，实际调查表明，"95 后"大学生的消费心理与消费观念在某种程度上比想象中成熟，呈现出科学、理性、健康的特点。

本次调查共收集问卷 343 份，其中有效问卷 320 份，男性 162 份，女性 158 份，性别比约为 1:1。

（一）性别的差异

1. 女生开销相对较多

通过 SPSS 数据分析，性别与月平均消费之间呈现出 0.01 水平显著性（$t = -3.47$，$p = 0.001$），而具体对比差异可知，男性平均值（2.73）明显低于女性平均值（3.16）（见图 1、表 1）。

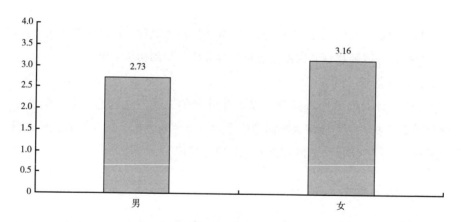

图 1　性别与月平均消费 t 检验对比

表 1　性别与月平均消费 t 检验分析结果

	您的性别？（平均值 ± 标准差）		t	p
	男（N = 162）	女（N = 158）		
您的月平均消费	2.73 ± 1.14	3.16 ± 1.11	-3.47	0.001

也就是说，在实际开销中，女生平均消费金额要高于男生，通过调查所获取的数据，经过相对换算，女生月平均消费比男生高出 218.5 元。

2. 具体消费内容上的差异

女生每月在零食及校外就餐上的开销远高于男生，平均高出109.2元。而男生则更热衷于在校内食堂就餐，人均校内正餐花费这一项比女生高出160.2元。女生在购置衣物、朋友交际、赠送礼物、购买日常用品、美容护肤等方面的开销都远高于男生，相比之下，男生则在游戏上的花费更多。

（二）学校的影响

1. 学校位置对消费的影响

在以往的普遍认知中，大学如果地处市区，受周围商圈分布等影响，购物消费的因素就会更多，因此校区在市区的大学生消费总量预期应高于校区在郊区的大学生。然而，本次问卷分析得出的结果却与以往认知不同（见表2）。

表2　学校位置与月平均消费相关系数分析结果

		您的学校位置
您的月平均消费	相关系数	0.038
	p 值	0.498

表2显示，学校位置与月平均消费之间的相关系数值为0.038，接近于0，并且 p 值为0.498，大于0.05，因而说明学校位置与月平均消费之间没有相关关系。这从一定程度上说明，当代大学生的消费热情受地理位置的限制影响较小，也表明北京的郊区与市区在购物便捷度上相近，交通通达度高，民众的购物等消费需求能够得到充分满足。此外，互联网购物为消费者提供的便捷途径也是重要原因之一。

2. 学校类型对消费的影响

调查表明，总体上来说，文法类高校学生的月平均消费要高于理工类高校学生。数据显示，月平均消费最高的中国政法大学的学生要比最低的北京理工大学的学生多支出331元。文法类高校在美容、护肤、美发、恋爱、电影、戏剧表演等方面的消费远高于理工类高校，理工类高校则在游戏、电话费、上网方面的消费高于文法类高校。

（三） 恋爱的影响

2005 年版《普通高等学校学生管理规定》取消了对"大学生结婚"的禁止性规定，学校对大学生恋爱问题的限制性规定逐步取消，学生教育与管理人员对该问题的干预性举措逐渐淡化，默许已取代了禁止。随着社会的进步，现代大学生对待感情的态度也越来越自然开放，大学生恋爱成为很正常的现象。相应的，围绕恋爱产生的消费也相应产生。

1. 恋爱消费上的平等

本研究利用相关分析研究性别和在恋爱中的花费之间的相关关系，使用 Pearson 相关系数表示相关关系的强弱情况（见表 3）。

表 3　性别与恋爱消费相关系数分析结果

		您的性别
您在恋爱中的花费	相关系数	0.059
	p 值	0.291

数据显示，性别与在恋爱中的花费之间的相关系数值为 0.059，接近于 0，并且 p 值为 0.291，大于 0.05，因而说明性别和在恋爱中的花费二者之间并没有相关关系。也就是说，"95 后"大学生恋爱时在金钱上的投入相对平等，并非一方承担所有恋爱开销。

2. 恋爱与友情可以兼得

本研究利用 t 检验（全称为独立样本 t 检验）研究是否处于恋爱状态对于在人情往来（同学聚会、礼物等）中花费的差异性（见表 4）。

表 4　是否恋爱与人情花费独立样本 t 检验分析结果

	您是否处于恋爱中？（平均值 ± 标准差）		t	p
	是（N = 83）	否（N = 237）		
您在人情往来（同学聚会、礼物等）中花费	2.08 ± 1.07	2.02 ± 1.03	0.508	0.612

从表 4 可以看出：是否处于恋爱状态样本对于在人情往来（同学聚会、礼物等）中花费均不会表现出显著性（$p > 0.05$）。这意味着恋爱与否并不会影响

"95 后"大学生对友情的关注与投入。在实际访谈中，绝大多数处于恋爱状态的同学表示，谈恋爱并不会影响与别人的友情，也不会影响自己维系友情相关方面的投入。

3. 恋爱会提高月平均消费量

利用 t 检验研究是否处于恋爱状态对于月平均消费的差异性，从表 5 可以看出，是否处于恋爱状态样本对于月平均消费呈现出显著性（$p < 0.05$），这意味着恋爱与否对于月平均消费有着差异性。

表 5　是否恋爱与月平均消费 t 检验分析结果

| | 您是否处于恋爱中？（平均值 ± 标准差） | | t | p |
	男（N = 83）	女（N = 237）		
您的月平均消费	3.41 ± 1.10	2.78 ± 1.11	4.438	0.000

具体分析可知，是否处于恋爱中对于月平均消费呈现出 0.01 水平显著性（$t = 4.438$，$p = 0.000$），通过具体对比差异可知，"是"的平均值（3.41）会明显高于"否"的平均值（2.78）。这也就意味着，恋爱是会显著提高月平均消费的，数据显示，平均每月恋爱开销在 900 元以上的占总体恋爱人数的 16.87%，500 元以上的占总体恋爱人数的 42.17%，300 元以上的占总体恋爱人数的 68.68%。同时，进一步的访谈表明，当代大学生并不会因为恋爱而压缩自己在其他方面的开销，也不会为了满足对方而刻意降低自己的生活水平。通过对部分同学的访谈我们了解到，有时恋爱甚至会成为大学生向家长索要更多生活费的理由。

（四）收入来源与消费观念的影响

1. 北京大学生月平均生活费

本研究的数据表明，大学生月平均生活费在 1000～1500 元之间的人数占总人数的 33.75%，月平均花销在 1501～2000 元之间的人数占总人数的 29.38%，月平均花销在 2001～2500 元之间的人数占总人数的 16.88%，2500 元以上的人数占总人数 12.81%，而 1000 元以下的人数仅占 7.18%。麦可思研究院发布的《2019 大学生消费理财观数据》显示，2019 年，中国在校大学生每月平均花销

达到了 1197 元①，而本研究的数据显示，北京市大学生平均每人每月的花销在
1500~2000 元之间，这个数据远高于全国平均水平。

2. 生活费来源多样化趋势明显

如表 6 显示，当代北京市大学生生活费构成从单一的亲人给予逐渐发展为亲
人给予、奖学金、兼职收入、理财收入等多种类型并存。其中，大学生兼职比例
达到了 19.38%，奖学金比例达 30.94%，大学生通过理财补贴生活费的比例则
占到了 12.81%。

表 6　大学生可支配收入来源统计

名称	选项	频数	占比（%）
亲人	未选中	5	1.56
	选中	315	98.44
兼职	未选中	258	80.63
	选中	62	19.38
奖学金	未选中	221	69.06
	选中	99	30.94
理财	未选中	279	87.19
	选中	41	12.81
合计		320	100

我们了解到"95 后"大学生通过兼职、奖学金等渠道，凭借自己的努力获
得了一定的经济来源，与以往研究中所体现的单纯依靠亲人给予生活费的状况占
绝大多数的情况相比，可以说有明显向好变化。但必须强调的是，大学生毕竟受
学业限制，精力有限，想真正实现自食其力难度非常大。

四　"95 后"大学生消费结构的优点与问题

（一）优点

当今社会正在进行一场新的技术革命，人们的生活方式在短短几年内发生了

---

① 《调查：2019 大学生月均花 1197 元形象消费占比最高》，中国新闻网，http://finance.
chinanews.com/cj/2019/12 – 05/9025558.shtml。

巨大变化。淘宝、微信、支付宝等新的交易平台和交易方式的出现，为人们提供了更加宽阔的消费平台，也为高校学生的消费带来了许多便利。在消费方式的剧烈变革中，当代大学生的消费内容与消费理念也存在诸多令人欣慰的积极方面。

1. 消费内容多样化，生活更加丰富多彩

大学生消费内容多样化，大学生活更加丰富多彩，这也为他们提供了更多提升消费品质与自我的机会。人们消费的过程，也是对自我和社会的再生产过程，在一定程度上，"消费是人的存在方式"。[①] 在满足自我生存的第一需要后，更高层次的享受和自我发展需要更受大学生重视。在文化消费上，受访者表示，消费主要集中在书籍、电影和景区门票上。这些文化消费体现了大学生丰富的课余休闲生活。除此之外，部分大学生会在大学期间通过报各类辅导班、考证等不断培养自己的专业技术能力，完善自我。大学生在闲暇时参与各类社交活动，不仅可以不断扩大自己的交往范围，了解更多更丰富的外界知识，也给自己创造了更多的成长机会。

2. 更加注重文化消费

大学生作为当前社会消费主体之一，其消费方式反映并影响着整个社会的消费方式，大学生对于文化消费的侧重在一定程度上体现了在中国特色社会主义建设进入新时代背景下，物质生活日渐丰富，人民对精神文化需要、对美好生活需要的关注度在不断上升。

当代大学生对于文化方面的消费投入较多，每月花费在100元以上的占总人数的71.62%，花费在300元以上的占总人数的26.88%，花费在500元以上的占总人数的10%。其中，书籍、电影、景区门票为文化消费的前三名。

3. 消费观念更加健康

通过对数据的分析，"95后"北京大学生基本上会选择切合自身实际的合理消费行为，合理规划自己每个月的收入，拥有较为健康的消费观念。以往研究中常常出现的攀比之风、奢靡浪费等问题有明显改善。

数据表明，71.25%的大学生在消费时对待品牌持有不注重或一般的态度，仅有1.88%的大学生表示非品牌不要。

---

① 罗建平：《破解消费奴役——消费主义和西方消费社会的批判与超越》，社会科学文献出版社，2015，第25页。

在如何支配生活费问题上，认为需要每个月留出剩余以备应急的学生占到总人数的56.88%，认为需要制订详细的消费计划的学生也占到了6.88%。

在关于勤俭节约的问题上，39.06%的大学生认为勤俭节约是美德，大学生应该具有这一品质，58.44%的大学生认为在某些方面应当勤俭节约，仅2.5%的学生认为勤俭节约这一观点落后或者应当超前消费。

当遇到想买东西钱不够时，放弃购买的占35.31%，用平时存下来的钱的学生占38.44%，通过网贷或向朋友借钱的仅占10%。

（二）存在的问题

随着电子信息技术和数字技术的不断发展，扫码支付、刷脸支付成为主要支付方式，大学生们逐渐失去了对金钱概念的认识。他们的消费心理与消费行为与上一代相比发生了鲜明变化。这种特殊性体现了现代社会物质化生活方式与理念一方面促进了社会资本的流通，提高了学生的生活水平；但另一方面也带来了很多不容忽视的社会问题。

1. 缺乏消费计划与记账意识

随性的消费会带来一定程度的浪费并造成自我生活的失调。数据表明，很少记账或从来不记账的占总人数的55.94%。学生对自己的消费情况缺乏清晰认知，对金钱概念的认识不足，容易导致冲动性消费和情绪性消费。而在社会生产和交换环节中，出于获取更多的利润的考量，一些"新的需要"会被催生出来，这些需要有时更偏向于虚假性需要，但消费者更容易受其影响。[①]例如，品牌效应，消费者认为自己处于自由选择的状态下，实质上却受到了不同程度的限制和诱导。在选择时，不做计划、不记账，或在遇见一件较为心仪的产品时便即兴购买，不考虑实际需要与原定计划，易出现超支现象，而一项超支则需另一项节省来促进平衡，由此导致的消费结构失衡，不利于大学生生活的健康发展；且冲动性消费不仅会造成一些不必要的浪费，更易滋生后悔的消极情绪，影响大学生的心理健康发展。

2. 沉迷网络游戏

调查显示，有31%以上的大学生在游戏中花费较高。DSM-5将网络游戏成

---

① 罗建平：《破解消费奴役——消费主义和西方消费社会的批判与超越》，社会科学文献出版社，2015，第159页。

瘾列入精神疾病范围，其对人体的伤害可见一斑。在日常生活中，网络游戏以其独特的虚拟情境、联结的任务模式、交互的团队形式吸引了一大批玩家，而大学生群体相对空余时间较多，成为网游大军的重要组成部分。适度参与网游可以缓解学生的压力，调节心理情绪，促进健康稳定发展。但沉迷游戏则会严重影响大学生的身心健康和学业发展。第一，在游戏上耗费了过多的时间，严重压缩了学习和睡眠的时间，降低了学习效率和睡眠质量；且在电脑前久坐使他们成为脊椎病和近视的终身获得者。第二，网游中充斥的暴力、随性等思想色彩在潜移默化中影响了玩家，使其世界观、价值观发生了一定程度上的异化，对其行为选择产生了较大影响。第三，在虚拟游戏中投入大量资金不利于正确消费理念的形成，且有悖于传统的节俭美德。对一般家庭背景的学生而言，"氪金"网游成为其生活中一项舍不下的负担，易导致其消费结构失调和个人生活失衡，甚至带来更严重后果。

3. 文化消费浅层化，高层次文化消费少

根据调查与访谈结果，大学生每月消费的具体支出中，学习消费、旅游消费、网络消费等均有涉及，文化消费形式是多种多样的。但是，正如我们之前所说的，当代大学生在游戏上投入的精力与花费较多，在欣赏歌舞剧、艺术展等有助于个人发展方面的消费则寥寥无几。部分受访学生表示，文化消费的主要目的在于娱乐与打发时间，而不是促进个人发展。可见，当代大学生对文化消费的认识还有不足，浅层化特征明显。

五 对当代大学生消费的合理化建议

当今社会，大学生群体越来越成为整个社会各个领域关注的重点，他们作为即将接替社会发展重任、成为社会脊梁的一群人，其发展必定会影响未来的社会发展趋势。而消费作为大学生发展现状的最显著表现，能够体现出绝大多数大学生的生活与发展状况，成为研究的重中之重。大学生的消费结构和消费方式，以及他们在不同领域的投入和消费规划，都能够从某一侧面展现出他们自身的发展现状。因此我们从大学生消费入手，通过调查研究，针对这些大学生消费的问题和现实状况，提出以下建议。

（一）树立正确的消费观念

1. 树立合理消费、发展性消费的意识

调查发现，较大部分大学生能够比较合理地进行消费活动，在整体消费过程中能表现出理性和选择性，能够妥善地安排消费方式，在保障自身基本发展的前提下，进行合理文化消费和享乐形式的消费。但是仍有部分学生在部分领域的消费中存在不合理性消费和冲动消费的问题，针对这一现象，大学生应该树立正确消费观念，合理分配资金，克制冲动消费。同时，应注重消费种类的选择，尽可能使自身消费属于发展性消费，尽量减少无意义的享乐形式消费的资金投入。

2. 选择适合自己的消费方式

调查问卷从整体上反映了大学生多种多样的消费方式，数据迥异的问卷直观展现了不同学校、专业的同学的不同消费方式。月可消费金额的增加往往会提高在各个领域的消费的增加，但是这一规律在部分同学的问卷上出现了反向趋势。针对这类消费结构存在不合理性的问题，我们认为应该对大学生进行一定程度的消费观念教育，教育大学生能够主动选择适合自己生存发展的正确消费方式，不要盲目跟风，一味仿照他人的消费方式，以至于出现严重的资金问题。

（二）合理规划消费结构

1. 首要保障自身基本生存需要

虽然因为资金和能力限制，我们进行的问卷调查范围较小，调查对象数量较少，但是在这样的小范围抽样中，还是存在"吃半个月馒头，买一支口红"的不合理现象，即男生对于游戏的过度消费与女生对于化妆品的过度消费。这一现象在某种程度上是不合理的消费心理导致的结果，必须予以纠正，如果大量出现，将危害大学生身心健康。加强对大学生的消费观教育，强调首要保障自身基本生存需要的重要性，及时制止炫耀性消费和攀比性消费。

2. 注重发展型消费

调查结果中较为令人欣慰的一点是，大学生普遍重视文化领域和自身能力发展方面的资金投入，如阅读学习、外出开阔视野等，这些展现出大学生对于自身发展的迫切需要。在迅速发展的社会中，大学生必须不断提高自身的适应力和竞争力，知识性、技术性学习方面的资金投入必不可少。这种行为是值得鼓励的，

不仅能够促进大学生增强自身能力，同时能够帮助大学生开阔视野和探索发展轨迹，认清自身的局限性，为未来的发展奠定良好的基础。

3. 增加文化消费比例，以此促进自身综合素质的发展

过去的消费研究中，往往会把用于社交和娱乐的消费资金计算入其他消费，在一定程度上反映了研究者的负向情绪。但是我们认为，这类消费在大学生的日常消费生活中必不可少。类似看电影、听音乐会、朋友聚餐等，这类活动一方面拓展了大学生的文化生活，更适应信息时代对于大学生综合素质的培养；另一方面，这类活动逐渐带有社交的性质，在进行这类活动时，大学生得到了社交能力的培养，更加能够适应未来社会的发展趋势。因此这一领域的消费应该在合理范围内促进大学生进行发展。

（三）及时调整不同阶段的消费方式

前文提到的关于恋爱对消费的影响，实际上只是不同时期和不同身份对于大学生消费的影响之一，我们能够通过这一显著性消费表现，分析推测出大学生面对身份和时期转换时消费方式的转换。在某一阶段消费水平的显著提高或者降低，绝大部分是因为身份和时间的转变，如新的恋情或友情的开展、新学期寝室搬迁的进行、新参加社团组织的必要社交活动，甚至是广为人知的网购促销日的来临，这些都会在或长或短的时期内影响大学生的消费，打破相对较稳定的消费结构。面对这样突如其来的转变，大学生应该培养自身适应能力和调整能力，及时改变消费结构和投入，以便在新的时期内保持较为科学合理的消费心态，既不过度超前消费，又不因为过度节俭影响自身正常发展。

大学生的消费实际上已经是一个较为完善且有一定自行调节能力的行为图式，主观的干预能够起到的作用非常有限，但是通过以上建议和方式方法，可以及时纠正不合理消费行为的出现，在一定程度上保障当前较合理消费模式的稳固，帮助大学生更好地向独立进行经济管理的行为人过渡；同时能够从经济行为入手，促进大学生树立正确消费观念，保障消费结构合理健康，促进各项能力以及综合素质的卓越发展。

六　结语

通过这次调查，我们基本掌握了北京市"95 后"大学生的消费心理趋势以及行为现状，还发现了隐藏在数据背后的大学生消费信息，而这些信息对于局限性的研究有着重要的实证支撑意义。这次调查使我们切身感受到了大数据计算的便捷性和科学性，感受到了各种概率统计模型给理论研究带来的巨大影响。基于大数据分析和计算的数据基础，我们得以发现更进一步的理论研究结论。

研究团队的成员在研究和讨论北京市大学生消费行为及心理时，不仅发现了大学生消费行为中存在的一些问题，而且在逐渐深入的讨论中更加意识到大学生合理消费的重要性。树立科学的消费观念、培养独立的理财能力和引导大学生自主规划合理的消费结构应是解决大学生消费问题的当务之急。大学生作为一个特殊的社会群体，有着自己特殊的消费心理和消费行为。旺盛的消费需求与尚未经济独立的现状之间的矛盾，使他们在接触更加多样的诱惑时没有足够的抵抗力与自制力，因而消费结构的升级也必然伴随着问题的显露。大学生消费受到多方面因素的影响，这些影响因素彼此之间也相互干预，仍处于成长阶段的大学生，其世界观、人生观、价值观都尚未定型，非常容易受到家长、老师、同学的影响，因此具有很强的可塑性。因此，这样一个特殊的群体更应当受到学校、家庭、社会等多个主体的共同关注，以此不断引导其加强自制力，培养艰苦奋斗和勤俭节约的精神，促使大学生合理消费，量入为出，养成科学的生活方式，促进身心健康发展。

（指导教师：谭旭运）

手机使用与低龄青少年人格和社会性发展研究

——以海淀区四王府小学为例

李志哲　朱夫斯　周克书　何晶晶　叶紫临　朱安康*

摘　要　进入新时代以来，中国社会经济快速发展，互联网覆盖范围不断扩大，手机使用和普及率显著提高。本文通过文献综述和问卷调查、实地访谈等研究方法，以北京市海淀区四王府小学、育英学校、西城区什刹海街道等部分小学生为研究对象，分析了低龄青少年手机使用的现状和影响因素、手机使用和人格社会化发展过程、思想政治教育工作第一性问题、社会关切和低龄青少年培养一致性四大内容。低龄青少年手机使用接触率为100%，平均手机持有率为49.40%，手机使用加速了身体和心理等一系列人格和社会性发展的历程，主要表现在性早熟、知识域大、自主性强、社会参与意识强等方面。在手机使用过程中，要注意在互联网大背景下的思想政治教育工作第一性问题，在时间和空间两个维度注重青少年的思想政治教育，正确引导其树立社会主义核心价值观，自觉抵制不良文化，弘扬中国特色社会主义文化。同时，在培养过程中，社会也需要注重营造有利于低龄青少年身心健康发展的物质和网络环境，共同促进低龄青少年的健康成长。

关键词　手机使用；低龄青少年；思想政治教育；人格和社会性发展

---

* 李志哲，马克思主义学院2016级本科生；朱夫斯，马克思主义学院2016级本科生；周克书，马克思主义学院2016级本科生；何晶晶，经济学院2016级本科生；叶紫临，政法学院2016级本科生；朱安康，媒体学院2016级本科生。

一 前言

（一）文献回顾

手机，即移动电话或无线电话，是基于第二次工业革命和第三次工业革命出现的是一种通信工具，20 世纪 70 年代开始商业化生产。20 世纪 90 年代，智能手机出现，并在随后的生产发展中，将原初的通信功能扩展到社交、购物、娱乐、办公等各个领域。

就手机使用与低龄青少年发展的相关研究，国外的实证研究为我们提供了丰富的研究成果：Sara Thomée 等人的研究表明，低龄青少年手机使用时间过长、手机依赖等容易造成学习、生活压力增加，睡眠出现障碍等问题[1]；Moisio 等人的研究也显示了低龄青少年在线购物方面选择手机的现象越来越普遍[2]。手机在低龄青少年日常生活和学习交流中的地位越来越重要。对于手机使用和手机依赖问题，国外相关研究者在实证主义研究中通过编制量表进行了一系列的定量分析。Toda 等人针对女性群体编制了手机依赖量表，共 20 个项目[3]；Bianchi 等人编制了手机问题使用量表（MPPUS），共 27 个项目，该量表包括"耐受性""戒断性""渴求性""逃避其他问题""产生消极的后果"五个维度，是当前在国外使用较多的量表[4]；Billieux 等人编制的手机的问题性使用问卷（PMPUQ）包括 30 个项目，提到了"禁止使用""危险使用""财务问题""依赖症状"四个维度[5]；

---

[1] Sara Thomée, Annika Härenstam, Mats Hagberg, "Mobile Phone Use and Stress, Sleep Disturbances, and Symptoms of Depression among Young Adults – A Prospective Cohort Study", *BMC Public Health*, 2011, pp. 13 – 25.

[2] Moisio, e tal., "Negative Consequences of Mobile Phone Consumption: Everyday Irritations, Anxieties and Amgibuities in the Experiences of Finnish Mobile Phone Consumers", in Jane Vincent ed., *Emotion in the Social Practices of Mobile Phone Users*, ProQuest Dissertations Publishing, 2011, pp. 65 – 78.

[3] M. Toda, K. Monden, K. Kubo, K. Morimoto, "Mobile Phone Dependence and Health Related Lifestyle of University Students", *Social Behavior and Personality* 34 (10), 2016.

[4] A. Bianchi, J. G. Phillips, "Psychological Predictors of Problem Mobile Phone Use", *Cyberpsychology Behavior*, 2005, pp. 34 – 48.

[5] J. Billieux, M. Linden, L. Rochat, "The Role of Impulsivity in Actual and Problematic Use of the Mobile Phone", *Applied Cognitive Psychology*, 2008.

Chóliz 开发了手机依赖测量（TMD），共包括 22 个项目[①]；近两年，Lopez - Fernandez 等人则对西班牙语的 MPPUS 进行了修订，编制了低龄青少年手机问题使用量表（MPPUSA），比 MPPUS 更具有可靠性[②]。

在国内，手机从无到有，从少到多，从舶来品、奢侈品到大众普遍拥有的生活必需品，其数量越来越多，使用人群范围不断扩大，因而带来的各种社会影响越来越复杂，国内研究者也不断加强对手机使用和低龄青少年权益保护的研究。对于手机依赖的量表设计，徐华等人编制了大学生手机依赖量表，该量表共有 13 个项目，包括耐受性、戒断性、社会功能、生理反应四个维度。[③] 熊婕等人进一步编制了大学生手机成瘾倾向量表，共有 16 个项目，分为"戒断症状""突显行为""社交抚慰""心境改变"四个维度。[④] 苏双等人编制的大学生智能手机成瘾量表（SAS - C）共有 22 个项目，包含六个维度，且提出了"手机 App 使用""手机 App 更新"这两个新的维度。[⑤] 姜永志和白晓丽编制的大学生手机依赖量表共有 22 个项目，包含"强迫性使用""戒断性反应""关系卷入""身心健康不良""人际疏离"五个维度。[⑥] 而孙翠翠也指出了在当代社会手机普及和过分使用带来的手机成瘾现象越来越严重。[⑦] 关于手机成瘾，屠斌斌等人将手机成瘾定义为重复使用手机所导致的一种慢性或周期性的着迷状态，并产生强烈的、持续的需求感和依赖感的心理和行为，它包括手机娱乐成瘾、手机信息搜集成瘾和手机关系成瘾三种类型。[⑧]

手机普遍使用后，新媒体环境下思想政治教育研究包括新媒体环境下思想政

---

① M. Chóliz, "Mobilephone Addiction in Adolescence: The Test of Mobile Phone Dependence (TMD)", *Progress in Health Sciences* 2（1），2012，pp. 33 –44.

② O. Lopez - Fernandez, L. Honrubia - Serrano, M. Freixa - Blanxart, & W. Gibson, "Prevalence of Problematic Mobile Phone Use in British Adolescents", *Cyber Psychology*, *Behavior & Social Networking* 17（2），2014，pp. 91 –98.

③ 徐华等：《大学生手机依赖量表的编制》，《中国临床心理学杂志》2008 年第 1 期。

④ 熊婕等：《大学生手机成瘾倾向量表的编制》，《中国心理卫生杂志》2012 年第 3 期。

⑤ 苏双等：《大学生智能手机成瘾量表的初步编制》，《中国心理卫生杂志》2014 年第 5 期。

⑥ 姜永志、白晓丽：《大学生手机依赖量表的初步编制与应用》，《教育生物学杂志》2013 年第 3 期。

⑦ 孙翠翠：《手机成瘾的概念、测量和预测因素》，《社会心理科学》2017 年第 1 期。

⑧ 屠斌斌、章俊龙：《大学生手机成瘾倾向问卷的初步编制》，《和田师范学院报》2010 年第 4 期。

治教育工作面临信息复杂多样、教育者和受教育者有效沟通受阻等问题①，新媒体环境容易对低龄青少年不稳固的思想道德品格、思维方式、现实行为等产生不良影响，具体表现在极端个人主义、"遇事问度娘"、创新性低、受不良文化影响人格扭曲等②。对于手机时代的低龄青少年思想教育，其对策要坚持兼容并包，对于手机使用，既要警惕网络滥用，又要防止"因噎废食"，避免因为禁止手机使用而落后于时代发展。

进入 21 世纪以来，我国智能手机人均拥有量快速增长，达到世界总量第一。2017 年《中国移动互联网发展状况及其安全报告》显示，2016 年中国境内活跃的手机上网号码数量达 12.47 亿，较 2015 年增长 59.9%；境内活跃使用的智能手机高达 23.3 亿部，较 2015 年增长 106%；2019 年国家工信部最新数据显示，2019 年 3 月移动电话上网号码数量合计达 159655.4 万户③，简单来说，目前每个中国人平均拥有 1.12 张手机卡。截至 2018 年底，全国移动电话的普及率是112.2 部/百人，也就是说每人平均拥有 1.12 部手机，这个数据比 2017 年的102.5 部/百人提高 9.7 部/百人。

（二）研究对象的界定

以社会学中个体社会化作为划分的标准，我们可以将意识独立和发展的阶段称为低龄青少年时期。第四次工业革命以来，生产力高度发展，物质生活极大丰富，信息技术的高速发展进一步加快了个体社会化和社会信息的进程，这使个体表现出身体、心理各方面的提前成熟，在原有家庭和学校教育水平不变的传输机制下，手机的出现从时间和空间两个维度完成了对个体提前社会化的催化作用。因而在低龄青少年年龄界定的概念讨论中，我们主张按照理论和实践的需要，从个人社会化的角度，结合本研究调查，将学龄阶段甚至是部分学龄之前的阶段也纳入本文探讨的研究对象，即从我国共青团规定的 14～28 岁的年龄界限相应地调整为 6～18 岁。

---

① 李婵娟：《自媒体环境下思想政治教育话语权重塑的路径探析》，《赤子》2017 年第 7 期。
② 冯莎、王方国：《新媒体时代青少年思想政治教育创新机制研究》，《攀枝花学院学报》（综合版）2017 年第 1 期。
③ 国家工信部运行监测协调局 2019 年 4 月 25 日数据。

除此宏观数据之外，笔者从北京市海淀区四王府小学①的实地观察和问卷调查中发现，未成年人普遍接触过智能手机，接触开始时间从小学到初中不等，甚至在四王府社区举办公益活动时，还发现有三岁的幼童接触智能手机并能操作难度较高的枪战类手机游戏的现象。

在对四王府小学的问卷调查过程中，笔者注意到在收集的 168 份有效问卷从四年级到六年级的分层抽样中，手机接触率达到了 100%；三年级以下有 31 份有效问卷，手机持有率较低；四年级两个班 57 名同学中，有效问卷 43 份，手机个人持有率达到了 60.46%；五年级 82 名同学中，有效问卷 52 份，手机个人持有率达 62.16%，六年级 41 人中有效问卷 37 份，个人持有率 48.64%。

（三）确定本研究对象的必要性与可行性

首先，从调查对象来看，本次研究以小学生为主，也包含部分初中生在内，其平均年龄在 11 岁左右，最小 6 岁，最大 15 岁。选择该年龄段作为本研究对象主要因为当前社会生产力的发展使信息交流的成本降低、更加便捷，手机使用日趋低龄化。这使低龄青少年具有研究和探讨的必要性，结合新时期思想政治教育工作第一性问题（本文第四部分提及），教育者需要了解和掌握新时代低龄青少年的思想价值观现状、个体思想政治品格的形成和发展规律，并一切从实际出发，处理好思想政治教育"两个规律"的关系。

其次，在操作层面上选取这一年龄段作为研究对象更具有可行性。我们选取的研究对象以学龄期（6～12 岁）为主，同时包含部分青春期（12～18 岁）的低龄青少年。学龄期个体心理发展的主要矛盾在于勤奋和自卑的关系，这一阶段的低龄青少年，身体各项基本机能已经日趋完善，而且智力水平获得了很大的发展，表现为对学业、生活的积极探索和勤奋求知，即不断成熟的骨骼、肌肉、注意力、智力、理解力等驱动其敢于去尝试和完成儿童期、学龄初期所渴望达到而又缺少条件达成的实践活动。因而，这一时间段的低龄青少年处于探索求知、容易接触和进行正确价值观导向的发展阶段。到了青春期阶段，由于其本身的逆反心理和青春期性意识的萌发觉醒，在实际工作过程的可操作和风险防范层面难度

---

① 海淀区四王府小学是一所以打工子弟为主的学校，学校共有 330 名学生，其中借读生 280 人，他们来自河南、河北、陕西、内蒙古、广西、贵州、四川、上海、浙江等省市自治区。

更大，因而较少选择。从学校和社会管理层面来说，初高中校园管理和教学管理更加严格，这也就为我们的研究对象选取增加了协调沟通、活动报备、安全防控等成本，因而本次研究对象以低龄青少年为主。

通过问卷数据整理和分析，我们可以发现低龄青少年手机使用呈现以下特点：第一，普遍使用，半数持有。在168份样本数据中，手机接触率达到100%，平均手机持有率为49.40%，四、五年级的受调查者手机持有率超过60%。第二，男生持有率高于女生。男生71.73%，女生较少。第三，平均使用时间较短。第四，手机用途以学习为主，同时社交聊天也占有重要地位。

低龄青少年阶段是个体身心健康发展的黄金时期。在从家庭向学校和社会过渡的阶段，家庭教育和学校教育、社会教育相互影响、相互依赖、相互贯通，三者有机统一于个体的以时间为主轴的发展过程中。以下将就思想政治教育的微观环境，以在海淀区四王府小学、育英学校、西城区簸箩仓社区的问卷调查数据和访谈为基础进行论述。

二　低龄青少年手机使用的现状和影响因素分析

如上文所述，在本次实践调查中，四王府小学和育英学校共计回收168份有效问卷，四王府社区和簸箩仓社区共计有13名受访者。

（一）低龄青少年手机用途分析

从学习打卡、社交聊天、游戏、影音娱乐、购物五个方面来看，学习方面占据主要部分，且以对语文、数学和英语三门学科学习打卡为主，其中打卡软件或微信小程序主要是"一起作业""阅读小打卡""作业盒子""流利阅读""知更鸟英语""打卡鸭""Teacher Gwen""爱总结物理"等。从手机安装App来看，微信凭借87.5%的下载安装率高居首位，其次是QQ，下载安装率为62.50%，再次是游戏类和短视频类应用软件。具体如图1、图2所示。

（二）低龄青少年手机使用频率分析

在文献综述和问卷调查的基础上，我们确立了手机使用五个时间分段，且不同时间分段人数占比如图3所示。

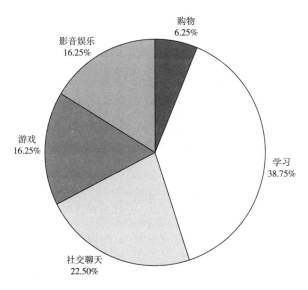

图1　手机用途分类

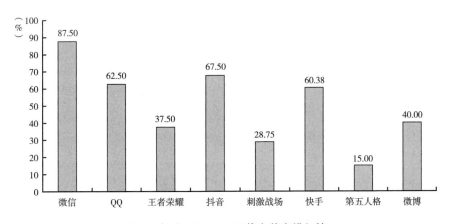

图2　部分手机 App 下载安装率排行榜

（三）低龄青少年手机使用影响因素分析

1. 年龄对手机持有率的影响

在本次调查中，调查对象平均年龄为 12 岁，其中最小的 6 岁，最大的 15 岁。具体分布情况见图4。

从年龄来看，调查对象的年龄呈阶梯分布，一年级平均年龄（周岁）为 6

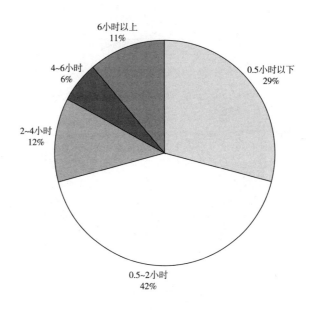

图3 手机使用时长统计

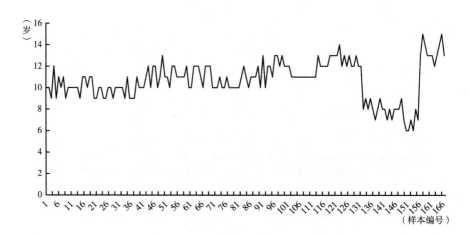

图4 调查对象年龄分布

岁，四年级平均年龄为9岁，初中受访者年龄为14岁。所有调查对象对手机的接触率都达到了100%，个人手机持有率总体偏高，通过年龄－手机持有率进行双变量相关性分析得到结果见表1。

表1　年龄－手机持有率双变量分析

		年龄	手机持有
年龄	Pearson 相关性	1	−0.076
	Sig.（双尾）	—	0.324
	个案数	168	168
手机持有	Pearson 相关性	−0.076	1
	Sig.（双尾）	0.324	—
	个案数	168	168

Sig. 为 p 值，为 0.324，大于 0.05，说明在小学和中学的调查对象中，其年龄和手机持有不具有显著相关性，也就是说，调查对象手机持有率受年龄影响较小，这也反映了新时代手机作为信息交换媒介和日常工具使用具有普遍性，在 6～15 岁的年龄段中，年龄不构成影响手机持有率的有效因素。

2. 性别对手机持有率的影响

在调查对象中，女生 76 人，男生 92 人。其中男生手机个人持有率达到了 71.73%，女生手机持有率为 40.78%。从问卷调查的结果可以初步判断出，性别对手机的持有率有重要影响，男生手机持有率明显高于女生。这与已有文献综述的研究有所不同。

3. 留守家庭对手机持有率的影响

在研究对象中，留守家庭低龄青少年即在"是否和爸爸妈妈居住在北京"的选项中选择"否"的同学共有 15 人，约占总人数的 9%。对于这一部分同学，其手机持有率约为 26%，低于平均水平。

四王府小学是一所公立的以打工子弟为主的学校，2018 年在校生 85% 以上为外地户籍入京借读生，部分存在祖辈带孩子或者宗族家庭亲戚带孩子的情况。在实际访谈中我们发现，有一户李姓家庭，爷爷奶奶在京居住，其有两个儿子，有李甲、李卯两个孙子，李乙、李丙和李丁三个孙女，在四王府上学的有甲乙丙三人，孙子李甲为四年级在读，孙女李乙、李丙分别就读三年级和二年级。根据《国务院关于加强农村留守儿童关爱保护工作的意见》对于留守儿童的定义，以及北京市打工子弟学校借读儿童的特殊性和实际情况，我们将李甲和李乙初步定义为城市借读新留守儿童。这类人群范围较小，主要特点是：单亲留守或者双亲留守，其他亲属监护，教育资源较好。其和普通留守儿童的区别主要在于：普通留守儿童父母双方或一方外出，子女由其他亲属在原户籍地监护，且一般来说原户籍地教育资源较差。而城市借读新留守儿童则属于父母双方或一方外出，子女随其他亲属迁至外省非户籍所在地，且一般来说迁入地为经济条件较好、教育资源较充足的发达城市。在和李甲、李乙、李丙及其家长交流的过程中，我们发现李甲和李乙都有手机，来源为父母换新弃置的旧手机，其原因主要是利用"作业帮""小猿搜题"做作业学习，还包括利用自己的微信号和家长联系，当然也安装有"抖音""快手""王者荣耀""刺激战场"等娱乐游戏软件。在问及该家长对子女手机使用的看法时，李甲和李乙母亲表示其父亲不在家，家中其他人文化水平不高、工作强度大、陪伴孩子时间较少，难以满足孩子课后作业以及老师要求。对于"是否担心"孩子手机不良使用问题，陪伴时间较少的父母亲表示"特别担心"，长期主要负责接送孩子上下学的是爷爷奶奶，爷爷表示"希望有多一点的时间爷孙一起散步"，奶奶则表示不反对其玩手机，但是也会对手机使用时间太长进行约束。

在问卷调查中，我们发现15名"没有和爸爸妈妈一起居住在北京"的同学中有11人表示"没有手机"；通过对其中6人的入户实地访谈我们发现，其中两人实有手机，余下四人没有手机的主要原因在于父母在外，家中没有"闲置的弃置旧手机"。通过进一步了解，其放学回家做完作业后的主要娱乐活动是踢足球、丢沙包和捉迷藏游戏。

4. 家庭经济条件对手机持有率的影响

在对这一变量的研究中，笔者主要采取了对照访谈的实验方法，将一部分来自海淀区四王府小学的普通低龄青少年与另一部分在"学习伙伴"项目中筛选出的家庭经济条件较差的低龄青少年进行比较。笔者借鉴"学习伙伴·青春助跑"志愿服务项目①，在香山街道办的支持下，在四王府社区也举办了为期半年的学习伙伴项目。

在学习伙伴项目中，团队主要以学习辅导和手机使用为主要内容，通过榜样示范法、灌输和渗透结合方法，通过活动载体、管理载体和文化载体等进行科学

---

① "学习伙伴·青春助跑"项目由西城区共青团、什刹海街道工委办事处主办，北京中青社工发展中心承办。项目的基本内容是组织大学生志愿者定期和部分特殊家庭结成学习、生活的大伙伴和小伙伴，帮助特殊家庭低龄青少年健康成长，同时提升大学生的社会关切程度。

文化知识的学习和意识形态的引导。

王小明同学一家四口住在北京六环的一个物流基地，和他们一起在北京打拼的还有姑姑一家。父亲是一名商品配送员，母亲在一家餐厅上班，家庭月收入在4000元左右，人均月收入低于城市最低工资标准。全家居住在简易的棚户区，室内面积不足40平方米，室内有作为厨房的阳台、不足2平方米的厕所和一个放有一张大床和上下床的小房间。由于附近的学校不接纳外地户籍、学习成绩较差的王小明同学，每天王小明上学都需要母亲骑电动车送至8公里以外的四王府小学，路程较远、交通复杂。

"这条路吧，特别容易堵车，昨天从这里过的时候两辆车还撞了一起。"补习课后王小明的母亲送笔者去最近的公交车站时说道。课后回家，王小明同学主要和姐姐、邻居家两个孩子在仓库里面捉迷藏、踢足球和丢沙包。

"外面拉货的车多，妈妈不让我们出去玩。"王小明说。由于家中经济条件较差，没有多余闲置手机，所以王小明和姐姐偶尔使用妈妈的手机，除此之外，邻居家有可以联网的电脑，所以他们有时候也会去邻居家利用电脑玩游戏、看搞笑视频等。

邢小萌同学家庭经济条件较好，家中四人，哥哥在清华大学读本科，父母均在外企上班，家庭人均月收入过万元。

邢小萌同学智能设备较多，自述有三个手机和两个iPad。在后续和家长的沟通过程中，家长也证实除iPhone 6外还有两个闲置在家的华为、小米手机。iPad分别为普通版和教育版，主要用途为学网课、看英语视频。以下是访谈录截取部分。

Q：这么多游戏能玩得过来吗？

A：当然，我周末的时候通常会早起，早上六点到七点玩迷你世界，七点到七点半玩和平精英，七点半到八点玩王者荣耀，这时候爸爸妈妈差不多醒了就一起看抖音，差不多看到八点五十分，然后九点到九点半玩武林外传，接着玩一个半个小时的倩女幽魂，再到十一点五十玩第五人格，还有从十一点五十到十二点十分玩二十分钟的仙途传说，中午吃饭之后从一点玩斗罗大陆到两点半。

Q：真是排得满满当当啊，能够严格按照时间表来玩到所有游戏吗？

A：可以呀，很简单的。

Q：手机发热了怎么办呀？

A：我有三个手机两个 iPad。

Q：可以知道是哪三款手机吗？

A：iPhone 6，呃……其他的不记得了。

Q：iPad 是 mini 还是普通尺寸的呢？小手拿 9.7 英寸会不会太重？

A：呃……两个都是 9.7 英寸！

比较两组家庭经济环境不同的同学手机使用状况，可以很明显地看出家庭经济条件对低龄青少年手机持有率有显著影响。家庭经济条件较好的低龄青少年甚至可以持有多种智能手机或电子设备。

（四）低龄青少年思想价值观的初步分析

针对自编问卷网络黏性、人格发展（主动和内疚、勤奋和自卑、自我同一性和角色混乱）、学习成绩、家庭关系、社会参与等维度进行以下分析。

1. 网络黏性

基于对手机使用时间和频率的已有分析，以下说法可作为信度效度检验对网络黏性进行进一步论证。以下选取量表中的部分问题进行分析，问题用 T 表示，并以阿拉伯数字排序。

在 T5 中，赞成"玩手机的时候妈妈叫我吃饭的时候等一会再去"的总体构成超过了 70%，即可以简单反映为生活中手机使用的网络黏性较大。T7 中不赞成"老师布置的课外作业我会先完成再去玩手机"，即网络黏性较大的占 6%。分开来看，T5 属于家庭生活方面手机黏性的体现，且与学生的身份不冲突，因为表现的手机黏性较大。而 T7 属于学生学习层面，回答者主观意愿较强，因而二者差异较大，但结合 T9 总体可以反映出手机使用黏性较大。

2. 人格发展

问卷调查的数据表明，手机使用较多的青少年人格发展正常，且具有提前化的趋势。反映主动和内疚、勤奋和自卑、自我同一性和角色混乱、亲密和孤独的调查问卷结果表明大部分手机使用较多的低龄青少年选择了正向答复，意味着手机的使用在一定程度上促进了这部分低龄青少年的人格发展。具体结果见表5。

表2 "玩手机的时候妈妈叫我吃饭的时候等一会再去"同意程度

		频率	占比(%)	有效百分比(%)	累积百分比(%)
有效	不同意	41	24.4	24.4	24.4
	非常同意	54	32.1	32.1	56.5
	同意	73	43.5	43.5	100.0
	总计	168	100.0	100.0	

表3 "老师布置的课外作业我会先完成再去玩手机"同意程度

		频率	占比(%)	有效百分比(%)	累积百分比(%)
有效	不同意	10	6.0	6.0	6.0
	非常同意	98	58.3	58.3	64.3
	同意	60	35.7	35.7	100.0
	总计	168	100.0	100.0	

表4 "放下手机后,我常常会感觉到不知道做什么好"同意程度

		频率	占比(%)	有效百分比(%)	累积百分比(%)
有效	不同意	84	50.0	50.0	50.0
	非常同意	56	33.3	33.3	83.3
	同意	28	16.7	16.7	100.0
	总计	168	100.0	100.0	

表5 人格发展部分问题同意程度

主动和内疚	T1 "在家我会主动打扫卫生"	64.5%同意
	T3 "上学途中,进校门的时候我会主动向保安叔叔问好"	3%不同意,57.4%非常同意
	T4 "上课我敢于主动举手发言"	53.3%非常同意
	T5 "玩手机的时候妈妈叫我吃饭我会等一会再去"	9.5%非常同意,49.7%不同意,40.2%同意
勤奋和自卑	T7 "老师布置的课外作业我会先完成再去玩手机"	6%不同意,58%非常同意
自我同一性和角色混乱	T8 "我对上哪所中学有明确的目标"	59.8%非常同意
亲密和孤独	T9 "放下手机后,我常常会感觉到不知道做什么好"	50%不同意,16.7%同意,33.3%非常同意
信任感	T10 "在网络上有过被诈骗的经历"	82.2%不同意,4.7%同意,12.4%非常同意

3. 学习成绩

学习成绩是学生社会个体社会化的重要参考指标。从问卷收集信息的总体情况来看，大部分学生学习意愿较强，学习任务完成度较高。但在随后的焦点小组入户访谈针对学习成绩较差的学生的了解中，也发现其中有厌学情绪以及数学学习困难较大等情况。在有关学习成绩的调查结果中，我们可以发现大部分受调查者在校学习程度完成度较高，但是课外时间的学习参与度并不高，并且存在学习上的困难，这说明手机使用较多占据了一定的课外学习时间并在一定程度上影响了学习参与度。具体结果见表6。

表6 学习成绩语义认同调查

T11	"在学校的学习成绩"	13.6% 较差,52.7% 中等,33.1 优秀
T13	"我报过课外辅导班"	21.3% 不同意
T15	"定期会有家庭老师来辅导我的功课"	50.9% 不同意

4. 家庭关系

在低龄青少年的社会生态系统中，家庭是最微观但最重要的场域。通过问卷和实地访谈，笔者发现在城市新留守儿童的家庭中，大部分工作日父母上班，因而大部分青少年上学是有爷爷奶奶或其他旁系亲属接送上学，甚至是独立上学。同时，由于青少年独立性发展和青春期提前，在家庭生活中也更倾向于一个人待在自己的房间。在入户访谈中，笔者还发现，部分青少年没有自己单独的房间。具体结果见表7。

表7 家庭关系语义认同调查

T19	"爸爸妈妈都在家的时候,一般我自己独立上学"	62.1% 不同意
T20	"我喜欢待在自己的房间"	30.2% 不同意

5. 社会参与

青少年社会参与集中表现为学校组织、集体参与。从调查结果中我们发现学校是其社会参与和志愿活动的主要平台，而且手机使用成为青少年在学校进行集体参与的重要话题。具体结果见表8。

表 8 社会参与语义认同调查

T21	"在学校不会玩游戏就和同学没有共同话题"	79.9%不同意,4.7%同意,14.8%非常同意
T22	"比起户外体育运动,我更喜欢自己玩手机"	55%不同意
T23	"我不喜欢过年走亲戚"	60.9%不同意
T24	"经常参加街道、学校组织的志愿活动"	11.2%不同意

同时，从整个宏观层面来看，由共青团中央维护低龄青少年权益部、中国互联网络信息中心（CNNIC）联合发布的《2018 年全国未成年人互联网使用情况研究报告》显示，截至 2018 年 7 月 31 日，我国未成年网民规模达 1.69 亿，未成年人的互联网普及率达到 93.7%，明显高于同期全国人口的互联网普及率（57.7%）。从各学历看，小学、初中、高中和中职学生上网比例分别达到89.5%、99.4%、96.3% 和 99.0%。从城乡分布看，城镇未成年人上网比例为95.1%，农村未成年人上网比例为 89.7%。该报告分析，这是近年来我国互联网覆盖范围扩大、移动流量资费下降的直接表现，也与未成年人对互联网的兴趣浓、学习能力强、应用需求大密切相关。另外，农村学校信息化基础设施环境持续改善，互联网为农村学校输送了丰富的数字教育资源，城乡未成年人的上网比例差异逐渐缩小。该报告显示，未成年网民的上网设备更加多样化，使用电脑上网地点主要是家庭和学校。手机成为未成年人的首要上网设备，使用比例达到 92.0%。

三 手机使用对低龄青少年人格和社会性发展过程影响研究分析

从低龄青少年手机使用和人格、社会化发展的角度来看，手机使用已经不再是之前人们眼中的洪水猛兽，人们相对科学化地将其作为信息生产、信息收集、信息交换的工具，并将其应用于个体生活的各个方面，手机作为一种快速便捷化的生活必需品存在。

（一）手机使用对主理、心理发展的影响

低龄青少年在手机的使用过程中，人格和社会化首要的变化就是"进化发展历程"迅速加快，在生理层面表现为近视眼患病率激增、辐射导致的皮肤病增多、性早熟等。中山大学中山眼科中心的临床数据显示，近年来近视眼的年增

长率达 10%，发生近视的年龄比之前提前三年多。英国《卫报》2009 年 9 月 25 日关于《萤火虫儿童手机进入英国》的报道也指出儿童手机造成的辐射会影响孩子的健康，过多使用手机亦会使孩子过早成人化，英国"青年手机"研究组织发现，在英国 5～9 岁的英国儿童中有 52% 拥有手机，10～14 岁的英国儿童中有 85% 拥有手机。而文化产品不分级、互联网信息良莠不齐、黄赌毒等信息屡禁不绝等也导致低龄青少年容易更早出现性早熟，徐璟等人认为父母陪伴与性早熟呈负相关，而较多时间使用手机等上网设备的个体更容易出现性早熟。[①] 李伟元认为随着社会的进步、经济的发展，儿童青春期的开始时间从原来的 13～14 岁提前到 8～9 岁。[②]

（二）手机使用加速了个人文化场域的形成

在思想意识表现层面出现一系列的知识丰富、心理早熟等现象。在当前的社会文化环境中，低龄青少年通过手机网络可以广泛了解各种各样的文化产品、网络信息。例如最为火爆的综艺《中国好声音》中爱情题材的歌曲、"网络热搜"中的各种爱情题材类电影、电视剧、网络言情小说等不分级的文化作品，都对低龄青少年的心理发展产生了质和量的影响。

从事媒体工作的殷先生也忧心："我家 3 岁娃娃张嘴唱出的是《无心睡眠》《可惜不是你》。虽然家人不觉不妥，反是捧腹大笑或夸其能干。但仔细想想，这又会给孩子造成怎样的影响？"对此，很多心理学家担心，儿童过早接触一些时尚化、成人化的东西，或将导致其性早熟、社会人格障碍等情况出现，由此会给童年带来负面影响，从而失去天真；也有可能会导致孩子的虚荣心膨胀，给日后的人生道路带来很多不堪想象的后果。[③]

此外，在思想文化层面还出现开始直接参与特定场域中的信息生产，例如二次元领域、部分社交软件领域，通过特定的暗语和词汇结构，形成一批独属于自己以及特定群体的文化场域等现象。笔者在焦点小组的访谈过程中发现，在进行才艺表演时，一个小组的六位小朋友同时选择唱一首在抖音上火爆的歌曲

---

① 徐璟等：《儿童性早熟与生活方式及家族因素相关性分析》，《中国学校卫生》2017 年第 6 期。
② 李伟元：《话说"伪青春期"——性早熟》，《中国健康养生》2019 年第 3 期。
③ 《避免孩子性早熟是很重要的》，新浪网，http：//k. sina. com. cn/article_ 6902202605_ 19b6740ed00100nwa8. html？ from = baby。

《绿色》，而对于笔者和在场的大学生志愿者来说，这是完全没接触过、陌生的乐曲。

这些以个体为导向的信息生产和传播，使个体人格不再按照主流价值观所规定的阶段发展，而是在人格和社会化发展过程中，以主流文化和价值观为基础，以自己特定文化场域所形成的特殊文化符号为重要补充和载体，形成特定个体的性格、气质、道德、品质。

低龄青少年手机用途方面，除学习外，游戏占了很大比重。在南京大学蓝江教授的《数码身体、拟－生命与游戏生态学——游戏中的玩家－角色辩证法》一文中，作者就游戏观点梳理了自赫伊津哈《游戏的人》、梅洛·庞蒂《知觉现象学》、米歇尔·亨利身体现象学到当今手机网络游戏出现的数码现象学，作者指出游戏一直在人类生物进化和人格社会化的过程中具有重要作用。早期社会，游戏是人们锻炼体格、增长知识的重要实践手段，并在游戏的社会化过程中逐渐产生了社会、民族和国家的概念，形成了自己的文化。就如赫伊津哈所说："我们可以归纳出，文化、文明在它的最初阶段其实是一场游戏，但是它不可以像婴幼儿脱离母体一样从游戏中分离，它在游戏中产生，并在游戏中发展，从来不离开游戏的母胎。"[①]

进入信息时代，游戏除了依靠其原有的物质载体、活动载体外，还出现了新的网络载体，即电子游戏、网络游戏。反映到低龄青少年乃至社会全体手机使用上就表现为玩手机游戏成为手机的重要用途，甚至出现游戏定制版手机。

低龄青少年在手机游戏中的表现，往往较其他玩家差，因而在游戏领域也形成了"小学生"这一概念，即操控力一般、自制力弱、交流欲望强烈的低龄玩家群体，广义上也可以用来泛指具有以上特点的其他个人。这是因为，首先，低龄青少年大多处于学龄阶段，这对其游戏时间有一定的限制；其次，大部分低龄青少年在游戏的操控方面没有成年人、职业选手熟练；最后，低龄青少年处于从儿童到成人的过渡阶段，因而会表现出一种更为强烈的控制欲、实现欲，即将自己在现实中难以实现的需求寄希望于网络游戏中，并作为游戏角色在"拟－生命体"游戏中发现周围世界，加速对现实世界的认识。

---

① 转引自严伟《电子游戏参与公共治理的思考：基于赫伊津哈的游戏论视角》，《新闻研究导刊》2018 年第 15 期。

总体来说，手机使用及手游的普遍化加速了低龄青少年人格和社会发展总过程，在个体的社会化发展过程中，个体与个体之间又表现出显著差异，并形成特定文化群体。

四　思想政治教育在时空两维度的第一性问题

思想政治教育一直是意识形态的主要组成部分，并作为适应一定社会经济基础的上层建筑存在。进入新时代以来，第四次工业革命的蓬勃兴起大大加速了信息、资本、人员、技术等生产要素的全球化流动。"意识形态淡化、中产阶级扩大和社会福利政策让当今世界不再是一个以阶级斗争为核心的社会了，而是各国政府以经济建设为中心刺激社会生产、扩大社会分配，促进社会、经济、政治、文化、生态各方面可持续发展，保证政权合法性和为人民服务的新公共管理时代。"[1] 在这个政府职能从管理到服务、自媒体快速发展的新时代，去政治化和去中心化现象越来越明显，尤其对于世界观、价值观正在形成的低龄青少年，思想政治教育在时空两个维度的第一性问题就更加带有必要性和紧迫性。

思想政治教育要确保在时间上具有第一性。思想政治教育的第一性是指在个体思想政治结构的建立和发展过程中，首先和必须要接触到的世界观、价值观、人生观、哲学观等意识形态，同时包括实践层面上首先接触到的社会现实、社会实践、社会存在等。之前有人形容中国的思想政治教育工作是头重脚轻，即小学学思想政治品德，初中高中政治，大学却变"自由"了，可以接触各种哲学、各种思想，可以学"各种主义"，但是值得指出的是，这并没有头重脚轻，反而是马列主义社会主义思想在实践中进行人的解放和自由全面发展的表现。即"人生需要系好第一粒扣子"，在树立正确的思想意识形态之后，可以明辨是非，以我为主，为我所用，按照个体内在的本质获取所需的各种物质文明、精神文明，并总体服务于个体本身以及全人类的发展。这是 20 世纪、21 世纪前十年的思想政治教育模式，而进入新时代以来，传统官方价值意识形态受到自媒体各种思想的冲击，手机的出现和在低龄青少年中的普及会拓宽其接触信息、各种意识形态价值观的渠道，除了正向的社会主义核心价值观以外，极端个人主义、拜金

---

① 潘维：《信仰人民》，中国人民大学出版社，2017，第 32 页。

主义、形式主义、黄赌毒不良思想等也容易通过网络，以手机使用为渠道影响低龄青少年的健康发展。2019 年 3 月，共青团中央维护低龄青少年权益部、中国互联网络信息中心（CNNIC）等联合发布了《2018 年全国未成年人互联网使用情况报告》，网络暴力、网络违法和不良信息仍然存在，未成年人网络保护需要加强。15.6% 的未成年人表示曾遭遇网络暴力，最常见的是网上讽刺或谩骂、自己或亲友在网上被恶意骚扰、个人信息在网上被公开。30.3% 的未成年人曾在上网过程中接触到暴力、赌博、吸毒、色情等违法不良信息。69.1% 的未成年人知晓可以通过互联网进行举报，其中初中、高中和中职学生的网络权益维护认知率达到 80% 左右，小学生也达到 59%。曾通过网络进行法律咨询或接受法律服务的未成年人比例只有 15%，未成年网民利用互联网进行自我保护的应用水平较低。新时代思想政治教育面临的时间维度上的问题解决需要自媒体平台、监管方、低龄青少年个人乃至整个社会的共同努力，并通过顶层设计和具体实践完善跟进，确保低龄青少年在接受思想政治教育的过程中，抓主要矛盾，坚定社会主义信仰。

从空间来看，即在思想政治教育过程中，要注重个体思想政治品格形成和发展的规律以及如何对其施加思想政治教育的两大规律，塑造有利于两个规律顺利发展的空间环境，保证思想政治教育在空间上的第一性。这里不仅包括狭义的物理空间环境，如思想政治教育理论课堂；也包含虚拟的网络空间等。网络信息时代，网络空间在个体思想形成和文化信息交流方面的地位越来越重要。近年来，我国互联网覆盖范围扩大、移动流量资费不断下降，同时，网络社会进入门槛相对较低，网络交流具有匿名性，交往空间更大。手机、平板、个人电脑等的普及为低龄青少年提供网络生活的物质载体。就个体层面来说，低龄青少年对互联网的兴趣浓，学习能力强，应用需求大；低龄青少年作为以学习为主要任务的特定群体，现实社会关系比较简单，生活压力相对较小，闲暇时间较多，游戏作为闲暇时间的实践活动显然比较简单，除了满足基础的娱乐放松需求之外，相对容易获得的游戏成就满足了其作为现实的人所需要但难以在现实中获得的精神需求。另外，在网络空间还形成了部分以二次元文化为生活圈核心的亚群体和个人。因此，网络空间中的低龄青少年思想政治教育研究的重要性不言而喻。

以往的研究、理论和现实体制大部分是针对现实的物质社会空间展开，近年来，对网络社会、自媒体空间的研究在不断发展，但实际应用中还存在很多不足。在虚拟社会中，人们的交流无须面对面，交流的时间和空间也不再受到限制，这就需要思想政治工作因实而变，要改变工作方法，增添工作方法的艺术。"理论教育法、实践锻炼法、榜样示范法、自我教育法、比较鉴别法、咨询辅导法是我们常用的工作方法，在面对不同教育对象、不同阶段时要因地制宜、因时制宜、因人而异。同时也应该注意思想政治教育的艺术，即指教育者为了有效达到思政教育的目的而创造性运用的具有感染力的教育技能和技巧的总和，是教育者学识、才能、智慧、品格、经验、胆识和灵感的综合体现。"①

五 结论与建议：社会关切和低龄青少年培养一致性

党和国家历来重视青年、关怀青年、信任青年，始终坚持把青年作为党和国家事业发展的生力军。② 从建党以来，中国共产党就始终将工会、共青团、妇联作为统一战线的重要组成部分，同时党和国家领导人十分关注中国低龄青少年的共产主义素养教育，从上层设计和基层建设多方面关注低龄青少年的思想政治建设和人才培养。习近平同志在学校思想政治理论课教师座谈会上强调，"青少年阶段是人生的'拔节孕穗期'"③，需要精心引导和帮扶。对于低龄青少年的个体培养和社会集体荣誉感，思想政治教育工作要紧密联系实际，坚持方向性和求实原则，关注低龄青少年的思想现状和思想发展。在对低龄青少年的思想政治教育过程中，要以思想政治教育课堂为中心，开展多种形式教育，坚持政治性和学理性的统一，坚持理论性和实践性的统一，坚持启发和灌输的统一，坚持显性教育和隐性教育的统一，坚持主导性和主体性的统一，坚持批判性和建设性的统一，坚持统一性和多样性的统一。

新媒体时代，随着手机的普及和低龄青少年手机使用率不断上升，手机使用带来的一系列人格和社会化发展问题也逐渐突出，如早熟、个体化、拜金主

---

① 张耀灿、陈万柏主编《思想政治教育学原理》，高等教育出版社，2015，第221页。
② 刘万民：《用习近平总书记关于青年工作重要思想指引青年成长》，《吉林日报》2019年5月10日。
③ 《习近平谈治国理政》第三卷，外文出版社，2020，第329页。

义、追星低龄化等。面对新问题新挑战，我们需要准确认识和把握新现象，并在社会层面上营造有利于低龄青少年健康成长的环境，增添新的教育内容，感知、疏解未成年人心理问题，减少越轨、失范行为，保证思想政治教育的第一性。

（指导教师：高海龙）

北京市郊新农村思想政治工作现状探究

——以北京市韩村河镇韩村河村为例

张诗雨　袁　媛　姜　元*

摘　要　韩村河村作为北京市郊发展较好的新农村，是农村建设的一个较为成功的案例，是研究农村思想政治教育的一个典型样本。

本研究通过文献分析法、田野调查法、案例法等研究方法，在第一部分界定了主要概念，探索了农村思想政治工作与经济、政治、文化及城市化之间的关联性，认为新农村的思想政治工作应与该村的基本情况和时代的宏大背景变化相结合。在此理论基础上，第二部分对韩村河村的历史、发展过程和现状特别是政治、经济、文化现状进行了理论和实际的调查，旨在探讨在新的形势变化下，应在什么地位上看待农村思想政治工作，原则上该如何展开工作，以及韩村河村的发展模式能否复制，为补充农村思想政治教育内容提供帮助。第三部分引入城市化相关理论，目的是将思想政治工作置于城市化背景下研究。第四、第五部分叙述了韩村河村思想政治工作状况以及该案例为农村思想政治工作提供的经验与启示。对韩村河村思想政治工作进行研究，总结其经验和做法，能够为在新时代更好地推动农村思想政治工作提供帮助。

关键词　农村发展；城市化；农村思想政治教育

---

* 张诗雨，马克思主义学院 2017 级本科生；袁媛，马克思主义学院 2017 级本科生；姜元，马克思主义学院 2017 级本科生。

绪　论

（一）引言

中国是一个历史悠久的农业大国，乡村振兴是我们实现中华民族伟大复兴的重中之重。如何在维持稳定的基础上快速实现农村、农业、农民的现代化，始终是我们面临的重要问题。

作为后发现代化国家，我们和发达国家在城市产业发展上存在先天差距，发达国家工业化初期的城市化、现代化路径无法被我国所复制。对快速实现现代化、城市化的需求和对农民权益的保障、五位一体的综合考量要求我们找出一条不同以往的、具有中国特色的新道路。

随着市场化的发展、城市文化的扩散，传统而保守的村落文化受到冲击，无论是进城谋生的农民工，还是就地完成身份转化的农村企业一员，抑或仍然停留在传统农业中的农民，都清晰地感受到社会迅速发展带来的变化。本研究以韩村河村为研究案例，试图在对其现代化和城市化发展路径回顾与归纳的基础上，研究村民的思想文化变化，探讨该村的思想政治教育工作的现状。

（二）选题依据及意义

1. 选题依据

韩村河村位于北京市郊韩村河镇，是有名的美丽新农村，有"京郊第一村"的美称。2002 年，江泽民同志及部分党政领导至韩村河村考察。2009 年，习近平同志及部分党政领导至韩村河村考察。韩村河村的发展受到党和国家领导的关注和期待，但针对韩村河村经验的研究是相对缺失的。研究团队认为，就新农村建设路径的探索而言，韩村河村是一个有借鉴意义的考察对象。而在新农村的建设中，思想政治教育的地位和内容是值得探究的问题。因此，探索韩村河村的发展路径，对把握该村思想政治教育状况具有较大意义，对新农村思想政治教育建设路径的探索也很重要。

研究团队通过查阅文献发现与新农村思想政治教育相关的论文大多是宏观判断和研究，注重大方向的把握，而且年代较远，大多为十余年前的研究结果，近年的研究较少结合某个新农村的具体案例进行分析。因此，研究团队选择了韩村河村，探索其思想政治教育现状，并试图依托该村约 40 年的历史发展，探索农村思想政治教育在新农村转型期的地位与影响。

2. 选题意义

（1）理论意义

第一，有利于丰富对韩村河村经验的理论研究。韩村河村的发展符合农村集体经济的发展路径，且取得了显著成果，但目前，学界对韩村河村的研究较少，并且基本上都是从经济学角度去研究，研究内容也多是对韩村河大方向上的概括与评述，但对该村的思想政治教育方面的探索几乎是空白。

第二，有利于丰富思想政治教育的内容。本文关注在新农村建设过程中思想政治教育的地位，通过对韩村河村案例的探索研究，形成一定的理论成果，可以为丰富思想政治教育内容做出一点贡献。

第三，可为新农村建设中的思想政治教育工作提供理论参考。思想政治教育工作在具体的环境下，该如何发挥作用，该为谁服务，这都是具体的微观的问题。本研究结合具体案例，探索新的工作方法，为新农村建设过程中的具体工作提供理论参考。

（2）现实意义

第一，为新农村建设与思想政治教育工作结合提供具体案例的借鉴。本研究通过大量文献参考和实地考察来总结和探索韩村河村思想政治教育与该村经济、政治、文化之间的关联，并将其置入就地城市化的进程中，探索其思想政治教育工作的路径，为新农村建设与思想政治教育工作的结合提供借鉴。

第二，为农村思想政治教育的新模式提供经验和借鉴。提起思想政治教育，我们很容易联想到政治观、政治意识教育，但实际上，思想政治教育渗透于我们生活中的方方面面，且"因地制宜、具体问题具体分析"是其显著特点。在探索农村思想政治教育的新模式的过程中，与其通过理性建构一个庞大的先验理念式设计，不如从具体事例和实践探索中寻找经验，并考量是否有推广的可能性，以及获取可借鉴的经验。

（三）国内外研究现状

1. 国内研究现状

（1）关于农村思想政治教育的研究

有关农村思想政治教育的研究，知网收录文章 1540 篇。学术关注、传播和用户关注度均从 2007 年开始出现较大幅度增长。2010～2016 年发表的有关农村思想政治教育研究文章数量达到一个高峰。这些文章以基础研究和政策研究为主。而 2019 年将农村思想政治教育置于新时代和乡村振兴战略背景下的研究增加，为其赋予一定时代先进性（如图 1 所示）。此外，侧重不同方面的思想政治教育问题研究也有不少。

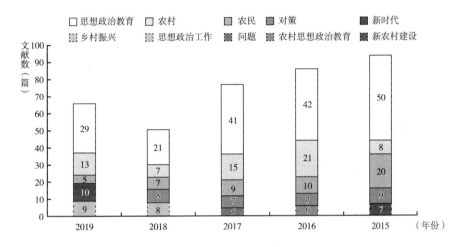

图 1　近五年与农村思想政治教育主要主题分布

　　第一，针对农村各群体的研究包括王欣磊的《农村老年群体的思想政治教育现状及对策》，文中提到老年人具有政治态度较为保守、思想道德水平稳定单一、心理承受能力较差等特征，提出要开展符合老年人特征的思想政治教育。[①] 黄丹丹在《农村社区老年人思想政治工作研究——以马鞍山市金山社区为例》提到，在对老年人进行思想政治教育工作的同时，要结合其实际情况，思想政治教育者要定期了解老年人生活状况和思想动态。[②] 关欣对河南农村中学生思想道德建设存在的问题进行了研究，提出其存在的问题是思想道德水平不够高，原因在于经济根源及家庭教育实效等。[③] 其他视域下与思想政治教育有关的研究

---

①　王欣磊：《农村老年群体的思想政治教育现状及对策》，《新西部》2019 年第 21 期。

②　黄丹丹：《农村社区老年人思想政治工作研究——以马鞍山市金山社区为例》，安徽农业大学硕士学位论文，2017 年 5 月。

③　关欣：《河南农村中学生思想道德建设存在的问题及对策》，郑州大学硕士学位论文，2017 年 5 月。

还包括李丹等在《分众化视域下的网络思想政治教育探析——以农村青少年为研究对象》中引入传播学"分众化"理论，强调思想政治教育工作应当根据受众特点，把总目标进行分解，使各具体的被分解目标更贴近受教育者的实际生活。①

第二，以具体县乡作为重点案例现状和经验的研究包括：崔亚男以山西省晋城市崔河村为研究案例，指出一种以其为代表的、经济发展较好但忽视思想政治教育和文化教育的村庄。② 在《农村思想政治教育融入洋县社火的现状及对策研究》中，杨瑾指出在对农民进行思想政治教育时，要讲究方式方法，以群众喜爱的思想政治教育载体将思想政治教育内容带给群众。③ 在《精准扶贫背景下农村思想政治教育现状与对策——以苍梧县石桥镇帘溪村为例》中，吕昀祥、汪凤娟指出农村思想政治教育工作偏形式化、利益化，队伍建设滞后，应加强思想政治教育与农村经济发展的结合。④

第三，将思想政治教育与党员建设、家风建设、农村基层社会治理能力等子研究相联系的具体问题研究。在《关于农村党员教育的有效性和针对性的初步思考》中，莘小龙提出了新农村建设的五个要求。⑤ 沈梦玲《家风建设在农村思想政治教育中的作用研究——以广德县卢村乡为例》通过对卢村乡家风建设现状的调查和分析，总结出应当充分发挥家风在思想政治教育中的正面作用，如增强集体荣誉感、发挥榜样作用和增强亲情关系的感染力等。⑥ 与农村基层社会治理能力相关的如娄鹏《思想政治教育视域下的农村基层社会治理能力提升——以桐梓县农村思想政治教育为例》，提出要分别从稳固党的领导和执政基础、激

① 李丹、何临春：《分众化视域下的网络思想政治教育探析——以农村青少年为研究对象》，《濮阳职业技术学院学报》2011 年第 2 期。

② 崔亚男：《农村思想政治教育现状研究——以山西省晋城市崔河村为例》，《智库时代》2019 年第 7 期。

③ 杨瑾：《农村思想政治教育融入洋县社火的现状及对策研究》，湖北大学硕士学位论文，2018 年 5 月。

④ 吕昀祥、汪凤娟：《精准扶贫背景下农村思想政治教育现状与对策——以苍梧县石桥镇帘溪村为例》，《广西职业技术学院学报》2018 年第 4 期。

⑤ 莘小龙：《关于农村党员教育的有效性和针对性的初步思考》，《上海党史与党建》2006 年第 6 期。

⑥ 沈梦玲：《家风建设在农村思想政治教育中的作用研究——以广德县卢村乡为例》，上海外国语大学硕士学位论文，2019 年 5 月。

发农村农民在社会治理问题中的主体意识、提升法治意识三个方面对广大农村农民进行思想政治教育。[①]

（2）关于典型村的新农村经济发展模式的研究

新中国成立以来，小岗村、华西村和南街村是新农村发展的典型，学界将典型村的新农村经济发展模式分为以下几类。[②]

一是政府主导型。政府主导型以苏南华西村为例。华西村由政府组织生产资料和资源，通过壮大集体经济来实现农村工业化。其代表较发达农村地区经济发展模式，以第一产业为主导，第二产业、第三产业同时发展。

二是集体经济主导型。集体经济主导型以南街村为例。南街村由较有实力的企业家和乡村政府领导人组织生产资料和资源。其代表次发达农村地区经济发展模式。

三是家庭分散型。家庭分散型以小岗村为例。1979 年，小岗村将土地使用权分给村内家庭，最终以"家庭联产承包责任制"形式为中央肯定并推广。其模式是打破集体经济，发展小农经济。

当然，对新农村经济发展模式的总结还有其他研究。如张利庠在《可资借鉴的八种新农村发展模式》中，总结了社会主义新农村起步的八种可借鉴模式，分别是工业企业带动型，如华西村；特色产业带动型，如云南昆明呈贡县；畜牧养殖带动型，如由希森三和集团带动发展的山东梁锥村；休闲产业带动型，如许多农家乐村；商贸流通带动型，如上海闵行区九星村；旅游产业带动型，如名镇周庄；合作组织带动型，如山东前屯村；劳务经济带动型，如河南固始县郭陆滩镇太平村。[③]

（3）关于典型村就地城市化发展的研究

就地城市化道路的一般性讨论始于 1985 年前后学界提出"离土不离乡"[④]

---

① 娄鹏：《思想政治教育视域下的农村基层社会治理能力提升——以桐梓县农村思想政治教育为例》，《遵义师范学院学报》2019 年第 6 期。

② 朱晓红、邓国军：《新农村建设模式的比较研究及其启示——以华西村、南街村和小岗村为例》，《安徽农业科学》2008 年第 9 期。

③ 张利庠：《可资借鉴的八种新农村发展模式》，《中国乡镇企业》2007 年第 3 期。

④ 可参阅刘俊喆、王清洲《试论"离土不离乡"的人口转移》，《中州学刊》1987 年第 4 期；杨翼《"离土不离乡"长短论》，《浙江社会科学》1985 年第 3 期；康就升《农业劳动力转移与农村人口城镇化》，《人口学刊》1985 年第 3 期。

的渐进式城市化模式。在城市发展速度有限的情况下，农业劳动力不直接进城，而是就地转移到非农产业，以期在实现产业结构转化的同时减少大量人口进入城市造成的生态、社会等方面问题，同时与我国"安土重迁"的文化心理相契合。其后，李克强将这一现象较为系统地概括为"经济的三元结构"①，即在我国除农村农业和城市工业之间，还存在农村工业这一过渡形式。一般来讲，乡镇企业的技术设备较城市差，而以密集的劳动力来弥补，能够吸收大量劳动力，促进产业转化和大量新兴城镇的兴起。

在对新农村城市化发展的具体案例研究上，杨世松在《探索新农村"就地城市化"之路》②中分析了就地城市化的可行性，以南街村和华西村两个具体案例说明就地城市化道路适应我国发展状况。邓国军在《新农村建设模式的比较研究及其启示——以华西村·南街村和小岗村为例》③说明不同村庄应因地制宜探索不同发展路径。

（4）关于韩村河村的研究

《求是》1994年7月15日刊登刘永富《发展集体经济　走向共同富裕——北京市房山区东营乡韩村河村调查》，提出韩村河村坚持走发展集体经济、坚持公有制和市场机制相结合的道路。④ 樊新民等在《一个现代乡村新农村社会建设的前卫做法》中，透过社会学视角，从现代化、功能主义、功利主义、现代组织制度、社会角色、社会保障的层面对韩村河村的发展进行解读。⑤ 钟智利等在《韩村河村的发展经验对辽宁省新农村建设的启示》中，提出韩村河村由好的领导人带头，加强农村基层党组织建设；根据地方特色搞好规划，发展龙头企业；运用现代化理念，加强农民培训，谋划农业新发展，这些都是可资借鉴的经验。⑥

---

① 李克强：《论我国经济的三元结构》，《中国社会科学》1991年第3期。
② 杨世松：《探索新农村"就地城市化"之路》，《理论与现代化》2007年第4期。
③ 朱晓红、邓国军：《新农村建设模式的比较研究及其启示——以华西村、南街村和小岗村为例》，《安徽农业科学》2008年第9期。
④ 刘永富：《发展集体经济　走向共同富裕——北京市房山区东营乡韩村河村调查》，《求是》1994年第14期。
⑤ 樊新民等：《一个现代乡村新农村社会建设的前卫做法——北京韩村河村社会建设政策研究》，《中国青年政治学院学报》2008年第4期。
⑥ 钟智利、纪韬、邓春晖：《韩村河村的发展经验对辽宁省新农村建设的启示》，《沈阳农业大学学报》（哲学社会科学版）2006年第4期。

2. 国外研究现状

（1）经典城市化模式

一般地，城市化由工业化驱动。在农村，农业的机械化使对劳动力的需求减少，农村劳动力产生替代性剩余，而城市的新兴产业又造成大量劳动力缺口，因而农村剩余劳动力向城市转移，城市规模扩大，城市人口占总人口的比重迅速上升。

在 *European Urbanization：1500 - 1800*[1] 一书中作者回顾了1500～1800年城市的发展，着重说明了城市在工业化之前社会的作用及工业化对城市形态的影响。

在 *Los Angeles：Globalization，Urbanization and Social Struggles*[2] 一书中，作者以洛杉矶为例，回顾了全球化给洛杉矶城市化进程带来的影响及城市化过程中的社会问题。

（2）城市化含义和形态的扩展

在 *Planetary Urbanization*[3] 一书中，作者提出，21世纪城市结构的影响远超我们以往"城市"作为聚居地的范围，城市化概念应被作为一种生产关系的扩张被理解。

Patrick Mullins 在"Tourism Urbanization"[4] 一文中提出自20世纪后半期以来，"旅游城市"随着旅游业的迅速发展而兴起，城市由物质生产中心逐渐向非生活必需品的消费和娱乐中心转化。游客成为城市规模扩展的新一波动力。

一　韩村河村现状

韩村河村位于北京市房山区韩村河镇，全村总面积约为2.4平方公里，有800户、2700人、耕地2000亩左右。韩村河在历史上被人称作"寒心河"。流行的民谣是"臭水沟，烂泥塘，挖野菜的结成帮，几条鸿沟穿村过，

[1]　Jan De Vries, *European，Urbanization：1500 - 1800*, Routledge, 2013.
[2]　Roger Keil, *Globalization，Urbanization and Social Struggles*, Los Angeles：Wiley, 1998.
[3]　Neil Brenner, *Planetary Urbanization*, Berlin：Ruby Press, 2017.
[4]　Patrick Mullins, "Tourism Urbanization", *International Journal of Urban and Regional Research*, Vol. 15, No. 3, 1991, pp. 326 - 342.

墩台上面搭土窝，天灾人祸年年有，村破人穷常挨饿"。① 贫穷的韩村河村在改革开放后，组建起建筑队伍，以建民房为起点，逐步取得了耀眼的成绩，于 1992 年成为"亿元村"，面貌已经焕然一新。如今，韩村河村成了一个旅游村，当年的小小建筑队也发展成了庞大的韩建集团，韩村河村正是韩建集团的大本营。

1978 年，在村党支部的支持下，村民田雄利用村里多泥瓦匠的优势，成立了韩村河建筑队。经过 21 年的艰苦奋斗，韩村河建筑队已发展成为具有国家一级资质的大型建筑企业集团——北京韩建集团。

韩村河建筑队直至后来的韩建集团盈利后，在领导集体的意见下，决定施行诸多措施回报村民。韩建集团自 1994 年开始对全村进行整体规划建设，逐步建成 11 个高标准住宅小区、581 栋别墅楼，欧式、美式、民族式，中西融合，风格迥异，面积均在 240 ~ 360 平方米之间。② 此外，还有 21 栋共 210 户公寓式的多层住宅楼，村民住宅总建筑面积近 20 万平方米，人均住房面积达 68 平方米。多项配套公共设施齐全，涵盖电信局、邮政局、卫生院、影剧院、公园、教育中心、星级宾馆；全村实施了"立体绿化工程"，栽种了银杏、樱花、法国梧桐等名贵花木，全村绿化面积达 0.6 平方公里，林木覆盖率达到 60%；如今，韩村河已不再是"寒心河"，而是布局合理、公共设施齐全、家家住别墅楼、人人安居乐业的美丽和谐的新农村。

（一）经济状况

韩村河村通过组建建筑队、承包建筑工程、发展集体经济带动农村经济发展和人民生活水平提高，在此基础上发展特色农业和文化旅游业，走出一条独特的致富发展道路。

1. 发展集体经济，先富企业带动村经济发展

该村最显著的特征就是经济形态为集体经济，以韩建集团这个大企业带动村子发展。

1978 年，韩村河由于瓦工、木工多，村党支部将他们组织起来成立了建筑

---

① 田雄：《田雄创业路》，北京出版社，2017，第 717 页。
② 《大美房山——北京最美乡村韩村河》，搜狐网，http：//www.sohu.com/a/69115892_ 377014。

队，一开始只是承接公路护坡、民房等小型工程。1986 年，房山区成立了房山建筑集团，韩村河建筑队作为房山建筑集团二公司，借助集团优势迅速发展起来。1994 年，当时的房山区委副书记刘永富提出要成立四大建筑集团，韩村河建筑队从房山建筑集团中分离了出来，韩建集团正式成立。

现如今，韩建集团以建筑业为主、PCCP 管业和房地产业为辅，业务范围主要在第二产业的重工业。韩建集团已经是拥有三大产业支柱、22 个下属公司、15 个直属公司、12 个子公司，总资产达 100 亿元，最高年创产值 60 亿元的全国建筑行业排头兵。[①]

韩建集团还出台了一些规范化的制度和措施，实行"五民主、两公开"制度（民主选举、民主议事、民主决策、民主管理、民主监督和政务公开、财务公开），先后建立 430 项规章制度。

韩建集团的形成与发展有其必然性，但也有很多偶然因素。一般的农村发展路径为依傍村内固有优势资源进行发展，有的是农业，有的是矿产，而韩村河村的发展起源于小建筑队，或者说是其领导集团的个人特长，如田雄本人就擅长做瓦工，他带领本村 30 多名泥瓦工开始建筑之路。韩村河村正是在这种个人特长下组建队伍、逐渐发展，最终获得了巨大的成功。同时，领导集团认为，必须坚持集体经济，这样才能回报乡村。田雄说："共产党员就是要为大伙儿谋福利，钱是大伙儿干出来的，不能装进少数人的口袋。我们是集体建筑企业，要想到村里还有几千口子人！"韩村河村探索出的经济发展新路径就是出色的企业家在抓住时代机遇、获得自我发展的同时回报乡村。因为这种路径更依赖于村内企业家个人能力与时代机遇，该村经济发展路径的可借鉴程度是值得商榷的。

2. 收入来源多样，收入水平较高

2018 年，全国农村居民人均可支配收入为 14617 元，城镇居民人均可支配收入为 39251 元。[②] 1978 年，韩村河村全村收入仅为 30 多万元，人均收入仅为 118 元；1993 年，全村经济总收入达 3.166 亿元；1999 年，全村工农业总产值达

---

① 田雄：《田雄创业路》，北京出版社，2017，第 17 页。

② 数据来源：国家统计局，http：//data. stats. gov. cn/easyquery. htm？cn ＝ C01&zb ＝ A0A01&sj ＝ 2018。

10.8亿元，农民人均收入为8100元；2004年，人均收入达到18000元；2018年，全村总收入达26亿元，人均收入为3万余元。① 韩村河村人民生活水平有了较大的提高。

韩村河村收入提高与韩建集团关系密切。一方面，韩建集团在盈利后回报村子，用6年时间投资5.3亿元，建起了581栋风格各异的别墅楼和21栋多层住宅楼；建成了集幼儿、小学、初中、高中、大专于一体的教育基地；另一方面，韩建集团在回馈和指导村民发展村集体经济、开拓新产业的过程中，为韩村河村实现了100%就业率，创造了多样化的就业岗位。全村1800名劳动力中，青壮年、文化水平高的人留在集团所属企业中，年龄大、身体弱的人则在集团在村内设置的岗位上工作。对于村民而言，充足的利润足以实现全民工作、充分就业，没有岗位就创造岗位，能出外闯荡的就去闯，不行的村内安排就业。

在提高村民福利和幸福指数方面，韩村河村也下了大功夫。满60周岁老人的养老金提升至每年每月每岁8元，加上面粉及其他补贴，每人每年可得补贴900元以上。② 冬季取暖费和村民医疗保险费用均由村里统一负担，且村里对身患重症、生活困难的村民进行补助。在住房福利方面，韩建集团出资建成云龙阁小区，并以成本价出售给村民，并逐年退还村民在新村建设时期购买别墅和多层住宅的房款，别墅每楼每年退还5000元，多层住宅每户每年退还1000元，直至退清为止。③

3. 发展文化旅游产业，盘活闲置资源

韩村河村在韩建集团带领下，曾把废弃矿山改造成旅游产品，发展文化旅游；同时把当地的闲置房屋改造成民宿，盘活了村可利用的闲置资源，促进韩村河人民文化生活的丰富性和当地特色旅游产业的发展。村内还成立了旅游公司，平均每年接待游客20万人次；建成了韩村河山庄会议中心、韩村河公园、鲁班公园、影剧院等公共设施。

4. 农业集约化水平较高，农业特色产业得到发展

截至2000年，韩村河村实现了较高程度的农业集约化，2000亩粮田实现从

① 钟智利、纪韬、邓春晖：《韩村河村的发展经验对辽宁省新农村建设的启示》，《沈阳农业大学学报》（社会科学版）2006年第12期。
② 数据来自韩村河村村志馆。
③ 刘文江：《坚定不移地走共同富裕之路——韩村河村集体经济发展30年纪实》，《党史文汇》2018年第10期。

种到收全过程机械化作业，而常年从事农业生产的只有20多人。自1992年起，粮食产量连年亩产过吨，连续被房山区政府评为"十佳规模农场"。1996年开始筹建260亩的高科技蔬菜园区，包括66个日光节能型温室、5个美国双层充气塑料大棚，可常年周期性生产各种新鲜蔬菜，总投资2500万元。1997年底，园区被国家科委命名为"国家科委工厂化高效农业房山示范区"（见图2）。

图2　高科技蔬菜园区

（二）政治状况

韩村河村党支部书记与韩建集团董事长为同一人。韩村河村的村内换届长期为满票通过，呈现比较明显的"能人政治"特征。

1. "能人政治"

"能人政治"作为中国村庄的一种现象，在韩村河村得到体现。在整个韩村河村企业发展过程中，田雄个人的能力无疑发挥了重要作用，无论是其个人对建筑行业的了解、获取政策扶持的能力，还是其在企业危急时刻决策的魄力都证明了这一点。

田雄思维活跃，带领村建筑队白手起家，抓住刘永富总经理上任的时机，向他"汇报想法"，说服他成立房山建筑集团，从而使村建筑队挂靠在房山建筑集团下，借其建筑资质取得了竞争优势。[①] 他不仅有"风险投资意识"，还"敢于在市场中拼搏"，不满足于现状，大胆进行"二次创业"。由田玉波领导对 PPCP 进行技术攻关，由田雄争取中标。田雄说："根据咱们的优势，只要你质量没问题，争它一半工作量没有问题。这中标之事由我来运作，质量你来保证！"他们"拉来研究 PPCP 的研究所"，为 PPCP 管道研制成功、检验合格提供了有力支持。他成功的"奥秘"是"相信党，相信政府，只要成功，领导会支持我们的"，这无疑体现了田雄沟通各方、统合资源、争取支持的能力。[②] 在"瑞雪春堂"项目中，集团资金不足，田雄"当时就想到向政府借钱"，他向领导保证"贷款一下来首先还政府钱""我老田是负责任的"，这种人格魅力和敢于担当的魄力使他获得领导乃至银行的大力支持，他也如期归还了借款。靠着个人能力，田雄领导韩建集团走出了早期的困境。"总之，韩建集团的日子是好过了。"[③]

2. 制度建设与组织建设并行

在创业时期，韩村河村就较为重视条例和制度建设，特别重视"村规民约"的作用及对其的现代化发展。村规民约由村委会集体制定、讨论，报党委批准，贯彻民主集中制原则，兼顾灵活性与原则性。村委会从村民小组中"每组选出 3

---

① 田雄：《田雄创业路》，北京出版社，2017，第 15 页。
② 田雄：《田雄创业路》，北京出版社，2017，第 18~20 页。
③ 田雄：《田雄创业路》，北京出版社，2017，第 22 页。

名代表"，定期召开村民代表大会，"讨论有关事宜"。

在具体工作上，村委会下设的村民小组长实行"分片管理"；拆迁、个体户、红白喜事等各项事务工作又设专人负责。责任落实到人，权责明晰，提高了工作效率。村委会工作有记录、合同、汇报与存档，注重原始资料保存。"各户的原房照片要存档，保存好，将来有大用场。"①

"穷变富，关键有个好支部"，而好支部要有好干部，以田雄为首的班子以身作则，田雄"少领应得奖金""100多万元"，班子"累计少拿奖金""300多万元"，全部用来"发展村里的公益事业"。田雄时刻不忘对干部的教育，他告诫各级干部，"要洁身自好，不贪不占，廉洁奉公，过好改革开放和市场关""如果盖楼先给领导干部住就会把干部的威信住没了"。②

（三）文化状况

在北京，韩村河村新村建设是最早的，他们于1990年开始准备，1992年开始建设，将韩村河村建成了基础设施齐全、家家住别墅的生态花园式社会主义新农村，人称"南有华西，北有韩村河"。村内有卫生队，环境卫生非常好，街道干净整洁。村内还有花木公司、花木基地和大棚，绿化好。镇上的集市在韩村河村内，摊位多，商品多样化，人流量较大，管理整齐有序。

1. 教育系统相对健全

韩村河村具有幼儿园、小学、初中、高中、大专一整套教育系统，小学期间学杂费全免，且村集体给升学学生一定补助。建于1993年的韩村河中学，配备有先进的教学设施和生活设施，且被评为首批北京市规范化学校，北京市花园式单位，全面育人、办有特色中学特色校。

该村的幼儿园园外还设了图书漂流站，制定了图书漂流公约，虽然根据实地考察发现图书漂流站内多是村民不需要的杂志，但这种意识足以说明韩村河村对教育投入、关注力度相对较大，具有一定的现代化特征。

2. 文娱基建较好，活动较多

村里建有一个本村村民可以免费借阅的图书馆。村内修建的鲁班公园和韩村

---

① 田雄：《田雄创业路》，北京出版社，2017，第133~134页。
② 田雄：《田雄创业路》，北京出版社，2017，第141~142页。

图3　韩村河村幼儿园

河公园也是村民常去的休闲场所。村委会有时会组织召开运动会、成立老人秧歌队、放映电影等活动，以丰富村民娱乐生活和联络村民感情。此外，主要供年轻人使用的还有舞厅、卡拉OK厅、活动中心等设施。

3. 内在文化与村集体经济的文化逻辑相符

21世纪初，韩建集团为全村投资5亿多元人民币，修建了11个标准的住宅小区，共581栋小别墅楼、8种建筑风格的21栋公寓式多层住宅楼，人均住房面积达到近70平方米。而对于双层别墅的费用，每户村民只需缴纳300元每平方米。① 村里明确规定别墅的自由买卖只限于本村内部，不许转卖给外人。这种现象产生的原因，部分是根深蒂固的乡土文化和亲缘关系的影响，部分是村民拥有共同保护村集体经济和集体资产的共识，当然也有国家规定宅基地不允许出让的政策原因。

同时，该村村民的身份认同依旧属于传统村民而非市民。韩村河村道路宽敞、基础设施完善，至少从表面看非常接近小城镇，但在村民的日常生活中，

---

① 田雄：《田雄创业路》，北京出版社，2017，第726~727页。

"赶集"仍然是其内部物质流动和交换的主要途径和经济形态,虽然村内有超市,但村民较少前往超市购置物品。当然,"赶集"行为与韩村河村的地理位置、周边村落的经济水平是分不开的,韩村河村处于京郊,周边没有类似韩村河村一般发展迅速、村民生活富裕的村落,"集市"在这种情况下不可能消亡,"集市"建立在韩村河村,也能说明韩村河村村民生活条件好、物质资料丰富。从某种程度上说,村民对于已有的生活方式仍然较为依赖。

图4　韩村河村集市

二　对韩村河村就地城市化的分析

在此,我们尝试借助"超级村庄"这一框架来分析韩村河村,并发现韩村河村的模式与"超级村庄"大体类似,但在现代化发展中呈现出一些不同的新特点。"超级村庄"以旧的村庄集体为基础,将土地集中,机械化经营,重心则转移至发展乡镇企业和非农经济,以现代企业制度进行组织和管理,企业收入为财政来源,以村民身份为界限进行福利配给、行政运行,形成村民-外来者的二元社会经济结构。这种村庄大多产值过亿,在事实上成为地区中心,对周边产生辐射带动作用。它具有企业和"政府"的双重身份，具有地方政府的一些基本构架。

（一）"超级村庄"视野下的韩村河村

韩村河村大体上符合上述"超级村庄"的这些典型特征。

韩村河村以书记田雄个人在建筑业方面的经验为基础，成立了建筑队。建筑队通过挂靠房山建筑集团取得建筑资质，进而在北京市场上获得竞争力，在项目中积累资本，进而成立韩建集团，之后韩建集团从母公司中独立出来；在发展的过程中还扩展了 PPCP 管材这一产业分支，抓住"南水北调"的机遇，拓展了集团的产业领域。

在韩村河村就地城市化的进程中，韩建集团是为其提供财政支持、以共同利益整合村落、形成村庄集体荣誉的重要核心。基础设施建设由企业资金承担，别墅和小高层由企业投资分配给村民，医疗、卫生和教育由企业保障。因而企业运营的成败决定了村庄城市化的成败，以及韩村河村未来能否够可持续发展。

（二）韩村河村企的进一步发展前景

从资源和产业布局上看，韩村河村的产业发展与本村的结合似乎并不紧密，其发展主要在北京市区，且与政策紧密关联，与建筑相关的产业也大多并未布局本村。在这点上，韩村河村体现了与典型"超级村庄"的不同之处。

韩村河村与韩建集团之间关系的现代化转变已经开始。2015 年 12 月 24 日，韩村河镇政府举行了韩村河镇与韩建集团战略合作框架协议签字仪式。韩建集团以韩村河村为圆心向周边辐射。合作协议签署后，韩村河镇域内的工程项目、土地开发、旅游、文化、基础设施建设等重大项目均由韩建集团优先投资开发施工，韩村河镇政府为韩建集团提供政策支持，韩村河镇各级政府所有优惠政策，韩建集团符合条件的均可享受。这种以企带村的模式，正契合了当下的"大项目带动小城镇"的发展模式。集体经济下的企业与政府合作共建、互取所需，似乎代表着一种中国村庄发展的未来方向，韩建集团、韩村河村与韩村河镇的这种农村发展模式，给我们提供了一种新的路径和想象，也许中国农村的就地城市化的发展方向，正是韩村河镇与韩建集团联合的这种情形。

三　韩村河村思想政治工作状况分析

韩村河村的思想政治工作可以相对较明显地分为显性思想政治教育和隐性思想政治教育，其中，显性思想政治教育相对其经济、政治、文化和就地城市化的状况，具有四个特点：为经济建设服务；工作方法单一；与韩建集团的思想政治工作高度融合；与领导人的个人风格息息相关。

（一）显性思想政治工作特点

1. 为经济建设服务

韩村河村从改革开放以来，工作重心就放在大力发展经济上，采取以企带村的模式，企业盈利是村内财富的来源。韩建集团在发展过程中，拼搏进取的创业精神在其发展的各个时期都是宣传的核心，无论是对早期田雄班子艰苦奋斗历程的宣传，还是其反复强调的"二次创业"都体现着这种内涵。对"创业"和"二次创业"进行宣传的目的凝聚人心，用集体精神、拼搏精神和未来的美好愿景让企业发展不陷入停滞。

2. 工作方法单一

韩村河村的显性思想政治工作方法比较单一，基本是以政治学习为主，精神文明教育为辅。韩村河村党委在开展思想政治工作中，更多地聚焦于政治观教育。1992 年，韩村河村开展"文明家庭"竞赛；1993 年，韩村河村党委多次组织干部群众学习邓小平理论……到了 2016 年，韩建集团党委组织召开党章党规专题集中学习会，举办韩建集团共知共行之思想建设活动。2017 年，韩建集团总部党员、工地一线党员集中收看党的十九大开幕会，并做了报告与交流。2018 年，韩建集团党委举办党组织规范化建设专题辅导会，组织党员参观纪念马克思 200 周年诞辰主题展览。从中可以看到，韩建集团、韩村河村党委的思想政治工作是以开会、参观、交流为主，此外还开展一些村内精神文明建设活动。

3. 与韩建集团的思想政治工作高度融合

韩建集团党委、韩村河村党委本身高度统一，村落的思想政治工作围绕韩建集团的发展路径、发展现状和发展未来展开。

图 5　韩村河村街道宣传牌

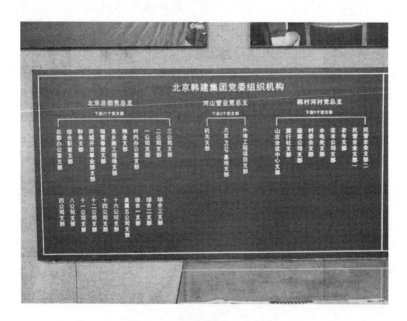

图 6　韩建集团党委组织机构

韩村河精神主要包括"团结、向上、文明、健康的新村精神；坚定不移走社会主义道路的集体精神；团结奋斗、求实创新、拼搏奉献、勇攀高峰的敬业精神；珍惜荣誉、永不满足的进取精神"。这种精神既是"韩村河精神"，也是"韩建集团精神"，二者有着高度一致性。

4. 与领导人的个人风格息息相关

在韩建集团领导集体换届后，韩村河村的显性思想政治工作风格出现了明显的转换，这种转换可以说是一种代际转换，这种代际转换也与时代背景的变化息息相关。

1992 年，田雄针对村内形成的陋习和不良习气，起草了"党委一班人多年来约束自己的具体内容"（即"九条规矩"）；2017 年，田广良制定了党委班子遵循的九项制度。

两个"规矩"有着明显的风格差异，这不仅是两个领导班子的差异，也是代际转换之间文化、风格等多方面的差异。田雄本人代表着 20 世纪的老党员，话语风格非常朴实，而田广良接受了完整的高等教育，所制定的制度明显靠近现代风格，基本上是原则、方向性的倡导，而非具体、实在的表述。由朴实无华到新式话语表述，由具体的规定到宏观式指导，新的领导集体越来越接近现代话语体系，企业也越来越向现代组织架构接近。

图 7　展览出的村民的想法

相比韩村河村的显性思想政治工作，该村的隐性思想政治工作成效更为显著，着重表现在村内的精神文明建设上。

图 8　村民享受的福利

在研究团队实地考察过程中，韩村河村街道整齐、干净，没有人乱扔垃圾，绿化覆盖率高，街道上设有旧衣物回收箱，没有沦为垃圾桶；各种宣传栏也干净漂亮，没有贴小广告，集市规模大、商品种类多，但是不显杂乱；每家每户将家禽养在笼子里，不占用街道。

（二）隐性思想政治工作特点

据研究团队分析，该村精神文明建设的方法为两种：一是利用村内额外的福利制度作为杠杆；二是利用田雄本人在村内的声望，即"新乡贤"的身份带来的道德指引作用。这两个方法也是韩村河村进行隐性思想政治教育的主要方法。

1. 通过制度、管理进行隐性教育

研究团队在村志中看到一个小故事：村里一名老人在街上与他人对骂，村里的解决办法是停发村内给老人的每月额外补贴，停了两三个月后，这种事情就再也没有了。

村庄管理者借助对村内额外福利的管理，巧妙地制止了村内不文明行为，这种直接的经济制度的管理和惩罚措施，具有强制性，成效显著，且起到震慑作

用，一方面起效快，效果好；另一方面在潜移默化中建立起村民新的道德底线和道德规范，并逐步完成从他教他律到自教自律的过程。借助制度、管理进行的隐性教育，及时补充了显性教育的缺漏，在村内精神文明建设过程中发挥了重要作用。

2. 借助"新乡贤"身份发挥榜样作用

韩村河村从改革开放初始，就投身现代化建设和城市化进程，但村落的乡土性依旧根深蒂固，纵使村落治理的传统资源早已开始现代化的转型，村内物质条件和制度化结构呈现现代特征，但人际交往、家族关系等依旧符合传统乡土社会文化。田雄等第一届韩建集团领导班子通过回报乡村的实打实的贡献，使他们成为村内的"新乡贤"，受到村民的尊敬。而他们也借助"新乡贤"身份，发挥榜样带头作用，促进村内精神文明建设和村民道德素质的提高。

领导班子制定的"九条规矩"也推动着村内的"新乡贤"在乡村治理中发挥制度化作用。"新乡贤"机制协助完善村内各方面协同治理，助力集体经济的发展，完善了村内基层民主自治制度，夯实建设美丽乡村，提高村民综合素质。

四　农村思想政治教育的经验与启示

韩村河村的案例带给我们一些关于农村思想政治教育的经验与启示。

从表象上看，集体经济中，企业家的精神动力是积累财富，然后回报乡村；村民的精神动力是听领导干部的，领导干部带领我们走入新生活。但从实际上看，该村的制度、文化、管理、奖惩措施、带头人的示范作用及村民在实践生活中建立起来的新观念，都是思想政治教育，属于隐性思想政治教育，从这个层面来讲，该村的隐性思想政治工作是比较成功的。

在转型时期，一个优秀的带头人对转型期的工作具有积极作用。在新农村发展的过程中，农村的城市化是一个巨大的现代性问题，一切旧式经济、政治、文化都在逐渐消解，在主体的接纳、反抗、解构与重构中建立起新的经济模式以及与之适配的政治和文化环境。在这个消解与重构的过程中，具有人格魅力的领导人在村落发展中起着比较重要的作用。我国的思想政治教育管理模式是"党领导下的社会参与"，这种模式应用于韩村河村，体现为党的领导、经济建设、业务工作部门、社会力量四者高度统一，紧密联合，在组织上四者存在部分重叠和同构，加之田雄等领导集体的个人魅力，使韩村河村的思想政治工作覆盖到该村的方方面面。

然而，经济的高速发展不意味着文化的亦步亦趋，尤其是该村的经济以第二、第三产业为主，经济已经走向现代化，但文化仍保留着一定传统因素。可以说该村的大部分文化背后的逻辑仍是传统村落。那么，在新农村建设过程中，思想政治教育应该包含哪些内容，又该如何去做？

基于这个前提，研究团队依照思想政治教育内容的五个方面，具体分析转型期的村落思想政治教育的内容，并提出工作建议。

（一）思想教育的内容

1. 世界观教育

世界观教育包含辩证唯物主义教育、历史唯物主义教育、马克思主义认识论教育。研究团队持有的基本观点是，思想政治教育是一门极具实践性的应用性学科，农村思想政治教育是要为农村的发展服务的，对于韩村河村这种企业带动村落发展的特例，马克思主义的世界观原则贯穿其工作、生活实践的始终。马克思主义的世界观的基本原则蕴含在实践行动中，韩建集团的实践活动效果显著，足以证明其领导人的世界观是贴合马克思主义世界观的基点——物质与实践的。对于村民而言，村内思想政治工作是以村支书即韩建集团党委为核心的，村民信服村党委就够了。因此，对于农村开展的世界观教育，要着力于使村民意识到实践的重要作用，加强对村民的马克思主义认识论教育，使村民意识到要在实践中认识世界和改造世界、一切从实际出发、理论联系实际、实事求是等马克思主义世界观的基本原理，培养村民正确的世界观。

2. 政治观教育

政治观教育包含基本国情教育，党的基本理论、基本路线、基本纲领、基本经验教育，民族精神教育和时代精神教育。对韩村河村而言，政治观教育非常重要。根据研究团队的分析，韩村河村坚持走集体经济的道路，坚持韩建集团盈利后回馈乡村，坚持群众优先、领导干部最后获利，都是依靠领导核心坚定的政治观。韩建集团始终把党建工作作为统领集团各项工作的核心，并总结出一套农村基层党组织建设的心得。在处理安全生产问题时，他们将党支部建在工地上；上一代领导班子的优良作风，隐隐透露着老一辈共产党人的情怀。而他们的民族精神，依旧是传统的礼俗道德高度一统，是在共有意识的高度整合下建立起的相应精神，这种精神是符合该村的具体现实状况的，是伴生着经济、政治和传统文化而建构和发展起来的。因此，农村的政治观教育要把握方向原则，基于集体主义的原则，着力于民族精神和时代精神的教育，在教育过程中注重结合农村具体实际情况，加以糅合和改造，要建立起农村内生的精神动力。

3. 人生观教育

人生观教育包含理想信念教育、人生价值观教育、生命价值观教育。对于韩村河村而言，保持经济快速增长，村民生活幸福、有保障就够了，人生观依旧保持传统的乡村人生观，其实是符合中国农村发展的现实情况的，中国传统乡村人生观如果符合马克思主义倡导的人生观，对村民的劳动实践具有积极作用，就可以将二者结合进行思想政治教育内容的改造。传统的人生观与乡村的礼俗文化、道德观念紧密相连，维持原状任其自然过渡与发展，可能是一个合适的选择和策略。

4. 法治观教育

法治观教育包含社会主义民主教育、社会主义法治教育、遵守纪律教育。基于韩村河村老一代领导集体生长的那个年代的客观情况，他们对法律是较为陌生的。在韩建集团的发展过程中，田雄遭遇过被合作方欺骗的经历。他们打官司打了一两年，最终欠款拖了很长时间，集体资金由于打官司运转不畅，田雄自己也心力交瘁。基于集团遭遇过的现实状况，田雄在总结经验的时候写下了一句话：今后尽量避免打官司。可以说，老一辈领导集体，对现代逻辑中的"法治"，在感情上是相对疏离的。这种情感落入村内，就演变成了村民遇到矛盾主要靠调解，近年来没有一起村民之间发生法律纠纷的事，所有矛盾都依靠村内调解解决了。根据韩村河村的具体实践，研究团队注意到，村内调解不失为一种有效解决纠纷的办法。那么，农村的法治观教育，在把握基本法治观原则的基础上，其实可以侧重于结合具体村落的亲缘、道德状况，在村内建立民主机制和调解机制，在符合村民心中的公平公正的基础上减少矛盾的发生。

5. 道德观教育

道德观教育包含集体主义教育、社会公德教育、职业道德教育、家庭美德教育。

对于韩村河村而言，集体主义教育是必需的、至关重要的。韩村河村的新农村建设理念是十分清晰的，即"共同富裕""先富带后富，先富扶后富，先富帮后富，先富管后富"。全村1800余名劳动力中，有近一半文化水平高的青壮年在韩建集团的所属企业中工作，在村内的近千名家庭妇女、岁数大、身体弱的，集团在村内设置就业岗位，还针对一些相对困难的家庭建立起了较完善的生活保障，经由这一系列措施，韩村河村实现了"既共同富裕，又不养懒人"，也在这种实践中形成了集体富裕观。

而韩村河村的社会公德、职业道德和家庭美德教育，大部分依赖经济调控进行。村内制定公约，不遵守即扣除经济效益，取得了有效成果，长此以往，村民心中自然而然地建立起村内的道德标准，完成了由他律到自律的过程，比起单纯的道德意识说教反而更有效果。

从韩村河村的思想政治教育工作中，我们可以看到，该村的思想政治工作可以显著地区分为显性思想政治教育和隐性思想政治教育。该村思想政治教育状况良好，显性思想政治教育的发展空间还很广阔。相比较而言，该村的隐性思想政治教育工作更为出色。韩村河村取得这样的成绩，研究团队认为，是他们在教育中充分运用了实践教育法和榜样示范法。

这种实践教育，严格来讲是无目的、无计划的，但无目的并不代表无方向。在韩村河村的思想政治教育具体实践中，思想政治教育与经济、政治、文化与城市化过程息息相关，建立于集体经济、集体主义政治文化状况与就地城市化的背景之下，矛盾少、与传统乡村状况贴合程度较高，村内没有进行过激烈的思想交锋和代际冲突，在这种实践中自然地过渡到了新时代的集体主义精神文明建设，该村思想政治教育工作的方向一直清晰明确。

而榜样示范法就是村级领导人的个人奋斗，田雄作为村内各方面的带头人和建设者，自身的行为、精神都起到了重要的榜样作用，这与"新乡贤"形象高度统一。这启示我们，在农村内部的思想政治教育工作中，榜样的示范尤其是经济、政治领袖和带头人的作用是非常大的，关注农村的思想政治工作，应当重点关注村级领导集体的思想政治情况。

（二）工作建议

研究团队依据该村的具体实践提出以下建议。

1. 农村思想政治工作中，要注重根据农村具体情况改造教育内容

对于经验主义逻辑根深蒂固的农村文化而言，从农村自身固有的传统中进行话语体系的演化和教育，可能是一个有效的解决路径。在农村进行思想政治工作，要贴合当地具体情况，包含经济情况、政治情况、文化情况和时代特征等，不能照本宣科、生搬硬套，应进行具体的分析和实践，要注重教育内容的针对性、时代性，抓住整体性原则、协调性原则和层次性原则，运用系统论方法进行对教育内容的优化和改造。在新农村建设的关键时期、农村进行城市化的过程中，农村思想政治工作要为农村的具体实践服务，把握方向，提供内生精神动力。教育内容要考虑到农村的实际情况和农民的思想实际、心理发展水平，要注重教育内容的可接受性。

2. 思想政治教育工作中，理论灌输与实践教育相辅相成，要尤为重视实践教育

基于现代性的背景，新农村现代化、城市化的过程注定是一个高速发展的过程，形势瞬息万变，机会稍纵即逝，理论能做的更多是提供一个应然层面的原则，然后经由具体的实践过程去改造和应用。传统的思想政治教育对实践锻炼法的解释，更注重有目的、有计划、短时间的活动式的实践，如调研活动、建设社会实践活动基地、志愿服务等，但是，实践不只是一次活动，也不一定是教育者用理性设计出的教学过程，实践就是生活本身，实践中灌注着隐性思想政治教育的方法和原则。韩村河村制定了"集体主义"的明确方向，坚持"共同富裕"的原则，基于这两个基本出发点进行后续的经济、政治、文化建设。在这种无意识的建设过程中，村民的经济、政治、文化与城市化过程相互交织形网络，在这种长期的建设实践中完成了教育过程。实践的重要性，应当得到思想政治教育者更多的关注。

五　结语

在对韩村河村的政治、经济、文化发展的考察中，我们认识到，韩建集团在紧抓改革开放的良好机遇、顺应历史发展的潮流、带领韩村河村共同富裕的过程中，是比较重视思想政治工作的建设的。韩建集团这一经济龙头的带动和该村特殊的经济发展方式、就地城市化和后期发展特色旅游业带来了经济的飞速发展、村民人均收入和生活水平的提高，这为韩村河村精神文明建设提供了经济条件和物质基础，赋予了思想政治教育工作以一定的空间。另外，村规民约和村风建设也在经济的持续发展中起到了不可忽视的作用。

我们同时认为，韩村河村特殊的发展模式，在某种程度上值得借鉴，但总体并不一定是可被复制的。韩建集团作为韩村河村的经济龙头和引擎，其命运与韩村河村紧密相连。在韩村河村的发展历程中，良好的机遇是不可缺少的一部分。搭上改革开放的高速列车，一部分人"出去闯"，闯出一方天地后回馈家乡、回报村民、共同富裕，这是一代人的缩影。而时代赋予的机遇难以再现，这也是其模式总体未必可复制的原因。作为"超级村庄"的韩村河村——韩建集团复合体在其发展过程中得到资源和政策的倾斜，取得更多的市场份额，当试图推广这种模式时，总体有限的资源和市场都将成为限制因素。更加值得思考的是，当企业进一步向现代化和专业化发展，韩村河村与韩建集团的联系可能会逐步削弱，人员结构、土地上和产业联系上都是如此。未来韩建集团如何应对这种挑战，是否会在经济和文化上扩大原本的村落共同体范围，是否借鉴现代企业制度，实施股权激励计划或其他创新方式，有待进一步的探讨和观察。

韩村河村的思想政治工作启示我们，在新农村的思想政治教育过程中，离开具体村落的情况，空泛地提建议是不科学的。农村是中国的基础，乡土文化是中国文化的基础，思想政治教育者相对于其他学科的学者来说，更应该注重应用性、实践性，更应该拥有关怀感和同理心。韩村河村的实例充分地告诉我们，对农村、对农民而言，发展才是硬道理，让农民的收入提高，过上好日子，才是最关键的。

（指导教师：向征）

关于阐释限度的思考

李昊阳　袁一丹　黄　恺*

摘　要　本文主要通过对阐释行为自身的无限性与客观限制进行分析，以寻找阐释行为的真实限度何在。并从语言角度对阐释行为进行分析，思考跨语言的翻译行为是否具有阐释行为的特征。最后阐发个人对阐释行为标准的理解与展望。

关键词　无限性；限制；跨语言翻译；统一标准

关于文本阐释，我们可以肯定的是，在我们不能完全无限制地进行阐释的同时，我们的阐释过程又必须有开放的一面。在这种情况下，阐释的限度一直是一个引人思考甚至有所争论的地方，本文所进行的就是对阐释限度的思考。

一　阐释行为本身的无限性

阐释学，广义上指对于文本意义进行理解和解释的理论或哲学。这同时意味着阐释过程中主观因素的影响力较强，个人的理解与解释不可避免地将阐释者个人的特征带入对原有文本的阐释过程。也就是说，阐释这一行为本身赋予了阐释者在阐释过程中极大的权力，有意识或无意识地将主观因素甚至主观目的带入对原有文本的阐释过程中，阐释文本的同时也是阐释者对自身的表达，我们可以在

---

* 李昊阳，人文学院 2017 级本科生；袁一丹，人文学院 2017 级本科生；黄恺，人文学院 2017 级本科生。

阐释文本的过程中使自身的思想、概念等观念形态的事物在阐释的过程中得以相对自由地呈现、表达。阐释者对文本的"阐释"同时是对文本的"使用"。这样的"使用"意味着我们可以就文本本身未曾说明、表达出的内容提出属于我们自己的见解与疑问，我们的阐释行为往往受到自身世界观、价值观与固有逻辑思维运行思路的引导，而形成完全属于自己的结论，这种带有强烈个人色彩的文本产出形式几乎不可能将原有文本的作者意图真实表达，即便我们在阐释过程中成功得出了与原有作者意图相似乃至完全相同的阐释结果，我们在得出结论的过程中的思维路径也不可能与原有文本完全相同。阐释行为不可避免地给原有文本灌输阐释者的个人色彩。从这个角度上讲，我们的解读必然是某种程度上的"误读"，而恰恰是这样的"误读"才赋予了阐释行为本身无限的可能性，也是阐释者们得以在阐释过程中实现个人的表达。这种属于个人的延展出的观念无疑具有无限性。

不仅如此，阐释行为的对象——文本本身也具有相当的开放性，我们所要阐释的文本本身就涉及哲学、语言学、文学、文献学、历史学、宗教、艺术、神话学、人类学、文化学、社会学、法学等诸多领域。阐释学一直以来都有反映当代人文科学研究领域的各门学科之间相互交流、渗透和融合的趋势。文本的自由带来的是阐释学所阐释的行为与现象的广度，也就是从实用主义角度上来讲的功用上的广泛性。例如近年来极为火爆的金融行为学，凭借对由大量金融市场数据统计结果形成的文本进行阐释，反映市场中行为对象的心理与因此产生的实在的经济运行的特征与规律。这是文本阐释本身所表现出的应用范围的开放性。

同时，阐释行为的逻辑运行方式本身也赋予阐释行为无限性。这实际上是一个关乎神秘主义的问题：在我们在对一事物进行阐释的过程中，我们往往要引入其他的事物，该引入事物可能是原有事物的构成或与原有事物的形态与功能特征有一定相似性的事物。鉴于人类解释事物的方法只有两种：解构或类比（此处事物不仅指物理层面上的实在物体，也包括观念上的事物与概念），引入的新事物无疑也带来了新的对该事物进行阐释的需求，而对新引入事物的阐释过程却只能重复对原有事物的阐释过程，这样也就陷入了一个死循环，直到由于人类的语言的缺陷的限制而无法命名新引入的事物而产生超验性时。而即使到了那时也不是循环的结束，而是人类自身能力无法继续解释该过程。所以其真实结果应该是不可知论与意义确定性的丧失，而阐释这一行为也因此而无限进行下去。

当然，虽然从逻辑的角度来看，这种带有神秘主义特征的阐释是正确的，或者说是符合逻辑的，但这样的阐释无疑是错误的。首先，这一过程必然会脱离文本，完全脱离了原有的阐释对象；其次，这一行为脱离文学实践，便不可能具有真理性；最后，从实用主义角度上讲，这种行为完全无实际意义。但尽管如此，我们又不能完全否认、摒弃这一逻辑过程，这一线性的逻辑、思维秩序不仅带来了不可知与神秘主义，也促进了求知与认知的进步，实际上带来了理性的思维。甚至这样的神秘主义主模式促进了现代科学的产生与发展，我们对事物的认知与应用又何尝不是依赖于同样的逻辑呢？在阐释事物的构成是什么时，我们按照这一思路，发现了分子、原子、质子乃至现在的夸克，虽然并没能真正解决事物的构成是什么的问题，但每一层面的发现都带来了科技上在更微观层面的突破与更多应用。用与原有事物的形态与功能特征有一定相似性的事物来解释原有事物或许并不能真正让我们解释清楚原有事物的一切特征，但与之相对的反向思维是人类解决问题与实现创新的主要思路：将解决问题或创新过程中所需要的事物的形态与功能特征归纳出来，对具有一定相似的指定形态与功能特征的事物进行研究、模仿，这是人类在解决工程类难题过程中所采用的主要思路。归根结底，这种神秘主义色彩浓厚的逻辑运行方式本身对文本阐释的实在功用或许有限，但它所衍生出的思维逻辑在众多的社会实践中却可以起到哲学层面上的指导作用。所以说这一逻辑过程不能被摒弃。

二　阐释限度的客观存在

尽管阐释行为本身具有无限性，但我们在进行实际的阐释行为时，却无处不受到各种方面的限制。阐释行为整体上无限性的根源又往往在个体进行阐释时对个例性的阐释行为造成限制。

个人主观意志的多元特征不但使阐释者在"使用"文本、进行阐释的过程中呈现出多元无限的特征，也在无形中极大地限制了个体阐释者的创新性。因为个体最难突破的往往是自身思维的固化，个体阐释者在进行阐释活动的过程中主要受主观意志驱使，按照自身固有的逻辑与思维思考与解释问题，也就受到了自身思维定式限制，在受到自身无形中限制的情况下，自我突破往往是最难的。我们一般情况下都会在自身固定的价值观、世界观、思维方式与知识储备的规定下去对其他人的文本进行阐释，也就自然不可能得出超出自身观念与理解的阐释。这是阐释者自身给个体阐释行为所带来的最直接的限制，这样的限制源于知识储备、理解能力甚至思维逻辑，尚容易突破；但若限制源于自身观念、信仰乃至道德伦理体系，则极难逾越。例如，希腊神话中"弑父娶母"的概念能够在古希腊甚至后来整个西方的价值体系中被普遍接受，但作为中国人，受中国道德伦理体系限制则很难完全接受这一概念，更难以在这样的基础上得出与西方人相同的阐释结果。

这样的特征在文学作品方面表现更为明显。中国人受传统观念影响在阅读时普遍偏爱"大团圆"式的美满结局，观念上的限制使中国人相对而言对悲剧的接受程度更低。在这样的情况下，受此类观念影响较大的阐释者对悲剧作品的阐释必然不自知地受自身观念限制。文本是作者自身人格特点、情绪或观念的表达，也自然受上述因素影响，即使一文本的创作是为阐释另一文本也不能避免这一点，所以说阐释者自身的个人主观性是对阐释的第一层限制。

而阐释的对象——文本，应该是阐释行为的最大规范，有些理论甚至认为"阐释的唯一目的是去发现作者本来的意图"，当然，笔者认为这在阐释的实际操作上不可能做到，甚至"作者意图"也不一定每次都能完美地在文本中成功表现出来。但不可否认的是，文本本身，或者说艾柯的"作品意图"的确限制了阐释行为自身的无限性，而且必须承认这种限制在一定限度内是十分合理的。文艺作品本身与其所反映出的文艺实践，是我们在进行阐释时的根基，因为说到底，我们首先要阐释的是文本，是作品，而阐释行为本身功用性的发挥必然要立足于文艺实践。从实用主义角度来看，我们阐释文本无疑是为了指导与所阐释内容相关的实践的，所以更要立足实际。而在阐释过程中，不论我们得出什么结论，或想要得出什么结论，也必须由文本出发，由文本内容经历一系列合理的逻辑运作得出结果。即使是目的导向型的阐释，即在进行阐释之前已经拥有一个预期结果，在阐释过程中以导出预期结果为目的阐释，也必须保证是由原有文本经合理逻辑导出的。当然，我们并不建议进行此类的阐释，在理想状态下，我们的阐释应该是在文本的构词引导下，读者对自身的反映、文本本身的内涵意义、其所承载的作者意图都是有限的，而我们在阐释文本的过程中并不能忽略这些有限的存在，虽然它们的意义甚至有可能不如阐释者自身的理解与目的，但不可否认的是，文本本身依旧在对人们的阐释进行着一定程度的限制。

三　阐释的工具——语言所带来的影响

我们还必须认识到阐释行为并不是万能的，出现这种情况的原因很简单：我们的阐释行为无论如何都是以语言为工具、媒介来完成的，而语言这一工具本身并不是万能的。

首先，我们对于任何超验性的事物无能为力，那些无法用语言表达、高于语言含义或者说"说不清"的感受自然无法阐释清楚，而在很多领域，尤其是涉及人文、艺术类的某些领域，我们都不得不承认，语言的表达能力是有限的。若非如此，诸如"难以言喻""words can not tell"一类的固化表达不会广泛地出现在各种语言中，语言在成功表达一些具有特殊意蕴的特征时，往往会利用一些侧面的修辞来引发人类自身所拥有的想象力与自身认知来完成表达过程。这样的表达已不仅仅是语言的应用，更借助了人类的其他感官系统，其结果是人们从该表达中获得的认知结果不统一。这种现象普遍发生在小说阅读过程中，同一人物的形象在不同读者心中各有不同。语言本身的表达乏力在这样的情况下反而在审美层面带来了更多的可能，在想象力与文字层面无法精确表达所带来的"留白"的共同作用下，不同感官系统的认知结合加强了抒情层面上的情感共鸣效果，语言对有限表达的缺陷反而变成了语言在审美层面最大的优势，但这只是在审美层面。在探究与详细解读事物的过程中，语言的缺陷阻碍着逻辑运行与现象的准确表达，这对某些特定的阐释无疑起到阻碍作用。

其次，在跨语言的翻译、阐释过程中，我们并不能每次都完美地做到语意、文意的完全对应。可以说，不同语言之间的差异本身就使翻译行为成为一种特殊的阐释行为。说到这里有一个地方是需要关注的。

尽管阐释学一词被译作"Hermeneutics"（源自希腊语，来自希腊神赫尔墨斯的名字，早期意思为"了解"，后作"解经"意，起于早期的古希腊人对于《荷马史诗》与《圣经·旧约》的解读，最后于 19 世纪上半叶摆脱神学意义，成为今天的"阐释学"）①，但"阐释"一词不论作为名词还是动词，都仍是以

---

① 康宇：《关于"Hermeneutics"之中西方命名的探讨》，《深圳大学学报》（人文社会科学版）
　　2018 年第 6 期。

"interpret"为词源，译作"interpretation"与"interpret"，对阐释学的定义性解释也是"Hermeneutics，the methodology of interpretation"。而最有趣的是，"interpretation"与"interpret"本来就有翻译的语意存在，准确地说是"口译"。在英语中同一词的不同意思往往暗示着两个所表达意义具有的相同或相似的动作或形态特征，也就是说从英语语义角度理解，"口译"和"阐释"两个行为有较高的相似程度，或者可以这样理解：翻译这一行为本身就是一种阐释行为，以另一种语言对文本进行尽可能贴近原有文本一切特征的阐释，或者说按照笔者的理解，在文艺层面，翻译是艺术的再创作；在学术层面，翻译实际上就是某种程度上的阐释，事实上两个层面都应该属于阐释行为，符合"interpret"的词义，但很明显文艺层面更偏向于审美的一致性，学术层面则更重视原有逻辑与准确意义的表达。

最直接的例子就是在翻译过程中，一种语言的某常用词在另一语言中没有完全对应的常用词，如有人试图翻译"面子"一词，于是在英语中选择对应的常用词时，就找到了"vainglory"（虚荣）、"dignity"（尊严）、"pride"（骄傲）、"reputation"（名誉）。四个常用词都无法直接对应"面子"，但当"面子"一词在汉语不同语境中应用时，可以根据当时语境中的词意偏向来选择一个上述的常用词在英语翻译中对其进行代替来实现偏重词意的表达，甚至在特定语境中可直接译作"face"（脸）来实现语意的直接表达，因为"face"一词在英文某些语境中确实存在与汉语"面子"一词相同的意义，甚至连该意义的获取都是以相同的引申方式，但很明显"face"引申义的应用范围明显小于"面子"，而且主要意思也并不是这个引申义，在"面子"作为单一词出现的情况下用它来直译明显不合适。最后讨论得出相对而言语意较为贴近，但仍不能完全对应的最佳翻译是"somewhere between pride and vainglory"。再翻译回中文应该是"一个语意介乎于骄傲和虚荣之间的词"。这明显是译者对该词的一种主观的理解与解释，换言之，是一种阐释行为。在这样的情况下，我们可以很直接地看到翻译行为具有明显的阐释行为的特征。

当然，这种偏极端的特例并不能说明一切，我们要关注的更多应是那些有对应词的情况。在这样的情况下，两种语言的常用词在语境中足以相互替换，但我们必须意识到这些各自语言中的固有词汇的形成是受各自文化背景影响的，在这种情况下，由于人类语言在形成过程中受人类共有思维影响而成型，不同的语言在构词时往往会做出相同的选择，例如，在中文的某些方言中称人大臂上隆起的肌肉为"小老鼠"，而在英国俚语中则有"little mice"这样完全相同的表达存在。但当不同的文化背景对两语言中对应词意义产生不同影响时，我们的翻译就会带来语意的细微差别，如"侵略"一词受文化背景影响被认为是"不义"的，它所暗示的含义是施事者行为的非正义性，于是在中文的表达中，"我们入侵别国"是错误的表达，这个词的施事者在正常语境中不能是自己，但"侵略"一词在英语中所对应的"invade"等几个词是中性的，"we invade someone else"是完全合理的用法，在西方传统思维里此类行为并没有什么不妥的地方。在这种情况下，这个词在翻译过程中，如不对翻译结果加以处理，英译中时可能带来"不知廉耻"的、观念造成的理解障碍与差别，中译英时则可能会造成原句中所暗示的对行为非正义性谴责的语意流失。当然，此类的语意差别出现得并不多，且往往十分细微，大部分的差别存在于语言文化背景带来的情感体验层面，但即便是这种细微的差别，在自由、开放的阐释过程中，也足以产生基于错误文本的阐释，尤其是当阐释者试图进行某些特定的"目的导向型阐释"时，甚至是阐释者直接将自己母语中特定词独有的文化背景含义直接代入对外语著作的阐释，以这种莽撞而不负责任的方式进行的阐释受不同语言的影响，使阐释者的阐释行为在事实上背离了文本，形成了一种"误读"。

四　阐释的标准

我们希望阐释行为是自由而开放的，我们希望我们自身的阐释能实现对自身理念与想象力的最大限度的表达。但当不同阐释结果汇聚在一起时，我们不可避免地想到：我们的阐释是否有正确与错误之分，或者说阐释是否分优秀或糟糕的？当这样的疑问出现时，意味着我们先行已经对某一我们自身不认同的阐释做出了一个负面的判断，认为其错误或糟糕。当我们在观念上做出这样的判断时，实际上首先已经完成了一个前置性的判断：阐释行为存在一个标准。于是我们所要思考的就是，这个标准应该是什么？是否真的有一个统一的属于阐释的通用标准存在？

首先在所有的争议之上，阐释行为自身限度的存在决定了我们的阐释行为是否真正成立的基本标准。文本本身的特性会自然地给我们的阐释行为设立一定的规范，我们不能通过原有文本对与文本完全不具备任何直接联系或较明显联系的内容进行阐释，也不能违背原有文本事实来对该文本进行阐释。也就是说，文本阐释不能背叛原有文本。有人说阐释同样不能背叛原文本的"作者意图"，但笔者认为真实的权力优先顺序应是文本意图大于阐释者，阐释者大于作者意图。因为一方面作者意图中很大一部分已经在文本意图中表现出来，已经固化为文本意图的一部分，文本意图与作者意图所区别的部分并未直接在文本中表现出来，而作者在文本中并未成功表现出全部的作者意图致使二者脱离甚至相悖时，这一部分的作者意图已经与文本意图无直接关系，也就不需要被阐释者接受，所以作者意图本身不如阐释者重要。另一方面，阐释者的阐释不一定是要完全遵从、阐述作者的写作意图，它更多的是一种对自身理解与观念的表达，这是阐释行为的自由与开放性的根本，不应在这方面受到过多的限制。在这样的基础上，我们还要保证自身阐释行为逻辑的自洽性。合理的逻辑思维运行路径既保证我们阐释内容真正源自文本，又在一定程度上给予我们的阐释结果以科学性或合理性。混乱逻辑运行得出的任何结论明显不会具有任何说服性，不知如何得出的结论也许会符合常识理性或直觉，但这不一定意味着它是对的。所以阐释行为的合法性应源于该阐释是否立足于文本与是否由合理逻辑得出。

但在上述条件之后，我们到底应该遵从一个什么样的后续规则，关于这一点并没有足以说服多数人的观点。而且必须要意识到的是，上述条件并不是为了评判阐释好坏正误，而是为了确保我们的阐释行为是真正的阐释。换言之，对阐释行为的评价体系不存在明确的统一标准。但在这样的情况下，我们又的确会产生某一阐释很糟糕的想法，而且这样的想法往往是普遍存在的。这意味着在同一权威性标准缺位的情况下，个体阐释者根据自身文化背景、伦理道德、观念、知识体系等一系列因素形成一个属于个体自己的评判体系，这个体系可能是具体而明确的，也可能是模糊而随意的，甚至可能是混乱的或有目的的，视个人情况而定。在海量的不同评判标准中，即便是道德性标准也由于不同的道德伦理体系而无法被统一，我们甚至无法找到一个普遍性的项目，任何标准都可以找到与之对应的合理反例。在这种情况下，统一性的评判标准不可能自发形成，最多在具备相同或相似的背景的群体中形成一些约定俗成且约束性较差的共同认识。

那么，有意识地形成一个统一标准是否可行？如果我们能够人为地形成一个统一的阐释评判标准，首先，我们所需的前置性条件是拥有一个具备强制性或共同认同的权威存在。就文学阐释而言，各流派、思潮的观点与侧重各不相同，甚至有对立的存在，并没有一个真正能被所有人共同承认的权威，我们甚至不能确定在阐释学领域是否应该有这样的权威存在。这样，有意识地形成一个统一标准的前置条件不成立，也就无法进行实际操作。

其次，即便存在足以整合所有条件的个体性评判标准（这里的"个体"事项是相对于"整体"这一概念而言的），这个标准本身能否做到绝对公允仍然有待考证。事实上，任何一个标准都不可能做到绝对公允，因为个体性标准自然受个体观念、认知深知目的等各种源自个体本身的独特因素影响，甚至可以说受利己性影响而天然压制不符合自身需求的其他因素，这样的标准会以自认的真理来批判其他事物。这种批判可能是主动的，甚至是带有目的的，但在更多的情况下是在观念不同的情况下自然发生的，对其他个体标准进行压制的行为主体很可能并没有意识到自己的压迫行为。这样的情况直接导致任何一个个体，即使作为整体中占比最大的个体，也实际上不具备将自身标准定为整体标准的资格。于是，我们实际上做不到在阐释层面建立一个统一的评判标准，至少无法真正实现这一实际操作。

但就是在这样的情况下，即便没有一个统一的标准，也并不影响人们的阐释行为，我们自身的个体评判标准依然起着作用，众多的流派、思潮的争论与迥异带来自由而开放的整体环境与充满活力的思维逻辑上的探索。从这一点上来看，我们似乎并不是真的需要一个统一的评判标准。权威与统一标准的缺失确实会带来某种程度上的混乱，甚至会带来很多"糟糕的阐释"，或者说不认真的阐释，还可能有带有私利目的的阐释，走极端、脱离实际的内容也有可能会大量出现。但同时，事物都具有两面性，自由的环境带来多元的思想流派，争论促进新思想的涌现，也保持着整体的活性，还可以促进社会其他方面的发展，像前文提到的金融行为学就受益于开放的阐释行为，对社会经济的发展起着良性的意义。笔者相信在不具备形成统一标准的情况下，对多元环境的接受与促进有利于阐释的进一步发展。当然，在这样的情况下更要注重立足于文本，立足于实践，以找出合理的思维范式与研究方法，保障自身的阐释行为立足于实际，而对自身的文学实践活动产生一定意义上的指导、优化作用。关注阐释行为的功用性价值但同时对各流派的思维范式予以了解，这样才能更好地发现现有阐释存在的优点与问题，或许最后真的可以找到一条相对合理的出路。

（指导教师：张跣）

参考文献

[1]〔意〕安贝托·艾柯：《诠释与过度诠释》，王宇根译，生活·读书·新知三联书店，1997。

[2]张江：《作者能不能死——当代西方文论考辨》，中国社会科学出版社，2017。

[3]康宇：《关于"Hermeneutics"之中西方命名的探讨》，《深圳大学学报》（人文社会科学版）2018年第6期。

非物质文化遗产的当代塑形
——以房山区相声为例

阮致远　桑浩哲　邹子鑫*

摘　要　近年来，为了保护丰富的传统文化和民族文化，中国积极响应联合国的号召，大力推进非物质文化遗产保护工作，于 2005 年公布了首批国家非物质文化遗产名录。相声作为传统文化的一项瑰宝，也自然在列，多年来的相声保护工作得到了社会各界的广泛参与。但是，具体的保护实践并不是单纯地原封不动留存，而是由多个主体形成的多种力量共同塑造。这其中，既有政府的政策、市场的选择，也有传承人自身和文化的受众等。本研究即以房山区的相声为例，对相声这一非物质文化遗产的保护现状展开考察，分析背后多种力量的作用结果，并力图对今后的非遗保护工作有所启发。

关键词　非物质文化遗产；房山周末相声俱乐部；形塑；市场政策

一　从民间艺术到非物质文化遗产

相声诞生于清朝咸丰、同治年间，源于京城。最初的相声艺人乃源自宫廷，是为八角旗人或宫廷曲艺从业者。有文字记载的最早的相声艺人是张三禄，原为八角鼓丑角艺人，后改说相声。可见相声艺术的渊源与宫廷好玩曲艺

---

* 阮致远，人文学院 2017 级本科生；桑浩哲，人文学院 2017 级本科生；邹子鑫，人文学院 2017 级本科生。

的贵族联系较深。

后来，由于清朝国力的衰退，部分宫廷艺人为生计所迫，来到市井间巷寻找出路。为了扩大受众面，他们将原来较为高雅的艺术改造成雅俗共赏的形式，语言口语化、注重笑料、内容与市民生活密切相关。于是，相声就逐渐变成了扎根市井的草根艺术文化。这种情况从清末开始，存在于整个民国期间，直至新中国成立。相声在这段历史中展现出了其作为一种民间艺术的强大生命力。

新中国成立后，党和国家高度重视人民的文化生活，相声走上制度化的道路，摆脱了旧社会的疲态，文化建设力量得以凝聚。相声作为民间文化的一部分，也被吸入了文化编制内。相声演员成为国家体制内的文艺工作者，拥有了"铁饭碗"，而相声市场也被统一规划。在这个时期，中国的相声发展呈现出规范性、教育性的特征，涉及封建、色情等题材的段子被封禁，融入了新时代的社会主义建设题材，相声的表演形式也得到规范。

进入 21 世纪以来，复兴传统文化和民族文化成了全球性的潮流。联合国教科文组织于 2003 年公布了《保护非物质文化遗产公约》，而我国于 2005 年公布了首批国家非物质文化遗产名录，相声也在名录内。

从此，相声进入了行政化保护的阶段。相声的地位得到提高，政府支持力度也相应加大。但是，由于《保护非物质文化遗产公约》中指出，保护非物质文化遗产与社区中的群体和个人紧密相关，相声保护也不应由政府完全主导。再加上原本就逐渐市场化的现状，市场在相声保护中也占据了举足轻重的位置。同时，社区中的群体和个人还包括相声演员本身以及广大受众，甚至还有媒体等，都应当在保护和发展这一非物质文化遗产的过程中具有一定的话语权。

二　非物质文化遗产的当代塑形：房山周末相声俱乐部

房山周末相声俱乐部（以下简称"俱乐部"）成立于 2014 年，是政府相关部门、地方曲协、文联联合私人企业合作创建的成果，即属于"政府采购单位"，具有一定的官方和"体制"色彩。其定位为：完成"政府与群众之间的文艺纽带工程"，以"寓教于乐"的方式对群众进行文化教育。因此，俱乐部是一个面向公众的、具有公益性质的演出团体。由于它的半官方定位，俱乐部经常参与社区文化建设、下乡和基层党建活动，具有宣传国家政策、丰富社区文化生活、加强基层党建的作用。同时，俱乐部的"小剧场式"演出又带有一定的商业色彩，其运营仍然是以市场为前提，受市场需求的制约，且据调查了解，由于政府相关支持并不充足，仅靠补贴并不能维持俱乐部的日常经营，且政府的管理和支持具有一定的"滞后性"，因此需要动用私人企业和相声演员的社会资源和影响力，因此俱乐部具有官方和市场的双重面向。

据俱乐部班长董立学介绍，俱乐部的剧场演出盈利的可能性很小，因为俱乐部演出具有公益性质，剧场票价低，前来观看每周常规演出的观众也有限，且门票收益并非全归演员所有，所以每场演出演员的实际收益极少。因此，很多俱乐部演员除了表演外还有自己额外的职业以保障生活来源，俱乐部的经费也主要来自董班长经营的私人企业的收入。此外，部分俱乐部成员也是董班长参与创办的企业的员工。俱乐部的参营企业以经营传媒业务为主，因此俱乐部可以利用企业的传媒资源，而企业也可以将俱乐部作为自己的隐性资源加以利用，这构成了企业和官方二者互补合作的独特经营模式。

从相声文化的沿革可以看出，非物质文化遗产作为一种文化创造过程，并不是一种僵死的文化客体，而是由多元参与者主动建构的，因此是受多方力量形塑的结果。相声作为一种绵延至今的文化传统，之所以呈现出今天的样态，即是受历史进程中各种力量的不断改变和塑造。因此，俱乐部的艺术特征也是受到形塑的，它主要受到市场和官方两方面的影响。

由于具有"体制"的背景，俱乐部继承了新中国成立以来"改良相声"的"启蒙教育"的传统，力图在相声表演中加入政策宣传，传达积极的社会价值，讽刺社会不良现象，从而实现劝诫和教化的效果。同时，最早相声中具有的富有草根性色彩的"荤口"，以及一些尺度过大的"包袱"和讽刺力度过强的"段子"都被控制和剔除。由于受到政府"绿色剧场"要求的制约，演员们必须自觉地控制表演尺度，并且保持自身较为得体的形象。正是由于这一特点，俱乐部的观众大多携全家一同观看，且观众与演员的互动也显得较为节制，这与以德云社为代表的商业性更强的相声有较明显的区别。然而，俱乐部在具体表演中并不总是符合这一特征，演员退场时偶尔会增加一些具有暗示性的段子，演出中也会出现神怪主题和强烈的戏谑，这些特点则反映了俱乐部更加商业化的一面，且这与市场化环境下政府控制放松、官方话语减弱的背景有关。

俱乐部的演出在西式剧场中进行，它采用横排座位，舞台三面包围，只向观众敞开一面，且灯光集中于舞台上，剧场空间较大，使观众席显得空旷黑暗，这也在一定程度上对演员和观众的互动和交流产生了阻抑。相较之下，一些市场化倾向更强的相声演出，则会选择在三面敞开向观众突出的舞台表演，并设置更富有传统色彩的圆桌式观众席，搭建一个古色古香的"园子"。这种演出模式则使演员与观众的互动更加热烈，并更强烈地打破西式舞台与台下的阻隔作用。这一选择并非偶然，而是涉及演员对相声表演的主观认识和对相声的"本真性"想象，而其区别的根本原因仍然是社会历史要素的塑造作用，这一问题将在之后的部分进行讨论。

俱乐部在每期演出开始时设置"话说房山"节目，具有鲜明的地方性特色。这一节目主要介绍房山地区的文化、历史和民间传说。经过演员的演绎，一部分传说故事显得生动真实，以致与历史难以分辨，这满足了观众对本地区文化传统的想象，加强了观众对于地域的认同感。"话说房山"的表演素材，多为经过收集整理成书面文本的民间口头传说，班主董立学称，这部分口头传说在民间已经难以为继，无法得到传承，通过这种方式，这一传统将重新获得生命力。

"本真"即通常所谓"正宗"与"本源"，是一个文化保护中的经典范畴，并具有民族主义和商业化色彩。不同的相声表演者都在不同程度上具有一些对"本源的""正宗的"相声的想象，这是受到演员所属的不同群体影响的，更进一步说则是受到不同的政治、经济力量塑造的结果。

在访谈过程中，双簧演员王波表达了对于相声发展现状的看法，他认为存在一种"真正的相声"，而这一"真正"的传统存在于老艺人们手中。他认为，当下的"新派相声"和以德云社为代表的更为商业化的相声都或多或少地偏离了这一传统："听过真正的相声就明白了，那不是（真正的相声），它没'味儿'。"这种独特的"味儿"即是一种由老先生们传继的特殊风格，它代表了北京的历史风韵和文化传统，任何听众都可以轻易地辨识出来，这种风格正是优于很多"新式相声"的地方。在谈及"新潮"的相声正在占领更大的观众群体时，他坦言应当承认这一现象，但"不同的相声自有其受众"，而且"真正的艺术能让所有人快乐"。这其中反映出演员的一种矛盾态度，一方面"新潮"正在持续挤压"传统"的空间，但"传统"的长期积淀和独特风格必然具有持续不衰的吸引力，并不会被"新潮"所颠覆；另一方面，不论是"传统"和"新式"都隶属于更大的"艺术"范畴，它们都以"让所有人快乐"为宗旨，这又延纳了相声的新变，使"真正的相声"和"新潮"在同一艺术标准下展开竞争："也不存在什么'正统'，（这些）都是艺术。"从以上的叙述可以看出，尽管演员小心地避免门户之见，但仍然坚持自己对"本真"的理解。

在俱乐部演员看来，相声应当保持其作为"艺术"的纯粹性，这也是所谓"真正的相声"的标志，因此，俱乐部仍然使自己与商业保持一定距离，采用"保守宣传政策"，并不做过多的宣传。

然而，作为一门纯粹的艺术的相声，并不是其"本真"的样态。从整个发展历程来看，相声已经至少形成了"草根"和"主流"两个传统，前者以日常风俗、生活为旨归，含有大量狂欢化的表演，强调普通人的脉脉温情和平凡美德；后者则是以"启蒙教化"为旨归，自觉地以新社会生活和伦理改造自身，并以文化的施予者和传播者自居。这两种传统都不是相声最原初的样态，而是在进入新的历史和社会条件下主动适应和改造的产物。俱乐部更接近于后者即"主流"传统，并不能说这一传统就是"正统的"和"本源的"。另外，在"主流"传统中也仍然具有商业因素，而商业因素自相声诞生之始就已经存在，也不能将商业化与艺术视为截然对立的两部分。

俱乐部更倾向于将其相声视为"启蒙教化"的"纯粹"的艺术（创新、剧场），这是一种对"本真性"的主观想象，也正是这样的自我定位塑造了俱乐部的艺术特色。前已述及，俱乐部采用了西式剧场的表演环境。班主董立学认为，小剧场是相声演出最适宜的场所，因为剧场能保证相声作为艺术的严肃性和纯粹性，他对"茶馆式剧场"表示不满，他认为这种观众可以一边吃喝一边观赏的氛围并不符合其艺术理想，这与其"启蒙教化"的定位不无关系。

另外，演员王波针对相声艺术的"创新"提出了自己的看法，他认为当前的一部分创新并不深入，只是为了迎合市场需求做的肤浅改动。他认为，相声艺术在经历了两百余年的沉淀后，具有幽默效果的内部结构已经基本奠定，在如此长期的开掘和沉淀后还能进行创新的空间很小、难度很大，当前的大多数创新都是将现代生活的题材套入旧的模式和框架中，实际上是"旧瓶装新酒"。这在某种程度上反映了当前相声的创新困境，俱乐部相声的"半官方化"和"主流"特质，可能限制其创作的空间，而更加市场化、商业化的相声则容易陷入浮躁，并且还有破坏相声原有的艺术性的危险。

三　以房山周末相声俱乐部的未来
看非物质文化遗产保护的未来

经过与相声俱乐部班主的访谈，我们得知，俱乐部的未来规划主要如下。

将舞台剧场式座位改造为茶馆开放式座椅，并提供相应的茶水点心，同时票价也会有相应程度的提升。这反映了尽管有政府提供场地的扶持，但是俱乐部的收入并不能很充分地支持俱乐部的运转。这不仅与俱乐部部分收入需要上交有关，也与俱乐部本身的上座率不高有关（除非有大腕捧场）。这充分体现了非物质文化遗产保护中要重视市场的道理：唯有自身传承文化时赋予其强大的吸引力和生生不息的活力，才能更好地加以保护，从而达到让非物质文化遗产活下去的目的。同时，在市场竞争下，提供更优质的服务也是一种生存之道。

调整演出时间，由每周五晚调整至周六晚、周日晚各一场。由于房山地处郊区，在城里工作的上班族回房山需要一定的通勤时间，因此周五晚上他们不一定能及时赶回。演出时间调整为周六、周日，使听众的选择面更广，安排时间也更灵活自由。但是由于场地是政府提供的，该场地还是良乡影剧院的放映场地，因此还需要协调各方才能实现。由此可见，保护好非物质文化遗产，既要顺应市场，亦要照顾听众的需求，又要政府给予一定灵活度的政策和手段支持。

开办兴趣班，利用相声俱乐部现有人马作为老师，招收有兴趣的学生入班，普及相声。此项目预计只收取成本性的费用。由于相声是师徒制的传授模式，而且掌握相声非一日之功，所以只能起到推广、普及的作用，但这也足以在一个幼小的心灵中埋下民族文化的火种。所以说，非物质文化遗产的保护要格外重视传承，寻找继承人、撒播种子；时刻铭记其为活的文化，而不是死的文物。在这个过程中，必须以人为主体，牢牢把握下一代人的文化吸收，才能真正薪火相传。

（指导教师：安德明、祝鹏程）

浅论刺客群体在汉代的转变

师子涵　刘嘉晨　纪元昊*

摘　要　肇自汉代的刺客群体的职业化以及刺客从客群体中的独立，使"刺客"一词由最初指代的"行击刺之事的客"逐渐演变为职业化的雇佣暗杀者。金钱雇佣与人身依附在这一阶段同时推动刺客成为一个专门的职业，主人与刺客之间也由春秋战国时期一般的主客"恩义"联结转化为短期的雇佣或长期的依附关系。主客的疏离同时伴随这一过程而发生。

关键词　概念转变；职业化；主客关系

一　对"刺客"概念的界定

"刺客"一词的含义就今天来说是明确无疑的，可从历史层面而言却不见得如此。春秋战国时期尽管刺杀活动已屡见不鲜，但目前传世的文献中还没有明确将行为者称为"刺客"的。"刺客"一词在传世文献中的使用，最早见于《史记》。① 且有汉一代，"刺客"在传世文献中的使用频率远低于后世，其中大部分如《杨子云集》② 《说苑》③ 《论衡》④ 中的"刺客"又皆承自《史记》。直至

---

*　师子涵，文学院 2018 级本科生；刘嘉晨，文学院 2018 级本科生；纪元昊，文学院 2018 级本科生。

①　（汉）司马迁：《史记》卷十八、卷八十六、卷一百一，中华书局，2013，第 1052、3037、3305 页。

②　（汉）杨雄：《杨子云集·渊骞》，文渊阁《四库全书》本，上海古籍出版社，1987，第 25、1063 页。

③　（汉）刘向著，向宗鲁校证《说苑校正》卷六，中华书局，1987，第 131 页。

④　（汉）王充著，黄晖校释《论衡校释》卷四、卷二十七，中华书局，2017，第 235、1288 页。

《汉书》① 和《东观汉记》②，"刺客"才出现了新的对象。书中对刺客的使用与今日显然是有差异的，这就有必要对研究对象做出界定。

目前学界研究刺客的专著与论文，多根据《辞源》《辞海》等现代辞典中的解释即暗杀者的形象定义刺客，再将符合该定义者挑拣出来进行研究，如戈春源《刺客史》③、姜颖《汉代刺客研究》④、韩永保《试论春秋战国时期的刺客》⑤等。汪涌豪在《中国游侠史论》中对刺客与游侠进行区分，亦将刺客定义为"受人雇用怀挟兵器进行暗杀者"。⑥

而在与刺客相关的其他研究中，学者则多从刺客的属性入手，直接对刺客进行社会关系的界定。或称其为游侠之一种，如陶希圣《辩士与游侠》⑦、彭卫《游侠与汉代社会》⑧、韩云波《试论先秦游侠》⑨ 等；或将刺客视为客阶层的一类，如陈连庆《西汉时代的宾客》⑩ 和沈刚《秦汉时期的客阶层研究》⑪。又因刺客、游侠与客三者互有牵连，亦有将三者联系陈述的，如钱穆《释侠》中言"至于任侠之所养，在当时则均目为客，或称宾客，门客，食客。而客之中有刺客。而盛养此辈门客，食客，刺客者则侠也"。⑫ 陶希圣在研究战国时期辩士与游侠时将刺客列入游侠，在研究西汉时代的客时又将刺客列入客之中，且称"战国至西汉所谓侠，是养客或结客的人的名词"，可见对刺客社会关系的认定并不明确。

将《史记》《汉书》《东观汉记》中的刺客进行比较，其共同特点有二：一是行击刺之事，曹沫"执匕首劫齐桓公"，不入暗杀之列，却不出击刺之外；二是为他人行事，尽管曹沫、豫让为自愿行刺，并非受人雇用，但都非为己。所以

---

① （汉）班固：《汉书》卷九十二，中华书局，1962，第 3706 页。
② （汉）刘珍等著，吴树平点校《东观汉记》卷九、卷十二、卷十四，中华书局，2008，第 288、428、527 页。
③ 戈春源：《刺客史》，上海文艺出版社，1999，第 2 页。
④ 姜颖：《汉代刺客研究》，吉林大学古籍研究所硕士学位论文，2017。
⑤ 韩永保：《试论春秋战国时期的刺客》，四川大学历史文化学院硕士学位论文，2007。
⑥ 汪涌豪：《中国游侠史论》，上海人民出版社，2016，第 28 页。
⑦ 陶希圣：《辩士与游侠》，岳麓书社，2013，第 69~71 页。
⑧ 彭卫：《游侠与汉代社会》，安徽人民出版社，2013，第 133~148 页。
⑨ 韩云波：《试论先秦游侠》，《贵州大学学报》（社会科学版）1994 年第 2 期。
⑩ 陈连庆：《西汉时代的宾客》，吉林文史出版社，1991，第 295~309 页。
⑪ 沈刚：《秦汉时期的客阶层研究》，吉林大学文学院博士学位论文，2003。
⑫ 钱穆：《释侠》，载杜正胜编《中国上古史论文选集》，华世出版社，1979，第 923~927 页。

"刺客"一词在汉代文献中，解为"行击刺之事的客"，当是比较合适的。尽管曹沫贵为鲁将，绝非后世所谓"客"阶层中的一员，但其"以勇力事庄公"，将其列为刺客并不过分。

需要说明的是，这个界定尤适用于《史记》所载时期。《汉书》和《东观汉记》无疑要受到《史记》的影响，而西汉中后期到东汉，刺客已渐渐开始了转变，以至到后世"刺客"成为一种特殊职业的专称，本文要讨论的正是这种转变。

二　刺客的职业化

彭卫在论述先秦刺客与汉代不同时指出："在先秦时期，驱动刺客型游侠行刺行为的基础是'恩'与'义'。""然而，'恩''义'与金钱的位置，在汉代的刺客型游侠身上却发生了重要的变化。"① 这有着深刻的历史原因。

在先秦，主客之间联结的主要方式是主对客施恩而客对主行义。恩有大小，义有强弱，不同主客之间的联结程度也不相同。绝大部分主客产生联结是通过"市道交"，即《史记·廉颇蔺相如列传》中所谓"夫天下以市道交，君有势，我则从君，君无势则去，此固其理也"。但仅仅通过供养的方式难以吸引真正的高士。对他们来说，得到更大的恩与回报更重的义都是他们价值的体现，所以冯谖有弹铗之歌②，侯嬴有市屠之语③。由于刺杀活动的高风险性和隐秘性，通过"市道交"吸引而来的客很难满足主使者的需要，这就迫使主使者耗费大量的心血去"物色"一个可以完成任务的人并通过施恩招其为客。恩莫大于知遇，义莫大于效死。刺客与其主使者可以说代表了先秦主客"恩""义"的顶峰，从荆轲四人与其服务对象之间都是这种恩义之交中可见一斑。但这也并不意味着这种"恩义交"就是主使者招揽刺客的唯一方式。对于难度较小的刺杀活动，一般有武力的客就可以胜任。信陵君为如姬报仇时所遣之客④，就更可能是《韩非子·八奸》所谓"为人臣者，聚带剑之客，养必死之士，以彰其威"中的剑客死士。

---

① 彭卫：《游侠与汉代社会》，安徽人民出版社，2013，第144~145页。
② （汉）司马迁：《史记》卷七十五，中华书局，2013，第2853~2857页。
③ （汉）司马迁：《史记》卷七十七，中华书局，2013，第2876~2879页。
④ （汉）司马迁：《史记》卷七十七，中华书局，2013，第2878页。

而这类群聚在贵族大臣身边的有武力的客与主人的关系更多还是"市道交"。无论主客之间是"市道交"还是更为深重的恩义之交，两者都不存在实际上的雇佣或依附的关系。《刺客列传》称"此其义或成或不成，然其立意较然，不欺其志"，说明刺客对于任务的执行只有内心"立意"的要求，而无实在的职责或义务。

在汉代，雇佣现象在刺客中开始出现。因听闻众人赞誉袁盎而放弃进行刺杀的梁王刺客在表明身份时，称其"受梁王金来刺君"。[1] 同样，为了报复弹劾自己父亲的给事中申咸，薛况在派遣门客杨明"创咸面目"之前要先"赇客杨明"。[2] 这就说明，不同于先秦时主礼遇客而客服务于主的模式，进入西汉，不论平日主客如何相待，主人要求客人前去进行刺杀活动需要付出额外的报酬。

雇佣现象的另外一个表现是"结客"行为。汉代复仇风气盛行，而且当时的复仇与其说是个人的单独行为，不如视为尽可能多地集合党羽进行群体袭击。"集合党羽"的主要方式就是结交宾客。两汉时期结客报仇是很常见的行为，这种临时性的结客行为想要通过恩义来达到显然不太现实。《后汉书·苏章传附苏不韦》记载苏不韦为报父仇，"尽以家财募剑客"，这说明所谓"结客"在一定程度上就是一种暂时的雇佣行为。

与暂时的雇佣行为相对应的则是一些豪侠开始有意地豢养刺客。《汉书·游侠传》载："河平中，王尊为京兆尹，捕击豪侠，杀章及箭张回、酒市赵君都、贾子光，皆长安名豪，报仇怨养刺客者也。"仲长统《昌言·损益篇》则称豪族"刺客死士，为之投命"。[3] 刺客成为一种相对独立的身份。刺杀不是主人临时挑选某一门客执行，而是由专门的刺客完成。在这样一个过程中，这些刺客对于主人也就产生了一定的依附性。东汉时期的两个出于个人道义而没有完成主人刺杀要求的刺客在告知刺杀对象事实后都选择了逃亡，这在一定程度上反映出当时的刺客丧失了选择的权力，其自由受到了束缚。

雇佣性与依附性本是相对立的存在，但在这一时期都推动了刺客职业化的趋势。雇佣给刺客以确定的利益，而依附给刺客以固定的身份。两者结合使得一部

---

① （汉）司马迁：《史记》卷一百一，中华书局，2013，第3305页。
② （汉）班固：《汉书》卷八十三，中华书局，1962，第3395页。
③ （南朝宋）范晔：《后汉书》卷四十九，中华书局，1965，第1651页。

分有武力的客从事专门的刺杀活动以赚取利润甚至谋生。但个人的仇敌终究有限，真正的后世意义上的职业刺客的出现必然伴随着为刺客和主使者提供中介的机构。这类中介机构在汉代留下的唯一记载在《潜夫论·述赦》中。王符在《述赦》一篇言"洛阳至有主谐合杀人者，谓之会任之家，受人十万，谢客数千"①，其中得钱杀人者仍被称为"客"。或许可以将会任之家联络的两端仍看作主客的关系，只是主客联结的方式与内容不同于以往罢了。除此之外，刺客另有一种职业化的方式，就是彻底地依附于主，成为某个权贵的专属杀手。仲长统所说的"刺客死士"即这类存在。无论如何，刺客的职业化都意味着刺客逐渐独立于一般的客。在封建人身依附关系发展的时期，我们很难用现代意义上的职业观念来分析刺客的职业化。所谓刺客的职业化更大程度上只是刺客的专业化，无论走向更纯粹的雇佣关系还是依附关系都是它的方向。

刺客的职业化不是偶然的。西汉尤其是武帝以后，随着中央集权的国家秩序的建立，无论是客之于养客者还是养客者之于客都不再有先秦那样大的作用。对诸侯权贵的打击和仕进制度的完善，使客在政治领域的作用渐弱。客逐渐进入生产领域，其地位也日渐下降。文士在脱离客的身份后犹可进入仕途，武士在离开主人后则难以享有良好的待遇。一部分有武力的客或继续依附于主人，为主人提供刺杀服务以在和平年代发挥作用；或接受雇佣，通过中介或者成为别人"结客"的对象为有财力者服务，这便是渐趋职业化了的刺客。而在汉代，诸侯王、外戚、宦官之类的权贵豪族以及下层豪侠的不法需要，全社会复仇风气的盛行，乃至两汉之际与东汉末年的战争，都为刺客提供了发展的空间。尽管没有先秦时期客的地位与尊严，但汉代所谓"天下熙熙皆为利来"的商业风气又让"利"成为主客联结的纽带。刺客就这样向职业化演变。

三　主客的疏离

汉代刺客群体的转变不仅是行为层面上的，也是精神层面上的。伴随着主客联结方式变化而来的，是刺客与主使者之间观念的变化。

首先是"刺客"与"死士"的分离。《史记·刺客列传》记豫让之言："今

---

① （汉）王符著，彭铎校正《潜夫论笺·述赦》，中华书局，1985，第183页。

智伯知我，我必为报仇而死，以报智伯"，"为知己者死"可以说是先秦刺客最突出的特质。而汉代刺客多有未完成刺杀任务甚至放弃刺杀任务者，却少有为完成刺杀而不惜牺牲的。《蜀记》就记载了曹操派去刺杀刘备的刺客疑心自己被诸葛亮发现而越墙逃走一事。① 仲长统将"刺客""死士"并称，既说明由于刺杀活动的风险刺客往往有赴死的意识，也反映出刺客毕竟不同于死士。在刺客与主使者主要通过利来联结的时代，刺客当然不至于为了利而舍弃生命，像荆轲四人那样舍生刺杀的刺客在汉代不复存在。

汉代刺客与先秦的又一不同在于其价值取向。聂政在母亲死后告知严仲子"仲子所欲报仇者为谁？请得从事焉！"② 说明先秦刺客不择事而择人，其首要的道德是"忠"。只要主使者对其施有足够的恩，无论刺杀对象如何，刺客都会尽力成完刺杀任务。汉代情况则正相反。刺客无论出于雇佣还是依附都没有挑选主人的权力，但有良知的刺客在奉命刺杀正直之士时往往选择放弃刺杀，如被隗嚣派遣前去刺杀杜林的刺客杨贤就感叹："当今之世，谁能行义？我虽小人，何忍杀义士？"③ 纵观两汉，这样的事例并不鲜见。④ 可以说这种不择人而择事的行为，一是由客观条件所限，一是由于这一时期"义"这一价值观念的凸显。

而与刺客不再全力贯彻主使者意志相对的，是主使者对刺客的不亲信。由于主使者与刺客之间主要是利益关系，也由于汉代刺客的数量和对刺客的需求都大大超过前代，主使者不必要也不能够像严仲子、燕太子丹那样寻找智勇双全而又值得信赖的刺客，主使者对刺客也就不可能如前代那样尊重和信任。杨贤在放弃刺杀杜林之后，自己也随即逃亡；陈王刘钧在自己派遣的刺客隗久被捕之后为了避免诉讼竟派遣另外的客杀死隗久。⑤ 可见在这一时期，主人对客也只有冷漠的利用关系，刺客在职业化的同时也在逐渐工具化。

总而言之，随着利取代恩义成为联结主客的纽带，主使者和刺客之间也由先

---

① （晋）王隐：《蜀记》，裴松之注引《三国志·蜀书·诸葛亮传》，中华书局，1987，第 917 ~ 918 页。

② （汉）司马迁：《史记》卷八十六，中华书局，2013，第 3047 页。

③ （汉）刘珍等著，吴树平点校《东观汉记》卷十四，中华书局，2008，第 527 ~ 528 页。

④ 其见于正史者分别载于《史记·袁盎晁错列传》《后汉书·杜林传》《后汉书·文苑列传上·崔琦》《后汉书·蔡邕传》《三国志·蜀书·先主传》。

⑤ 参见（南朝宋）范晔《后汉书》卷五十，中华书局，1965，第 1668 页。

秦时期平等的"鱼水"关系变为汉代不平等的兼有买卖与主仆的关系。刺客对于主使者，一方面是依附的强化，一方面却是情感的疏离。

四　刺客与"刺客"一词的流变

要更深刻地理解刺客群体在汉代的转变，就必须要观察刺客群体自产生以来长期的演变过程。同时，语言的变迁伴随着历史发展而又滞后于社会变化，对"刺客"一词含义的把握也有助于对刺客群体变化的了解。

暗杀何时出现已不可考，其最早见于史籍者在春秋。纵观春秋时期的暗杀行为，其方式众多，目的各异。羽父弑鲁隐公、彭生弑鲁桓公、郑文公杀子华、子驷弑郑僖公[1]等几例就分别采用了直接遣人动手、趁醉拉杀、诱杀、药杀等方式。且春秋时期大部分暗杀行为中被暗杀的一方往往是弱者。对于这些主使者来说，采取暗杀方式来达成目的主要是由于暗杀的隐秘性而非暗杀的高成功率。可以说，尽管春秋时期的暗杀行为大部分为违礼之举，可它同时是礼制的一块遮羞布，国君、公子、大臣在这块遮羞布下实施种种见不得光的阴谋权术。

而在春秋晚期之后，一方面，由于暗杀行为的频发，贵族的防护措施愈发完善，一般的针对上层的暗杀已不再容易；另一方面，礼制连表面上的作用都难以保持，暗杀的隐秘性渐渐让位于暗杀的高成功率，寻找有足够能力的人进行暗杀成为弱者获取利益的方式。专诸、聂政、要离、朱亥、荆轲等皆是主人以弱谋强的倚仗。而在战国时期，随着"客"阶层的出现，这类人是作为客的一员被主人优待，为主人行击刺之事。"刺客"一词很大可能是由此而来。

汉中叶以后，刺客逐渐与客相独立并趋向职业化。同时，由于刺杀成为一件有利可图之事以及汉代复仇风气盛行的需要，民间出现了客之外的为人刺杀而收取报酬的人。《汉书·酷吏传》载："闾里少年群辈杀吏，受赇报仇，相与探丸为弹，得赤丸者斫武吏，得黑者斫文吏，白者主治丧；城中薄暮尘起，剽劫行者，死伤横道，枹鼓不绝。"尽管刺客群体发生了变化，刺客之外又出现了新的身份类似者，但"刺客"一词在汉代的含义保持着相当的稳定性。

---

① 杨伯峻：《春秋左传注》（隐公十一年、桓公十八年、宣公三年、襄公七年），中华书局，2009，第86、165、736、1046页。

汉代以后，在长期的乱世当中，刺杀活动的发生频率再一次有大幅度提高。三国时期，一方面，如刘平派遣前去刺杀刘备的刺客仍不脱门客身份；另一方面，刺杀行为被身份各异的人所利用，如魏国平民郭脩身为战俘而刺杀费祎。[1] 同时，刺客的职业化进程也在发展。南朝时期，宋文帝身为一国之君，"购慧龙首，二百户男、绢一千匹"，可以说是通过买命的方式让刺客吕文伯去敌国刺杀大将王慧龙。[2] 也就在魏晋南北朝时期，"刺客"逐渐摆脱了它先前的含义，而有了职业的为人提供暗杀服务的人和普遍意义上的暗杀者两重含义。这也标志着刺客群体转型的完成。

五　结语

当社会从一种形态转向另外一种形态，其间伴随着的是社会各阶层的变异，而语言的稳定性时常将这种变异掩盖。刺客与"刺客"一词的流变正是其例。刺客群体在汉代的转变，其实质就是刺客的职业化，也就是刺客与其主使者之间由原来的恩义关系到后来的利益关系的转变。刺客在这一时期的其他转变大多由之而来，汉与先秦刺客的不同姿态也就由此而来。

（指导教师：张梦晗）

---

[1] 按《三国志·魏书·三少帝纪》裴注，其事另见《三国志·蜀书·费祎传》，中华书局，1987，第 126～127、1062 页。

[2] （北齐）魏收：《魏书》卷三十八，中华书局，2018，第 971 页。

北京地区适婚青年择偶标准与择偶竞争力研究

支皓宇　郑凯元　王振扬[*]

摘　要　本文通过对北京地区近年来成婚青年进行数据收集，并对数据进行处理和分析，得到了青年择偶时对物质条件和学识、修养和道德品格两方面看重程度的参数。结果表明，男性在择偶时往往会选择那些条件略微比自己差一些的女性，而且女性更加容易满足男性的需求。本文依据上述结论，结合我国人口现状和当下政策，讨论青年这样的择偶标准将对我国社会、人口结构产生的影响，其中包括：大龄未婚人口一定程度上对社会产生影响，女性的婚姻与家庭状况会对未来职业生涯发展造成一定影响以及择偶观念的改变会一定程度上加深社会阶层的分化。

关键词　适婚青年；择偶标准；择偶竞争力；青年婚恋

一　文献综述

国内外有不少学者研究青年男女择偶的相关问题。钱铭怡等人2003年发表的《十五年来中国女性择偶标准的变化》一文研究中采用SPSS10.0工具，对年龄、学历、身高、健康、婚史、相貌等28个变量进行频率统计、描述统计和相

---

*　支皓宇，经济学院2017级本科生；郑凯元，经济学院2017级本科生；王振扬，经济学院2016级本科生。

关分析，最后得出影响择偶的一些最基本的因素是恒定的，比如女性的生理条件是自身最为重要的婚恋资源，具体表现为女性对自身相貌、身高等信息更多地提及。女性在对对方的要求中一直最为注重对方的社会经济条件；而且时代不同，关注的具体内容有所不同，表现为女性对男性学历、职业的关注有所下降，而对事业的要求有所上升。这些情况反映了我国居民收入情况的多元化和职业变化的频繁。择偶标准中对财产的要求上升，体现了女性择偶越来越呈现务实化的趋势。在近十五年里女性择偶标准变化中女性对男性的外貌条件要求不是很高、对男性身高的要求也呈现下降趋势，说明了女性择偶的务实化倾向。最后女性择偶标准中人品逐渐跃升为女性关注的最重要因素，体现了女性婚恋观念的改变。①

朱松等人运用相同研究方法在《十五年来中国男性择偶标准的变化》一文的研究中也得出结论：中国男性的择偶标准发生了明显的变化。这是受到社会改革、社会舆论、流行风尚这些因素的影响，但仍然受到传统观念的影响，其择偶模式中的一些基本成分保持相对稳定。在其研究中，十五年来男性择偶标准变化中传宗接代在婚姻中的不可忽视地位有所动摇。其中还有一个现象显示男性比过去更重视自己的外貌特征，这一小小的变化似乎反映了男女在社会地位上的微妙变化：男性在性选择方面的主体地位已开始模糊，至少男性意识上是如此。②

杨新科在《改革开放条件下中国择偶观念的变化及发展趋势》一文中得出结论：择偶标准的变化是同社会的精神生活和物质生活密切相关的。在杨新科的研究中，1997 年公民择偶标准的一个突出特点是道德标准呈下降趋势，而务实性的标准普遍上升。从征婚者对自身条件的介绍看，100% 的男性将自己的经济状况和职业作为主要内容，92.3% 的人提到自己的身高，81% 的人提到自己的教育程度，73.3% 的人提到自己的容貌，只有 40% 的人提到自己的品行。发生这种现象的原因是多样的，主要是我国当时处于改革开放初期，工作重心转移到经济建设上，然而生产力发展水平不高，还不足以提供以爱情为基础缔结婚姻的条件，对于大多数没有完全摆脱经济限制的中国人来说，结婚成本很高，因此在择偶中重视经济物质条件就成为一种必然。③

---

① 钱铭怡等：《十五年来中国女性择偶标准的变化》，《北京大学学报》（哲学社会科学版）2003 年第 5 期。
② 朱松等：《十五年来中国男性择偶标准的变化》，《心理与行为研究》2004 年第 4 期。
③ 杨新科：《改革开放条件下中国择偶观念的变化及发展趋势》，《西北人口》1997 年第 3 期。

如今我国处于全面建成小康社会决胜阶段，社会基本矛盾也由人民日益增长的物质文化需要同落后的社会生产之间的矛盾转化为人民日益增长的美好生活需要和不平衡不充分的发展之间的矛盾。在经济条件以及社会生产发生重大改变的情况下，青年男女的择偶标准势必会发生一些变化，择偶方式的社会化程度也会越来越深。

正如杨新科所言，我国择偶方式的社会化，从总体上讲与社会的进步、经济的发展及文化的变革息息相关。综上所述，研究青年男女择偶标准对社会研究具有重要实践意义。早期对男女择偶标准的研究数据一般是取自报纸及杂志上刊登的征婚启事，但由于数据来源较少，且获得的择偶标准数据都是愿意将自己的择偶标准表现在公共大众面前的青年男女提供的，所以很大一部分人的数据无法采集，使研究数据存在一定误差。如今随着网络技术的发展，人们互相认识渠道多元化，对婚恋对象有了更多的选择，择偶标准也日渐清晰。本课题组通过对青年男女发放匿名网络问卷的方式获取他们对择偶标准的个人看法和侧重点，可以获得更加真实可靠的数据，且更容易获取他们最真实的想法，这样获得的数据更具普遍性。我们将依靠这些数据客观分析北京地区男女择偶的大趋势，验证是否存在人们普遍认为的"婚姻关系中多数男性地位相对强势的现象"，为进一步深入研究做铺垫。

二　调查样本说明和描述性分析

本研究所用的数据直接来源于问卷调查。问卷的第一部分内容包括了婚姻双方对伴侣外表相貌、性格、物质条件、名誉和声誉以及学识、涵养和道德品格的看重程度，在这部分中，看重程度被分为五个刻度，从非常看重（5分）递减至根本不看重（1分）。第一部分问题基本涵盖了择偶过程中人们通常需要考虑的因素。第二部分包括结婚时婚姻双方的收入、固定资产情况和学历，第二部分问题统计了影响择偶的诸多因素中比较客观且容易量化的部分（每个人对伴侣的外表相貌、性格、名誉声誉和道德修养等因素的要求往往有着比较主观的判断，相比这些因素，学历、收入和固定财产有着客观的尺度且很容易量化统计）。因为本文研究的问题是近年来北京地区青年择偶标准情况，所以问卷需要分发给在北京地区结婚和生活的夫妇，而且结婚的时间不能距离现在过远。为了保证数据的准确和有效，我们使用了"问卷星"提供的样本服务，通过支付一定的报酬来保证问卷对象生活在北京地区，经过筛选保留了结婚时间处于 2004 年及以后的数据，最终得到了 142 份有效问卷。这 142 份有效问卷代表了北京地区的 142 对夫妇，他们结婚的年份大部分在 2008~2015 年，具体的频数分布如图 1 所示。

在得到调查数据后，研究小组对信息进行了初步的汇总，初步分析男女择偶标准的差异和样本结婚年份的频数分布，如表 1 所示。

从表 1 中可以看到男性和女性对于某些方面的看重程度有着明显的差异。男性对于伴侣外表相貌的看重程度比女性要高出很多，而女性则更加看重男性的物质条件和学识。看重程度这一指标在某种程度上也反映了对伴侣的期待和要求，从这个角度来看，男方对伴侣的要求会稍微低一些，这表明了男方在选择配偶时会更倾向于选择那些综合条件稍稍比自己差一些的女性；或者从另一个角度上来说，女方在选择配偶时会更倾向于选择那些综合条件稍微比自己优秀一些的男性。

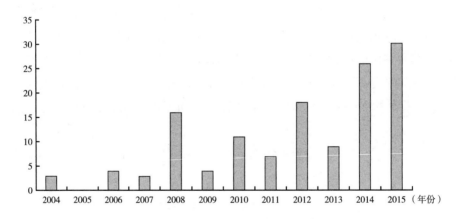

图 1　样本结婚年份的频数分布

表 1　男女双方对伴侣各方面看重程度的比较

对伴侣某一方面的看重程度（平均数）	外表相貌	性格	物质条件	名誉和声誉	学识、涵养和道德品格	合计
女方	3.54	4.40	3.74	4.13	4.22	20.03
差（男方数据－女方数据）	0.35	−0.14	−0.65	−0.09	−0.28	−0.82

注：5：非常看重，4：看重，3：一般，2：不太看重，1：根本不看重。

数据来源：课题组的数据调查样本。

三　男性女性综合条件的实证研究

通过第一部分，不难看出男女双方在外表相貌、物质条件及学识、涵养和道德品格三个方面的看重程度存在显著的差异，而且从人们日常生活的经验来看，这三个方面也是人们在谈论婚恋话题时常常提到的，所以研究小组对此进行了进一步的研究。人们对于外表相貌的评判往往有着自己的标准，每个人都有自己独特的审美，这使得对外表相貌进行一个客观的评价十分困难，而且人们也不太愿意公开自己对他人相貌的评判，这一系列难题使得对外表相貌的研究暂时无法进一步推进。所以研究小组对物质条件方面及学识、修养和道德品格方面进行了进一步研究。

（一）模型构建

假设一：婚姻中的双方是理性的，这是指婚姻中的两方的各项背景条件是"门当户对"的。两方的综合条件不会差距过大，婚姻中不会出现一方工资很高、学历很高而另一方工资很低、学历也很低的情况。

假设二：物质条件主要用工资状况和固定资产状况来衡量，学识、涵养和道德品格主要用学历状况来衡量。

在构建模型之前首先对数据进行了初步的拟合，结果如表2、图2、表3和图3所示。

表2　用女性物质条件得分和男性总分拟合的结果模型总计及参数评估

方程式	模型摘要					参数评估		
	R平方	F	df1	df2	显著性	常数	b1	b2
线性	0.527	121.252	1	109	0.000	− 17.790	34.174	
对数	0.274	41.205	1	109	0.000	20.527	19.215	
二次曲线模型	0.882	403.557	2	108	0.000	20.413	− 66.065	44.073
指数模式	0.949	2024.197	1	109	0.000	0.979	1.855	

注：因变数：男性总分；自变数：女性物质条件得分。表中展示了两个变量用不同模型拟合的结果，重点在于展示模型的效果，故没有展示两个变量的具体情况。两变量情况可见图2、图3。表3的情况与此相同。

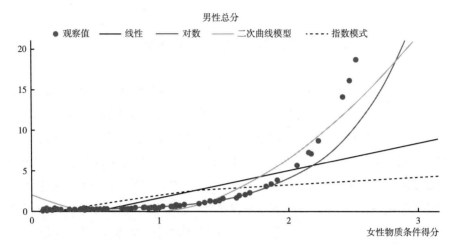

图 2　用女性物质条件得分和男性总分拟合的结果

表 3　用男性物质条件得分和女性总分拟合的结果模型总计及参数评估

方程式	模型摘要					参数评估		
	R 平方	F	df1	df2	显著性	常数	b1	b2
线性	0.740	310.342	1	109	0.000	0.049	2.349	
对数	0.399	72.263	1	109	0.000	3.104	1.865	
二次曲线模型	0.954	1125.924	2	108	0.000	1.994	-1.001	0.953
指数模式	0.881	810.573	1	109	0.000	1.281	0.542	

注：因变数：女性总分；自变数：男性物质条件得分。

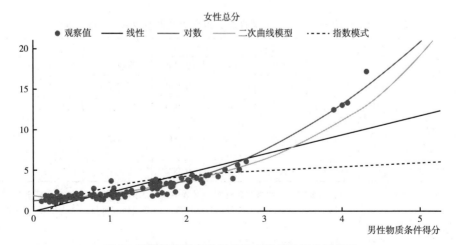

图 3　用男性物质条件得分和女性总分拟合的结果

通过对初步拟合结果的分析可以发现，用指数来描述总分和物质条件得分之间的关系是非常合适的，因为从图 2 和图 3 以及表 2 和表 3 的结果可以看出，指数模式的拟合度是相当高的。这样做的另一个原因是用指数来刻画变量间的关系可以更方便解释参数的含义。所以构建如下模型：

$$Y = AE^{\alpha}K^{\beta}$$

其中，Y 是一个人择偶时的自身综合条件的得分，E 是这个人的学历得分，K 是这个人的物质条件得分，A 是择偶过程中的其他因素造成的影响，此处假设其为一个不变的常数，这个模型适用于男性和女性。一个人在择偶时的综合条件可以被看成一种产出，这种产出是人们进行各种人力资本投资后得到的，所以这里用柯布道格拉斯产出函数的形式进行描述。

如果研究对象是男性，那么公式中的 E 和 K 分别是男性的学历得分和物质条件得分，根据假设二，将原始数据进行处理后可以得到这两部分的得分，根据公式可以得到这一男性的综合得分 Y，根据假设一，这个 Y 值和其伴侣的 Y 值存在正相关的关系：

$$Y_{男} \propto Y_{女}$$

（二）学识、涵养和道德品格的表示——学历得分（E）的测算方法

一个人学识、涵养和道德品格的发展会受到各种因素的影响，包括个人成长过程中的家庭环境、接受的家庭教育、成长所在地的社会环境以及接受的学历教育。其中，学历教育是最主要的影响因素之一，因为对于大部分人来说，接受学历教育的年龄正是人生观、价值观、世界观形成与学习科学文化知识的重要时间。在接受学历教育的过程中，个人的学识涵养与品德得到了相对系统而科学的塑造与培养，个人的学历与学识、涵养和道德品格密切相关，用学历来表示学识、涵养和道德品格无疑是较为合适的。

根据劳动经济学中关于教育方面的理论，教育带来的回报和受教育年限有着密切的关系，这种关系具有两种特征：第一，受教育程度越高的人将获得更高的回报，这表明受教育年限和回报是正相关的；第二，教育带来的边际收益是递减的，这表明随着受教育年限的增加，每多接受一年的教育，收获的回报会变少。

本文期望用学历来表征学识、涵养和道德品格的水平，但是人们对学识、涵

养和道德品格的判断和描述往往是不客观和难以量化的，这就使得将学历与学识、涵养和道德品格关联起来的过程存在一定困难。学历带来的回报有很多，除了学识、涵养和道德品格外，最重要的就是工资率水平。工资率水平和学识、涵养和道德品格作为教育带来的回报，同样满足前述的两个特征，而且工资率水平更好描述和量化，很容易找到工资率水平和受教育年限的关系，并依据这一关系衡量学历的价值，进而表征某一学历所代表的学识、涵养和道德品格水平。

根据前述的两个特征得出：

$$Y = ln(aX + b)$$

其中 Y 是工资率水平，X 是受教育年限，对上式消去对数有：

$$e^Y = aX + b$$

根据收集到的数据制作表 4 和表 5。

表4　我国各个学历和对应的受教育年限

单位：年

学历	初中	高中或中专	大专或高职	本科	硕士	博士
受教育年限	9	12	15	16	19	22

表5　2011 年部分学历收入情况

	年薪起薪（元，2011 年）	工资率水平（以大专或高职为）（Y）	受教育年限（年，X）	e^Y
大专或高职	35878	1	15	2.718
本科	44705	1.25	16	3.476
硕士	61645	1.72	19	5.573
博士	84718	2.36	22	10.602

数据来源：正略钧策《2012 年度中国薪酬白皮书》，第 47 页，2011 年北京地区毕业生起薪。

经过回归分析得到了以下结论，结果如图 4 所示，回归报告如表 6 和表 7 所示：

$$Y = ln(1.10X - 14.13)$$

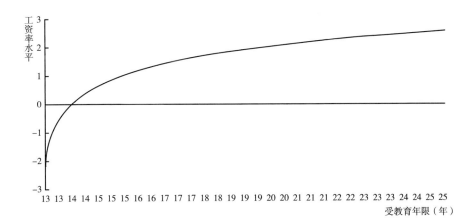

图 4　受教育年限和工资率水平的关系

表 6　回归统计报告一

回归统计	
线性相关系数	0.975771
R 方	0.952129
调整后 R 方	0.928193
标准误差	0.951652
观测值	4

表 7　回归统计报告二

	系数值	标准误差	t 统计量	p 值	95% 置信下限	95% 置信上限
截距项	−14.1326	3.163438	−4.46749	0.046628	−27.7438	−0.52146
受教育年限 X	1.095832	0.173747	6.307054	0.024229	0.348259	1.843405

至此得到了学历的价值，如表 8 所示。

表 8　各学历以及对应的学历得分

学历	初中及以下	高中或中专	大专或高职	本科	硕士	博士
学历得分	NA.	NA.	0.84	1.22	1.90	2.30

（三）物质条件的表示——物质条件得分（K）的测算方法

一个人的物质条件如何，主要取决于他的工资收入和固定资产。工资收入非常容易度量和统计，在收集到原始数据后结合通货膨胀的情况进行调整即可；固定资产中，占有主要地位的是房产，房产的价值可以作为房租分摊到各月，这样处理的原因是一个人只要有工作，那么他每个月都会收到工资，而房产的价值并不是每个月都可以计为收入。为了保证计量口径的统一，研究小组将房产的价值分摊到各月，其每个月的价值为房租。如果一个人在北京拥有房产，那么他的月收入除了他本来的收入外还要再加上房租，房租的计算同样需要考虑通货膨胀的因素（见表9、表10）。

表9　2004～2017 年 CPI 指数

年份	2004	2005	2006	2007	2008	2009	2010	2011	2012	2013	2014	2015	2016	2017
CPI（以上年为100）	100.0	100.0	100.1	100.7	101.0	102.2	110.0	109.5	104.4	106.0	101.3	103.8	103.8	103.8
CPI（以2004年为100）	100.0	100.0	100.1	100.8	101.8	104.1	114.5	125.3	130.8	138.7	140.5	145.8	151.3	157.1

数据来源：国家统计局。

表10　2004～2017 年北京地区平均房租（结合通货膨胀）

单位：元

年份	2004	2005	2006	2007	2008	2009	2010
房租	1778.8	1778.8	1780.6	1793.1	1811.0	1850.8	2035.9
年份	2011	2012	2013	2014	2015	2016	2017（原始数据）
房租	2229.3	2327.4	2467.1	2499.1	2594.1	2692.7	2795.0

数据来源：国内信息分类网站58同城、赶集网联合房地产租售服务平台发布的《中国住房租赁蓝皮书》（2017）。

至此，已经得到了学历得分和物质条件得分的计算方法，并可以以此表征一个人的学识、涵养和道德品格水平与物质条件水平。为了消除学历得分和物质条件得分在数量水平和量纲上的差异，研究小组对两部分得分进行了标准化处理，具体方法如下：

$$m_i = \frac{a_i}{\sqrt{\sum_{k=1}^{n} a_k}}$$

这个方法与原有的方法相比，可以避免出现数量上为负或者为零的情况，为此后的研究消除了不必要的麻烦。

（四）回归分析

对每个人的原始数据做了处理，使用处理后的数据进行回归分析。

为了方便拟合，将原来的式子进行一个取对数的处理，得到下式：

$$lnY = \alpha lnE + \beta lnK + C, C = lnA$$

最后得到的结果为：

$$男：Y = 5.36E^{0.31}K^{0.25}$$
$$女：Y = 5.43E^{0.38}K^{0.28}$$

回归统计报告如表 11、表 12、表 13 和表 14 所示。

表 11　男性函数回归统计报告一

回归统计	
线性相关系数	0.655286
R 方	0.429399
调整后 R 方	0.4193
标准误差	0.298794
观测值	116

表 12　男性函数回归统计报告二

	系数值	标准误差	t 统计量	p 值	95% 置信下限	95% 置信上限
截距项	1.682443	0.3233	5.203976	8.81×10^{-7}	1.041928	2.322958
学历得分 E	0.376646	0.125443	3.002534	0.003297	0.128121	0.625171
物质条件得分 K	0.284229	0.032744	8.680294	3.4×10^{-14}	0.219357	0.349101

表 13　女性函数回归统计报告一

回归统计	
线性相关系数	0.657519
R 方	0.432331
调整后 R 方	0.422284
标准误差	0.273346
观测值	116

表 14　女性函数回归统计报告二

	系数值	标准误差	t 统计量	p 值	95% 置信下限	95% 置信上限
截距项	1.69292	0.263555	6.423401	3.26×10^{-9}	1.17077	2.21507
学历得分 E	0.313663	0.102191	3.069368	0.002686	0.111203	0.516123
物质条件得分 K	0.254166	0.030933	8.216628	3.87×10^{-13}	0.192882	0.315451

　　模型中的指数代表了相应得分的重要程度，可以看作异性在择偶过程中对学历条件和物质条件的看重程度，比如，男性函数 E 的指数和 K 的指数就分别代表了女性在择偶过程中对学历条件和物质条件的看重程度。对于男性来说，为了追求条件更好的女性，通过受教育来提升自己的学识、涵养和道德品格水平比提高自己的物质条件水平更有效率，因为 E 的指数（0.31）比 K 的（0.25）大一些，但是现实生活中学历的提升是有限度的，一个人不可能一辈子接受教育而不工作，当学历提升到一定程度之后，男性就必须提升自己的物质条件水平，但由于 K 的指数比较小，男性往往需要大幅度地提高自己的物质条件水平才能满足女性的要求。这对于女性是一样的，但是女性 E 和 K 的指数都比较大，分别为 0.38 和 0.28。这意味着，如果男性和女性同等地提升自己的学历条件或者物质条件（比如同样多接受一年教育或同样月工资增长 1000元），那么女性的竞争力的增量更大，所以她们不需要像男性那样大幅度地提高自己这两方面的水平也可以满足男性的要求。这一点是符合本文第一部分的结论的。

　　值得注意的是，女性函数中 A 值比男性要大一些，这也表明男性更看重女性一些其他方面的因素，外表相貌也许是一个很重要的因素。

（五）择偶标准变化的实证研究

本文中收集的数据时间跨度为 2004～2018 年，在这 15 年中，我国的社会经济条件发生了很大的变化，这势必会对人们的择偶标准产生影响。为了分析择偶标准随着时间的变化，研究小组挑选了样本数量比较多的三个年份来分析，这三个年份分别是 2008 年、2012 年和 2015 年。为了使结果具有可比性，控制了常数项 A 对三组数据进行了回归，结果如图 5 和图 6 所示。

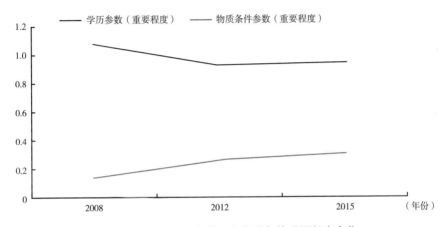

图 5　男性择偶过程中学历和物质条件重要程度变化

数据来源：课题组的数据调查样本。

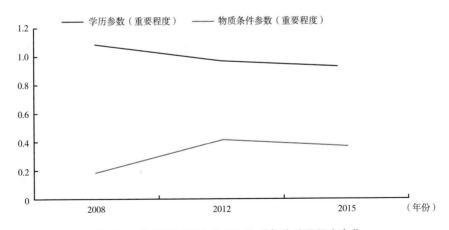

图 6　女性择偶过程中学历和物质条件重要程度变化

数据来源：课题组的数据调查样本。

从图 5 和图 6 中可以看到，2008～2015 年，物质条件在择偶考虑的条件中的重要程度有所提升，其中女性的提高程度相比男性更大。原因分析如下。自 2008 年起，我国经济发展速度较快，人民的物质生活水平普遍提升，而且生活节奏与生活成本也有了较大的提升，以及 2008 年以来大部分计划生育时期出生的人口进入适婚年龄，家庭赡养老人与抚养下一代的经济压力集中于一人。同时，由于我国城镇化的深入推进，城镇房价持续上涨，对新房需求者包括婚配男女的家庭经济基础产生了逐步增大的压力与挑战，所以在择偶过程中加强对物质的重视程度是一种对当前生活中经济压力随经济发展增大的正常表现。女性受传统观念的影响，在就业领域处于相对弱势的地位，需要配偶拥有相对稳定而强大的物质经济基础。随着女性社会地位的不断提高，传统中只需要男方挣钱养家的观念渐渐发生改变，女性的工作收入也成为家庭收入的重要组成部分，所以在择偶过程中，女性的物质条件越来越被看重。

随着我国近年来经济社会的快速发展，人民受教育水平得到显著提升，并且由于 20 世纪末的高等院校扩招，接受高学历教育的人口数量越来越多，高水平学历教育的普及程度不断提升。此外，部分家庭的经济水平大幅度提升使一些人可以直接在海外接受各层次各领域的教育，总体人口的受教育水平得到了提升，而这一提升的直接受益者很大一部分属于 2008～2015 年的适龄婚配人口，由于高学历人口比例在择偶选择中的扩大，所以在择偶过程中，人们对于学历的重视程度有所下降。随着社会普遍教育水平的提升与市场经济的迅速发展，社会评价体系逐步多元化，多元化的评价体系对学历水平在评价体系中的地位形成了冲击；相较计划经济时期，高学历与较高的社会政治经济地位的相关性得到了相当程度的削弱。由于信息技术的不断发展与终身学习观念的不断深化，择偶时择偶对象的当前学历水平很大程度上并不代表其一生的最终学历水平，婚后再提升学历的情况也愈发多见，在职高学历攻读与参加各类短期素养培训也逐步普及深化。总体来看，在择偶过程中学历的重要程度有所下降。

四 当前婚恋状况中的相关问题

刘慧君、苟欢迎在《从婚配经历看农村大龄未婚男性的择偶困境及心理应对——基于陕南地区的调查研究》一文中对许多大龄未婚男性婚姻受挫的原因分析时发现，他们在择偶中受挫既有个人的原因，也受到家庭和外部环境的影响，因此大龄未婚男性择偶困难是诸多因素综合作用的结果。例如，他们主观上对择偶对象的挑剔以及客观上性格、身体方面的缺陷使这些大龄未婚男性错过了择偶的最佳年龄，"而家庭的经济贫困和负担成为决定其择偶成败的关键因素"。[①] 尤其是改革开放以来，家庭经济状况成为决定婚姻成功与否的重要因素。在大环境研究中发现，我国近几年性别比例失衡的现象日益突出。2010 年的第六次全国人口普查结果显示，我国总人口的性别比是 105.20，而男性在绝对数上大约比女性多 3400 万。国家统计局的数据表明，2015 年 0 ~ 4 岁人口性别比（女性 = 100）为 105.02，在过去的 20 多年里这个比例曾超过 120。[②] 李树苗等基于几次人口普查的数据做出判断，"男性婚姻挤压"将贯穿 2010 年往后的几十年，10% ~ 15% 的 "80 后" 男性不能如期找到或找不到配偶。[③]

　　而对于女性来说，她们在选择配偶时会更倾向于选择那些综合条件较自己优秀或者条件相同的男性，周素在对贵州部分高校女研究生择偶现状进行调查时发现，"有 41.81% 的女研究生要求对方同自己同等学历，而要求对方学历高于自己的占 10.73%"。[④] 如此看来在对配偶的学历要求上，大半以上的女研究生还是受到了我国传统择偶思想的影响，希望找到与自己等同或者高于自己学历的配偶。如杰拉尔德·莱斯利所说："起初，地位高的女子不愿意同地位低的男子结婚，另外，地位高的女子为了得到地位高的男子，必须既与同等地位的女子竞争，还要同地位低的女子竞争。地位高的男性一定程度上同地位低的女子结婚，因此剩下了地位高的女性。"[⑤] 且对于高知女性，婚育所需要的非常多的精力财力可能会耽误她们的自身事业和成功的机会，产生的婚姻成本比较大。因此高知女性对配偶综合条件一般要求很高，以补偿婚姻成本甚至获得更好的资源。刘露在对山东省高知女性的学后婚恋问题调查研究中，一共设置了 12

① 刘慧君、苟欢迎：《从婚配经历看农村大龄未婚男性的择偶困境及心理应对——基于陕南地区的调查研究》，《人口与社会》2018 年第 4 期。
② 数据来自国家统计局，https：//data. stats. gov. cn/easyquery. htm? cn = C01。
③ 李树苗、果臻、尚子娟：《中国性别失衡与社会可持续发展的理论、实践与政策创新——国家社科基金重大攻关课题 "中国人口性别结构与社会可持续发展战略研究" 成果概述》，《西安交通大学学报》（社会科学版）2014 年第 6 期。
④ 周素：《高校女研究生择偶观现状调查及分析》，《智库时代》2018 年第 30 期。
⑤ Gerald R. Leslie, *The Family in Social Context*, Oxford University Press, 1982.

个择偶条件，选择偶条件 5 个以上的有 95 人，占 66.4%；同时满足 5 个以上条件的对象比较少，反映出高知女性择偶有着较强的完美化、理想化倾向，缺少现实性。① 《2012 年中国人婚恋状况调查报告》称，"不愿意调整择偶标准的是女性，她们选择宁缺毋滥。36.1% 的女性在尚未到理想结婚年龄的情况下，坚持不降低择偶标准；而 33.5% 的女性在已经错过理想结婚年龄的情况下，仍坚持不降低择偶标准"。② 这使未婚男性在择偶市场中所能选择的择偶对象进一步减少，而在同等条件下，男性比女性更需要时间来提高自己的后致性资源，男性婚配年龄势必会相应延长，而这些后致性资源的提升也有阈值。如此一来就会出现两种情形：一是男性婚配年龄出现大龄化且出现大量大龄未婚男性，二是由于男女依据"门当户对"原则选择配偶，出现社会学家李强认为的当下中国社会阶层结构的固化现象。

（一）产生大量大龄未婚男性，引发各种社会问题

对于 30 岁及以上的大龄未婚男性，在中国性别失衡程度不断提高的社会背景下，相对较差的家庭经济状况及较重的家庭负担且极低的后致性资源提升阈值，已足以严重影响该群体在婚姻市场的竞争力。他们一般在 20 岁甚至之前开始进入婚配市场，择偶机会在这一时期也相对较高，但如果不成功，机会随年龄增长而快速递减，一般 30 岁左右就没有多少机会，即使有，对方提出的条件也相对来说比较苛刻，绝大多数高于所能达到的后致性资源阈值。尽管随着时代环境的变化，结婚年龄在推迟，30 岁以上的大龄未婚男性目前仍活跃在择偶市场，但其择偶机会也同样遵循随年龄快速递减的规律，这使男性婚配年龄出现大龄化且出现大量大龄未婚男性。

有研究表明，大量未婚男性的存在会威胁社会稳定和安全，尤其会对传统道德的维系、正常婚姻的秩序和公共卫生的安全构成威胁。正是基于大龄未婚男性可能对社会安全造成威胁的猜想，有研究分析了农村光棍群体的风险性，并提出"该群体存在对农村妇女的性骚扰、与已婚妇女通奸等越轨行为，还有偷盗、斗殴和赌博等违法风险，甚至包括拐骗妇女、性侵幼女、强奸妇女等犯罪风险以及

---

① 刘露：《高知女性学后婚恋问题探析——以山东省为例》，《山东工会论坛》2016 年第 3 期。
② 转引自刘露《高知女性学后婚恋问题探析——以山东省为例》，《山东工会论坛》2016 年第 3 期。

自杀风险"。① 另外，"该群体还通过聚集和流动，加剧性病及艾滋病传播的风险"。② 所以，出于社会治理的动机和人文关怀的需要，大龄未婚男性的心理状况应该引起重视，一方面可以通过心理辅导站点的建设，加强对大龄未婚男性及其父母的心理咨询和心理疏导；另一方面可以引导和建设一种对于大龄单身更为宽容的社会舆论环境，促使大龄未婚男性能以更积极的心态生活。

（二）加重社会对女性的歧视

对于女性而言，随着工业化、城镇化以及教育事业的发展，我国女性受教育程度已经大幅提升，同时女性的就业机会不断增加，在公共领域，性别带来的各种不平等也在减少。随着经济社会的发展，女性的收入水平和平等意识不断得以强化。伴随着这种变化，女性对婚姻后的物质生活，即婚姻双方的物质条件基础提出了较高的要求。长期以来，男女经济地位的不平等导致了家庭生活地位不平等，所以女方也在努力提升自身的婚姻经济基础，即通过自身的高质量就业和经济独立甚至是经济高积累来摆脱传统观念下形成的女性较为弱势的婚姻家庭地位，来提升自身的婚姻生活幸福程度。

所以，女性对较高的婚姻物质基础的要求一方面是由于自身对未来家庭生活物质基础的客观需要，希望未来生活压力较小，尤其是伴随着近些年来的通货膨胀、高房价、医疗及教育的支出高增长对个体家庭的经济压力逐步增大的现象，女性希望在婚后能够面对较小的生活压力以提高自身生活质量也是一种理性追求。另一方面，女性需要追求提升自身的经济实力，来摆脱传统观念中对女性经济力量薄弱而产生的家庭地位不平等和家庭生活中的歧视。同时，女性追求较高的物质经济条件也是对较高社会地位追求的表现，"高经济基础能够更好地促进婚后自身社会交往的有效性，提升社交水平与社交层次从而进一步提升自身的社会地位"。③

因此，个人的职业选择以及其选择的职业持久性对于女性的婚姻物质条件的

① 刘燕舞：《婚姻中的贱农主义与城市拜物教——从农村光棍的社会风险谈起》，《社会建设》2015 年第 6 期，第 53 ~ 69 页。
② 刘慧君、李树茁、马克·费尔德曼：《性别失衡下的人口流动与艾滋病传播风险——基于风险选择的元分析》，《人口与经济》2012 年第 6 期，第 16 ~ 24 页。
③ 刘君怡：《浅谈现代女性的婚姻观念》，《现代经济信息》2016 年第 1 期。

积累以及后期家庭生活地位甚至是社会地位都起到了至关重要的作用。事实上，女性在职业选择上的空间与平等程度都随着经济社会发展有了显著的增长，但是总体上的增长并不能表明在职业选择过程中，尤其是"全面二孩"政策放开实施以后，女性会因为婚姻家庭的自身选择而受到用人单位一定程度上歧视的现象有所减少。

在女性的职业歧视方面，以2017年的黑龙江省为例，有超过半数的公务员岗位以及事业单位岗位明确限定了性别为男性，即完全不招录女性工作者，除了一部分属于特殊工作外，其他大部分明显存在性别歧视。另外，受生育因素影响，女性求职方面的劣势尤为明显，在同等学力条件下，用人单位会出于对女性生育可能造成的经济损失的考虑而更加倾向于录用男性，并且在"全面二孩"政策实施以后，用人单位会出于对女性多次生育的担忧而进一步提高女性入职就业的门槛，从而加大了对女性在就业方面的歧视。

虽然一部分用人单位会录用女性劳动者，但是在职业分布和薪资水平上和男性相比都会存在明显的不平等现象。女性的工作岗位层次分布和薪资报酬待遇较男性有很大差距，女性在业务骨干和领导岗位的情况相对男性较少，更多的女性主要分布在一般管理层级或者普通低技术含量岗位，由此造成其职业地位以及薪资报酬水平和男性的较大差距。同时，用人单位可能会根据女性的婚后生育情况对女性的岗位以及薪资水平做出一些不利于其后续发展的调整，并且对女性工作者的晋升进行一定的限制甚至对婚育后女性进行辞退等情况也时有发生，事实上形成出于婚姻以及生育的原因对女性的歧视。

而造成上述情况一方面是由于政策制度方面的不完善、不规范，女性这一相对弱势的群体受到的保护相对不充分不完善，出现了就业领域对女性的歧视状况。另一方面，企业出于趋利性会提高对承担生育的女性求职者的门槛。"全面二孩"政策实施以后，女性会考虑再生育的问题，如此一来会牺牲一部分女性自身的发展前景，使女性暂时退出劳动力市场，造成女性后续个人发展与家庭及个人经济利益的较大损失，这加剧了女性对职业前途的追求与婚育生活需求之间的矛盾，也进一步激化了经济发展过程中人口与发展之间的矛盾。

（三）使社会阶层结构固化

依据"门当户对"原则选择配偶在当今社会已经很普遍了。比如，Luxy、

Sparkology、Raya 这些名字在中国读者看来比较陌生，但它们拥有一个共同的定位：为精英人士提供约会与婚恋配对服务。以 Luxy 为例，这个号称旨在为百万富翁级人士提供高端服务的 App 为企业家、选美冠军、医生、律师及类似精英牵线搭桥，其活跃用户中超过半数的人年收入在 50 万美元以上。而 Sparkology 仅接受"优质男"的用户注册申请，会员只能通过邀请或者受到推荐才能加入。Raya 则声称提供"私人的、全球范围精英人士的联结服务"。[①] 这种婚介机构的出现只是现实社会的一个缩影，人们有了需求它们才会出现。婚姻关系的缔结是当事人双方相互交流、相互吸引的结果，阶层内婚配模式是同质型资源交换的结果。在阶层内婚姻模式中，婚配双方之间的经济资本、文化资本和社会资本相互交换叠加，使精英阶层后代的后致性资源期初值远高于普通人，其后代的婚配也绝大多数会选择阶层内婚配，这使得社会阶层结构固化现象出现。

五　相关政策建议

（一）发展教育以缩短阶层差距，促进各阶层自由流动

当今社会后致性资源阈值差距大，绝大多数是由阶层差距引起的，建议继续加强政策倾斜，深化教育改革，加强教育公平，以此来弥补阶层差距。

教育是主导和实现现代社会流动的重要机制，是后致性资源的重要组成部分和提升动力源，也是衡量社会文明和进步程度的重要指标。教育公平是实现社会良性循环、规避利益固化和阶层固化的关键因素。城乡教育发展不均衡、城市内部教育资源配置不均衡和高等教育发展不平衡等教育不公平的现实严重制约了社会的正常流动，阻碍了后致性资源阈值的提升。促进教育公平关乎社会的和谐稳定发展。要建立健全义务教育均衡发展机制，合理配置教育资源，统筹城乡、城区之间的教育发展，加快推进更加均等化的基本公共教育服务建设，促进基础教育和义务教育公平发展。要构建公平竞争的高等教育机制，进一步推进高考制度改革，在坚持有利于人才选拔、有利于维护社会公平和促进素质教育的前提下，强化程序公正、信息公开、具有公信力的高考制度建设，在高等教育选拔机制和

---

① 托马斯·史班达：《择偶观悄然撕开阶层差距》，《IT 经理世界》2018 年第 10 期。

教育机会分配机制等方面遵循"同一标准""同样对待"的公平准则，继续加大各级各类教育投入，不断完善国家助学制度，进一步推进高等教育公平。

（二）进一步发展婚恋市场，提高高知女性婚配率

社会上存在一些高素质女性拒绝婚恋、抵触婚姻的倾向。虽然随着社会网络及媒体的发展，交友方式增多，但可靠的、有针对性的资源平台比较少，人们对此的认可度也比较低。因此，在婚配市场上，要建立真实可靠的针对高知女性的社交平台，丰富异性资源信息库；与此同时，还要规范并完善婚介市场，定期开展各种联谊活动及相亲大会，扩大女性交际圈，丰富婚恋资源，这样既可以为高知女性的择偶创造更多的机会，也可以进一步扩充未婚男性可选择的婚配对象数量。在政策上，首先应当是促进劳动者权益维护，减轻其工作压力，保障其工作待遇不受婚育影响而下降；其次要做好社会福利保障，减少其在婚后物质生活压力及养老和子女养育方面的负担和恐惧；最后要尽可能创造低成本搜寻合适婚配对象条件的机会，减少其搜寻成本。

针对女性婚育方面的问题，主要有以下几个方面的政策对策。首先，出台鼓励婚育的相关政策，在因婚姻生育产生的较大支出上，如购置房屋、家电等，经过相关条件审核后进行补贴，从而降低物质条件在婚姻择偶问题中的比重。其次，合理运用社会保障，加强医疗以及教育方面普惠性建设，减轻这方面的压力，进而促进对物质基础的过度关注转移到其他领域。

（三）努力减少劳动力市场对女性的歧视

针对劳动力市场中对女性的歧视问题，有关部门应该出台明确的反歧视法律法规，提高就业性歧视成本，同时应该在男女劳动效率基本一致的行业强制设定女性担任骨干以及领导职务的比例下限。但是，确由女性劳动力暂时离开工作岗位造成一定程度的经济损失，可以对用人单位采取税收减免等手段弥补其经济损失，进而保障女性职业地位。培育相关机制，帮助女性平衡家庭与事业的关系。通过财政支持与社会力量保障，发展婴幼儿保育机构，减轻女性的养育负担。完善职业规划体系，帮助引导女性在职业选择过程中尽可能避开性别相关冲突较为严重的行业及领域。

加大宣传教育力度，强化男女家庭地位平等的相关概念，明确女性不应为了

家庭而过分牺牲自我的理念；同时，强调对物质至上观念的反对与驳斥，使婚姻双方的关注点转移。

（四）缩减社会上大龄未婚男性数量，帮助其婚配

对于一些男性的婚姻困难问题，首先是在政策层面上，应该促进其进行更加广泛的婚姻对象的低成本搜寻，在政府的帮助和鼓励下，在基层政权、基层群众自治机构以及工作单位和其他社会力量的共同作用下，促进其婚恋相关匹配有效性的提升。其次，应当加大力度推进教育事业的发展，发展多样化教育，提升这部分男性的受教育水平与职业技能，以提升其个人素质，促进其自身物质条件积累，提高其在择偶市场中的竞争力。再次，应当加强社会保障建设，促进婚姻向非过度物质化方向发展，促进婚姻双方无后顾之忧地面对婚姻以及婚姻之后的生活。最后，加强宣传普及力度，强调婚姻过程中非物质领域的重要性，弱化过度关注物质领域的倾向。

（指导教师：黄敬宝）

我国农村劳动力转移动因探究

——基于托达罗模型的修正及创新

刘 凯 丁铎栋 李 旺[*]

摘 要 回首改革开放 40 多年来的成就，农村劳动力作为推动我国经济发展和城市化的重要力量，在夯实改革基础、深化改革进程、释放改革红利的伟大变革中起着不可磨灭的作用。因此，在新的历史阶段重新审视我国劳动力转移动因及其背后的经济逻辑显得尤为重要。通过对相关文献的梳理后发现，目前学界对于我国劳动力转移动因的看法仍有争论，本文试从一种颇具说服力的解释——托达罗模型出发，对其变量及内涵进行适当的修正和创新，进而从中提炼出符合我国国情的合理性解释及政策性建议。

关键词 农村劳动力转移；托达罗模型；修正及创新

一 我国农村劳动力转移进程

我国农村劳动力转移从新中国成立至今可以分为两个大的阶段。

1949～1978 年为第一个阶段，该阶段中国农村劳动力转移和政府的非经济性活动和政策联系紧密，起伏较大，几乎没有一个统一的趋势可以把握；1979

---

* 刘凯，经济学院 2016 级本科生；丁铎栋，经济学院 2016 级本科生；李旺，政法学院 2016 级本科生。

年至今为第二个阶段，该阶段中国农村劳动力转移的基本趋势十分明显，农业就业比重稳定持续下降，非农业就业比重稳定持续上升。

改革开放至今，随着经济增长所带来的产业结构变化和制度约束的减少，中国农村的劳动力转移现象普遍出现，可以将这一大阶段划分为三个小阶段：1979~1988 年是改革开放后农村剩余劳动力向城镇大量转移的初始阶段；进入 20 世纪 90 年代，农村剩余劳动力进入加速转移阶段；进入 21 世纪以来，农村剩余劳动力转移步入平稳阶段。从动态演进看，劳动力转移正在趋于均衡，这也意味着国内劳动力转移已经迈过刘易斯第一拐点，未来经济增长将更多依赖资本和技术进步。

二　我国农村劳动力转移特征

（一）空间结构特征

现阶段我国农村劳动力主要由农村向城市转移，由生存条件差的地区向生存条件更好的地区转移，由劳动收益率低的地区向劳动收益率更高的地区转移。主要输出地为中西部地区，主要输入地为东部地区。

（二）产业流动特征

20 世纪 80 年代，我国农村劳动力流动的产业主要分布在第二产业，90 年代则逐渐转向以第三产业为主。但是在农村劳动力受自身素质、能力的制约，仍主要集中在农业、工业、餐饮业和服务业等低技术含量、劳动密集型产业。

（三）人口学特征

从性别上看，在外务工人员中，男性占七成左右，女性占三成左右。在东部地区务工的农民工中，女性比例明显要高于中西部；从年龄结构上看，外出农民工以青壮年为主，主要原因是他们大多从事体力劳动；从受教育程度上看，客观上农村人口的文化程度总体上低于全国平均水平，但外出农民工的文化程度要高于农村人口的平均水平。

三 文献梳理

随着我国工业化与城镇化的不断发展，20世纪90年代以来，我国农村剩余劳动力的转移进程日益加快。国内外学者针对农村劳动力转移动因的研究，大体可从横向与纵向两方面分析。

（一）国外学者对农村劳动力转移及原因的阐述

亚当·斯密指出，农村剩余劳动力转移的主要原因是市场的进一步扩张。快速的市场发展有利于生产和劳动力的自由流动，从而促进经济增长，产生收入差距，正是由于这个原因，农业人口向非农产业不断转移。[①]

刘易斯首次提出完整的二元经济模型，亦称刘易斯模型。[②] 该模型表明，改善国家经济发展的主要措施是将农村人口转移到城市和非农业部门。转移的劳动力可以在该国吸引更多的剩余劳动力，然而经济发展提供的农村劳动力数量和质量有限，如果非农业部门想要确保生产力的供给和质量，就必须提高工资水平来获得更多农村劳动力。这也是农业部门和现代非农业部门之间的差距逐渐缩小的主要原因。

刘易斯模型催生了后期的费景汉－拉尼斯模型（Fei－Ranis Model），该模型基于刘易斯模型，将发展中国家分为农业和城市工业两个部门。[③] 当城市工业部门的劳动生产率等于农业部门的劳动生产率时，农村劳动力将停止向城市工业转移。模型将双源经济结构的演变分为三个阶段：劳动力无限供给、劳动力的逐步转移、劳动力完成从传统农业向现代农业过渡的商业。此外，模型指出了提高生产率的两种主要方式：技术进步和资本积累。

E. S. Lee 创造性地提出人口迁移理论——推拉理论，该理论认为，很多因素都会影响人口迁移，主要可分为推力因素和拉力因素。由于推力的存在，农村剩

---

① 〔英〕亚当·斯密：《国富论》，唐日松译，华夏出版社，2005。

② W. A. Lewis, "Economic Development with Unlimited Supplies of Labor", *The Manchester School* 22 (2), 1954.

③ J. Fei, G. Ranis, "Development of the Labor Surplus Economy：Theory and Policy", *Review Economics* 1, 1966.

余劳动力不得不离开农村，依靠城市地区发展。由于拉力的存在，农村劳动力重新回到农村。E. S. Lee 在影响传统模式的因素中添加了第三个影响因素——中间障碍，包括距离、文化和物质差异。现代的推拉理论又提出向前滑动和迁移的因素，将就业、居住条件和生活环境、为子女提供更好的教育和社会环境等因素纳入模型。①

托达罗等人基于发展中国家失业现象和二元经济结构理论，提出了托达罗人口流动模型，明确提出，农村剩余劳动力的转移主要取决于两个部门中的城市就业概率和收入差距。如果城市就业率很低或失业率很高，即便城乡差距很大，农村劳动力也不会出现明显的转移。②

（二）国内学者对我国农村劳动力转移的研究

国内研究往往以已经成熟的刘易斯的二元经济模型、费景汉－拉尼斯模型、推拉模型以及托达罗模型等为基础，并立足于我国劳动力转移现状，对劳动力转移的动因进行研究。

1. 关于农村剩余劳动力转移的推拉理论

国内多数学者从推拉模型着手来研究劳动力转移的驱动力因素，一些学者将输出地视为推力来源，将输入地视为拉力来源。输出地特征主要包括地理环境、交通和通信等的发达程度、当地非农工作机会的多少等；输入地特征包括移民网络、工作机会的获得、失业状况以及政府提供公共产品的能力等，此外学者们还从经济政策、政府管理和劳动力群体自身等方面进行分析。崔玉玲、李录堂对陕西省进行了实证研究，发现城镇居民人均可支配收入、城市化率和第三产业比重等方面的城市"拉力"与机械总动力等"推力"共同对农村剩余劳动力的转移起了积极作用。③ 闫彩虹关于云南省剩余劳动力转移的实证研究得出：推力表现为耕地和农民的收入以及影响农村剩余劳动力转移的工作量，拉力表现为高水平

①　E. S. Lee, "A Theory of Migration", *Demgraphy* 1, 1966.

②　Michael P. Todaro, John R. Haris, "Migration, Unemployment and Development: A Two - Sector Analysis", *The Economic Journal* 1, 1970.

③　崔玉玲、李录堂：《陕西省农村剩余劳动力转移影响因素的实证分析》，《安徽农业科学》2009年第13期。

城市化和第三产业发展。① 李斌、吴书胜、朱业利用省际动态面板数据，通过计量研究得出农业技术的"推力"和新型城镇化的"拉力"对促进农村剩余劳动力向城镇非农产业转移有显著作用。② 刘晋强对刘易斯模型和托达罗模型等经典模型进行了反思，并对推拉模型进行了拓展，认为推进农业机械化、加大城市第三产业发展力度、深化户籍制度改革、加强农村地区信息化建设，能极大促进劳动力转移。③

2. 有关农村劳动力转移的托达罗模型及修正的托达罗模型

李荐、张广文根据托达罗人口流动模型研究得出，现阶段城乡差距扩大是农村剩余劳动力向城市转移的主要因素，且东西部发展差距明显，从而发现可以通过农村经济的发展、均衡教育资源等解决农村剩余劳动力问题。④ 然而，崔晓旭的研究表明托达罗模型是基于一些假设，这些假设并不完全适合中国经济，略有缺陷。⑤ 李瑞指出在我国大量人口流动之后，托达罗模型与我国现实仍存在较大差距，该模型并没有考虑农村剩余劳动力供给增长的问题，也没有考虑伴随着第三产业的不断兴起出现我国劳动力市场对劳动力的巨大需求的情况。⑥ 薛蒙林在扩展托达罗模型后得出，我国需要重视农村人力资源开发，提高劳动力素质，充分利用我国劳动力的红利；调整产业结构，大力发展第三产业，实现就业的纵向延伸的发展；加快城市化建设，促进农村剩余劳动力转移。⑦ 黄丽丽指出我国要依靠发展农村经济就地吸纳农业剩余劳动力与剩余劳动力向城市转移相结合的途径，多渠道、多形式转移农村剩余劳动力。⑧ 何微微、胡小平在进一步考虑非经

---

① 闫彩虹：《云南省农村剩余劳动力转移"推力-拉力"分析》，《特区经济》2010年第3期。
② 李斌、吴书胜、朱业：《农业技术进步、新型城镇化与农村剩余劳动力转移——基于"推拉理论"和省际动态面板数据的实证研究》，《财经论丛》2015年第10期。
③ 刘晋强：《推—拉理论在中国乡—城劳动力转移中的应用与启示》，山西财经大学硕士论文，2015。
④ 李荐、张广文：《从托达罗模型浅析我国农村剩余劳动力现状解决方案》，《商业经济》2010年第9期。
⑤ 崔晓旭：《中国农村剩余劳动力解决方案探究——基于托达罗模型和推拉理论》，《现代经济信息》2011年第6期。
⑥ 李瑞：《托达罗人口流动模型与中国农村剩余劳动力的转移》，《商业经济》2009年第7期。
⑦ 薛蒙林：《基于托达罗模型的我国农村劳动力转移的时间分析》。《统计与决策》2013年第6期。
⑧ 黄丽丽：《浅析我国农村剩余劳动力的转移途径——基于刘易斯模型和托达罗模型》，《延边党校学报》2012年第3期。

济预期因素对农村劳动力转移的影响后，发现非经济预期成为农村劳动力转移的新驱动力，情感预期成为吸引农村劳动力向城市转移的首要因素，经济预期与职业预期并列第二位，发展预期位列第三。[①]

下文将在传统的托达罗模型的基础上，对其进行变量修正和内涵拓展。

四　托达罗模型简述

（一）理论含义

托达罗模型是美国经济学家托达罗与哈里斯在 1970 年提出的关于农村劳动力向城市流动的决策分析模型，主要有以下观点。

（1）农民依据预期的而非实际的城乡工资差异来进行是否向城市流动的决策。

（2）预期的收入差异取决于实际工资水平和农民能在城市找到工作的概率。若城市失业率很高，即使城乡实际工资水平差距很大，农民也不会贸然决定迁入城市。

（3）农村流动人口超过城市实际工作机会不仅可能，而且合理。产生这一结果的主要原因是农民的预期差异。很多发展中国家的城市高失业率问题便源于此。

托达罗模型可用公式（1）表示：

$$M(t) = f[d(t)] \quad f' > 0 \tag{1}$$

公式（1）中，$M(t)$ 表示 t 时期农村劳动力流入城市的总数，$d(t)$ 表示农民预期城乡收入差异，$f' > 0$ 表示预期城乡收入差距越大，农村劳动力流入城市的总数越多。其中 $d(t)$ 可用公式（2）表示：

$$d(t) = w(t)p(t) - y(t) \tag{2}$$

公式（2）中，$w(t)$ 表示城市实际工资水平，$p(t)$ 表示农民能在城市找

---

① 何微微、胡小平：《非经济预期因素对农村劳动力转移的影响——托达罗模型的修正与实证检验》，《农业技术经济》2017 年第 4 期。

到工作的概率，$y(t)$ 表示农民当前收入。$d(t)$ 与新创造的就业机会有关，可用公式（3）表示：

$$p(t) = \frac{\lambda N(t)}{S(t) - N(t)} \tag{3}$$

公式（3）中，λ 表示城市就业机会的增长率，$N(t)$ 表示城市正规部门可容纳就业人数，$S(t)$ 城市劳动力的总规模。公式（3）表示在城市获得就业机会的概率与城市新创造的就业机会成正比，与城市失业人数成反比。其中，λ 又由经济增长率与劳动力增长率共同决定：

$$\lambda = \rho - \gamma \tag{4}$$

其中，ρ 表示城市正规部门产出的增长率，γ 为劳动力增长率。

事实上，农村劳动力在进城与觅得工作之间存在一个过渡阶段，因此应把贴现概念纳入模型中：

$$V(0) = \int_0^t [p(t)w(t) - Y(t)]e^{-rt}dt - C(0) \tag{5}$$

公式（5）中，$V(0)$ 表示农民预期城乡收入差距的贴现值，$C(0)$ 表示迁移过程中的交通成本。

此时，$M(t)$ 由 $V(0)$ 决定：

$$M(t) = f(V(0)) \quad f' > 0 \tag{6}$$

（二）政策含义

第一，重视农业和农村的发展，大力发展农村经济，增加农村中的就业机会，提高农民的实际收入，降低农村劳动力迁入城市的意愿，从根本上解决农村劳动力流动难题。

第二，现代工业部门的发展并不能解决城市高失业问题，这是因为工业化的推进会增加城市就业机会和收入，进而导致 $w(t)$ 和 $p(t)$ 的增加，从而引起更多的农村劳动力涌入城市挤占就业。

第三，必须协调城乡综合发展进程，避免城乡收入差距过大，才能有效减缓农村劳动力流动的进程。

五　托达罗模型的缺陷

（一）研究思路

事实上，城市劳动力受教育程度普遍高于农村劳动力，在就业选择上拥有更多的机会，用人单位也偏向把体力劳动为主、技术含量低、危险系数高的工作岗位留给进城农民，薪酬也自然无法与城市中的"白领""蓝领"匹敌。而在托达罗模型中并未考虑到这种隐性的"就业歧视"，导致模型中放大了农村劳动力转移对城市就业的冲击。

（二）不符合劳动力市场存在分割的现实

托达罗模型假定发展中国家城乡之间的劳动力可自由流动，不存在劳动力市场分割的情况，这与我国长期存在的城乡二元结构相悖。劳动力市场分割一方面使农民不能充分获取到关于城市的就业信息，以致不能做出理性的城乡收入预期，从而影响其转移决策；另一方面也为城市"地方保护主义"政策的实行提供了条件，即使农民拥有与城市劳动力同等的人力资本，也无法享受与城市居民平等的薪酬标准和福利保障。

（三）对农村劳动力转移过程中产生的隐性成本的分析欠缺

事实上，农村劳动力转移到城市这一过程中产生的隐性成本对农民的就业决策起着重要作用，对于某些具有特殊偏好的农民，或是特定条件下的区域，甚至起决定性作用。而在托达罗模型中仅定义了农村劳动力迁移过程中的交通成本 $C(0)$ 和机会成本 $Y(t)$，对其他重要的隐性成本（如城乡物价差异带来的生活成本的上涨、随迁子女的入学问题、工资拖欠的风险等）一概不提，这是不符合经济社会现实的。

六　对模型的修正

（一）就业歧视行为对 $p(t)$ 的削减

引入就业歧视系数 k（$0 < k < 1$），表示城市劳动市场中企业出于户籍、受教育程度、性别等原因使农村劳动力就业概率减少的程度。

（二）完善劳动力市场分割假设

将分割的劳动力市场给农村劳动力带来的阻碍纳入隐性成本中考虑。

（三）细分农村劳动力进城的隐性成本

1. 增加的生活成本（δ）

与城乡收入差异同时存在的是，城市的物价水平也远高于农村。尽管农村劳动力储蓄占收入比重较大，但节余后的生活成本仍应高于农村平均消费水平。

2. 菜单成本（α）

这一概念引申自微观生产领域，这里指原本在乡村安居乐业的农民适应城市生活所付出的代价，包括城市暂住证的办理、随迁子女的入学问题等，这些问题很难避免，理应被纳入模型中考虑。

3. 风险成本（β）

出于农民工这一群体特定的人力资本特征，往往在实际工作时要面临多方面的风险：可能有害于健康的工作环境、危险的高空作业、社会保障的缺乏、工资被拖欠的风险、分割的劳动力市场可能带来的沉没成本等，这些风险成本直接影响了部分农村劳动力不愿意迁移的结果。

4. 心理因素（θ）

安土重迁的传统文化、对家乡的主观依恋、对迁入城市陌生环境的不适应感、对就业歧视的可能性考虑等心理因素也构成了影响农村劳动力决策的隐性成本。

修正后的托达罗模型可用公式（7）表示：

$$V(0) = \int_0^t [kp(t)w(t) - Y(t)]e^{-rt}dt - C(0) - \delta - \alpha - \beta - \theta$$

$$p(t) = \frac{(\rho - \gamma)N(t)}{S(t) - N(t)} \tag{7}$$

修正后的托达罗模型在本质上仍遵循了原模型的基本经济逻辑，以农村劳动力预期城乡收入差距、农民能在城市找到工作的概率等为主要变量，新加入了就业歧视系数和对隐形成本的考虑，拓宽了模型的经济含义，使之更符合我国实际国情，对我国农村劳动力转移动因的解释更科学、全面、自洽。

七　政策建议

（一）加快工业化与城市化进程，统筹协调城乡发展

由上述分析可知，尽管现代工业部门的发展使农村劳动力大量涌入城市部门，使城市高失业问题进一步加剧，但是随着城市的发展，城市实际失业人数 $[S(t)-N(t)]$ 会在到达一定点之后不断下降，城市就业部门的扩大内生解决了失业问题。长期以来，我国的城镇化严重落后于工业化进程，通过城市化提升工业化，通过工业化带动城镇化，实现第二产业与第三产业的扩大与发展，才能够促进农村剩余劳动力向城镇工业与服务业部门转移。

（二）深化我国户籍制度改革，打破城乡分割壁垒

城镇化发展需要多层次不同类型的劳动力资源，需要按照市场需求配置劳动力资源，过多的人为干预阻碍了劳动力资源的有效配置，难以实现经济发展的利益最大化。因此，户籍制度是农村剩余劳动力实现转移的最大障碍，加快户籍制度改革，真正实现"人的城镇化"是新型城镇化背景下农村剩余劳动力转移顺利实现的重要任务。户籍制度的城乡分割导致农村剩余劳动力转移到城市本身就蕴含着不平等的成分，无法保证到城市的农村劳动力享受到同等条件的就业、教育、培训、社会保障等，这是农村剩余劳动力转移无法顺利实现的最根本障碍。

（三）完善城乡一体的社会保障制度，强化劳动力转移保障

由托达罗模型与我国农村剩余劳动力转移的现实差距分析可初步得出，我国的劳动力市场存在较明显的差异性，表现为城乡分割的二元市场，存在城乡劳动力素质具有明显差异等问题，较高的劳动力转移成本虽然在短期内可以限制农村剩余劳动力向城市转移，减少城市的就业压力，但长期来看，会造成城乡差距不断扩大。因此农村劳动力在转移过程中受到多种因素的限制，强化劳动力转移保障对于农村剩余劳动力转移起着至关重要的作用。由于户籍制度的限制，我国存在明显的城乡分割社会保障制度，农村劳动力到城市就业并不能享受应有的社保待遇，从而造成农村劳动力无法在城市实现正常就业，因此建立城乡一体的社会

保障制度对于就业机制的统筹是必要的，并能促进农村剩余劳动力向城市的转移。与此同时，建立城乡统一的劳动力市场是统筹城乡就业机制的首要条件。城乡统一的劳动力市场的建立，对于就业服务体系的完善、农村剩余劳动力的转移具有极大的促进作用，为城乡就业机制的统筹提供了先决条件和可能。

（四）坚持中国特色社会主义乡村振兴道路，构建多层次城镇化发展模式

三农问题一直受到党和政府的广泛关注，自 2003 年以来，"中央一号文件"无不聚焦于三农问题，党的十九大报告进一步提出了"乡村振兴战略"，我国农村剩余劳动力转移问题是乡村振兴的有机组成部分，促进农村剩余劳动力的合理高效流动也是促进我国农业农村现代化的一个重要方面，有利于城乡的统筹发展。要实现农村转移劳动力的可持续发展，最重要的是劳动力自身素质的提升与人力资本的积累。通过加强组织、经费与人才保障，提升农村转移劳动力的专业职业技能与核心竞争力。

（指导教师：黄敬宝）

加入学习管教方式因素后学业成绩与青少年心理健康状态的多元线性回归分析

梁云龙　赵　蔓　孙亚楠　庞钦文*

摘　要　学习是青少年的主要成长任务，而学业压力是引发青少年心理健康问题的重要因素之一。本研究是一个二手数据研究；研究团队首先通过相关文献分析，建立起对学生学习的管教方式与其学习成绩及心理健康相关的理论模型；其次对学习管教方式的概念和类型进行界定，并结合心理测量指标，从中国家庭追踪调查（CFPS）数据库中筛选出具体条目，对概念进行操作化；最后通过 SPSS 进行多元线性回归分析，认为父母通过对子女学习的管教强化了子女对成绩的重视程度，从而影响子女的心理健康状况；支持型学习管教方式是最优的提高子女学业成绩的方法，对子女心理健康状况的影响也最积极。本研究旨在为教育主体特别是家长提供一种有效的管教方式，协调青少年的心理发展和学业表现，从而为家长如何有效促进青少年心理健康和学业成绩方面提供参考。

关键词　学业成绩；青少年心理健康；学习管教方式；多元线性回归

---

* 梁云龙，政法学院 2016 级本科生；赵蔓，政法学院 2016 级本科生；孙亚楠，政法学院 2016 级本科生；庞钦文，政法学院 2016 级本科生。

一 引言与文献综述

（一）引言

学习和心理健康是青少年在成长中不可漠视的两个方面。学习在青少年时期既是青少年的主要任务，也是其改变人生或者实现自我追求的必经之路；而心理健康则是青少年为成人时期形成全面人格的坚实基础。但是，家长不当的管教方式导致青少年心理健康问题并伴随学习成绩下降的情况屡见不鲜，由此可见适当而有效的管教方式对于青少年的学习和心理健康的重要性。本研究聚焦此议题，在综合前人关于家长教养方式的基础上，通过多元线性回归分析直观地展现不同的管教方式对青少年在学习和心理健康的影响，从而为家长选择一种合理有效的管教方式提供参考。

（二）家庭教养方式研究现状

在家庭教养方式研究的进程上，南京师范大学的陈陈做了详细的研究。她以家庭教养方式概念界定的历史回顾为基础，对中国家庭教养方式研究的起源、发展、现状和趋势进行了梳理，能够帮助读者快速了解中国家庭教养方式研究的轮廓。[①]

在概念界定方面，陈陈从家庭教养方式研究的缘起出发，指出家庭教养方式一词来源于英文的 parenting pattern。由于儿童既作为一个生物个体存在也作为一个社会个体存在，因此，家庭教养方式一词的内涵既包含父母对子女生理层面的照顾，也包含对子女社会化和心理健康层面的教育，两者不可分割。基于文献分析，陈陈认为当前国内学者对家庭教养方式的概念使用并不严谨，因为大多数学者在开展家庭教养方式研究时所涉及的内容往往有所侧重。一些学者的侧重点是儿童生理上的保育，而另一些学者侧重于儿童价值观、态度等偏心理层面的传递和教导。这种侧重点的不同实际上体现了学者们在开展家庭教养时存在把儿童生理和心理的发展进行割裂的倾向。

---

① 陈陈：《家庭教养方式研究进程透视》，《南京师大学报》（社会科学版）2002 年第 6 期。

陈陈的研究认为家庭教养研究的起源是人们对家庭在儿童发展，尤其是社会化过程中承担重要角色的事实的认知；最初的研究主要从父母的教养行为出发，观察父母不同的教养行为会对儿童的社会化进程造成什么样的影响，比如过多的控制行为会不会造成儿童性格的内向；随着研究的广泛和深入，研究者对家庭教养方式有了更全面的了解，逐渐明确了家庭教养方式这一概念的内涵：父母对儿童的控制、成熟的要求，父母与儿童交往的清晰度以及父母的教养；并以此为依据，将家庭教养方式分为三大类型：权威型、宽容型和专制型。

在陈陈看来，到了 20 世纪 70 年代，学者们开始从更深层面对教养方式进行研究，不仅把家长的社会文化背景、社会阶层①、社会经济地位及父母体验到的压力和社会支持等因素考虑到教养方式的影响因子上，也把儿童的"气质"、特征纳入研究。此外，关于教养方式对儿童社会化的研究似乎是这领域的主流范式。有学者认为，随着对教养方式研究对象的多样化，其研究具有微观化、数学化的趋向。② 同时，在研究方法上，关于教养方式的研究从以实验为主的研究范式转变为通过自然现实生活的研究场地去研究父母与子女的教养互动。③ 这种研究倾向表明，学者们关于教养方式的研究从笼统走向具体，从方式的类别走向更深层的、结构性的讨论。

总结来说，由于以往研究趋向的问题，即重描述而少探寻相关关系，导致了教养方式的研究应用的信度与效度具有先天的局限。鉴于此，本研究便是通过寻求变量间的相关关系来发现教养方式内部结构的不同因素对青少年学业和心理的影响。

（三）家庭教养方式、学业成绩和青少年心理健康关系的研究现状

学习是青少年阶段最主要的任务，众多研究表明学习成绩的好坏不仅能够影响青少年的心理状态，还能够反映出家长教养方式的优劣；同理，家庭的教养方式能对青少年的心理健康直接或间接地产生影响。学者们对家庭教养方式、成绩和青少年心理健康状况三者的关系做出了很多研究。

---

① 黄超：《家长教养方式的阶层差异及其对子女非认知能力的影响》，《社会》2018 年第 6 期。
② 王勍、程利国：《父母教养方式研究综述》，《当代教育论坛》（学科教育研究）2007 年第 7 期。
③ 徐慧、张建新、张梅玲：《家庭教养方式对儿童社会化发展影响的研究综述》，《心理科学》2008 年第 4 期。

在现有的研究中，大量研究聚焦的是家庭教养方式对心理健康水平高低的影响，且结论类似，即不恰当的家庭教养方式如过度拒绝与过度保护会让其子女更容易产生自卑心理；学生压力的来源是父母以及家庭成员给予的希望和压力，即父母期望越大，学生可能的压力就会越大。① 还有一些研究聚焦的是学生某种具体的情绪，如考试焦虑与心理健康的关系，研究发现：总体上心理健康与学业成绩间存在正相关关系，而且两者的关系是双向的——心理健康影响学业成绩，学业成绩反过来影响心理健康。②

另一些研究者则将目标设定和学习的自主性作为中间变量，来研究父母教养方式与其子女学业成就的关系，将教养方式分为权威型、专制型、放任型，通过观察中间变量得出了权威型教养方式有利于子女学业成就水平的提高的结论。③ 也有研究通过探讨家庭教养方式对学业成就和心理健康关系的影响得出了相似的结论。④ 谢言梅和郑志萍分别得出相似结论：家庭教养方式从不同的方面直接或者间接地影响着个体的心理健康水平，否定、消极、拒绝等教养方式对个体的心理健康水平起到了一定的负面影响；而肯定、积极等教养方式则对子女的个性特征、社会交往、自我评价起到了积极的作用。⑤

简而言之，这类研究给本文提供了两种不同的研究思路，一方面聚焦于心理健康与学业成绩的关系，另一方面聚焦于教养方式与学业成绩及心理健康的关系。但是，教养方式实际上是一种更高层次的父母与子女的互动关系⑥，换言之，其所概括的变量更为广阔，那么如果用更为抽象的概念去解释具体对象，不可避免地会有很多干扰性因素。

---

① 关天宇、王茜、唐珊：《父母教养方式和人际交往能力与大学生抗逆力关系研究》，《牡丹江师范学院学报》（哲学社会科学版）2018 年第 5 期。

② 孙丽娜：《家庭教养方式与初中生心理健康之间的关系》，辽宁师范大学硕士学位论文，2016；李艳平：《中学生考试焦虑与心理健康、学业成绩的相关研究》，上海师范大学硕士学位论文，2003。

③ 方平、熊端琴、郭春彦：《父母教养方式对子女学业成就影响的研究》，《心理科学》2003 年第 1 期。

④ 杨莲清：《中小学生家庭管教状况与心理健康、学业成就的相关研究》，《心理学探新》2000 年第 2 期。

⑤ 谢言梅：《家庭教养方式及其与子女心理健康关系研究述评》，《大理学院学报》2006 年第 11 期；郑志萍：《家庭环境、父母教养方式与青少年主观幸福感的关系研究》，天津师范大学硕士学位论文，2011。

⑥ 陈陈：《家庭教养方式研究进程透视》，《南京师大学报》（社会科学版）2002 年第 6 期。

（四）总结

通过总结前人研究，本研究发现其有以下不足。

（1）先前的定量研究多为简单的线性回归分析，即只关注其中一对关系，比如，"学业成绩—青少年心理健康"或者"家庭教养方式—青少年心理健康"（见图1）。

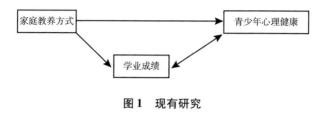

图1　现有研究

（2）所选用的样本量相对较小，通常为一所学校或者一个地区，可能会造成误差大的问题。

（3）相关的质性研究多数在综合中外文献家庭教养方式概念上有深入研究，对家庭管教方式研究的延展较少，简而言之，对管教方式的分类及其各自影响的研究较为短缺。

（4）也有不少文章仅通过文献的总结就得出某个教养方式适用于大多数青少年，信度不足。

二　研究目的与研究方法

（一）研究目的

本研究聚焦于家庭教养方式中的每种学习管教方式产生的学习成绩多大程度影响了青少年心理健康的状况，同时以每种教养方式作为条件的心理健康状况又是如何影响学业成绩的，管教方式中的哪些指标对学习成绩和心理健康的影响程度大；旨在为教育主体特别是家长提供一种有效的管教方式，来协调青少年的心理发展和其学业表现。

所以根据研究目的，本研究的概念关系如下。

若 A 为青少年心理健康，Bi 为每种不同的学习管教方式，C 为青少年的学业成绩，则

（1） A/Bi—C

（2） C/Bi—A

（二）研究方法

1. 二次分析（Secondary Analysis）

本研究通过对中国家庭追踪调查（CFPS）数据的重新编码，根据概念的操作化结果选择构建概念的指标，然后通过线性回归来发现概念间的关系。

2. 多元线性回归

多元线性回归分析中，有两个或两个以上的自变量，因为一种现象常常是与多个因素相联系的，用多个自变量的最优组合共同来预测或估计因变量比只用一个自变量进行预测或估计更有效，更符合实际。而在本研究中，学业成绩对青少年心理健康的影响或者青少年心理健康对学业成绩的影响只是众多影响因素中的一个角度，通过分解学业成绩和青少年心理健康概念，得出更多子维度来进入多元线性回归，由此在分析中便可以更清楚地看出每个概念中不同维度的影响程度；同时，本研究加入了家长的学习管教方式类型，以此作为虚拟变量，以其中一种学习管教方式作为参考系，对比不同类型的管教方式对学业成绩和青少年心理健康的影响，从而总结出最优的学习管教方式。

3. 数据来源

中国家庭追踪调查（CFPS）数据库：通过跟踪收集个体、家庭、社区三个层次的数据，反映中国社会、经济、人口、教育和健康的变迁，为学术研究和公共政策分析提供数据基础。CFPS 样本覆盖 25 个省/市/自治区，目标样本规模为 16000户，调查对象包含样本家户中的全部家庭成员。CFPS 在 2008 年、2009 年在北京、上海、广东三地分别开展了初访与追访的测试调查，并于 2010 年正式开展访问。经 2010 年基线调查界定出来的所有基线家庭成员及其今后的血缘/领养子女将作为CFPS 的基因成员，成为永久追踪对象。CFPS 调查问卷共有社区问卷、家庭问卷、成人问卷和少儿问卷四种主体问卷类型，并在此基础上不断发展出针对不同性质家庭成员的长问卷、短问卷、代答问卷、电访问卷等多种问卷类型。①

---

① 谢宇等：《中国家庭追踪调查用户手册》（第三版），北京大学中国社会科学调查中心，2017，第 5 页。

三　学习管教方式概念的提出和划分

（一）学习管教方式的概念

根据学者关于家庭教养方式的定义，聚焦于青少年学习情况的教养方式为学习管教方式，它专指家长对青少年学习的教养方式，即父母以提高子女成绩为目的，根据自己对青少年自我意识的承认度对青少年做出的态度和行为。①

本研究以维度进行分类。回顾已有的研究与量表不难发现，其维度主要被划分为三个角度：态度、认知和行为，又或是被分类为态度、情感和行为这三个维度。本研究将学习管教方式划分为态度、认知、行为。

（二）学习管教方式概念的主要维度

1. 关于态度—行为—认知模型的研究

关于父母教养方式中的态度与行为关系研究存在以下路径：态度和行为直接相关；态度和行为通过其他的中介调节变量作用于行为，换言之，这些路径实际上把态度作为引发行为的主要因素，但是认知因素在一定程度上被忽视了。② 所以，为了解决这个不足，以下张红涛等人的研究是对原有的路径的补充，结合父母教养方式，可以进一步得出父母的教养方式对儿童身心健康的影响不是单一行为决定的，而是受认知、态度、行为共同影响。③ 认知是态度和行为形成的基础，也相互制约。态度和行为之间的关系是双向的，二者之间相互影响。父母对孩子教养的态度和行为基于自身对教养方式的认知，父母的认知影响并制约着在实际养育孩子过程中的态度和行为；父母的认知程度、态度倾向、行为选择不仅相互制约，而且相互依赖。

---

① 谢言梅：《家庭教养方式及其与子女心理健康关系研究述评》，《大理学院学报》2006 年第 11 期；陈陈：《家庭教养方式研究进程透视》，《南京师大学报（社会科学版）》2002 年第 6 期。
② 方平、熊端琴、郭春彦：《父母教养方式对子女学业成就影响的研究》，《心理科学》2003 年第 1 期；孙丽娜：《家庭教养方式与初中生心理健康之间的关系》，辽宁师范大学硕士学位论文，2016。
③ 张红涛、王二平：《态度与行为关系研究现状及发展趋势》，《心理科学进展》2007 年第 1 期。

2. 态度

态度研究一直以来都是社会心理学研究的重点，其非常重要的一个方面就是把态度与对行为的预测直接联系起来，从而对行为预测能有一个大体的把握，它的实践意义和理论意义都非常重要。

关于态度的定义有很多，通常态度表达的意义是对某件事物喜欢或者不喜欢的心理倾向，也有人把它具体为对某事物的认知和情感倾向。社会心理学家对态度的定义为个体对态度对象或行为的喜爱或厌恶倾向。态度指向我们的环境中确定的对象，包括群体、争议事件和具体对象。事实上，态度对象的潜在无限性导致态度和其他社会心理学概念间关系的混淆。例如，态度和价值观之间存在概念重叠，价值观是人们生活中作为重要的指导准则的抽象观念；价值观中的重要性成分使之区别于态度，因为积极的态度并不意味着该态度对象是生活中的重要指导原则。①

3. 认知

认知，是指人们获得知识或应用知识的过程或信息加工的过程，这是人的最基本的心理过程。② 它包括感觉、知觉、记忆、思维、想象和语言等。人脑接受外界输入的信息，信息经过头脑的加工处理，转换成内在的心理活动，进而支配人的行为，这个过程就是信息加工的过程，也就是认知过程。

4. 行为

行为，是有机体在各种内外部刺激影响下产生的活动，是受思想支配而表现出来的外表活动；也有学者把行为界定为人们一切有目的的活动，它是由一系列简单动作构成的，是在日常生活中所表现出来的一切动作的统称。③

（三）学习管教方式的类型

1. 对以往教养态度类型相关理论的调适

麦克与马丁在 1983 年提出了关于父母管教的四种类型模式，即权威教养型的家庭、独断教养型的家庭、宽容溺爱教养型的家庭、宽容冷漠教养型的家庭，

---

① Gregory R. Maio, James M. Olson, "Addressing Discrepancies between Values and Behavior the Motivating Effect of Reasons", *Journal of Experimental Social Psychology* 37, 2001, pp. 104 – 117.

② 彭聃龄：《普通心理学》，北京师范大学出版社，2012，第 552 页。

③ 林崇德：《心理学大辞典》，上海教育出版社，2003，第 1437 页。

它们可能导致儿童不同的发展方向，形成不同的人格特征。①

　　Baldwin 把管教方式分为情感温暖—敌意、依恋—干涉两个维度；Baumrind 将父母管教方式分为权威型、宽容型和专制型。② Steinberg 将父母管教方式分为权威、独裁、民主、忽略四种类型。Maccoby 和 Marin 将父母管教方式分为权威型、专制型、溺爱型（放纵型）、忽视型。Amridell 将管教方式分为情感温暖、拒绝、过度保护和偏爱四个维度。③ 在权威型管教方式中，父母对孩子的理解和尊重会让孩子对父母产生权威感；专制型父母要求孩子完全服从自己，遵循严格的规定，未遵守时可能接受惩罚，不给予解释；放纵型倾向于让孩子自己做决定，几乎不存在任何规则；忽略型则是不建立亲子情感联系，采取拒绝的方式与孩子相处，忽略孩子发展的需要。

　　一些学者就父母子女及其他人员的沟通模式提出了相关的理论，认为家庭内的沟通模式是考察一个家庭是否正常发展的重要指标，也是家庭对儿童实施影响的重要方面。

　　基于相关研究和数据，结合问卷的特点，本研究提出学习管教方式的概念并重新进行划分。

2. 学习管教方式的分类

　　支持型的学习管教方式，是一种积极的学习管教方式，在与孩子的相处过程中建立了一种平等和谐的氛围；是家长对青少年自我意识承认度高的表现，给孩子一定的自主权，并给予孩子一定的指导，说明家长对青少年的学习能力、学习动机、学习目标的信任，具体表现为家长较少约束青少年活动和较少干预青少年学习，对青少年学习情况给予支持型教育，通过积极主动的交流表明对青少年的支持和信任。

　　支配型的学习管教方式对比支持型学习管教方式，是家长对青少年自我意识承认度较低的表现，说明家长对青少年的学习能力、学习动机、学习目标的不信任，具体表现为家长较多约束青少年活动和较多干预青少年学习，希望孩子按照自己的意见方法进行学习，但大部分时候还是会选择比较积极主动的沟通方式来发表建议。

---

① 转引自陆士桢《社会工作专题讲座：儿童社会工作》，《学苑风》2009 年第 3 期。
② 转引自叶慎花《父母教养方式与幼儿行为问题关系的研究》，南京师范大学硕士学位论文，2011。
③ 转引自王秋蕴、王乃弋《父母教养方式与中学生生涯适应力的关系》，《生涯教育》2018 年第 1 期。

冷漠型的学习管教方式，是家长对青少年自我意识承认度不明确的表现，对孩子学习表示不重视，一方面可能是家长不知道学习和学业的重要性，另一方面是即使知道了也不采取措施去了解青少年的学习学业状况，所以不能直接体现家长对青少年的学习能力、学习动机、学习目标的信任。这种学习管教方式具体表现为家长较少约束青少年活动和较少干预青少年学习，也不会积极主动地与青少年交流，任由青少年发展。

专制型的学习管教方式，是家长对青少年自我意识的不认同，孩子的一切都由父母来操控，把青少年当作自己的下属，传统的父权意识极强，说明家长对青少年的学习能力、学习动机、学习目标的不信任，具体表现为家长较多约束青少年活动和较多干预青少年学习，将自己对学习方式的意见强加于青少年身上，不顾青少年对此学习方式的反馈，认为自己的方式就是最好的。

四 青少年心理健康和学业成绩的概念

（一）心理健康

根据世界卫生组织（WHO）的定义，心理健康包括"主观的幸福感、感觉到个人的效能、自主性、和其他人的互动、可以实现个人在智能及情感上的潜力等"。① 世界卫生组织进一步指出个人的幸福包括实现其能力、可以克服平常生活中的压力、富有成效的工作以及对群体的贡献，心理健康表现在社交、生产、生活上能与其他人保持较好的沟通或配合，能良好地处理生活中发生的各种情况。心理健康是指精神、活动正常、心理素质好。遗传和环境以及幼年时期原生家庭的教养方式，对心理健康的发展影响甚大。

（二）学业成绩

一般指学习的课业成绩，通常通过考试用数字成绩来表示。学业成绩主要通过综合成绩、单科成绩、排名等指标来衡量学生的学习效果。

---

① 世界卫生组织：《心理健康》，https：//www.who.int/topics/mental_ health/zh/。

五　可操作性

(一) 学习管教方式

基于文献回顾和相关量表，学习管教方式的维度主要被划分为三个方面——态度、认知和行为，指标的选择主要参考《家庭教养方式量表》（EMBU）（详见附录1）（见表1）。

表1　学习管教方式

主要维度	子维度	具体指标
行为	约束行为	阻止孩子看电视的频率
		限制孩子看的节目频率
	中立行为	要求孩子完成作业
		当看电视与孩子学习冲突时，为孩子放弃看电视的频率
		常与孩子谈论学校事情的频率
	支持行为	为孩子的教育存钱
		父母主动与孩子沟通
态度	倾向	父母是否关心孩子教育
认知	思维	希望孩子受教育的程度（从不必念书到博士的选项）

在行为维度中，关于中立行为指标的选择，"常与孩子谈论学校事情的频率"符合学习管教方式中学习这一主题，且中立行为中的指标是按照经验判断一般家长对于青少年的学习是否会采取不带特殊感情倾向的行动。《家庭教养方式量表》中有"父母很尊重我的观点""我觉得与父母之间存在一种温暖的感觉""父母主动与孩子沟通"等表达同一种感情倾向的条目，所以选用；而约束行为中，参考《家庭教养方式量表》中"父母要求我回到家里必须得向他们说明我在做的事情""父母总是很关注我晚上干什么"这些具有父母对子女限制性倾向的条目，所以确定"阻止孩子看电视的频率""限制孩子看的节目频率"等。

通常态度表达的意义是对某件事物喜欢或者不喜欢的心理倾向，所以"父母是否关心孩子教育"可以表现父母对孩子在教育方面的情感倾向。

在认知维度中，"希望孩子受教育的程度"一定程度上反映了父母受到身边熟人、社会发展和社会共同认知的影响，对孩子教育做出的一种决定。

（二）学业成绩

不同于《自我描述问卷》（SDQ）（详见附录2）中的三个分量表（言语、数学和一般学校情况）选择数学成绩作为代表性指标，本研究认为"数学成绩"与"语文成绩"具有同质性，所以两者都采用，更具综合性；而排名中，年级排名更能综合反映对象的成绩情况（见表2）。

表2　学业成绩

主要维度	具体指标
成绩	孩子的数学成绩如何
	孩子的语文成绩如何
排名	孩子的年级排名是多少

（三）青少年心理健康

《中学生心理健康量表》（MSSMHS）（详见附录3）中提到几个主要维度的代表性指标，其中，表现的行为中，该量表有以下可以参考的条目："经常和人争论""父母对我不公平"，根据这两条，在本研究的问卷中选择了"过去一个月与父母争吵的次数"作为与父母消极交流的代表性指标；而积极交流的代表性指标主要根据表面效度进行选择。

《家庭教养方式量表》（EMBU）中，关于主观幸福感的积极感觉，"我感到愉快"等是一种积极的感觉，所以选用同等感情倾向的指标作为核心指标。至于消极感觉，该量表有以下条目可以参考："胃痛或消化不良""睡眠障碍""焦虑感""害怕""惊恐"，其中既包括心理的状态，也包括心理状态造成的生理反应，所以，该子维度应包括生理和心理两项核心指标。

根据《少儿心理健康量表》（MHS – CA）（详见附录4），在"安全与信任"条目中，将信任分为了七个等级，其中按照语义理解，问卷中的"别人"应该包含家人、朋友和其他陌生人，所以表3的指标按照"别人"的范围在合理的基础上尽可能多地选择。

Liebowitz 的《社交焦虑量表》（LSAS）（详见附录5）是测量社交焦虑的工具。在"社会交往"子维度中，该量表的"参加小组活动""公共场合与人共饮""与陌生人会面"主要描述的是当事人愿不愿意接近其他人，即社交距离，以此可以确定社会交往距离这一维度的度量指标（见表3）。

表3　青少年心理健康

主要维度	子维度	具体指标
表现的行为	与父母积极的交流	与父母谈心的次数
	与父母消极的交流	过去一个月与父母争吵的次数(填写具体数字)
	自我行为	我学习很努力
		会集中精力学习
主观的幸福感	积极感觉	愉快
		我生活愉快
		我对自己持肯定态度
		我有许多好品质
	消极感觉(生理)	我的睡眠不好
	消极感觉(心理)	我是个失败者
		我感到悲伤难过
		我觉得生活无法继续
		我感到孤独
社会交往距离	信任度	对父母的信任度
		对邻居的信任度
		对陌生人的信任度
	社会交往	和陌生人是否聊天
		当你不在家时，父母有多大比例知道你和谁在一起

六　重新编码

（一）重新编码的逻辑

根据本研究界定的四种学习管教方式，本研究将问卷的问题设置以及选项的评分数值按照学习管教方式的概念逻辑进行了重新编码。比如，将"您阻止或终止这个孩子看电视的频率如何"问题的答案设置为"很经常（每周5～7次）""经常（每周2～4次）""偶尔（每周1次）""很少（每月1次）""从不""不适用"。按照支持型的学习管教方式的概念，家长的行为和态度应该是：平等和谐，家长对青少年自我意识承认度高，给孩子一定的自主权，给予孩子一定的指导，家长对青少年的学习能力、学习动机、学习目标的信任，家长较少约束青少年活动和较少干预青少年学习，积极主动的交流，所以"很经常"和"从不"这两种极端情况都不应该是该题目的极值，反而是"偶尔"这种既体现了家长的适度管教又体现了青少年的空间的选项可以被视为最高分选项。

（二）计分逻辑

以支持型学习管教方式为例，其得分区间是 22~29 分，按照概念逻辑，每项具体指标的最高分选项相加得到 29 分为支持型学习管教方式最高分，22 分则为以概念的可接受最低限度，将每项具体指标选择可接受的最低分数项进行相加得到，其他学习管教方式同理可得。支配型学习管教方式为 17~21 分；专制型学习管教方式为 9~17 分；冷漠型学习管教方式为 5~9 分。

七　相关关系

表 4 是不同教养模式下学业成绩和心理健康的多元回归模型。

表4　回归分析（以支配型学习管教方式为参照组）

自变量	模型 1	模型 2	模型 3	模型 4
支持型学习管教方式	—	-1.041 (-0.033)	—	0.760 * (0.118)
专制型学习管教方式	—	-2.349 (-0.056)	—	-0.062 (-0.013)
年级排名	0.497 (0.032)	1.809 ** (0.125)	—	—
数学成绩	2.556 *** (0.161)	3.369 *** (0.220)	—	—
语文成绩	0.801 (0.046)	0.516 (0.031)	—	—
综合成绩（排名和两项成绩）	1.315 *** (0.193)	3.369 *** (0.515)	—	—
心理健康 - 表现行为	—	—	0.049 *** (0.139)	0.058 *** (0.163)

续表

自变量	模型 1	模型 2	模型 3	模型 4
心理健康 – 与他人互动	—	—	0.023 (0.041)	0.025 (0.058)
心理健康 – 主观幸福感	—	—	0.018 ** (0.117)	0.027 ** (0.134)
决定系数(R^2)	0.042	0.064	0.041	0.68
个案数目	453	453	453	453

数据来源：中国家庭追踪调查（CFPS），北京大学开放研究数据平台。表中结论为 spss 后输出结果。
注： $^*p < 0.05$ ， $^{**}p < 0.01$ ， $^{***}p < 0.001$ 。
模型 1：学业成绩对青少年心理健康的影响；模型 2：学业成绩与青少年心理健康的相关关系（学习管教方式为虚拟变量）；模型 3：青少年心理健康对学业成绩的影响；模型 4：青少年心理健康对学业成绩的影响（学习管教方式为虚拟变量）；其中括号为标准化系数；冷模型学习管教方式数据缺失。

从模型 1 和模型 2 中可以看出，在没有加入学习管教方式时子女学业成绩中的"年级排名"的影响不显著，同时，"数学成绩"在显著性水平小于 0.001 的条件下，其标准化系数为 0.161；"综合成绩"则为 0.193，所以"综合成绩"对心理健康水平的影响最大。

加入了支持型学习管教方式和专制型学习管教方式后，年级排名的显著性水平提高（ $p < 0.01$ ），且其标准化系数为 0.125；同时"数学成绩"和"综合成绩"的标准化系数分别提高到 0.220 和 0.515，所以，即使两种学习管教方式的显著性水平不高，但是它们中某些因子能够通过"数学成绩"和"综合成绩"来影响青少年心理健康的水平。

模型 3 和模型 4 中，心理健康的子维度——子女的"表现行为"和其"主观幸福感"分别具有小于 0.001 和小于 0.01 的显著性水平，其标准化系数在模型 3 中分别为 0.139 和 0.117，这就说明在影响学业成绩方面，子女的主观幸福感具体来说就是自我的一种感觉（见表 3），子女与父母的行为交流和自己的学习行为更为重要。而在模型 4 中，加入了支持型学习管教方式和专制型学习管教方式后，支持型学习管教方式的显著性水平小于 0.05，而且其标准化系数为 0.118，同时子女的"表现行为"和其"主观幸福感"的标准化系数皆有提高，分别提高到 0.163 和 0.134。这表明支持型的学习管教方式相比支配型学习管教方式来说更有效地提高了心理健康对学业成绩的影响程度。

最后，加入"学习管教方式"的因子后，决定系数 R^2 无一例外地提高了，分别从 0.042 提高到 0.064，从 0.041 提到到 0.068。

八　总结和启示

（1）"数学成绩"对子女心理健康水平的影响系数高，说明数学成绩的好坏在较大程度上影响了子女的心理健康状态，而加入了"学习管教方式"后，"年级排名"和"综合成绩"这两个影响因子的影响也同"数学成绩"一样在扩大。这说明父母管教其子女的时候，通过其表达出来的情感和行为不断地提高孩子对"年级排名""数学成绩""综合成绩"这三个指标的重视程度，而这种重视程度部分地让子女产生压力，从而这三个指标便更大程度地影响了子女的心理健康情况。根据这一发现，本研究认为父母的学习管教方式能够很明显地给孩子带来压力，所以，家长在学习管教方面应该注意行为和态度的传达，让自己传达给子女的压力变为动力。

（2）根据模型 3 和模型 4，在"心理健康"的维度中，子女自己对学习行为的要求以及子女和父母的交流更能影响子女的学业成绩，而子女的心理状态如开心或悲伤对学业成绩也有一定的影响。然而，在加入了"学习管教方式"因子后，支持型的学习管教方式对子女的学业成绩影响最大，而且相比参照组，无论是非标准化系数还是标准化系数都是正向的，这就说明支持型的学习管教方式比支配型的学习管教方式对学业成绩的影响更大，而且效果更好。虽然专制型学习管教方式的显著性不高，但是因为其非标准化系数和标准化系数都是负数，所以，有可能专制型的学习管教方式对子女的学业产生负面的影响。在提高子女成绩方面，一方面，子女和父母双方要保持良好的沟通，比如保障"谈心"的次数，尽量不产生过激的言语冲突，而且子女自身也要保持良好的心情，最重要的是要有一个努力学习的态度；另一方面，家长应该采用支持型的学习管教方式，具体来说，父母应当适中地限制子女的娱乐行为如看电视，适中地要求子女完成作业、关心子女的教育以及对孩子有适当的期望。而"适中"的频率根据本研究问卷的重新编码和结果来看，"一周一次"是最适宜。

九　研究不足

受研究方法以及研究时间框架的影响，课题组对相关文献阅读有限，综述不够深入，理论模型的建构也受限于二手数据的覆盖内容；尽管研究过程符合基本规范和要求，研究结果具有意义，对现有相关研究文献有一定贡献，但本研究存在进一步完善的空间，如与现有相关文献已有发现之间的关系有待进一步挖掘。

（指导老师：童小军、刘月）

附录1：家庭教养方式量表（EMBU）

我们每个人都对我们成长过程中父母对待我们的方式有深刻印象，请您努力回想小时候留下的这些印象，回答这一问卷。（选项：［父］①从不；②偶尔；③经常；④总是。［母］①从不；②偶尔；③经常；④总是。）

1. 我觉得父母干涉我所做的每一件事。

2. 我能通过父母的言谈、表情感受他（她）很喜欢我。

3. 与我家庭其他成员相比，父母更宠爱我。

4. 我能感到父母对我的喜爱。

5. 即使是很小的过失，父母也惩罚我。

6. 父母总试图潜移默化地影响我，使我成为出类拔萃的人。

7. 我觉得父母允许我在某些方面有独到之处。

8. 父母能让我得到家庭其他成员得不到的东西。

9. 父母对我的惩罚是公平的、恰当的。

10. 我觉得父母对我很严厉。

11. 父母总是左右我该穿什么衣服或该打扮成什么样子。

12. 父母不允许我做一些其他孩子可以做的事情，因为他们害怕我会出事。

13. 在我小时候，父母曾当着别人面打我或训斥我。

14. 父母总是很关注我晚上干什么。

15. 当遇到不顺心的事时，我能感到父母在尽量鼓励我，使我得到一些安慰。

16. 父母总是过分担心我的健康。

17. 父母对我的惩罚往往超过我应受的程度。

18. 如果我在家里不听吩咐，父母就会恼火。

19. 如果我做错了什么事，父母总是以一种伤心样子使我有一种犯罪感或负疚感。

20. 我觉得父母难以接近。

21. 父母曾在别人面前唠叨一些我说过的话或做过的事，这使我感到很难堪。

22. 我觉得父母更喜欢我，而不是我的家庭其他成员。

23. 在满足我需要的东西方面，父母是很小气的。

24. 父母常常很在乎我取得的分数。

25. 如果面临一项困难的任务，我能感到来自父母的支持。

26. 我在家里往往被当作"替罪羊"或"害群之马"。

27. 父母总是挑剔我所喜欢的朋友。

28. 父母总以为他们的不快是由我引起的。

29. 父母总试图鼓励我，使我成为佼佼者。

30. 父母总向我表示他们是爱我的。

31. 父母对我很信任且允许我独自完成某些事。

32. 我觉得父母很尊重我的观点。

33. 我觉得父母很愿意跟我在一起。

34. 我觉得父母对我很小气、很吝啬。

35. 父母总是向我说类似这样的话"如果你这样做我会很伤心"。

36. 父母要求我回到家里必须向他们说明我在做的事情。

37. 我觉得父母在尽量使我的青春更有意义和丰富多彩（如给我买很多的书，安排我去夏令营或参加俱乐部）。

38. 父母经常向我表述类似这样的话"这就是我们为你整日操劳而得到的报答吗?"

39. 父母常以不能娇惯我为借口不满足我的要求。

40. 如果不按父母所期望的去做，就会使我在良心上感到很不安。

41. 我觉得父母对我的学习成绩、体育活动或类似的事情有较高的要求。

42. 当我感到伤心的时候可以从父母那儿得到安慰。

43. 父母曾无缘无故地惩罚我。

44. 父母允许我做一些我的朋友们做的事情。

45. 父母经常对我说他们不喜欢我在家的表现。

46. 每当我吃饭时，父母就劝我或强迫我再多吃一些。

47. 父母经常当着别人的面批评我既懒惰，又无用。

48. 父母常常关注我交往什么样的朋友。

49. 如果发生什么事情，我常常是家庭成员中唯一受责备的人。

50. 父母能让我顺其自然地发展。

51. 父母经常对我粗俗无礼。

52. 有时甚至为一点儿鸡毛蒜皮的小事，父母也会严厉地惩罚我。

53. 父母曾无缘无故地打过我。

54. 父母通常会参予我的业余爱好活动。

55. 我经常挨父母的打。

56. 父母常常允许我到我喜欢去的地方，而他们又不会过分担心。

57. 父母对我该做什么、不该做什么都有严格的限制而且绝不让步。

58. 父母常以一种使我很难堪的方式对待我。

59. 我觉得父母对我可能出事的担心是夸大的、过分的。

60. 我觉得与父母之间存在一种温暖、体贴和亲热的感觉。

61. 父母能容忍我与他们有不同的见解。

62. 父母常常在我不知道原因的情况下对我大发脾气。

63. 当我所做的事取得成功时，我觉得父母很为我自豪。

64. 与我的家庭其他成员相比，父母常常偏爱我。

65. 有时即使错误在我，父母也把责任归咎于家庭其他成员。

66. 父母经常拥抱我。

附录 2：自我描述问卷（SDQ）

在儿童个性发展中，自我意识是一个重要的方面，而自我概念则是自我意识里的一个重要内容，它是个人对自己的印象，包括对自己存在的认识以及对个人身体能力、性格、态度、思维等方面的认识。幼儿从 18 个月起就开始具备自我觉知的能力。他们开始意识到自己的特征、状态和能力。但在 7 岁以前，儿童对自己的描绘仅限于身体特征、年龄、性别和喜爱的活动，还不会描述内部心理特征。到小学毕业前，自我概念逐渐完善成熟，他们从仅限于对身体特征的描述到能够对自己的行为和主观感受（包括思想、情感）进行描述。

在早期研究中，自我概念量表大多是单维结构的。随着近年来研究的不断深入，心理学家已不再把自我概念看作单维的、粗线条的，而是多维的、有层次的，即自我概念结构是一些低一级的对自身在不同行为方面的认知表象组成的。最初有两种初级的自我概念——学业的和非学业的，后来在此基础上又做了进一步的区分，学业自我概念又根据对象再细分，如言语、数学等；非学业自我概念也分成社会、情绪和身体等几种。Shavelson 等人提出的一种有层次的多维度的自我概念模式就是其中最具代表性的。自那以后，人们也放弃了那种单维结构的测验量表，转而使用更全面的多维量表。在多维的自我概念评定量表中最负盛名的是 Harter 在 1982 年发表的《儿童能力自知量表》（The Perceived Competence Scale for Children）和 Marsh 等人 1984 年发表的《自我描述问卷》（Self - Description Questionnaire，SDQ）。这类量表的一个共同特点是可以把不同维度的分量表组合形成高一层次的分量表，并且在此基础上再组合为全量表，以此来全面评定一个人的自我概念。

1. 完全符合　2. 符合　3. 基本符合　4. 基本不符合　5. 不符合　6. 完全不符合

1. 数学是我学得最好的学科之一。
2. 没有人认为我长得好看。
3. 总的来说，我有不少值得自豪的地方。

4. 我有时拿别人的东西。

5. 我喜欢体育、体操和舞蹈之类的活动。

6. 我的语文是学不好了。

7. 我常常是比较放松的。

8. 我的所作所为常使我父母不高兴和失望。

9. 在大多数课程的学习中，同学们都会来找我帮忙。

10. 我与同性别的人交朋友是困难的。

11. 我喜欢的那些异性却不喜欢我。

12. 在学习数学时我经常需要帮助。

13. 我的脸长得很好看。

14. 总的来说，我觉得自己很差劲。

15. 我是诚实的。

16. 我参加费力的体育锻炼。

17. 我很想上语文课。

18. 我过于忧虑。

19. 我与父母相处得很好。

20. 我很笨，所以进不了大学。

21. 我很容易和男孩子交朋友。

22. 我很容易和女孩子交朋友。

23. 我很想上数学课。

24. 我的绝大多数朋友长得比我好看。

25. 我大多数事情都做得很好。

26. 为避免麻烦我有时说谎。

27. 我很擅长体育、体操和舞蹈等活动。

28. 在需要阅读能力的测验中我总是考不好。

29. 我不容易懊丧。

30. 我与父母谈话很困难。

31. 要是我真的努力学习，我就会成为同年级中最好的学生之一。

32. 同性别的人中喜欢我的并不多。

33. 喜欢与我交往的异性并不多。

34. 与数学有关的任何问题我都难以理解。

35. 我长得好看。

36. 我做的事好像没有一件是正确的。

37. 我总是讲真话。

38. 在体育、体操和舞蹈等活动中我很笨拙。

39. 对我来说学语文很容易。

40. 我经常抑郁消沉、忧心忡忡。

41. 我的父母待我很公正。

42. 我大多数课程成绩很差。

43. 男孩子们都喜欢我。

44. 女孩子们都喜欢我。

45. 我喜欢数学。

46. 我长得难看。

47. 总的来说，我做的事情绝大多数都是对的。

48. 只要不被抓住，在考试中作弊是可以的。

49. 在体育、体操和舞蹈等活动中，我比我的大多数朋友都强。

50. 我在阅读方面不太好。

51. 在一些事情上别人比我更容易懊丧。

52. 我常与父母有争论。

53. 对绝大多数课程我都学得很快。

54. 我不能很好地与男孩子相处。

55. 我不能很好地与女孩子相处。

56. 我的数学测验成绩总是不好。

57. 别人认为我长得好看。

58. 我没有多少值得骄傲的地方。

59. 诚实对我来说很重要。

60. 只要我能够，我都尽量逃避体育运动和体育课。

61. 语文是我学得最好的课程之一。

62. 我很容易紧张。

63. 我的父母理解我。

64. 在绝大多数课程的学习中我都显得很笨。

65. 我有一些同性别的好朋友。

66. 我有许多异性朋友。

67. 我的数学成绩很好。

68. 我很丑。

69. 我能做得和大多数人一样好。

70. 我有时骗人。

71. 我可以连续不停地跑很远。

72. 我讨厌阅读。

73. 我常常感到思路混乱。

74. 我不是很喜欢我的父母。

75. 我绝大多数课程的成绩都挺好。

76. 绝大多数男孩子都躲开我。

77. 绝大多数女孩子都躲开我。

78. 我永远不想再上数学课。

79. 我的体型很好看。

80. 我感到我的人生没有价值。

81. 答应的事我总是尽力去做。

82. 我讨厌体育、体操和舞蹈之类的活动。

83. 我的语文成绩很好。

84. 我容易懊丧。

85. 我的父母确实很爱我。

86. 我学习大多数课程都有困难。

87. 我容易和同性别的人交朋友。

88. 我很受异性的注意。

89. 我的数学总是很好。

90. 只要我真的努力，我想做的事几乎都能做成。

91. 我经常说谎。

92. 在写作中我总是表达不好。

93. 我是一个冷静的人。

94. 我绝大多数课程都学得很好。

95. 我没有几个同性别的朋友。

96. 我讨厌数学。

97. 总的来说，我是一个失败者。

98. 人们确实可以相信我能把事情做好。

99. 我在语文课上学得很快。

100. 我对许多事情感到担忧。

101. 大多数课程对我来说太难。

102. 我很乐意与同性别的朋友在一起。

附录3：中学生心理健康量表（MSSMHS）

中国科学院　王极盛

中科院心理研究所王极盛于1997年编制《中学生心理健康量表》（MSSMHS），该量表共有60个项目，包括10个分量表。它们分别为强迫症状、偏执、敌对、人际关系敏感、抑郁、焦虑、学习压力感、适应不良、情绪不稳定、心理不平衡。

【指导语】

下面是有关你近10天状态的问题，请你仔细阅读每一个题目，然后根据你自己的实际情况认真填写。每一个题目没有对错之分，请你尽快回答，不要在每道题上过多思考。每个题目后边都有五个等级供你选择。分别按照程度的高低用1、2、3、4、5来表示。

1. 无：自觉该项目无问题
2. 轻度：自觉有该项目问题，轻度出现
3. 中度：自觉有该项目症状，其程度为中度
4. 偏重：自觉有该项目症状，其程度为中等严重
5. 严重：自觉有该项目症状，已达到非常严重程度

每个题目后面只能选一个等级。每个题目都要回答，不要遗漏。答完试题之后，请你认真检查一遍有没有漏项的，如果有漏项的请你补上，如果有一道题目选择两个等级的请更正，每一道题只能选择一个等级。

【测试题】

1. 我不喜欢参加学校的课外活动。（　　　）
2. 我心情时好时坏。（　　　）
3. 做作业必须反复检查。（　　　）
4. 感到人们对我不友好，不喜欢我。（　　　）
5. 我感到苦闷。（　　　）

6. 我感到紧张或容易紧张。（　　　）

7. 我学习劲头时高时低。（　　　）

8. 我对现在的学校生活感到不适应。（　　　）

9. 我看不惯现在的社会风气。（　　　）

10. 为保证正确，做事必须做得很慢。（　　　）

11. 我的想法总与别人不一样。（　　　）

12. 总担心自己的衣服是否整齐。（　　　）

13. 容易哭泣。（　　　）

14. 我感到前途没有希望。（　　　）

15. 我感到坐立不安，心神不定。（　　　）

16. 经常责怪自己。（　　　）

17. 当别人看着我或谈论我时，感到不自在。（　　　）

18. 感到别人不理解我，不同情我。（　　　）

19. 我常发脾气，想控制但控制不住。（　　　）

20. 觉得别人想占我的便宜。（　　　）

21. 大叫或摔东西。（　　　）

22. 总在想一些不必要的事情。（　　　）

23. 必须反复洗手或反复数数。（　　　）

24. 总感到有人在背后谈论我。（　　　）

25. 时常与人争论、抬杠。（　　　）

26. 我觉得对大多数人都不可信任。（　　　）

27. 我对做作业的热情忽高忽低。（　　　）

28. 同学考试成绩比我高，我感到难过。（　　　）

29. 我不适应老师的教学方法。（　　　）

30. 老师对我不公平。（　　　）

31. 我感到学习负担很重。（　　　）

32. 我对同学忽冷忽热。（　　　）

33. 上课时，总担心老师会提问自己。（　　　）

34. 我无缘无故地突然感到害怕。（　　　）

35. 我对老师时而亲近，时而疏远。（　　　）

36. 一听说要考试，心里就感到紧张。（　　）

37. 别的同学穿戴比我好、有钱，我感到不舒服。（　　）

38. 我讨厌做作业。（　　）

39. 家里环境干扰我的学习。（　　）

40. 我讨厌上学。（　　）

41. 我不喜欢班里的风气。（　　）

42. 父母对我不公平。（　　）

43. 感到心里烦躁。（　　）

44. 我常常无精打采，提不起劲来。（　　）

45. 我感情容易受到别人的伤害。（　　）

46. 觉得心里不踏实。（　　）

47. 别人对我的表现评价不恰当。（　　）

48. 明知担心没有用，但总害怕考不好。（　　）

49. 总觉得别人在跟我作对。（　　）

50. 我容易激动和烦恼。（　　）

51. 同异性在一起时，感到害羞不自在。（　　）

52. 有想伤害他人或打人的冲动。（　　）

53. 我对父母时而亲热，时而冷淡。（　　）

54. 我对比我强的同学并不服气。（　　）

55. 我讨厌考试。（　　）

56. 心里总觉得有事。（　　）

57. 经常有自杀的念头。（　　）

58. 有想摔东西的冲动。（　　）

59. 要求别人十全十美。（　　）

60. 同学考试成绩比我高，但能力并不比我强。（　　）

附录4：少儿心理健康量表（MHS – CA）

这是一个心理健康调查表，从24个方面评定你的心理健康状况，每个方面有7个等级，请你仔细阅读每一条，判断每条所描述的情况与你实际情况的符合程度，选择一个最合适的等级。你一定要仔细看，认真填写，以便反映你的真实情况。

1. 感知觉
○ 1. 我有特异功能，能感觉到别人感觉不到的东西
○ 2. 我有点感觉过敏，平常声光都觉得难以忍受
○ 3. 我能清晰地感知客观事物
○ 4. 我能准确地感知客观事物，没有感觉不适
○ 5. 我有时出现一些感觉不适或知觉错误
○ 6. 我经常看错东西或听错话或体验到异常感觉
○ 7. 我感到一切都不真实，有时感到自己变了样

2. 注意
○ 1. 我常被一些无意义的事情吸引以致无法学习工作
○ 2. 我太过于注意问题的细节，影响学习工作效率
○ 3. 我能专心致志去做每件事情
○ 4. 我能专心去做必须做的事情
○ 5. 我能集中注意力做好我喜欢做的事情
○ 6. 在学习和工作时，我的注意力不能集中
○ 7. 我做任何事情都坚持不了几分钟

3. 记忆
○ 1. 过去不愉快的经历不由自主地闯入我的脑海，无法排除
○ 2. 我经常想些不愉快的事情
○ 3. 我的记忆力很好，想记的事情都能记住
○ 4. 我的记忆力较好，想记的事情基本能记住

○ 5. 我的记忆力一般，偶尔忘记一些小事

○ 6. 我觉得记东西比较费劲，经常忘记一些重要的事情

○ 7. 我的记忆力特差，总是不停地找东西

4. 思维过程

○ 1. 我的大脑里不由自主地涌现出大量的意念，根本停不下来

○ 2. 我的思维特别快，观念一个接一个地出现

○ 3. 我思考问题比较敏捷、流畅

○ 4. 别人认为我考虑问题比较周全，思维有条理

○ 5. 我觉得自己考虑问题不周到或思维比较慢

○ 6. 我觉得自己的思维逻辑性很差，别人不理解我的想法

○ 7. 我觉得我的思维很乱，有时停滞不前，有时完全不能思考

5. 思维内容

○ 1. 我特别注意一些小证据，喜欢诡辩

○ 2. 我非常重视证据，只要觉得别人谈话的依据不充分，我就要与他辩论

○ 3. 别人认为我讲话很在理，分析问题有根有据

○ 4. 别人认为我考虑问题很实在，切合实际

○ 5. 我有时好幻想或怀疑

○ 6. 别人觉得我的思维很怪，难以理解

○ 7. 在我身上发生的一些特别的事情或我确信无疑的事情，别人就是不相信

6. 思维的自主性

○ 1. 我觉得自己能控制或预测别人言行

○ 2. 我觉得自己能知道别人的想法

○ 3. 我能自由地思考问题

○ 4. 我能很好地控制自己的思维

○ 5. 我的脑子有时不听使唤，想些没有意义的事

○ 6. 我老想些没有意义的问题，想些没有意义的事

○ 7. 我觉得思维好像不是自己的，我想什么事情别人都知道

7. 语言表达

○ 1. 别人认为我讲话过于拘泥细节，很累赘

○ 2. 别人觉得我讲话过于详尽，我发觉他们有些不耐烦

○ 3. 我能准确地表达自己的想法

○ 4. 我能清楚地表达自己的想法

○ 5. 我能让别人懂得我的意思

○ 6. 我发现别人经常听不懂我的话

○ 7. 别人发觉我经常自言自语，他们感到很奇怪

8. 语言理解

○ 1. 广播、电视有些话是故意针对我的，别人经常议论我

○ 2. 我对别人的话很敏感，总觉得别人在评论自己

○ 3. 我能准确地理解别人的话

○ 4. 我能较好地理解别人的话语

○ 5. 我偶尔误解别人的意思

○ 6. 我很难理解别人的话

○ 7. 我觉得所有人的话都那么陌生，无法理解

9. 智力

○ 1. 我有特别的灵感，能预知宇宙万物

○ 2. 我觉得自己特别聪明，别人的言行都那么愚蠢可笑

○ 3. 我的理解力强，能活学活用，适应能力强

○ 4. 我学新知识较快，灵活运用能力差，能较好地适应环境

○ 5. 别人觉得我忠厚诚实，我学新东西较慢，但能适应环境

○ 6. 我接受新东西很慢，适应环境有点困难

○ 7. 我的学习理解能力很差，适应环境困难

10. 自信与自尊

○ 1. 我各方面都比别人强，我什么事都会做

○ 2. 别人觉得我过高地估计自己的能力、长相或学识

○ 3. 我对自己有充分的自信，充满活力

○ 4. 我能合理估计自己的优点和不足

○ 5. 我对自己的优点估计不足，担心自己的不足

○ 6. 我对自己没有信心，很在意别人的评价

○ 7. 我觉得自己一无是处，什么都不如别人

11. 安全与信任

○ 1. 我觉得每个人都很友好，从来不怀疑任何人

○ 2. 我过去相信别人，经常受骗上当

○ 3. 我相信大多数人，从不担心自己会上当受骗

○ 4. 我觉得多数人是可信赖的，对现实感到安全满意

○ 5. 我不轻易相信别人，但能与现实保持良好的接触

○ 6. 我觉得别人都靠不住，生活没有安全感

○ 7. 我不相信任何人，整天提心吊胆地生活

12. 责任感

○ 1. 我总觉得自己做得不够好，责备自己

○ 2. 我生怕自己没做好，别人不满意

○ 3. 我的责任感很强，总想把事情做得更好

○ 4. 我是一个有责任心的人，做事认真负责

○ 5. 别人认为我的责任感差，有点以自我为中心

○ 6. 父母觉得我没有责任感，喜欢埋怨别人

○ 7. 每个人都说我生活懒散，整天怨天尤人

13. 活泼性

○ 1. 别人觉得我做事冲动，不考虑后果

○ 2. 父母觉得我很浮躁、贪玩、乱交友

○ 3. 别人认为我活泼、开朗、好交际

○ 4. 别人觉得我比较稳重、朴实、合群

○ 5. 我的性格比较内向、深沉、重感情
○ 6. 别人认为我孤僻、寡言、不合群
○ 7. 别人觉得我性格怪异、独来独往、无法接近

14. 仁慈心
○ 1. 别人认为我脾气暴躁、残忍
○ 2. 父母觉得我脾气急躁，缺少同情心
○ 3. 我做事粗心，不太注意别人的感受
○ 4. 别人认为我很随和，善解人意
○ 5. 父母觉得我很温顺，多愁善感
○ 6. 我的性格比较懦弱，胆小怕事
○ 7. 我在别人面前总是低声下气，没有尊严

15. 需要满足
○ 1. 我做任何事情都是从"应该"出发，从不考虑自己的需要
○ 2. 我过分在意别人的看法，过度压抑自己
○ 3. 我比较在意别人的看法，较少考虑个人需要
○ 4. 在不违反社会规范的前提下，我能合理地满足自己的需要
○ 5. 别人觉得我利欲心较强，不太在意别人的看法
○ 6. 我做事情总是考虑自己的得失，常常损害别人的利益
○ 7. 别人认为我做事不顾现实，一味追求个人满足

16. 焦虑体验
○ 1. 我整天莫名其妙地焦虑或对某些情境极度恐惧，严重影响我的生活
○ 2. 我经常感到紧张焦虑或害怕某些情境，影响我个人潜能的发挥
○ 3. 我不时有点紧张焦虑，但能自己化解
○ 4. 我的生活过得忙碌，但多数时间比较开心
○ 5. 我生活得比较轻松自在，从不感到紧张
○ 6. 我对未来没有任何打算，过一天算一天
○ 7. 父母认为我好吃懒做，整日游手好闲

17. 愉快体验

○ 1. 我感到特别愉快，没有任何烦恼

○ 2. 我感到很幸福，对困难毫不在乎

○ 3. 我生活得比较愉快和幸福

○ 4. 生活中虽有不如意之事，但多数时间我比较开心

○ 5. 我有时感到忧愁和悲伤，但能自己化解

○ 6. 我是感到不满、悔恨、埋怨、苦闷、不愉快

○ 7. 我不能从生活中体验到任何乐趣，觉得人生毫无意义

18. 情绪反应

○ 1. 我的情绪极不稳定，易怒、易悲、易流泪、易感动

○ 2. 我的情绪不稳定，经常喜怒无常

○ 3. 我的情绪反应强烈，爱憎分明，好感情用事

○ 4. 我的情绪稳定，反应适度，善于控制

○ 5. 我的情绪反应慢，强度弱，表情冷淡

○ 6. 我体验不到愉快和悲伤，与亲人没有感情沟通

○ 7. 别人认为我的情绪幼稚、淡漠或完全没有情感反应

19. 行为

○ 1. 我觉得自己太拘泥于社会规范，以致不敢做任何事

○ 2. 我做事犹豫不决、强迫，过分担心别人的看法

○ 3. 我的精力很充沛，敢作敢为，但自觉地遵守社会规范

○ 4. 我在生活、学习和工作方面较主动，有上进心，服从社会规范

○ 5. 我学习和工作是为了生活，尽可能使自己的行为符合社会规范

○ 6. 别人认为我是个叛逆者，做事冲动，不愿承担社会责任

○ 7. 我对社会规范十分反感，老是做些违纪和违法事情

20. 活动

○ 1. 我好冲动冒险，喜好从事一些危险的活动

○ 2. 我整天都安静不下来，小动作不断，或有一些怪异、刻板动作

○ 3. 我贪玩、好动、话多，整天闲不住

○ 4. 我做事有计划，活动有规律，自控能力强

○ 5. 我不爱活动，喜欢安安静静的学习和工作

○ 6. 我的活动明显减少，行动缓慢或呆坐不动

○ 7. 我想天天卧床不起，整天不想讲一句话

21. 兴趣

○ 1. 我什么事情都想做，结果什么事情也做不成，且影响生活

○ 2. 我的兴趣短暂多变，影响学习和工作

○ 3. 我的兴趣广泛，生活丰富多彩

○ 4. 我热爱生活、学习和工作，有一些业余爱好

○ 5. 除正常生活、学习和工作外，我没有什么业余爱好

○ 6. 我的兴趣明显减退，对生活、学习和工作有厌倦感

○ 7. 我对生活毫无兴趣，讨厌人生

22. 人际交往

○ 1. 我经常乱交朋友，影响正常的生活

○ 2. 我交友过多，影响学习和工作

○ 3. 我擅长与人交往，从交往中体验到快乐

○ 4. 我主动与人交往，愿意帮助别人

○ 5. 我有目的地与人交往，能帮助别人

○ 6. 我怕与人交往，在人多的场合感到紧张

○ 7. 我拒绝与人交往，与人接触感到恐惧

23. 学习和工作

○ 1. 我的期望水平过高，压力很大，精神快要崩溃

○ 2. 我对自己的要求很高，不能从学习和工作中体验到乐趣

○ 3. 我对学习和工作兴趣浓厚，成绩优秀或业绩显著

○ 4. 我工作主动、学习自觉，对成绩感到满意

○ 5. 我学习刻苦，工作努力，成绩一般

○ 6. 我对学习和工作没兴趣，能完成任务，成绩较差

○ 7. 我厌恶学习和工作，不能完成任务，成绩很差

24. 健康关注

○ 1. 我确信自己得了不治之症，整天忙于看病吃药

○ 2. 我怀疑自己得了严重的疾病，反复检查仍不放心

○ 3. 我对躯体不适比较敏感，夸大病情，过度治疗

○ 4. 我比较关心自身健康，有病及时治疗

○ 5. 我不太关心自身健康，有病不及时治疗

○ 6. 我不关心自身健康，过量吸烟、酗酒或吸毒

○ 7. 我有意摧残自己的健康，有自残或自杀行为

附录5：社交焦虑量表（LSAS）

请仔细阅读下面的题目，判断与你的感受和行为符合的程度。根据题意，先在1~4的选项中，选出符合你实际感受的一项，然后在5~8的选项中，选出符合你的实际行为的一项。

（害怕/焦虑：1. 无；2. 轻度；3. 重度；4. 严重）

（回避：5. 从未：0；6. 偶尔：1%~33%；7. 时常：34%~67%；8. 经常：68%~100%）

1. 公众场合打电话
2. 参加小组活动
3. 公众场所吃东西
4. 公共场合与人共饮
5. 与重要人物谈话
6. 在听众前表演、演示或演讲
7. 参加聚会
8. 在有人注视下工作
9. 被人注视下书写
10. 与不太熟悉的人打电话
11. 与不太熟悉的人交谈
12. 与陌生人会面
13. 在公共卫生间小便
14. 进入已有人就座的房间
15. 成为关注的中心
16. 会议上发言
17. 参加测试
18. 对不太熟悉的人表达不同的观点和看法

19. 与不大熟悉的人目光对视

20. 在小组中汇报

21. 试着搭识某人

22. 去商店退货

23. 组织聚会

24. 拒绝推销员的强制推销

"捕诉合一"改革之争的反思与新解

李一特[*]

摘 要 "捕诉合一"不仅是检察机关内设机构的一次职能调整,更关乎检察制度的发展和法治正义的实现。从实践需求来看,将批捕权和公诉权交由同一检察官行使,能够提高诉讼效率、节约司法资源,并在一定程度上强化案件办理过程中的证据审查及侦查监督活动;但在学理上同样存在弱化羁押必要性审查、降低检察机关内部监督等风险。在对捕诉改革之争的背景、焦点进行辨析和反思后,本文提出了进一步改造审查逮捕环节、强化检察机关内外部监督的应然路径。

关键词 司法改革;检察体制改革;"捕诉合一"

一 "捕诉合一"改革的背景

"捕诉合一"指的是通过检察机关内设机构职能调整,将批捕权和公诉权交由同一检察官或办案组行使的办案模式。在检察机关调查职务犯罪的职能和绝大部分自侦权转隶的背景下,由于这一改革关涉批捕权和公诉权这两项检察机关重要权力的重新分配以及检察官工作内容的重大调整,自改革伊始就引发了理论界和实务界的广泛关注和讨论。事实上,采用"捕诉合一"制度是新一轮司法改革为实现检察机关扁平化管理、通过"大部制"建设破除行政藩篱、提高司法

---

[*] 李一特,政法学院 2016 级本科生。

工作效率所做出的进一步努力。2018 年 7 月至今，"捕诉合一"改革在经过北京、上海、江苏等地区的广泛试点后，已经逐步在全国范围内的检察机关展开运行。然而，关于"捕诉合一"是否具备法律和法理层面的正当性以及"捕诉合一"的办案模式是否有利于提高检察机关的办案质效和司法水平的争议仍然未有定论。对于这一改革，理论界和实务界存在赞成和反对两种截然不同的立场，而本文将在论证和反思双方观点的基础上，进一步为"捕诉合一"改革的完善提供思路，以期直抒浅见，补苴罅漏。

二 "捕诉合一"改革的正当性理由

尽管赞成和反对"捕诉合一"的理由莫衷一是，但在广泛的讨论中，仍有一些观点逐渐达成了一致。作为检察制度的一项改进措施，评价"捕诉合一"改革是否具有合理性的重要基础就在于这一改革能否提高检察机关的办案质效。对此，赞成"捕诉合一"者率先指出了两项"捕诉合一"的正当性理由。其一，"捕诉合一"有助于提高办案效率。"捕诉合一"后，由同一检察官负责案件的审查逮捕和审查起诉工作，能够减少对同一案件进行重复审查的工作量[①]；在缓解案多人少矛盾的同时能够减少检察机关的内部环节，实现部门整合，从而促进检察机关"去行政化"的"大部制"改革。其二，"捕诉合一"有助于提高证据审查质量。"捕诉合一"能够促使检察官充分考虑捕后的起诉工作，在证据审查上形成"大局观"[②]；提高证据审查质量以及人权保障水平。

目前，这两种观点已基本为大多数赞成者所采纳，持反对意见的学者大多也认同这两点理由及其正面影响在实践中的客观存在。除此之外，反对者从更广阔的视域对"捕诉合一"提出了种种质疑，并指出刑事制度的设立不能单纯为了提高效率，为了发挥刑事司法的人权保障职能，即便牺牲一部分效率也是必要且有益的。因此，确有必要就其中的核心焦点展开深入的剖析。

---

① 龙宗智：《检察机关内部机构及功能设置研究》，《法学家》2018 年第 1 期。
② 邓思清：《捕诉合一是中国司法体制下的合理选择》，《检察日报》2018 年 6 月 6 日。

三　"捕诉合一"改革之争的焦点

（一）捕诉二权的性质问题

"捕诉合一"改革的争论核心就在于批捕权和公诉权这两项权力的性质问题。作为反对者旗帜鲜明的观点，几乎所有反对"捕诉合一"的学者都会指出批捕权具有显著的司法属性而公诉权具有相当的行政色彩，将二者合并会影响逮捕的独立价值，违背诉讼规律。① 持这一观点的学者大多认为逮捕作为一项严厉的强制措施，批捕权的行使必须保持严格的中立性。而公诉权具有追诉犯罪的特性，两项权力由同一检察官行使必然会导致批捕权中立性的丧失。② 基于这一点，有论者在考量西方经验的基础上，提出了"检警一体"或者"批捕权回归法院"这两种未来方案。③

对此，有赞成"捕诉合一"者指出，依据《刑诉法》规定的"批准逮捕和提起公诉由检察机关负责"以及《检察院组织法》规定的"检察机关办理刑事公诉案件可以组织内设机构分别行使批捕权和公诉权等检察职能"，捕诉二权均系检察机关的法定权力。因此，从立法规定来看，采取"捕诉合一"模式并无不当。另有学者指出，捕诉之分合系检察机关内部的职能分工，涉及的是内设机构在设置上的组织法意义，对于诉讼法的效力没有影响，因此"捕诉合一"不存在诉讼法理上的障碍。④ 此外，还有赞成者指出，我国实行公诉法定主义，要求检察官遵循客观义务，因此"捕诉合一"也不会影响批捕阶段的中立性。⑤ 尽管赞成者试图从捕诉合一具备合法性的角度出发进行回应，但显然不能就此推翻反对者对于程序正当性的质疑。

笔者认为，从实在法的层面考量，不管是宪法还是组织法，自确立至今都不

---

① 胡冬平：《捕诉合一不宜推行》，《检察日报》2004年7月19日；谢小剑：《检察机关"捕诉合一"改革质疑》，《东方法学》2018年第6期。

② 童伟华：《谨慎对待"捕诉合一"》，《东方法学》2018年第6期。

③ 唐益亮：《隐忧与出路：检察院"捕诉合一"模式的思考》，《西部法学评论》2018年第6期。

④ 张建伟：《"捕诉合一"的改革是一项危险的抉择？——检察机关"捕诉合一"之利弊分析》，《中国刑事法杂志》2018年第4期。

⑤ 邓思清：《捕诉合一是中国司法体制下的合理选择》，《检察日报》2018年6月6日。

曾改变检察院作为法律监督机关的定位。① 由此可见，检察机关作为法律监督机关，检察权作为法律监督权的宪法属性是十分明确的。因此，对于捕诉二权的争论应当避免将之引入其性质上究竟是法律监督权、司法权还是行政权这一争论百年的话题之中。

而从超实在法的层面来看，捕诉二权的确存在不容忽视的特征性差异，但不可否认的是两项权力在进行法律监督的层面仍然具有相当的关联性和一致性。因此，在讨论中同样应当避免落入两种权力绝对相悖或者绝对一致的误区之中。

诚然，审查逮捕是决定犯罪嫌疑人是否在审前遭受较长羁押的国家行为，因其妨碍公民的基本宪法权利而被认为司法机关尤其是法院的基本权力。② 按照比例原则和正当性法律程序的要求，审查逮捕最主要的特征是中立性。基于这一点，反对者分别针对审查逮捕环节中的证据审查和羁押必要性审查这两个要素提出了可能导致审查逮捕活动丧失中立性的两种推测。

其一，批捕和起诉具有利害关系，检察官行使审查批准逮捕权时可能会考虑到自己将来履行公诉职责的需要，影响公正客观的判断③；

其二，审前司法审查的一大作用是为了避免不必要的羁押，而"捕诉合一"可能会造成检察官以抽象危险的判断代替羁押必要性审查，甚至为了起诉的便利（如获取有罪供述、防止出现串供等证据风险等），将批捕权进一步异化为侦查取证的手段，造成批捕权的滥用。

基于以上两种学理上的风险，我们不妨重新审视"捕诉合一"后审查逮捕环节的中立性问题。首先，审查逮捕和审查起诉均系检察官的法定职责，检察官有义务遵循各个阶段的工作要求进行正确履职。在现有的评价体系内，由于检察官并不直接享有起诉的利益，反而要承担败诉的风险，故而很难认为检察官履职必然具有一定的倾向性。其次，在程序上审查逮捕前置于审查起诉环节，因此不能得出检察官会天然地为了追诉而降低审查逮捕阶段的证据标准这一结论。此外，在司法责任制改革和错案追究制度落实后，检察官势必肩负起更加重大的责任。从理性经济人的角度出发，"捕诉合一"后，检察官在审查逮捕时可能会较

① 田夫：《检察院性质新解》，《法制与社会发展》2018 年第 6 期。
② 龙宗智：《检察机关内部机构及功能设置研究》，《法学家》2018 年第 1 期。
③ 童伟华：《谨慎对待"捕诉合一"》，《东方法学》2018 年第 6 期。

从前更加注重证据的全面和实质性审查，以避免承担错捕、漏捕的司法责任。同时，考虑到后期能否取得足够的证据顺利提起公诉，检察官对于逮捕的证据标准在具体执行时变得更加严格和审慎。这对于逮捕权的谦抑使用以及保障嫌疑人合法权利而言具有重要的意义。

如前所述，证据标准的掌握程度并不一定会因为"捕诉合一"改革而降低。而真正可能导致审查逮捕中立性缺失的是逮捕和公诉两项职能的混同即羁押必要性审查的弱化。从利于侦查或者利于公诉的角度而言，逮捕作为一种能够隔离嫌疑人并迫使嫌疑人出于心理压力而配合的有效手段，对检察人员而言确实是一种诱惑。因此，为了弥补现阶段羁押必要性审查力度不足的问题，对审查逮捕环节进行适当的司法化改造将成为"捕诉合一"后进一步完善的应然路径。

（二）内部监督的问题

反对者进一步指出，"捕诉合一"后，一个显见的缺陷是"捕诉合一"将审查逮捕和审查起诉两道工序合并，破坏了层层递进的诉讼结构，削弱了检察机关的内部监督。① 赞成"捕诉合一"者则提出，捕诉工序的合并反而会减少检察机关内部的相互掣肘，使捕诉结论具有一致性。

对于这两种观点笔者均持有不同看法。捕诉工作是一个动态的流程，实践中经常会出现证据的变化导致不同的处理结果，因此为了得到具有一致性的捕诉结论而主张"捕诉合一"的观点并不具有正当性。"捕诉合一"在理论上确实可能导致内部审查的削弱，但对于实际操作而言，并不必然造成内部监督措施的缺位，在配套制度改革完善后，反而会使监督效果进一步提高。

纵观检察改革的发展历程可以发现，"捕诉合一"并非首次提出，自1978年检察机关恢复后，"捕诉合一"模式就在检察机关存在了近二十年。而1996年之所以提出捕诉机构分设，进行"捕诉分离"改革的一大理由就是，"捕诉分离"有利于实现检察机关内部的监督制约。时至今日，在"捕诉分离"运行了二十余年后，再次回归"捕诉合一"的改革，究竟是在开历史的倒车还是体现

---

① 余啸波：《对审查批捕工作若干问题的思考》，《上海市政法管理干部学院学报》2001年第2期；马文静：《刑事检察部门架构问题探究》，《山西省政法管理干部学院学报》2016年第4期。

制度自信的一次锐意进取，分合之间所体现的正是对加强内部监督还是提高诉讼效率的取舍。

检察机关进行内部监督的根本目的在于防止检察权的滥用，避免冤错案件的发生。因此，评判捕诉改革利弊的关键就在于，"捕诉合一"后能否实现对检察官权力的有效制约，并在整体的检察制度架构中最大限度地防止案件"带病"进入审理阶段。

重新审视过去二十余年检察机关"捕诉分离"的司法实践，内部监督的效果显然并未达到制度设计者的初衷。在"捕诉分离"的语境下，负责审查起诉的检察官在办案中对经过审查逮捕环节案件的情况进行二次审查，以实现对审查逮捕决定的监督和纠正，通过不起诉处理避免冤错案件的发生。但现实情况是，某直辖市 2013 年前 11 个月捕后起诉率接近 100%。① 这样的数据在实践中比比皆是，直至 2017 年，北京市检察机关的捕后起诉率仍然高达 97.7%。② 实践中出现了所谓的"侦查中心化""逮捕中心化"问题，这不仅与不合理的考核制度有关（以起诉率作为指标，控制不诉数量等），更与内部监督具有天然的弱化倾向密不可分。究其原因，无可否认的一点是检察机关的"行政化"倾向严重影响了内部监督的中立性。一旦做出不起诉处理就意味着要推翻批捕部门同事的决定，这一过程将遍历两个部门的主管领导以及检委会的层层检视，这无疑会对做出不起诉处理的检察官造成一定的心理压力。在这样的情况下，丧失了中立性的内部监督常常难以达到监督的效果，硬诉现象大量存在于实践之中。

诚然，旧有的监督体系在理论上确实能够起到一定的监督作用，但笔者认为，"捕诉合一"的模式可能会更有利于解决检察机关内部监督流于形式的现实困境。"捕诉合一"的初衷就是对检察机关进行大部制改革，以达到去行政化的目的。这样一来，检察官就没有了履行内部监督职责时的行政压力，通过司法责任制的改革，检察官自我监督的效果大大提高，对于案件质量的把控不仅更加严格，还贯穿于整个诉讼过程之中，能够有效避免"铁路警察，各管一段"的粗放模式。"捕诉合一"仅仅是捕诉流程的一次重新组合，并不会阻碍其他检察改革的推行，与其郁结于旧有体系的监督弱化之中，不如激流勇进，构建更加高效

---

① 汪海燕：《检察机关审查逮捕权异化与消解》，《政法论坛》2014 年第 6 期。
② 《北京市检察院 2017 年工作报告》，第 47 页。

有力的监督制约机制。因此，"捕诉合一"并不会导致内部监督的不足，反而会随着改革的进一步深化而不断得到强化，对于这一点我们一定要以发展的眼光来看待。

（三）侦查监督的问题

侦查监督是检察机关行使宪法赋予的法律监督职能的一部分。有别于日韩等国"检警一体"的司法制度，我国刑诉法明确规定了公安机关与检察机关之间是相互配合、相互制约的关系。从司法实践经验来看，由于侦查权极易被滥用，检察机关的侦查监督活动对于保障犯罪人合法权利、避免冤假错案至关重要。监察改革后，检察机关自侦权进行了转隶，通过审查逮捕和审查起诉进行侦查监督的作用更加凸显。

有论者指出"捕诉合一"将两次监督变成一次监督，法律监督力度明显减弱。显然，这一论断再次落入对"捕诉合一"即程序合一的误解之中。相反的，赞成"捕诉合一"的学者普遍认为，"捕诉合一"有利于检察机关对侦查活动的引导，在批准逮捕后，检察官会按照起诉的标准引导公安机关收集和完善证据，从而避免出现"捕诉分离"时的"真空地带"，进一步实现侦查监督的效果。①

笔者认为，"捕诉合一"不仅能够起到强化侦查监督的作用，更为检察机关适时介入、引导侦查提供了必要的基础。一方面，"捕诉合一"确实能够解决司法实践中存在的一大困境，即在"捕诉分离"的情况下，"短平快""够罪即捕"的审查逮捕环境，容易造成侦查监督的不足。在过去的实践中，由于专门负责审查逮捕的检察官长期面对案多人少的情况，很少会对嫌疑人进行实质性讯问；更多的只是将目光聚焦在能够定罪的证据上，只要这一部分的证据有了，就至少不会承担错捕的责任。这样做的后果就是忽视了侦查监督，为后续的审查起诉埋下了隐患。"捕诉合一"后，由于检察官不仅要负责逮捕，也要负责后续的起诉工作，这使检察官必须在审查逮捕环节就进行证据的全面审查，为案件的顺利诉出打下基础。由此可见，"捕诉合一"事实上是对审查逮捕环节的一次强化，其结果就是一举解决过去审查逮捕存在的懈怠状态。另一方面，"捕诉合一"改革为检察机关切实履行法律监督职责，适时介入引导公安机关侦查取证提供了可能。

---

① 洪浩：《我国"捕诉合一"模式的正当性及其限度》，《中国刑事法杂志》2018 年第 4 期。

审查逮捕和审查起诉作为一种事后监督，不可避免地存在滞后性。"捕诉合一"后，检察官不仅可以持续跟进案件的取证情况，在存在重大社会影响或者疑难复杂的案件中，检察官还可以提前介入进行侦查监督活动，避免错捕、漏捕，及时纠正侦查机关的错误倾向。昆山"反杀案"中检方提前介入，公安机关撤案并取得良好的社会效果就是很好的例证。"捕诉合一"将为这一类案件提前介入机制的建构提供基础。

（四）辩护权行使的问题

反对"捕诉合一"者指出"捕诉合一"会进一步压缩嫌疑人和律师的辩护空间，辩护方分别在审查逮捕和审查起诉两个阶段提出辩护意见的机会变为了一次，导致审前辩护流于形式。而赞成者指出"捕诉合一"更有利于嫌疑人的辩护。主要理由有，"捕诉合一"是承办人的合并而非办案程序的合并，辩护方仍然可以进行两次辩护。同时，由于承办检察官变成了同一个人，说服一个人显然比"捕诉分离"时说服两个人更容易。

笔者认为，由于检察机关仍然是两次收案，捕诉程序并未因此合并。所以，辩护方的辩护权利并未被削减，唯一的区别在于两个阶段的辩护意见是由一个检察官来审查还是由两个不同的检察官审查。有学者质疑在对案件存在惯性思维的情况下，同一检察官对辩护意见的采纳性难以保证。① 笔者认为，在司法责任制的背景下，辩护意见作为一种有力的外部监督，对于检察官正确履行职责、避免冤假错案具有重要的提示和纠错作用。"捕诉合一"后，由于案件从审查逮捕到审查起诉均由同一承办检察官负责，在固执己见与承担司法责任的抉择中，检察官显然更有可能选择遵循客观义务，认真考虑辩护意见的可采性。在"捕诉合一"的模式下，辩护方只需与一个承办检察官沟通交流，进行外部监督的难度显然有所降低，从实务的角度而言，便捷性也有所提高。

（五）检察官专业能力与专门化能力的问题

1996 年进行"捕诉分离"的另一大原因就在于，有学者指出"捕诉分离"有助于提高检察官的专门化能力，即负责审查逮捕和审查起诉的检察官各司其

---

① 童伟华：《谨慎对待"捕诉合一"》，《东方法学》2018 年第 6 期。

职，从而培养专门化、专家型的检察人才。①

笔者认为，这一观点从历史背景看固然有一定的合理性，但已然不符合当前的司法实践现状。长期专司案件办理的一个环节，容易使检察官形成在固定模式下审查案件的思路，这一点在负责审查逮捕的部门表现得尤为突出。由于长期不接触公诉业务，审查逮捕部门的检察官普遍缺乏对关键证据的审查能力和精细化办案的能力，一些检察官甚至从未参与过庭审，对于法院的证据要求更是把握不足。公诉部门的检察官也会出现由于与审查逮捕部门检察官对案件的证据情况认识不一致而做出不适当的不起诉处理，进一步加大了检察机关的内耗，不利于打击犯罪。由此可见，所谓的"专家型人才"可能会造成检察官的"偏科"，由于无法突破部门间的壁垒，在实践中反而产生了诸多桎梏。

"捕诉合一"后，检察官从审查逮捕到出庭支持公诉，负责案件办理的全过程，熟悉案件走向，全面掌控案件办理情况。对于日益高发的高科技犯罪、金融类犯罪等新型复杂犯罪案件，更能够及时洞悉法院的裁判标准，准确掌握审查尺度。只有这样，检察官才能逐渐成长为专业能力全面、专业素质过硬的承办人。

四　"捕诉合一"改革之争的反思

（一）讨论"捕诉合一"应当坚持检察机关作为法律监督机关的宪法定位

在捕诉权力性质的讨论中，双方常常会陷入检察机关是否属于司法机关、检察权究竟是行政权还是司法权的争辩之中。一个重要的原因是一些学者有意无意地以三权分立的原则为依据，将国家权力界定为立法权、行政权和司法权，除此之外不承认第四种国家权力的存在。在这一前提下，检察权要么归于行政权的名下，要么归于司法权的名下。② 而这显然与我国一元分立的国家权力结构和法治传统并不一致。因此，无论是用行政权还是用司法权解释我国检察机关的捕诉二权都是不周延的。

---

① 夏继金：《质疑"捕诉合一"》，《人民检察》2003年第9期；元明：《"捕诉合一"解决不了案多人少矛盾》，《检察日报》2005年4月13日。
② 韩大元、刘松山：《论我国检察机关的宪法地位》，《中国人民大学学报》2002年第5期。

我国的宪法和人民检察院组织法明确规定检察机关是法律监督机关。而批捕权和公诉权作为检察权的一部分，被整体授予检察机关。换言之，不论是批捕权还是起诉权，都是检察机关用以履行法律监督职责的法定权力。可见，捕诉二权并非两种完全互斥的权力，在履行法律监督职责的层面，二者具有高度的一致性。捕诉二权作为国家权力的一部分，如何能在宪政实践中得到更好的落实才是实现法治的关键。因此，坚持检察机关的宪法定位，承认检察权是独立于司法权和行政权之外的专门的法律监督权，捕诉权力性质之争将迎刃而解。

（二）讨论"捕诉合一"应与司法改革的大环境相结合

正所谓时移世易，变法宜矣。伴随着 2013 年新一轮司法改革的进程，整个司法环境发生了更加深刻的变化，任何一项改革都不能脱离新时代的语境来抽象看待。"捕诉合一"作为新一轮系统性司法改革的一部分，与诸多改革更是密切相关。如果无法认识到这一点，对于正确评价"捕诉合一"改革而言都将是不足的。

1. 司法责任制改革

2014 年以来，最高检在检察机关明确了"独任检察官"或"检察官办案组"办案的组织形式，明晰了检察官的职责权限，构建了检察人员司法责任体系并确立了责任追究原则。[1] 这一改革作为新一轮司法改革的核心，为促进检察机关依法履行职责、增强检察官责任意识提供了有力的制度保障，大大提高了检察机关的内部监督能力和检察官的自我监督意识。

2. 员额制改革

2015 年后，检察机关通过员额制度选拔出了优秀的办案人员进入办案一线；实现了入额检察官对案件的终身负责，进一步提高了检察官的办案质效。检察人员素质水平的提高，成为"捕诉合一"改革的基础和硬实力。

3. 健全检察机关职业保障机制

2016 年 7 月，中共中央办公厅、国务院办公厅颁布实施了《保护司法人员依法履行法定职责规定》，明确了检察官依法办理案件不受非法干涉，对领导干

---

[1] 高一飞、陈恋：《检察改革 40 年的回顾与思考》，《四川理工学院学报》（社会科学版）2018 年第 6 期。

部过问、插手案件办理也做出了相应的处置办法。这一机制，不仅免除了检察官的后顾之忧，更加强了检察官独立办案的中立性。

一系列的改革举措在提高检察官办案自主性的同时强化了检察官的责任，为避免检察权的滥用、促进检察机关严格司法打下了坚实的基础，脱离了这一基础，"捕诉合一"的全面展开就无从谈起。

（三）讨论"捕诉合一"应尽量避免片面引用实践数据

在"捕诉合一"的讨论中，一部分学者和实务工作者试图对已经实施"捕诉合一"改革的试点数据进行分析，以证明其观点的正确性。笔者认为，从现有的引证情况来看，对既有数据进行分析的方式显然缺乏相应的证明力。

1. 影响数据变化的因素具有多样性

在司法责任制、员额制等多项司法改革制度齐头并进，扫黑除恶等刑事政策出台影响重大以及改革初期各项工作存在衔接过渡的情况下，对于每一个案件的办理而言，影响因素都是综合性的。因此，将改革前后的数据进行简单的对比，并不能得出"捕诉合一"对案件办理的影响情况的确切结论。

2. 立场不同可能导致数据解释的结论完全不同

在对一些实证数据进行分析时，基于不同的立场甚至能够得出完全不同的结论。"捕诉合一"改革之后，部分检察院的逮捕率有所提高。反对者借此主张"捕诉合一"导致检察官以捕代诉，而赞成者则会主张"捕诉合一"发挥了检察引导侦查的作用，减少了错捕漏捕。同样的，如果捕后不诉率降低，反对者可能会主张"捕诉合一"会导致检察官不敢否定自己批捕的案件，而赞成者则会主张"捕诉合一"使证据审查更加严格，提高了办案质效。可见，不论"捕诉合一"后检察机关的办案数据呈现怎样的趋势，赞成者和反对者都可以各执己见。

3. 各地区数据变化趋势并不相同

有学者进行实证研究后发现东部某发达直辖市的区检察院，在全面实行"捕诉合一"后逮捕率上升24%。但作为"捕诉合一"改革试点地区之一的吉林检察机关在实施"捕诉合一"后却呈现出审前羁押率连续三年下降的趋势。[1] 同

① 闫晶晶：《"捕诉合一"之问：让实践说话》，《山东人大工作》2018年第9期。

样的改革模式，两个地区却出现了截然不同的趋势，将数据的变化均归咎于"捕诉合一"的影响恐怕令人难以信服。

由此可见，在"捕诉合一"改革得以全面落实并进行长期的司法实践，产生具有普遍性特征和统计学意义的实证数据前，试图得出"捕诉合一"改革究竟对检察机关的司法实践是否有利的结论往往都是片面的。

（四）讨论"捕诉合一"亟须破解的几个理论迷思

1. "捕诉合一"并非捕诉程序的合一

"捕诉合一"的实质在于由同一检察官或办案组负责一个案件的审查逮捕和审查起诉工作，从而提高诉讼效率，缓解案多人少的矛盾。在"捕诉合一"的模式下，审查逮捕环节并未被审查起诉环节所吸收，二者仍具有独立的法律程序。因此，不应想当然地通过字面理解就得出"捕诉合一"会减少侦查监督次数、嫌疑人辩护次数、检察机关接受外部监督次数的结论。

2. "捕诉合一"不必然导致逮捕权的异化

一个现实的问题在于，随着司法责任制改革的落实，在"捕诉合一"的模式下，检察官率先考虑案件的现有证据能否达到起诉的标准，而非如何通过逮捕的手段促使嫌疑人认罪以达到起诉标准。显然，后者较之前者，检察官要承担更多来自内外部监督的压力以及相应的司法责任。因此，"捕诉合一"并不必然导致逮捕权异化为一种侦查取证的手段，而且这种异化的概率会随着司法责任制度和监督体系的不断完善得到进一步的压缩。

3. 严格逮捕的证据审查更利于提高检察工作质量

依据刑诉法之规定，逮捕的证明标准为"有证据证明犯罪事实"，明显低于"证据确实、充分"的起诉标准。因此，有学者指出"捕诉合一"会导致捕诉标准的混同，造成逮捕标准的提高，使二者证明标准的区分更加困难。① 一方面，这种观点与持逮捕权异化论者本身就存在一定的矛盾；另一方面，法律所规定的逮捕标准是证据要求的底线而非上限，检察官严格执行证据标准并不会产生诉讼法上的问题。事实上，与其他国家相比，我国逮捕率过高是公认的事实。根据欧盟委员会的相关数据，1999～2007 年，27 个成员国的未决羁押率通常都在 10%～

---

① 唐益亮：《隐忧与出路：检察院"捕诉合一"模式的思考》，《西部法学评论》2018 年第 6 期。

30%之间①，而直至2016年我国检察机关批捕率仍高达77.4%。② 一个重要的原因就在于现行法律对有证据证明这一标准的界定较为模糊，使批捕环节的证据审查在实践中进一步弱化。有鉴于此，对于我国的司法实践而言，"捕诉合一"能够严格审查逮捕环节的证据审查，为进一步降低审前羁押率、保障人权提供了有力支持。

五 "捕诉合一"改革的应然路径

（一）审查逮捕环节的进一步改造

应当注意到，现阶段检察机关的审查逮捕工作仍然存在很大的改进空间。首当先就是羁押必要性审查的不足。在过往的实践中，批捕率和起诉率是衡量侦查员办案质量的重要指标，这导致侦查机关不仅常常忽视羁押必要性条件证据的收集，甚至在报捕时只将利于批捕的材料入卷。③ 而检察官对于书面审查又绝对依赖，几乎很少在审查逮捕阶段提讯犯罪嫌疑人，难以掌握案件的全部情况，对于羁押必要性的判断更是流于形式。可见，审查逮捕环节仅仅进行书面审查存在巨大的弊端，而现行刑诉法所规定的向犯罪嫌疑人、证人了解情况以及听取辩护律师意见的制度，在一般的刑事案件处理过程中基本得不到落实。综合上述现实情况，笔者提出了以下几种具有可行性的路径以供参考。

其一，对于一般案件要提高侦查监督力度，加强引导侦查机关收集关于羁押必要性条件的相关证据。同时，要求检察官在审查逮捕意见书中进行羁押必要性的论证说理。

其二，对于重大复杂案件，逐步构建由检察官主导，由侦查机关、嫌疑人及其辩护人共同参与的逮捕听证机制，通过言辞辩论的方式提高检察官对案件情况的认识程度。

其三，设立专门的强制措施检察部门，一方面依据刑诉法第九十五条进行捕

---

① 孙谦：《司法改革背景下逮捕的若干问题研究》，《中国法学》2017年第3期。
② 董林涛：《逮捕社会危险性要件的现实定位与证明机制》，《法学杂志》2018年第11期。
③ 郭烁：《捕诉调整："世易时移"的检察机制再选择》，《东方法学》2018年第4期。

后的羁押必要性审查，另一方面对侦查机关提出的复议复核以及嫌疑人一方提出的变更强制措施申请进行处理。① 在加强审查逮捕环节内部监督的同时强化嫌疑人的救济途径。

（二）加强检察机关的内部建设

1. 强化内部监督

检察机关作为法律监督机关，律人必先律己。在"捕诉合一"的背景下，捕诉权力在同一主体上进行了叠加，加强检察机关的内部监督变得更加重要。一方面要充分发挥检委会、检察官联席会的监督作用；另一方面应当在规范检察官办案权限、完善权力清单的基础上，落实检察官惩戒委员会制度，创新建立捕诉巡回检察制度。从"捕诉合一"的视角来看，被监督人员为同一检察官，提高了监督的连贯性，不论是旧有监督体系的完善还是新的监督层次的建构，监督质效都能够得到进一步的提高。

2. 改进考核制度和评价体系

从功利的角度而言，检察机关的内部考核机制将直接影响检察官的办案效果。实践中，检察机关的一些考核标准长期以来存在"重起诉、轻不起诉"的特点，即便是硬诉最终撤诉也比做出不起诉处理的扣分要轻，如此一来将进一步导致硬诉的现象；甚至还出现了为了控制不起诉率，各部门分摊不诉名额的情况，严重违背诉讼规律和制度初衷。一个可行的办法就是将"不应当起诉而起诉"的扣分比例提高。同时，坚决禁止为控制不诉率分配不起诉名额的现象。

3. 提高检察官办案能力

"捕诉合一"后，原本只负责一个环节的检察官现在要兼顾案件的全部办理工作，这对检察官的办案能力提出了更高的要求。一方面要提高证据的审查判断能力，在具体的工作过程中，坚持"实质化""精细化"的证据裁判原则；另一方面，不断提高专业化水平，以适应金融犯罪、高科技犯罪、知识产权犯罪数量日益增长的未来趋势。

---

① 《中华人民共和国刑事诉讼法》第九十五条：犯罪嫌疑人、被告人被逮捕后，人民检察院仍应当对羁押的必要性进行审查。对不需要继续羁押的，应当建议予以释放或者变更强制措施。

（三）完善检察机关的外部监督措施

加强对司法活动的监督，需要充分发挥外部力量。"捕诉合一"后，外部监督的作用更为关键。落实多层次的监督效果，笔者认为应当尽快完善以下三个方面的工作。

1. 推进刑事辩护全覆盖

刑事辩护全覆盖制度对于保障犯罪嫌疑人权利而言具有重要的意义。但在实践中这一制度的落实仍然面临律师数量少、可用经费紧张、辩护质量差等诸多问题。妥善解决这一系列的现实困境，尽快完善刑事辩护体系对于加强检察机关的外部监督而言同样关键。

2. 改善人民监督员制度

人民监督员制度的设立初衷主要是对检察院的自侦案件的监督，现阶段检察院反贪反渎等职能转隶监委，人民监督员的定位和发展出现了困境。笔者认为，将人民监督员的工作重心逐步转移到逮捕和起诉的过程之中，特别是与逮捕听证制度展开紧密结合，能够实现人民监督员制度的应有之义。

3. 加强检务公开

社会监督作为检察机关外部监督的重要部分，应当与互联网等新媒介紧密结合起来。逐步打造检察机关的网络阵地，推进网络沟通平台和机制的建设。不仅要及时、准确反映检察工作新动态，实现检察职能介绍、工作信息发布、诉讼信息查询、控申举报受理、意见建议反馈①等功能，更要注重收集网民留言，听取群众对检察工作的批评、意见和建议，充分保障社会各界和人民群众对检察工作享有充分的知情权、参与权、监督权。

六 结语

从现阶段的改革情况来看，全面施行"捕诉合一"已成必然之势。本文尽可能条分缕析地对这一改革中的主要观点进行了梳理和反思，并进一步提出了加强检察机关内外部建设的改进方案，个中不足仍需在实践的过程中加以检视并不

---

① 郑爱之：《检察机关强化外部监督的途径和方法》，《人民检察》2015 年第 21 期。

断完善。尽管对于"捕诉合一"改革的争论仍在继续，但笔者充分相信，"捕诉合一"虽不若久旱甘霖，却也绝非洪水猛兽。在全面深化以司法责任制为核心的司法体制改革的历史进程中，"捕诉合一"改革的意义绝不仅仅在于检察机关内设机构的一次调整。无论是与监察体制改革的衔接，还是为"逮捕听证制度""按照案件类型划分办案组""检察机关适时介入制度"等未来方案架桥铺路，"捕诉合一"都将为我们提供一个崭新的视角。检察之大者，为国为民，将捕诉二权集于一身，既是责任也是考验。在进一步实现检察机关的法律监督职能的道路上，"捕诉合一"改革无疑使新时代的法律守护者们承载了更多期待的目光。

（指导教师：程捷）

新商业模式下的同人文问题

蒋 政 陈星宇 项佳玮*

摘 要 本文首先分析了同人文的获利途径,接着从宏观经济、搭便车效应与替代效应出发,分析了同人文与原作者的利益冲突进而从经济学角度设想了同人文侵权行为给社会带来的严重后果,并且通过分析同人文市场的合理性与必要性指出,要想避免侵权行为,最好的方式是利用法律武器实现对原创者正当权益的维护。对于新商业模式下原作者权利保护的问题,本文提出了保护作品完整权和反不正当竞争两条保护途径。对于同人文是否侵犯原作者的保护作品完整权应具体问题具体分析,通过要点式列举对比来判断是否构成实质性相似。同时,由于文学作品中人物角色的特定化往往离不开具体的作品,不应予以其单独的著作权保护。在反不正当竞争方面,本文比较了反不正当竞争法和知识产权法两种不同的保护模式,讨论了一般规则的适用条件、损害的产生与损失的确定等问题。本文认为司法实践中对于一般规则的滥用,不利于促进文化繁荣发展。

关键词 同人文;保护作品完整权;人物形象;反不正当竞争;搭便车

2018 年,金庸诉江南一案将同人文圈潜伏已久的侵权问题带到了公众面前,引发了学界的热烈讨论。从最开始粉丝在论坛上的自娱自乐到网站刊登连载,再到作者与网站合作进行进一步开发,同人文商业模式不断变化,获利途径越发多

---

* 蒋政,政法学院 2016 级本科生;陈星宇,政法学院 2016 级本科生;项佳玮,经管学院 2016 级本科生。

样。用传统的脱离互联网思维的方式分析同人文问题必定是片面的。所以，本文从新商业模式出发，先分析同人文的获利途径，再对此模式下存在的两种救济途径——保护作品完整权和反不正当竞争进行分析。

一　同人文的赢利

大多数的同人文是粉丝出于对原作品的喜爱而进行的二次创作，作者多会对这样的现象"睁一只眼闭一只眼"，只有少数作者会提起诉讼。我们不知道作者提起诉讼是出于什么样的原因，但我们可以从经济学角度分析同人文的赢利途径和利益冲突问题，对新商业模式下的同人文侵权问题进行商业背景介绍。

（一）赢利途径

同人文的赢利途径主要有两种渠道：网文平台收入和版权收入。

网文平台收入是大多数作者依赖的收入途径，在此途径下作者的收入主要来源于付费阅读、平台的打赏机制和签约收入。付费阅读是指在一般情况下，同人文发布于网文平台后可免费阅读，但在文章得到一定的点击量、收藏量，拥有较高人气之后，作者会同网站协商转为 VIP 付费模式。付费章节需购买才能阅读和下载，章节的付费金额与章节字数相关且遵循网文平台的一致规定。同人作者通过对读者的收费与平台分成得到报酬，这是作者主要的赢利模式。除此之外，平台还会提供不同金额的固定打赏途径，读者可以自愿通过平台提供的打赏机制给予作者物质鼓励。打赏金额需要经过平台的指定比例分成。此种方式下作者的每月收入在不同人气和热度的文章之间分配不均，具有极强的个例性。签约收入则是指一些经常占据榜单前列、具有较高知名度和点击收藏量的作者会收到网文平台的邀请，成为该平台的独家签约作者，该作者的作品只能在该平台发布。平台借助作者发表的文章提高网站的知名度和点击率，积聚更多流量。满足收入条件的签约作者每月将会得到平台支付的固定的写作收入。

接下来我们将目光放在同人文作者的版权收入上。如果同人作品足够优秀，能得到巨大的流量和极高的外界关注度，便会被网站看中，主动帮其联系出版商，助其发书成册。同人作者将得到一笔高昂的稿费。同时，如果作品具有潜在的影视价值或者热度极高，自成 IP，便能吸引电视剧、影视投资方投入资金。

同人作品作为独立 IP 带来的各种版权收入，也是同人文作者不可小觑的收益来源。例如，作为名著《飘》的同人作品的《暮光之城》系列、作为畅销书《鬼吹灯》同人作品的《盗墓笔记》系列，不论是书籍的版税还是影视剧电影改编的版权收入，同人作者获得的经济收益都是十分持久、巨大的。

（二）同人文作者与网络作家可能存在的利益冲突

1. 从宏观经济背景角度进行分析

当今社会正处于新商业模式和流量经济时代，新商业模式的基本原则是"以价值创造为灵魂、以客户需求为中心、以企业联盟为载体、以应变速度为关键、以信息网络为平台"。它与传统商业模式的区别在于传统商业模式更多集中进行实体渠道、实物产品的流通，然而新商业模式的兴起基于互联网的发展实现了让虚拟的现实交易、货币支付摆脱了买卖双方一手交钱一手交货的局限。

随着互联网科技的发展，传统的实体经济面临着巨大的转型危机，"云 + 端"的新商业模式应运而生。在新模式下，货币不再是价值载体，而已经成为一种概念，赢利渠道也从实体门店转为网上平台，越来越多基于电子产品与互联网的企业开始兴起并蓬勃发展，科技推动了价值战略的重构，也开启了互联网经济的时代。互联网经济越来越呈现出这样一种趋势，"数据成为重要的生产资料，存量经济模式出现分化，经济要素朝动态化、流动化的趋势迈进。互联网将买方的需求和卖方的供给转换成数据并整合在虚拟的交易市场中，通过大数据进行供需方面的匹配。因此，将'供'和'需'数据流量化，将所有的交易转换成数据流"。① 与之相对应的是，消费者的交易模式和支付模式开始呈现信息化、网络化、流量化特征。因此我们可以将互联网经济时代称为流量经济时代，平台化和共享化是其两个重要特征，因为在流量经济时代，产品和服务被数据化的程度越高、流动性越大，其交易成功的概率和整体经济效率也就越高，即通俗而言，流量越高，可能产生的消费越多，因此流量变现成为当下十分重要的盈利方式。

2. 搭便车效应

同人文作者对于原作者的作品，不论是在什么方面，不论字数多少，都存

---

① 石良平：《从存量到流量的经济学分析：流量经济理论框架的构建》，《学术月刊》2019 年第 1 期。

在一定程度的借鉴，因此这种借鉴就可能存在搭便车之嫌。搭便车，其基本含义即不付成本而坐享他人之利。同人文，不论作者在主观意识里是否刻意，都存在蹭原作热度的情况，不管是在原作基础上的加工再创作，还是仅仅套用主角名字的 OOC 类型，从文章发表在公共平台开始，就与原作产生了千丝万缕的联系。一旦同人文走上商业化道路，同人作者就可能因此跟原作者产生不可调和的利益冲突。

这种冲突始于搭便车效应，原创者构建原创小说，而同人文作者直接使用原创小说的故事背景或者主角姓名并基于此进行再创作的同人文就构成了对原作的搭便车行为。在此条件下，原创作者花费诸多时间和人力成本构建的故事被同人文作者加以运用，不用花费任何费用，甚至不用承担任何成本，却能够享受原作读者群体对于同人文作品的关注度，并且坐收由此带来的收益，这无疑是对原创者、原创行为乃至原创市场的沉重打击。同时依据前面宏观角度的分析，这是个流量变现的时代，基于互联网经济时代下信息获取的高速化与及时性以及平台自身潜在的赢利模式的影响，关注度带来的消费需求比以往更甚，流量变现的经济效率也因此更高，搭便车行为给社会造成的市场失灵也会更加严重。

要想消除搭便车效应，类似于厂商模型的演变，原创者也必须排除搭便车的人士才能够弥补成本，激发集体积极性。但是流量经济时代信息共享化的特征使抑制搭便车行为较以往更加困难，由于越来越难弥补成本，后果便是原创者会停止产出，直至最后退出市场，原创市场也会从此一蹶不振。

3. 替代效应与谷贱伤农

替代效应是指在实际收入不变的情况下某种商品价格变化对其需求量的影响。这里我们认为同人文和原作品对于一部分投资群体来说是互为替代的关系。相似的故事背景或者相同的受众使投资者只会进行二选一。那么同人文基于原作进行的再创作使其节省了大量的人力和时间成本，在获得相同净利润的情况下，同人文作品的报价更低，也会造成对原作的替代，由此产生利益的冲突。

谷贱伤农是指在农业生产活动中存在的一种经济学现象：在丰收的年份，农民的收入反而会减少。这是对原创者退出市场的另一种解释，侵权的低成本行为可能导致整个网文市场单位收益的下降，由此造成网文尤其是原创市场的低迷，在此大环境下，原创者无法从中获取与投入等价的报酬，便会产生"劣币驱逐良币"效应，被迫退出市场。

（三）同人文侵权带来的严重的社会后果

通过对同人文作者和原创作者之间的利益冲突进行讨论，我们发现当侵权行为发生时，同人文作者将会不可避免地与原创作者产生利益纠纷。而侵权行为发展到一定程度，对原创作者和整个社会都会造成极大的损害。

首先这会给原创市场带来沉重打击，从而消除经济激励机制。一是对机会成本的影响。机会成本的含义是"企业为从事某项经营活动而放弃另一项经营活动的机会，或利用一定资源获得某种收入时所放弃的另一种收入。另一项经营活动应取得的收益或另一种收入即为正在从事的经营活动的机会成本"。这里我们考虑侵权者的机会成本。侵权者盗用原创者的劳动成果却不用支付任何相应的报酬，并且当原创者创造这些被侵权者盗用的劳动成果时，侵权者却可以将这些时间拿去投入其他产出来获得额外收益，在这段时间里侵权者获得的收益就是原创者放弃的机会成本。二是利润问题。侵权行为导致投入与产出不能相提并论，由机会成本理论我们知道在消耗的时间成本极低的同时，侵权行为节省下来的时间又可以被投入其他产出中再次产生收益，那么原创者与侵权者相同产出时，所放弃的机会成本却远高于侵权者，这些节省下来的机会成本对于侵权者而言便是极低的成本投入。而通过"利润＝收益－成本"这一利润计算公式我们可以得出，侵权这一行为本身存在的搭便车嫌疑，使在获得收益的同时只需消费极低的成本，从而获得超额收益。因此在一箭双雕的低投入高利润诱惑下，侵权的行为将会大量发生，而利润相同情况下高成本的原创市场将会失去其竞争力，投入和产出都会急剧缩减，给原创市场带来极大打击。三是负外部性（内部不经济）问题。经济外部性是指"经济主体（包括厂商或个人）的经济活动对他人和社会造成的非市场化的影响"。同人文侵权活动令被侵权的原创者个人或者整个社会受损，但是他们并没有得到相应的补偿，且侵权作者也没有承担任何成本。因此，侵权行为带来的社会成本增加同时造成了经济效率的浪费，给社会带来了负面影响，从而形成负外部性。

总的来说，大量侵权行为给原创者和原创市场及社会带来的影响都是负面的，由此形成外部不经济的现象，从而提高了行业成本，导致经济效率的浪费，同时其消除了通过精神、酬金等多种方式给原创者带来收益的激励机制，最后将会导致整个行业的低迷。

这还会导致社会的物质资源的大量无效消费并且不利于进行有效的资源配置。正如上文中所提到的，同人文一旦吸引大量的读者并积累一定人气后，便可能被网站帮助出版，并在市面流通贩卖从而使作者获得版税收入；更有甚者，还会被影视剧投资方看重，由此获得改编费与版权费。但从宏观角度看，因为同人文扎根于原作，是在原作基础上的再创作，那么从一定程度上来看，社会中的原创的知识产权与有效的无形资产并没有增加，但投资在侵权同人文上的社会财富却是真实的消费，那么说明这些物质财富并没有产生应有的消费价值，有形的物质财富并未换取等价的无形资产与精神财富。

与之相反的是，大量无效消费的社会财富反而能够吸引更多趋利者的产生，同人市场低成本高收益的巨额利润将会使更多的侵权同人作品应运而生，从而消耗更多社会资源，并形成恶性循环，这种不公正的市场选择也会最终导致同人侵权市场的火爆与原创市场的逐渐衰落。

由于侵权行为负外部性的存在，同人文侵权不仅给整个社会带来极为不好的价值导向，还会提高行业成本，降低市场效率。行业原创的激励机制在侵权行为极高的利益驱动下微小得不值一提。将原创市场与同人市场放在一起比较，我们不难发现，在相同的收入情况下，原创市场将会花费更高的成本，并且两者之间的差额远高于激励机制的数额。也就是说，侵权行为的不合理的投机性将会导致促进行业发展的有效的激励机制逐渐失去其应有的作用。而在原创的激励机制失效的同时，侵权者反而会因为其极低的成本来获得与自己劳动价值不相符的社会资源。在价值导向和利益驱动的双重刺激下，原创市场将脱离最有效的生产状态，市场经济体制将不能很好地实现其优化资源配置的基本功能。

（四）同人文市场的必要性和合理性

尽管同人文市场与原创者市场存在利益重合，稍有不慎就可能出现侵权行为，给知识产权的保护和社会带来沉重打击，但我们不能抉瑕掩瑜，因噎废食，忽视同人文市场的合理性和存在的必然性。

在当今的大数据时代下，纸质阅读时代已成为历史，网上阅读缩小了人们获取信息的速度的差距，随着电子阅读的日益普及，人们获取信息的能力逐渐趋平。文学作品带来的流量与热度与日俱增，同时网上写作降低了文学创作的门槛，更多的创作者加入网文大军的队伍，多方的共同作用催生出同人市场的繁荣。由此我们可以看出，同人文创作依附于互联网，它的生长与壮大是信息时代的大势所趋。

互联网时代的到来给同人文的兴盛提供了绝佳的外界条件，反之同人文创作也给当今的文学市场带来了不小的热度与收益。同人文为陈旧的文学领域注入了崭新的活力，优秀的同人文作品在为原著带来高关注度的同时，还为文学市场提供了新颖的文学体裁与创作源泉，促进了文艺作品的百花齐放。此外，其自身的商业价值更是增加了创作者与市场整体的收入与利润，有助于吸引更多的外来者进入，促进行业的蓬勃发展。

通过以上四方面分析，我们可以看出同人文作者和原创作者的赢利途径存在一定重合，并且由于宏观环境条件和搭便车效应的存在，同人文作者很可能产生侵权行为并与原作者之间产生利益冲突，达到一定程度的同人文侵权将对社会造成极为不良的影响。然而同人文市场的兴旺是互联网时代的必然结果，若是想要通过一味地打击同人文市场、限制同人文创作来阻止对知识产权的侵犯，最终只能无功而返，我们需要运用另一种方式——利用法律武器来避免侵权行为的产生并实现对原创者的保护。因此如何减少侵权行为并对原作者进行救济成为一个重要话题，接下来我们将从保护作品完整权和反不正当竞争的两种救济途径分别展开讨论。

二　保护作品完整权

（一）保护作品完整权概念及判断标准

保护作品完整权，也被称为同一性保持权、作品受尊重权。在国际上，《伯尔尼公约》第六条之二规定，作者有权反对对其作品的任何有损其声誉的歪曲、割裂或其他更改，或其他损害行为。在我国，根据《中华人民共和国著作权法》第十条第一款第四项规定，保护作品完整权即保护作品不受歪曲、篡改的权利。其主要为作者维持自己作品的同一性提供法律保障，从而维护作者想通过作品所体现的价值、尊严和个性。保护作品完整权并不是保证作品完全的完整不变，而是保护作品免遭不良待遇、从根本上改变作者的原意和思想情感。

对于判断是否侵犯保护作品完整权目前存在主观标准和客观标准之说。主观标准主张，只要行为人未经作者同意对其作品进行了违背作者原意的改变，不管客观上是否损害作者声誉，其行为就侵害了作者的保护作品完整权。[①] 显然，其保护著作权人的范围太广且极具不稳定性，完全依据作者主观的内心想法。且如果采用主观标准说，将会导致一些对自己作品轻微且并不触及实质的改变都不能接受的作者主张自己的权利，如此便会导致司法资源的极大浪费。就我国现状来看，笔者赞同客观标准说，其与上述主观标准相对，其主张从客观上分析"歪曲、篡改"是否会"有损于作者的声誉"，进而判断是否侵害了保护作品完整权。但客观标准只是从一般公众的角度去客观判断其是否会损害作者的名誉和声望，而并不以实际损害的发生为要件。

以"九层妖塔案"为例。[②] 虽然上海市浦东新区法院认为被告并不侵犯原告张牧野（"天下霸唱"）的著作权，但笔者认为这是未能正确认识保护作品完整权的表现。原告虽然将其作品的改编权、摄制权通过合同形式转让，但这并不意味着其对作品精神权利的放弃，其对自己的作品仍享有相关著作权。被告获得授权后，虽然可以理解电影表现方式和文字作品有所不同，可以适当改编，但这种改编应当以不改变原作者所想要表达的思想感情为限度。而通过对比可以发现，电影《九层妖塔》与小说《鬼吹灯》在情节设置、人物性格及人物关系上存在很大的差别。从情节设置上看，小说中的关东军探秘、精绝古城探险的重要情节被改编成了图书馆工作、石油镇打怪，致使故事情节的完整性遭到了很大的破坏，逻辑性也有所减弱。且在人物性格上，电影中的胡八一变得懦弱无能，性格沉闷，与小说中的"军二代"，略带痞气却三观正直的胡八一大不相同，小说中重情重义的王凯旋在电影中也变成了胆小如鼠的"炮灰"。[③] 而原告的《鬼吹灯》系列作品深受大众的喜爱，具有庞大的粉丝基础，如果一部电影是打着根据原著的小说改编而来，其必然也会吸引一些原著粉丝前来观看，如果公众发现其已经被改编得面目全非，只剩下一个小说名称的躯壳，那么公众也会对原著作者感到一定程度上的失望，从而降低对原著作者的社会评价，导致原著作者的名誉和声

---

① 李扬、许清：《侵害保护作品完整权的判断标准——兼评我国〈著作权法修订草案（送审稿）〉第13条第2款第3项》，《法律科学》2015年第1期。

② "天下霸唱"诉《九层妖塔》电影侵害著作权案，北京市西城区民事判决书（2016）京0102民初83号。

③ 刘雄飞：《论文学作品改编影视作品中的著作权冲突——兼评〈鬼吹灯〉作者诉电影〈九层妖塔〉侵权案》，《中国版权》2016年第3期。

望受到损害。而对于那些本来就没有阅读过原著的公众来说，其很有可能将看完电影的感受直接等同于其阅读完小说的感受，从而将电影的水平等同于原著作者的水平，原著作者的名誉和声望同样会受到损害。因此，笔者认为应采取客观标准说，对原告张牧野的保护作品完整权予以保护。

（二）同人文是否侵犯了原作者的保护作品完整权

《中华人民共和国著作权法实施条例》第二条规定，"著作权法所称作品，是指文学、艺术和科学领域内具有独创性并能以某种有形形式复制的智力成果"。根据我国采用的"思想表达两分法"可知，著作权法所保护的只是有具体形式的表达而不保护具有高度抽象性的思想。人人都有思想，且思想的表达形式是多样的，将思想通过自己的加工表达出来，化抽象为具体的过程就被称为创作。而由"思想表达两分法"而衍生出来的判断是否实质性相似的方法就是抽象分析法，即先将原作品中的抽象思想部分和公共素材、史实等这些不具有独创性的部分排除出去，再比较余下的受著作权保护的具有独创性的部分。在理论上，虽然能够对思想和表达进行清晰的区分，但是在实践上，由于社会生活的复杂性，思想和表达之间的界限还十分模糊。在同人文中，原作者与同人文作者通常所争议的人物角色、故事情节背景的相关设定等就处于思想与表达之间的灰色地带，即在著作权"金字塔"理论中，难以分辨其在金字塔的哪一层中。这也就给判断同人文是否侵权带来了难点。

对于同人文，原作者通常会依据保护作品完整权来主张自己的权利。而对于判断一个作品是否侵权，我国虽然没有明文规定，但多采用"接触 + 实质性相似"的方法予以判断。[①] 因为同人文多是通过粉丝群里发展出来的一种新文化，因此对于同人文，判断是否侵权的第一个要件"接触"都很容易证明，同人文作者也不会予以否认。因此，对于同人文是否侵犯原作者的保护作品完整权，应当着重讨论两者是否构成实质性相似。

众所周知，文学作品对于人物形象的刻画、故事情节的发展并不是一蹴而就的，而是零星分散在各个章节中。所以看两个作品是否构成实质性相似可以通过要点式列举两部作品中的具体情节和背景来做对比，从作者对情节的背景的编

---

① 吴汉东：《试论"实质性相似 + 接触"的侵权认定规则》，《法学》2015 年第 8 期。

排、选择、设计等方面来比较，同时辅之以受众的相关欣赏体验。

以琼瑶诉于正案为例。① 虽然其中并不涉及同人文的相关问题，但对判断一系列同人文作品是否侵权有借鉴意义。此案中，法院将剧本《梅花烙》中的21个情节与小说《梅花烙》中的17个情节一一做了具体对比，如经典的"偷龙转凤""凤还巢"等，并将剧本《宫锁连城》与《梅花烙》从情节的具体内容到整体上的情节排布和推演过程比较，从而得出两者基本一致，《宫锁连城》与《梅花烙》整体上的高度相似性应当构成实质性相似的结论。此外，在此案中，除了要点式列举，法院还认为大众读者对于前后两部作品产生的相关的欣赏体验以及感知也是衡量两者是否构成实质性相似、认定侵权的一个重要原因。其通过问卷调查、大众投票发现，绝大多数受众认为《宫锁连城》对《梅花烙》已经构成了抄袭。由此可以合理推定，受众对于《宫锁连城》与《梅花烙》两部作品已经产生了高度的且具有相对共识的欣赏体验。因此，《宫锁连城》与《梅花烙》应构成实质性相似，应属于著作权侵权。

如此，也可以对同人文作品具有标杆性意义的著名的"金庸诉江南案"进行要点式列举分析。② 首先，两部作品的题材背景不同。原告作品是在虚构的江湖中，故事发生在古代，题材是武侠小说。而《此间的少年》属于校园青春爱情小说，虽然设定是在北宋年间的，但描写的全是当代校园的故事。其次，作品的具体情节不同。虽然两个作品中都是男女角色经过种种磨难而最后在一起的故事，但具体情节的表现方式并不相同。如《此间的少年》中的段誉追求王语嫣的具体过程是通过跑步、听音乐会等方式进行的，这与《天龙八部》里段誉与王语嫣相爱并最终结为夫妇的故事情节完全不同。再次，《此间的少年》中对于人物名称的使用和原告作品中的人物名称所代表的人物性格特征也并非一一对应的关系。有的人物形象缺失，有的人物性格发生变动，这都是作者对其进行取舍的结果，为独创且具体表达的体现。作品中的人物关系如恋人关系、家人关系、朋友关系等也是属于公共领域的范畴，不受著作权法保护。③ 最后，根据黄颖在

---

① 陈喆与余征等侵害著作权纠纷上诉案，北京市高级人民法院民事判决书（2015）高民（知）终字第1039号。

② 金庸诉江南案，广州市天河区人民法院民事判决书（2016）粤0106民初12068号。

③ 白伟：《同人小说构成"转换性"合理使用的理解与适用——基于金庸诉江南〈此间的少年〉著作权侵权案的评论》，《电子知识产权》2016年第12期。

《同人作品知识产权冲突问题研究》中依照同人作品对原作品的依赖程度高低，将同人作品分为演绎作品和非演绎作品两种类型可知，非演绎作品对原作品的依赖程度较低，其多仅仅使用原作品的人物名字，强调的是对原作品内容使用的转换性，其主要内容和中心思想是作者自己精神成果的展示。结合上述分析，《此间的少年》应属于同人文中的非演绎作品，并非对《射雕英雄传》等作品的重生或续写等，如此两作品之间的关系就更为疏远。因此，《此间的少年》与原告作品存在大量的、根本的、明显的区别，其只是引用了原告作品中一个元素中的子元素，甚至可以说只是利用了人物名称这一"空壳"，是对其元素的再度创作。对于故事具体的情节、关系的发展等动态化的元素，作者以其独特的思想表达方法，对其进行了焕然一新的重新创作。因此，江南《此间的少年》的同人文创作并未侵犯原告的著作权。

（三）人物角色的著作权保护问题

在对如何判断两者是否属于实质性相似结合案例进行具体分析后，人物角色作为一个作品的灵魂以及保护作品完整权中作者表达其思想情感的重要渠道，其是否应该获得独立的著作权保护，学者也众说纷纭。如果将其予以独立的著作权保护，那么就是肯定作品中如"郭靖""吴邪"这些虚拟人物形象享有独立的著作权。笔者对其持否定观点。笔者认为，一个作品中最重要的元素无非是人物、情节、环境三种，而人物这一元素又由人物性格、人物面貌、人物名称等子元素组成。在文学作品中，对于人物形象，作者只能通过文字描写，并常常将人物放入特定的背景和情节中去刻画人物的具体的性格、容貌、习惯、能力等特征，读者结合自身的经历，对其产生具体的联想，使人物形象逐渐立体，在脑海中产生独特的人物画像。[1] 这也是常说的"一千个读者就有一千个哈姆雷特"的原因。明明是同一段话，却可能因为读者的主观感受而大相径庭。这一点从大 IP 剧选角就能很好地印证。就如《三生三世十里桃花》的选角，有的人认为男星杨洋就符合他心目中夜华清冷的形象，而有的人却质疑杨洋一个初出茅庐的小生不能演出夜华的沉稳性格。因此，人物形象是很难脱离作品而获得著作权的保护的。

---

[1] 宋慧献：《同人小说借用人物形象的著作权问题刍议——由金庸诉江南案谈虚拟角色借用的合法性》，《电子知识产权》2016 年第 12 期。

在此意义上，相比于文学作品中所描述的人物形象，漫画、电影中的人物因为其至少有一个较为统一的具体的可视的形象，更容易获得一个独立的著作权。

由此也可以得出，人物名称一旦离开了具体的情节与故事的大背景，就极具抽象化，不能构成一个具有独创性的人物形象，如此便应进入公有领域，归属于思想的范畴。就像我们现实生活中人重名的现象一样。对于重名的人，我们总要加一些描述具体特征的限定才能分辨，而大家用共同的名称互相并不冲突。因为人物名称就类似于一个符号，更形象地说就是我们常说的"张三""李四"。北京市第一中级人民法院就曾审理过关于"QQ堂"和"泡泡堂"的著作权纠纷的案件，其与本案有相似之处。① 此案的起因是"泡泡堂"认为"QQ堂"侵犯了其在游戏中道具上的著作权，如"太阳帽""天使之翼"等道具，不论名称还是功能都相似度极高。而本案最后却以"泡泡堂"败诉而告终。法院虽未具体阐述理由，但实质上认为"泡泡堂"所主张的道具应属于一种符号，为公有领域的素材，对其使用并不能让游戏者产生一种特有的体验，因此并不享受著作权。而作为一种符号，其发挥的能指和所指的功能也与具体的体系和语境分不开。离开了具体的情节与故事背景，其人物名称并不能向我们展现一个特定的人物形象，便不受著作权所保护。如金庸诉江南案中，其涉及的作品《此间的少年》中的"郭靖"非原告作品中的"郭靖"，此"黄蓉"也非彼"黄蓉"。因此，如果《此间的少年》的确与金庸的作品构成了实质性相似，侵犯了其著作权，那么将《此间的少年》中的人物名称进行替换，将"郭靖"替换成"李明"，将"黄蓉"替换成"小红"，也不会改变其作品侵权的性质。在"九层妖塔"案中，上海市浦东新区法院也认为，只有人物形象等要素在故事情节逐步开展的过程中得到充分且独特的描述，并以此而成为作品的内容本身时，才有可能获得著作权法保护。同样，在四大名捕案中②，法院虽然对原著作者对人物角色享有著作权给予了肯定的回答③，但是经过分析可以得出，法院如此也是基于人物角色离不

---

① NEXONHOLDINGS株式会社等诉腾讯科技（深圳）有限公司等侵犯著作权、不正当竞争纠纷案，中华人民共和国北京市第一中级人民法院民事判决书（2006）一中民初字第8564号。

② 温瑞安小说游戏改编权案，北京市海淀区人民法院民事判决书（2015）海民（知）初字第32202号。

③ 法院认为，"无情""铁手""追命""冷血""诸葛先生"是贯穿始终的灵魂人物，他们不只是五个人物名称，而是经温瑞安精心设计的五个重要小说人物。这五个人物构成了"四大名捕"系列小说的基石，是原著作者小说中独创性程度较高的组成部分，其属于作者的重要表达。

开人物特殊的身世背景、独具一格的外貌特征以及个性鲜明的性格特点等前提条件所做出的。

总而言之，对于人物角色，即人物形象的代名词要具体问题具体分析。如果其是依附于一定的具体情节与背景，那么它是属于具体表达的范畴的，为著作权法保护的对象；而如果只是单纯借用人物名称的代号，其就属于金字塔上层位置，为抽象思想的范畴，不受著作权的保护。因此，单独对人物名称的使用并不构成对其著作权的侵犯。

综上所述，保护作品完整权是作者著作权中很重要的一部分，其对于保护作者思想情感表达不受歪曲、篡改具有重要作用。对于同人文是否侵犯原作者的保护作品完整权不可一概而论，应通过要点式列举两部作品中的具体情节、背景以及相关设定来做对比，具体问题具体分析，以此判断是否构成实质性相似。同时，由于文学作品中人物角色一旦离开了具体的作品，就难以特定化，因此也就不属于具体的表达，不应予以单独的著作权保护。而同人文作品作为一种新兴的文学作品类型，从粉丝之间的"自娱自乐"到逐渐发展出一种新型的商业化模式，其中蕴含了巨大的发展潜力。因此笔者认为，无论是从促进我国相关文化产业繁荣还是促进我国新经济发展的角度考虑，我们都应对同人文作品报以一种宽容的态度，给予同人文作品一片广阔的创作天空。

三　反不正当竞争法

（一）反不正当竞争法与知识产权法的关系

在司法实践中，反不正当竞争法经常作为知识产权法的补充适用，常被戏称为知识产权法的"兜底法"。它们的共同目的都是保护企业、个人对其享有的智力成果的财产权利和人身权利。不同的是，反不正当竞争法侧重于优先保护宏观角度的市场秩序，而知识产权法更注重对微观层面的个人权益的保护。除此之外，它们的保护路径也不同。反不正当竞争法与侵权法一脉相承，针对的是行为，通过禁止主体实行某种特定的行为来保护对应的法益。而知识产权法的保护方式是规定各种权利，保护权利，禁止他人侵权。

列举往往是难以穷尽的。随着市场的快速发展，新型商业模式涌现，各类新的侵权问题也诞生了。这些侵权问题常因在知识产权法上找不到明确规定的对应权利而陷入"无法可依"的状况。虽然也是列举，但反不正当竞争法的一般原则有极高的适用性，一般原则的不确定性更为保护未明确规定权利的新型智力成果提供了有效路径。

（二）反不正当竞争法的一般规则

1. 竞争关系

在判断一行为能否适用反不正当竞争法的一般原则之前，我们需要先判断它能否落入反不正当竞争法的调整范围，即两者之间是否存在竞争关系的问题。最高法院曾指出："竞争关系是取得经营资格的平等市场主体之间在竞争过程中形成的社会关系。认定不正当竞争，除了要具备一般民事侵权行为的构成要件以外，还要注意审查是否存在竞争关系。存在竞争关系是认定构成不正当竞争的条件之一。"① 按照通常理解，竞争关系被认为是同业之间或者相类似的产品、服务的提供者之间的竞争。然而，在司法实践中，法官对竞争关系不断突破竞争关系的范围，进行扩张解释。2013 年"猎豹浏览器屏蔽优酷网视频广告案"的二审判决指出"竞争关系的构成不取决于经营者之间是否属于同业竞争关系，亦不取决于是否属于现实存在的竞争，而应取决于经营者的经营行为是否具有'损人利己的可能性'"。② 2016 年"北京创磁空间影视文化传媒有限公司等与穆德远等不正当竞争纠纷"的二审判决指出"只要实质上是以损人利己、搭车模仿等不正当手段进行竞争，从而获取竞争优势或破坏他人竞争优势的行为，就可以认定构成不正当竞争行为"。③

新修订的反不正当竞争法规定了要保护三类利益，消费者的利益、竞争者的利益以及公共利益——市场经济秩序，这也意味着不能保护仅限于同业竞争者之间的竞争，不能对竞争关系进行狭义解释。比如，现在流行的 IP 开发概念，是

① 《最高人民法院副院长曹建明在全国法院知识产权审判工作座谈会上的讲话——加大知识产权司法保护力度依法规范市场竞争秩序》，http：//zscq. court. gov. cn/dcyj/201205/t20120509176758. html。
② 优酷诉金山猎豹浏览器案，北京市海淀区人民法院民事判决书（2013）海民初字第 13155 号。
③ 北京创磁空间影视文化传媒有限公司等与穆德远等不正当竞争纠纷，北京知识产权法院民事判决书（2016）京 73 民终 156 号。

围绕某一作品开发成一系列文化产品，包括手游、漫画、广播剧等多种形式。它们之间相互依存，关系密切。假设 A 是 B 作品的同人文，与 A 配套的广播剧 C 制作发行后，市场反响热烈。如果按照狭义解释，B 和 C 之间没有竞争关系，因为一个是文学作品，一个是戏剧作品，相差甚远。但是按照商业逻辑，对 B 作品的系列开发很可能会出配套的广播剧，C 广播剧的制作发行损害了 B 可能存在的利益。

所以笔者认为对竞争关系应该进行扩张解释，结合商业惯例，在个案中进行判断。同时，随着行业间的融合发展，跨行业的竞争行为极有可能成为常态，竞争关系的判断总是需要考虑是否存在损害这一实质要件，其本身存在的价值逐渐降低。最后可能变成由法官直接就竞争行为进行判断，而不需要做此类前置筛查。

2. 适用条件

反不正当竞争法的第二条即是一般规则，根据条文，我们可以拆分出四条一般规则的适用条件。第一条是主体是从事商品生产、经营或者提供服务的自然人、法人和非法人组织。第二条是这是在生产经营活动中发生的行为。第三条是主体做了违反本法规定的法律未列举的不正当行为。第四条是行为损害了三种利益——扰乱市场竞争秩序（公共利益），损害其他经营者或者消费者的合法权益。其中，实质要件是第三条和第四条，在具体个案中需要综合各方面因素进行考量、判断。

第三条的违反本法规定，主要指的是违反第二条第一款的基本原则，也即违背了诚实信用原则和公认的商业道德。具体的适用标准多由法官在个案中进行判断，即法官通过一系列的判决构建了商业伦理道德，在实务中常见的是"搭便车""混淆""虚假宣传"行为。

第四条意义最为重大，没有损害就没有不正当竞争。损害指什么？"猎豹浏览器屏蔽优酷网视频广告案"的判决认为损害是损人利己，自己获得了明显或潜在的利益或损害其他经营者的可能性。在"大众点评诉百度不正当竞争案"①中，法院认为百度公司用大众点评的信息充实自己的百度地图和百度知道并将其

---

① 大众点评诉百度不正当竞争纠纷案，上海市浦东新区人民法院民事判决书（2015）浦民三（知）初字第 528 号。

推送给用户的行为实际替代了大众点评的功能，是"搭便车""不劳而获"的行为，属于把"自己的获利"细化为获得竞争上的优势的不正当行为。同人文的特征是"为爱发电"，是粉丝出于对原作的喜爱或其他的原因无偿将自己的同人作品发布在网络上进行传播。一些优秀的同人文作品会有出版社联系进行出版，也有些小众题材的同人文作者会自费出版在小范围里传播。这些情形都不可能直接损害作者利益，只可能构成获得竞争优势或损害潜在利益的情况。竞争优势指的是面对消费者，消费者选择 A 会降低选择 B 的可能性，比如上面的大众点评诉百度。又比如"爱奇艺诉深圳聚网视"，用聚网视下的 VST 全聚合软件可以跳过广告直接看爱奇艺公司播放的视频，此行为会让消费者更多选择全聚合软件而不使用爱奇艺的软件或购买爱奇艺会员。但是同人文作品与原作品之间是不一样的，它们紧密联系。同人文作品诞生的特点决定了它的受众大多是原作品的读者，选择读同人作品不会降低读原作品的可能性。还有一种情况是读者没有读过原作品，但读同人作品不会对其读原作品这一行为产生替代关系；相反，极有可能吸引他们去看原作品。比如，"00 后"可能没看过金庸的作品，但他们很有可能看过江南销量极高的小说《龙族》系列，继而去看了《此间的少年》，最后对《射雕英雄传》产生了兴趣；阅后，买了金庸全套。考虑到两个作品间的时间、读者群体等要素的差异性，同人文小说可能会出现利人利己的状况，在自己获利的同时也给原作带来更多的利益。在这种情况下，没有损害发生，必定不构成不正当竞争，但是可能构成知识产权侵权。因为知识产权保护权利，不正当竞争法规制行为，没有做不正当行为不代表没有侵犯法律明确规定的作者的权利。所以，这样蹭知名度的搭便车行为不一定会给原作者带来损害。

什么情况下搭便车会带来损害呢？一是个别特殊情形，如在原作品中，作者的大结局是男女主没有在一起或者所有角色都死亡了，这时候有粉丝模仿原作者的文笔写了大团圆结局的同人作品。读者很有可能会去购买同人作品，将其看作真正的大结局以寻求心理安慰。但这种情况下，如果原作者的利益受到了损害，原作者可以提起损害作品完整权的诉讼，用知识产权法保护自己的合法权益，而不会用到起补充保护作用的反不正当竞争法。二是新商业模式下的系列开发情形。比如同人作品出了广播剧，它利用了原作品的知名度，与原作品没有非常紧密的联系，又损害了原作品可能发行的广播剧的潜在市场。广播剧发行要同时取得原作者和同人作者的授权许可，即使广播剧取得了同人作品许可，同人作品取得了原作品许可，广播剧的授权链条依旧不完整，可以通过知识产权法进行维权，也不会落入反不正当竞争法的调整范围。这是不是说同人文作品没有他人利益也没有获得竞争优势呢？答案是否定的。同人文作品依然获得了竞争优势，只是它损害的利益不是原作者的利益，而是公共利益——公平的竞争秩序。大部分的同人文作品是原作比自己更出名，其自身的性质又决定了它在销售时不可避免地与原作产生联系，一定程度上共享了知名度，提高了对消费者的吸引力。这对市场上的其他作品是显然不公的。如果未经授权的同人作品靠原作的名气取得了超高销量，必定会对其他完全原创的创作者产生冲击，影响文化市场的繁荣。所以，同人文作品通过搭便车行为损害了公平的竞争秩序，但基本没有对原作者造成不正当竞争法上的损害。

在"大众点评诉百度不正当竞争案"中，法院指出："对于不会造成实际损害或者损害极其轻微的行为，司法不应予以干预。"这一论断与反不正当竞争法保证主体之间竞争均衡的目标是相适应的。的确，同人文作品的搭便车行为会对其他竞争者不公，但这种不公是极少见的，同人文作品的成功也不全靠原作品的名气。比如江南的《此间的少年》，它的确借助了原作者的名气，但在各大论坛、网站上，对这部作品的讨论不是原来英雄们的校园生活是这样的，而是每一个角色都仿佛是我们身边熟悉的人，唤起大家对青春的美好回忆。如果将同人文作品的销量、名气作为衡量标准，认定这是其借助原作名气的后果，并将其等同于对竞争秩序造成的损害，这不是取得竞争主体间的力量平衡，而是以想当然的方式对一方进行打压。

退一大步讲，如果同人文作品的搭便车行为的确对原作者造成了反不正当竞争法上的损失，我们如何确定损失？在司法实践中，法官常以搭便车行为来确定主观上的恶意，结合具体行为，综合认定为违反商业道德而进行不正当竞争行为。对于承担责任中损害的确定，秉承填补损失的原则，由原告举证证明。原告举证时举证自己所支出的成本，但成本不一定全是对方造成的损失，最后由法院酌情判断损失。[①] 或是获利数据主要在被告处，原告没有办法获得，而被告拒绝

---

① 大众点评诉百度不正当竞争纠纷案，上海市浦东新区人民法院民事判决书（2015）浦民三（知）初字第 528 号。

披露证据。如果超过法定最高赔偿额，由法院酌情决定。① 同人作品作为一种无形财产权，其预期价值是难以预估的。反不正当竞争法对其的保护实际上是在保护"商业化角色权"，将有一定知名度的作品角色看作作品的商标。所以，笔者认为可以结合商标权法第 56 条"侵犯商标专用权的赔偿数额，为侵权人在侵权期间因侵权所获得的利益，或者被侵权人在被侵权期间因被侵权所受到的损失，包括被侵权人为制止侵权行为所支付的合理开支。侵权人因侵权所得利益，或者被侵权人因被侵权所受损失难以确定的，由人民法院根据侵权行为的情节判决给予 50 万元以下的赔偿"和反不正当竞争法第 20 条"经营者违反本法规定，给被侵害的经营者造成损害的，应当承担损害赔偿责任，被侵害的经营者的损失难以计算的，赔偿额为侵权人在侵权期间因侵权所获得的利润；并应当承担被侵害的经营者因调查该经营者侵害其合法权益的不正当竞争行为所支付的合理费用"进行综合考虑。随着经济发展，大多数时候 50 万元的最高限额并不能填补所有的损失。在同人文作品领域里，出版收入是较容易确定的。同时，新商业模式出现，增加了赢利的渠道与利润。笔者认为主张损失时，应当要求对方出具获利情况的证据。在此之前，自己尝试计算同人作品销售所获利益，无法获悉销售详情的，应对市面上已有的同人作品不同的出版版本及价格进行调查。在销量突破一定数字后，同人作品的作者或者出版社可能会公布销量庆祝，可以以此为标准估算大概价格。如果同人作品是放在网站上供人阅读的，还可能存在读者的打赏收入或其他网站特有的获利方式。最后，查清该同人作品有没有其他相关联的产品，其中是否存在未经原作授权发行造成损害的，对这部分的损害也可以要求赔偿。

（三）过于广泛地适用一般原则不利于同人文的发展

同人文是存在于亚文化圈的新兴事物，它的出现在很大程度上繁荣了文化市场，开辟了新的领域。同人文作为一种新型知识产权，适合用知识产权法调整，而不是由不正当竞争法调整。不正当竞争法对知识产权法的补充更多体现在竞争行为上，而同人文基本无法与原作构成竞争，只有较大的侵权风险。而同人文多

---

① 珠海格力电器股份有限公司诉广东美的制冷设备有限公司、珠海市泰锋电业有限公司侵害商标权及不正当竞争纠纷案，广东省高级人民法院民事判决书（2015）粤高法民三终字第 145 号。

如牛毛，每一篇同人文都能得到作者授权几乎毫无可能。故而现状是原作者对同人文作品喜闻乐见，因为大概率上这是一个利人利己的事情，只有少数对原作改动明显或做了其他引起了作者不满的行为才会招致诉讼，而这些诉讼大多数都能通过运用知识产权法解决。将不正当竞争法作为兜底选项，过于广泛地适用一般条款，会向同人文作者传递截然不同的信息，从"这个作品侵犯了原作者的权利，我不能这么做"到"我的作品会被看作蹭知名度的产物，会与原作产生竞争"，大大减少作者创作的欲望，与知识产权法鼓励创作、繁荣文化的根本目的截然相反。在同人文领域的一般条款的运用，我们要慎之又慎。

四　结语

比起传统时代，新商业模式下的同人文的赢利途径更多，也会给创作者带来更大的利益损害。此时，对于原作者的权利救济，我们认为有保护作品完整权和反不正当竞争两条途径。这两条途径对保护作者权利都有一定的作用，但是我们认为现在这两条途径的适用方法和适用程度超过了同人文作品对原作品作者的利益损害，不利于鼓励创作、繁荣文化。对原作者权利的有效保护不是把同人文作品"一棒子打死"，而是找到两者并存之道，比如网站对知名同人作品进行使用开发时，要获得原作者的授权，努力实现双赢等。我们要打击同人文作品的侵权行为，但哪些要打击、打击到什么程度这些问题需要我们在司法实践中谨慎适用权利救济途径。

（指导教师：刘晓春）

民事清偿制度之于新三角诈骗

——以二维码替换案为例

华晨吟　张心月*

摘　要　二维码替换案的定性问题在理论界和实务界引发了激烈的争论，争议的主要焦点在于盗窃罪与诈骗罪之争。诈骗罪是基于被害人的错误意识取得财产，属于自损型财产犯罪；盗窃罪是违反被害人意志取得财产，属于他损型财产犯罪。在一般情况下，二者不会发生混淆。但是随着移动互联网技术的飞速发展、第三方支付平台的广泛应用，利用此种支付手段的漏洞非法取财的案件层出不穷。对于这类行为的定性，简单地套用传统的财产犯罪理论已经显得力不从心。本文旨在通过引入民事清偿制度，揭示新三角诈骗说的理论基础，从而为二维码替换案的定性问题提供一种逻辑上通畅明晰的途径。

关键词　二维码替换案；诈骗罪；新三角诈骗；民事清偿制度

一　二维码替换案的定性难题

移动互联网技术的日益完善推动了智能手机、电脑等移动终端设备的进步，促进了电子商务的快速发展，也为二维码等第三方非现金支付手段在国内的兴起奠定了坚实的基础。然而，二维码等支付手段在给人们带来便利的同时，也带来

＊　华晨吟，政法学院 2016 级本科生；张心月，政法学院 2016 级本科生。

了不容忽视的社会问题。现今，社会上关于利用第三方支付手段中的漏洞非法获取他人财物的案件屡见不鲜。以二维码替换案为例，关于该案的定性问题，理论界和实务界的观点莫衷一是。

（一）案情简介

对二维码替换案定性问题的讨论最早源于 2016 年 9 月网络上的一个虚构案例。然而，在现实生活中很快就出现了类似的案例：2017 年 2～3 月，被告人邹某先后多次到多家店铺，将店里的二维码替换为自己的二维码，共非法获取货物价款 6983.03 元。对此，公诉机关指控邹某的行为构成诈骗罪，而法院认定其构成盗窃罪，"被告人邹某采用秘密手段，调换（覆盖）商家的微信收款二维码，从而获取顾客支付给商家的款项，符合盗窃罪的客观构成要件"。[1]

（二）判决评释

1. 商家是否占有过货款？

该案判决认为，"商家向顾客交付货物后，商家的财产权利已然处于确定、可控状态，顾客必须立即支付对等价款。微信收款二维码可看作是商家的收银箱，顾客扫描商家的二维码即是向商家的收银箱付款。被告人秘密调换（覆盖）二维码即是秘密用自己的收银箱换掉商家的收银箱，使得顾客交付的款项落入自己的收银箱，从而占为己有"。[2] 由此可知，本案中，法官把二维码看作商家的收银箱，行为人替换二维码的行为就等于用自己的收银箱换掉了商家的收银箱，从而获得了顾客支付的款项，进而肯定商家曾经对货款的占有状态。[3]

如要回答此问题，我们必须了解二维码支付的运作流程。二维码支付是一个涉及消费者、商家、第三方支付平台或者银行网络与无线通信运营商等多方参与的一个"非直接接触式的交易链"。[4] 其工作流程如下："顾客对商家的二维码进行扫描——顾客手机对二维码进行解码操作，并将其中的支付信息传递给运营商网络——运营商网络将支付信息传递给第三方支付平台或者银行网络——第三方

① 福建省石狮市人民法院（2017）闽 0581 刑初 1070 号刑事判决书。
② 福建省石狮市人民法院（2017）闽 0581 刑初 1070 号刑事判决书。
③ 福建省石狮市人民法院（2017）闽 0581 刑初 1070 号刑事判决书。
④ 黎四奇：《二维码支付法律问题解构》，《中国法学》2018 年第 3 期。

支付平台或者银行网络将会对支付信息进行处理，并完成支付——商家通过对反馈信息的处理来完成货物的对接或者发送。"① 由此我们可以看出，二维码本身并不具备任何的财产价值，只是一种付款通道、一种连接顾客和商家的付款方式。二维码本身只承担了传递支付信息的功能，真正承担转移顾客支付账户资金职能的是支付平台或银行。

根据《非银行支付机构网络支付业务管理办法》的规定："支付账户所记录的资金余额不同于客户本人的银行存款，不受《存款保险条例》保护，其实质为客户委托支付机构保管的、所有权归属于客户的预付价值。该预付价值对应的货币资金虽然属于客户，但不以客户本人名义存放在银行，而是以支付机构名义存放在银行，并且由支付机构向银行发起资金调拨指令。"由此可见，在整个流程的循环中，顾客通过扫描二维码转移的并不是其拥有的现金价值，而只是转移了其委托支付机构保管的预付价值（在支付平台账户中的资金余额）或者是其对银行的存款债权（通过银行网络转移其手机上绑定的银行卡内的存款），在整个交易过程中并不存在现金价值的流通。并且，由于顾客自始至终没有将其账户中的预付价值或者对银行的债权转移给商家，因此，商家并不曾占有过货款或享有过相应的债权请求权。

2. "秘密替换二维码"的行为必然构成盗窃罪？

本案法官认为，"被告人并没有对商家或顾客实施虚构事实或隐瞒真相的行为，不能认定商家或顾客主观上受骗。商家让顾客扫描支付，正是被告人采用秘密手段的结果，使得商家没有发现二维码已被调包，而非主观上自愿向被告人或被告人的二维码交付财物。顾客基于商家的指令，当面向商家提供的二维码转账付款，其结果由商家承担，不存在顾客受被告人欺骗的情形。顾客不是受骗者，也不是受害者，商家是受害者，但不是受骗者。综上，被告人邹某的行为不符合诈骗罪的客观构成要件，其以秘密手段调换商家二维码获取财物的行为，符合盗窃罪的客观构成要件，应当以盗窃罪追究其刑事责任"。②

盗窃罪的行为是指窃取，即违反被害人的意志，将他人占有的财物（或财产性利益）转移为自己或第三者（包括单位）占有。我们需要判断的是被告人

---

① 李晋：《二维码扫码支付模式探究》，《金融经济》2019 年第 6 期。
② 福建省石狮市人民法院（2017）闽 0581 刑初 1070 号刑事判决书。

将谁占有的什么财物转移给了自己占有或第三者占有。如上所述，本案法官认为被告人将商家占有的货款，通过"秘密替换二维码"的方式转移给了自己占有。首先，商家不曾占有过货款或享有过相应的债权请求权，这便使被告人无法转移其占有；其次，窃取行为虽然通常具有秘密性，其原本含义也是秘密窃取他人占有的财物，但如果将盗窃限定为秘密窃取，则必然存在处罚上的空隙，造成不公正的现象。① 因此，"秘密"并不必然成为盗窃罪的构成要件。同时，鉴于二维码并非实体的收银箱而只是一种传递支付信息的付款通道；商家本应收取的也并非现金而是顾客对支付机构或银行的债权，"替换二维码"的行为便只是被告人误导欺骗顾客的手段，使顾客将其享有的债权直接转让给了自己。因此，本案法官实际上缺乏对盗窃罪的正面分析，仅是通过否认被告人的行为构成诈骗而反向认定被告人"秘密替换二维码"的行为属于将商家对货款的占有转变为自己占有的盗窃行为，因而成立盗窃罪。

二 理论界存在的观点

"盗窃罪与诈骗罪交织"案件历来就是刑法学界讨论的重点，本案更是引起了刑法学家的广泛关注，其主要争议点是该案到底构成盗窃罪还是诈骗罪（包括各种特殊类型）。

1. 构成盗窃罪的直接正犯

大部分学者主张行为人客观上实施了替换二维码的行为，该行为就相当于在商户的收银台下面掏了一个洞，主观上具有非法获取商户货款的意图，因此，邹某的行为构成盗窃罪。该"掏洞"理论在本质上与法官的"替换收银箱"理论没有区别，如果是普通的现金支付，该理论自然成立，但是在二维码支付的条件下，他们都忽略了商户自始至终没有享有过该笔债权，没有成功建立自己对债权的占有这一事实。

2. 构成盗窃罪的间接正犯

王立志副教授认为，在"'不知情交付'欺诈型取财案件中受骗的被害人属于为欺诈者利用的'无意识的工具'，因此该类案件完全可以归为'利用他人自

---

① 参见张明楷《刑法学》（下），法律出版社，2016，第949页。

害行为'的间接正犯形式的盗窃罪"。① 行为人实施了替换二维码的欺骗行为，使顾客陷入认识错误，通过扫描错误的二维码支付了货款，行为人获得了货款，商户损失了此笔货款。在商户把货物处分给顾客之时，就获得了货款请求权，顾客因此丧失了货款的处分权，此时被告人便成立盗窃罪的间接正犯。行为人是以陷入认识错误的顾客为工具而实施盗窃行为的间接正犯。

但是，需要注意的是，承认商户在将货物交付给顾客之后便享有了对顾客的货款请求权，并不能推导出顾客丧失了其享有的银行债权或预付价值。货款请求权的内涵仅限于商家请求顾客履行支付对价的义务，并不包含商家获得了对顾客与其对价相符的财产的支配权。换句话说，顾客对银行的债权仍然构成其财产的一部分，顾客扫码转账的行为依旧是在处分自己的财产。因此，这一观点的缺陷在于其无法从原理上解释商户对于相应债权的占有。

3. 构成传统的二者间诈骗罪

一般认为，诈骗罪的基本构造为行为人实施欺骗行为——对方（受骗者）产生（或继续维持）错误认识——对方基于错误认识处分财产——行为人或第三者取得财产——被害人遭受财产损害。

有观点"从犯罪的本质出发，以结果无价值为起点，以行为为中心"得出成立一般诈骗罪（顾客被骗人说）的结论。② 本案中行为人实施了替换二维码的欺骗行为，顾客误认为该二维码是商户的二维码，并基于认识错误处分了自己的财产，行为人获得了财产，因此邹某的行为成立对顾客的诈骗罪。但是本案的被害人究竟是顾客还是商户，需要进一步探讨。

4. 构成三角诈骗

阮齐林教授认为，考虑到"电子钱币由顾客账户（占有）转移至被告人账户（占有），不是被告人违背顾客意志窃取的结果，而是顾客处分的结果，且被骗交付人（顾客）与蒙受损失人（商家）不是同一人"③，于是认定被告人的行为构成三角诈骗。行为人实施了替换二维码的欺骗行为，顾客（受骗人）基于认识错误向错误的二维码支付货款，把应该处分给商户（被害人）的财产处分

---

① 王立志：《认定诈骗罪必需"处分意识"——以"不知情交付"类型的欺诈性取财案件为例》，《政法论坛》2015 年第 1 期。
② 参见张庆立《偷换二维码取财的行为宜认定为诈骗罪》，《东方法学》2017 年第 2 期。
③ 阮齐林：《"二维码替换案"应定性诈骗》，《中国检察官》2018 年第 2 期。

给了行为人，处于可以处分商户财产的地位，导致商户遭受了财产损失，因此成立三角诈骗。此时，财产处分人与被害人不是同一人且受骗人（财产处分人）具有处分权限或具有可以处分被害人财产的地位。本案中该笔货款究竟归属于谁所有，也值得深思。

5. 构成新三角诈骗

为了处理类似二维码替换案的疑难案件，张明楷教授"试图论证另一种类型的三角诈骗，即具有处分权限的受骗人基于认识错误处分自己的财产，却导致被害人（第三者）遭受财产损失"。[①] 该观点与传统型三角诈骗唯一的不同之处在于受骗人处分自己的财产，使被害人遭受财产损失。在本案中即表现为行为人实施了替换二维码的欺骗行为，顾客（受骗者）具有处分权限，基于认识错误处分了自己的财产，使商户损失了货款，因此成立新三角诈骗。

虽然学者们对二维码替换案的定性各执一词，但不难发现本案争议的焦点主要是围绕"被害人是谁"以及"是否存在财物处分行为"展开的。鉴于此，本文将从这两个争议核心点出发，借助民事法律上的清偿制度，为本案的刑法判断结论提供民法理论上的支持，以求获致对案件性质全面透彻的认识。

三　民事清偿制度的引入

（一）被害人的确定——清偿效果是否发生

在刑法中的财产犯罪领域，由于民事关系纷繁复杂，因此确定行为可罚性时必须首先要确认究竟谁是最终的财产受损者。也因此在二维码替换案中，被害人究竟是谁的问题几乎决定了该案罪名的认定。学者们纷纷从"形式的个别财产损失说""实质的个别财产损失说""整体财产损失说"的角度予以论证，其中"实质的个别财产损失说"的支持者认为"财产的给付所欲取得的不仅是经济利益，也包含社会目的的实现"[②]，由此推出已经实现交易目的的顾客并非本案的受害人；与此同时，"由于交易已经完成并且有效，所以，即使商户可能以不当

---

① 张明楷:《三角诈骗的类型》,《法学评论》2017 年第 1 期。
② 张明楷:《三角诈骗的类型》,《法学评论》2017 年第 1 期。

得利为由请求顾客返还商品，但不可能要求顾客再次支付商品对价"①，进而最终确定商家为真正的被害人。此结论表面看起来"言之有理"，却无法回答"为什么交易已经完成并有效"以及"为什么商家不可能要求顾客再次支付商品对价"这两个更深层次的法律关系问题。实际上，本案中被害人的确定问题涉及一系列民事法律关系中的权利义务的变更，而要透析其中的法律逻辑从而获得对本案完整统一的认识，则需要将民事清偿制度与刑法占有理论相结合。

首先，商家与顾客之间存在买卖合同法律关系。从形式看，商家在交付货物（履行合同义务）之后遂享有对顾客的货款请求权（债权请求权）。由于二维码支付的实质是债权（顾客对银行的债权或者其在支付平台账户中预付价值）让与，因此顾客原本想通过将其享有的债权请求权转让给商家的方式来履行自己的债务，进而实现交易目的。然而，因为二维码已经被行为人替换，导致最终获得相应债权的人并非商家。此时，原则上根据合同的相对性原理，债务人（顾客）只有对债权人（商家）履行债务才能发生使债消灭的效果，即清偿的效果。我国《合同法》第 121 条即规定："当事人一方因第三人的原因造成违约的，应当向对方承担违约责任。当事人一方和第三人之间的纠纷，依照法律规定或者按照约定解决。"据此，债务人顾客基于错误认识而为的债权让与行为就不能发生清偿其对商家的债务的效果，商家仍然享有对顾客的债权请求权，则本案的被害人就变成了顾客，本案就自然成立普通诈骗罪。

但是，上述看似顺理成章的推理不免因为过于固守教条而脱离现实情况。本案中存在的两个不容忽视的细节成为确定真正被害人的关键。第一，根据交易习惯，顾客通常是在商家的指示之下才对特定的二维码扫码付款。一方面，我们似乎可以认为，遵从商家的指示扫描二维码是合同约定的顾客应当履行的义务，那么此时顾客并不存在任何的过失，反而是完全履行了合同义务。另一方面，"目前第三方电子支付中的《支付服务协议》，对未经授权支付的责任分配通常采取以下原则：用户对支付安全负有妥善保管义务。即要求用户在日常生活中应尽到对支付密码及其他支付设备的妥善保管义务"。② 据此，商家作为自己二维码的保管人，应当尽到一定程度的审查义务，即难以完全否认商家自身在二维码被替

---

① 张明楷：《三角诈骗的类型》，《法学评论》2017 年第 1 期。

② 余桥：《第三方电子支付中的民事责任分配研究》，西南政法大学硕士学位论文，2015。

换的后果上存在的过错。

第二，现实生活中，顾客并不具备判断二维码"真假"的能力，也不负有审查二维码"真假"的义务。当顾客误将债权（顾客对银行的债权或其在支付平台账户中的预付价值）让与行为人时，其也丝毫不知情。从保护交易安全和善意消费者的角度考虑，我国台湾地区"民法"中即有"向债权之准占有人清偿债务"的制度设计。① 其中，台湾地区"民法"第 310 条第 2 款即规定："受领人系债权之准占有者，以债务人不知其非债权人者为限，有清偿之效力。""民法"上"准占有"与"占有"之间的区别，仅在于客体不同。"占有"的客体是物，而"准占有"的客体则是权利（财产性利益）。占有可以分为有权占有和无权占有，相对应的，准占有亦可区分为有权准占有和无权准占有。② 显而易见，上述第 310 条第 2 款中的"债权之准占有者"应当是无权准占有人③，即无权受领人。由此可知，符合"无受领权人是债权准占有人，且债务人为善意"④的条件时，同样会发生法律上的清偿效果。

综上所述，考虑到商家未完全尽到对自己二维码妥善保管的义务，而顾客则是善意且无过失的因素，并且过于坚持合同相对性原理会破坏交易安全，降低交易效率，使法律关系复杂化进而可能浪费司法资源⑤，本文主张借鉴我国台湾地区"民法"第 310 条第 2 款的理念，认定当顾客向行为人让与其银行债权或预付价值时（即善意之清偿时），能够发生清偿的效果。

（二）处分行为的证成——清偿效果的内涵

清偿乃是民法上使债权消灭的主要途径之一。有学者主张，"清偿效果发生之时，顾客错误支付到被告人账户的银行债权的法律性质转变为商户的货款。清偿效果的发生使得顾客处于处分商户财产的地位"⑥，并且依据"权限理论"或"授权理论"，本案应当属于三角诈骗。本文认为，该观点的结论有可采之处，

---

① 参见李淑明《债法总论》（第 7 版），台湾元照出版有限公司，2015，第 496~502 页。
② 参见李淑明《债法总论》（第 7 版），台湾元照出版有限公司，2015，第 496~502 页。
③ 参见李淑明《债法总论》（第 7 版），台湾元照出版有限公司，2015，第 496~502 页。
④ 高磊：《论清偿效果之于三角诈骗的认定》，《政治与法律》2018 年第 5 期。
⑤ 参见高磊《论清偿效果之于三角诈骗的认定》，《政治与法律》2018 年第 5 期。
⑥ 高磊：《论清偿效果之于三角诈骗的认定》，《政治与法律》2018 年第 5 期。

但是认为清偿效果的发生同时起到了"授权"的作用的观点是对清偿制度内涵的误读。"因清偿相当于支付对价，取得债权，然后使该债权因混同而消灭。而清偿如果生效，将使债权消灭，所以，受领清偿给付，对于债权有处分效力，为债权之处分行为。是故，债权之准占有人如无处分权（受领权），且非以代理之意思为之，其受领等于是无权处分。"① 由此可知，并不是"做出"（支付）清偿给付对于债权有处分效力，而是"受领"清偿给付的行为产生了处分债权的效果。

因此，本案中，理论上是行为人对顾客让与的银行债权或预付价值的受领行为处分了商家对顾客的债权，也就是行为人处分了商家的财产，当然这是一种无权处分。会被误认为是顾客处分了商家的财产，是因为在现实的二维码支付交易中，行为人不需要、实际上也并没有做出过任何"受领行为"。典型的"受领行为"发生在微信对话的"转账"或"发红包"中。一方发起转账或发出红包，另一方需要"确认"接收，否则在特定时间（往往是 24 小时）之后，钱款会退还到对方的账户中。有鉴于此，本文认为，即使认定本案成立三角诈骗，也难以将其从"授权理论"中推论出来，因为真正处分了商家财产的人是行为人而非顾客。

然而，本案中现实可见的处分行为就只有顾客的处分行为，而顾客处分的显然是自己对银行的债权或自己所有的预付价值。由于顾客扫码支付之后就立即发生债权让与的效果，无须等待受领人受领或默认受领人受领，因此从客观事实的角度观察就是顾客的处分行为直接导致了商家丧失对顾客的债权请求权，此也即张明楷教授提出的"新三角诈骗"类型的依据所在。② 诚然，如马寅翔教授所言，诈骗罪中处分行为的概念核心是受骗者实施的能够导致被害人财产损失或有减损可能性的行为，而至于受骗人处分的是自己的财产还是被害人的财产则影响不大。③ 然而，在二维码替换案这类典型的刑民交叉案件中，"债权的货币化"④以及复杂的民事权利义务关系使准确判断诈骗罪中"素材的同一性"⑤ 成为一大难题。主张本案成立传统三角诈骗的学者认为，"在清偿效果之下，顾客的银行

① 黄茂荣：《债法总论》（二），中国政法大学出版社，2003，第 296 页。
② 参见张明楷《三角诈骗的类型》，《法学评论》2017 年第 1 期。
③ 参见马寅翔《限缩与扩张：财产性利益盗窃与诈骗的界分之道》，《法学》2018 年第 3 期。
④ 参见马寅翔《限缩与扩张：财产性利益盗窃与诈骗的界分之道》，《法学》2018 年第 3 期。
⑤ 参见高磊《论清偿效果之于三角诈骗的认定》，《政治与法律》2018 年第 5 期。

债权一旦到了被告人的账户，就成了商户的货款"。① 换言之，在法律规定的清偿效果发生的那一刻"顾客对银行的债权"摇身一变成为"商家对顾客的债权"，因此反推回去即是顾客处分了商家的财产。此结论非但因其逻辑的跳跃性而给人一种"变魔术"之感，而且存在明显的前后矛盾。该论者坚持物本逻辑，即只有处分人对他人财产的处分行为才能导致他人财产损失②，却因为错误确定了处分人而使其对"素材同一性"的论证变得牵强附会。

不可否认的是，诈骗罪的财产转移属性要求"行为人所获得的财产利益与其所惹起的财产损害必须相互对应；即得利与损害是基于同一处分行为"。③ 但是，基于前述分析，真正处分商家债权的人是行为人，其受领行为即是一种无权处分。因此，行为人的得利是基于其对银行债权或预付价值的受领，又因为该受领行为相当于一种无权处分，致使商家对顾客的债权归于消灭。由此可知，"新三角诈骗"类型中的"素材同一性"理论应当被完善为：受骗人处分了自己对银行的债权，行为人受领了对银行的债权，依据善意清偿制度，行为人的受领行为即发生处分被害人债权的法律效果，所以行为人的得利与其所造成的财产损害具有实质的同一性。

综上所述，区分受骗人处分的是自己的财产还是被害人的财产的理论意义在于找到诈骗罪中真正的处分行为，即导致被害人财产损失的行为。本案的关键在于行为人的无权处分因为缺乏事实上的受领行为而被遗忘或忽视。强行将受骗人处分自己财产的行为解释为等同于处分被害人的财产的行为只会使传统的三角诈骗理论变得更加晦涩难懂，甚至扭曲了其原本清晰的逻辑构造。故而，本文旨在通过民事清偿制度的引入，进而回答"新三角诈骗"类型中为什么受骗人处分自己的财产却会导致被害人财产损失的问题。通过此一类型上的精细划分，本文希望能够为二维码替换案的犯罪定性提供一种逻辑上更为通畅明晰的理论途径。

四　结语

互联网技术的发展和移动支付方式的普及不仅使我们的日常生活焕然一新，

---

① 高磊：《论清偿效果之于三角诈骗的认定》，《政治与法律》2018 年第 5 期。
② 参见高磊《论清偿效果之于三角诈骗的认定》，《政治与法律》2018 年第 5 期。
③ 高磊：《论清偿效果之于三角诈骗的认定》，《政治与法律》2018 年第 5 期。

在一定程度上也给传统的刑法规定和理论带来了冲击和挑战。二维码替换案引起的司法实践中的困难和学理上的争论为我们提供了一个良好的拓展研究视角、丰富经典理论的契机。

马寅翔教授明确地指出，诈骗罪中处分行为的概念核心在于，其是受骗者实施的可能给被害人造成直接财产损失的行为，并且日常生活中也不乏以受骗者履行债务的方式损害债权人利益的情形。① 这种对诈骗罪提纲挈领式的认识具有逻辑上的普适性和一贯性的优势，但也存在未能精确揭示某些个案背后法律原理的缺陷。比如，本案从外表上看是顾客实施的扫码转账行为给商家造成了财产损失。同样是抓住了这一点，张明楷教授遂提出新三角诈骗说，希望能为本案的定性提供一种"既满足了诈骗罪中受骗人具有处分权限的要求，也满足了将商户作为被害人的要求"② 的解释。这种解释在马寅翔教授看来是不必要的，因为诈骗罪中的处分行为不关心处分的具体对象是被骗人的财产还是被害人的财产。③ 这种观点明显忽视了处分权限在对诈骗罪类型化中起到的类似"区分标准"的作用，事实上正是处分权限的不同才导致了普通诈骗罪与传统三角诈骗罪的区分。新三角诈骗罪的理论意义也在于此。

通过对民事清偿制度的引入，本文试图揭示在二维码替换案中真正的财产处分行为并非顾客的扫码转账，而是行为人的受领。因此，顾客自始至终都不具备处分商家的财产的权限，商家的财产损失来自行为人的无权处分。本文试图对二维码替换案做出一种既满足受骗者的处分行为可能给被害人带来财产损失的诈骗罪的核心要求，也满足借助不同的处分权限对诈骗罪进行精细化区分从而获致对其完整清晰的认识的要求的解释。

（指导教师：方军）

---

① 参见马寅翔《限缩与扩张：财产性利益盗窃与诈骗的界分之道》，《法学》2018 年第 3 期。
② 张明楷：《三角诈骗的类型》，《法学评论》2017 年第 1 期。
③ 参见马寅翔《限缩与扩张：财产性利益盗窃与诈骗的界分之道》，《法学》2018 年第 3 期。

多元共治下我国环卫服务的模式类型与逻辑线索

——基于有效性视角的分析

石春林[*]

摘　要　环卫外包是我国公共服务市场化的重要体现。环卫外包的发展在全国范围内具有特殊性的规律性，且这种规律性体现在历史沿革的模式变更上：传统体制下的政府负责的低效模式、合同外包下政府主导的附庸模式、市场机制下政府创新的效率模式。此外，根据三种模式一脉相承的逻辑线索，本文对我国环卫市场化的未来模式进行了讨论，得出多元主体下有效共治的市场模式是我国环卫公共服务提供的理想模式的结论，并结合现状分析对于我国环卫服务发展转变提出了六点需要坚持的原则。

关键词　公共服务市场化；环卫外包模式；公共服务有效性；多元共治

党的十九大报告指出，"必须树立和践行绿水青山就是金山银山的理念，坚持节约资源和保护环境的基本国策"。中国特色社会主义进入新时代，也对环境卫生提出了新要求：在"着力解决突出环境问题"时，要"构建政府为主导、企业为主体、社会组织和公众共同参与的环境治理体系"。^① 此外，2013 年，《国务院办公厅关于政府向社会力量购买服务的指导意见》指出要"规范有序开展

---

*　石春林，政府管理学院 2017 级本科生。

①　习近平：《决胜全面建成小康社会，夺取新时代中国特色社会主义伟大胜利——在中国共产党第十九次全国代表大会上的报告》，人民出版社，2017，第 1~7 页。

政府向社会力量购买服务工作"。①

　　随着我国城市化进程的加深，我国城市环卫工作表现出更多的复杂性和多面性，随着新公共管理运动的推进，近年来，我国各地市的环卫部门进行了风格各异的环卫服务外包的有效实践，北京、上海、广州等城市先后因地制宜地发展出了环卫公共服务市场化的不同路径，这些不同路径有效地提升了当地政府的公共服务能力，基本上解决了城市化发展过程中带来的环境治理问题。

　　然而，在广州、深圳、南昌等地的环卫公共服务市场化过程中，也出现了一味追求"市场化"而引发的"逆合同外包"② 现象，导致地方政府停止环卫的市场化外包行为，而将环卫职能的执行重新归于政府接管。值得注意的是，导致"逆合同外包"情况发生的原因，很大程度上是来自环卫职能的实际承担者——环卫工人的压力。③ 环卫工人的薪酬、安全、劳动保障等方面的情况不容乐观，劳动者应有的权益在当地的公共服务市场化条件下无法得到切实保障，反过来给环卫效能和效果带来了负面的影响。环卫工人问题体现出来的是我国多地目前环卫市场化的现状与其现实不相匹配，其采取的模式与现实需要不相适应，或是落后于现实需要，或是超前于现实需要。所以，唯有从理论上厘清我国环卫实践的不同发展模式，才能真正在现实层面上使其获得改良与应用。

　　因此，本文试图以从包括环卫工人在内的多个主体④入手，结合我国多地市的丰富案例，通过环卫效能、环卫工人生活状况与企业的盈利等若干主体性因素来分析政府购买环卫公共服务⑤有效性，并通过全国各地区不同分类因素的因素研究来得出不同地区、不同阶段的环卫公共服务匹配模型，为不同发展阶段的城

① 《国务院办公厅关于政府向社会力量购买服务的指导意见》，《中国社会组织》2013 年第10 期。
② 韩清颖、孙涛：《政府购买公共服务有效性及其影响因素研究——面向 153 个政府购买公共服务案例的探索》，《公共管理学报》2019 年第7 期。
③ 例如，自 2012 年以来，广州发生的环卫工人群体性事件以及广州市环卫质量出现波动，使政府对市场化改革进行反思：2015 年广州市全市环卫保洁市场化作业模式仅为 30%，而 2016 年则高达 65%。详见叶林、杨雅雯、张育琴《公共服务的"后市场化"道路——以广州环卫服务改革为例》，《天津行政学院学报》2018 年第1 期。
④ 这里所指的多个主体是五个，分别是服务购买主体、购买服务承接主体、购买服务承担主体、服务使用主体和服务评估主体。
⑤ 本文所指的公共服务外包与政府购买是同义的：美国称之为购买服务合同或合同外包，中国香港则称之为社会福利服务资助，我国内地一般称之为政府购买服务。它们都是公共服务市场化的手段之一。

市和地区提供环卫公共服务市场化的一个参照。关于我国 2000 年后环卫服务市场化经历了怎样的发展路径，这种路径背后体现了什么样的演进逻辑，以及不同地区应如何应用这种现实逻辑，则是本文试图解答的问题。

一　国内外研究评述

（一）关于环卫外包的研究评述

环卫外包，是公共服务外包的一个重要组成部分和应用领域。20 世纪 70～80 年代，新公共管理（New Public Management）在公共政策领域为解决公共政策质量和效率低下以及成本和收入分离造成的资源浪费应运而生。只有引入自由市场的竞争运行机制，更多地接受商业部门的管理技术，进一步执行消费者取向的政策制定标准，才能产生令人满意的政府公共管理的绩效。[①] 新公共管理大体通过改造公共部门、引入企业管理模式、建立顾客驱动制度、引入竞争机制等主张来实现更高水平的资源有效配置。[②] 新自由主义、公共选择理论和新制度经济学思潮将新公共管理运动一直推行下去，直到登哈特夫妇的新公共服务（New Public Service）出现，民营化、特许经营、合同外包和政府购买被视为公共政策的新出路。

自新公共管理运动以来，学界关于公共服务外包的研究集中于概念、原因、效果、影响因素、风险研究和政府在公共服务外包中的角色等方面。此外，还有大量的国内外公共服务外包的案例研究，可谓成果颇丰。而作为公共服务外包的重要组成部分，国内外关于环卫外包的研究十分庞杂，基本上从效果、参与主体、作用机制以及地区性的案例研究等角度进行了相关的研究。

关于效果、参与主体（政府角色）和作用机制的研究大多是混杂在一起进行的，但大多数研究的标的都是环卫外包的效果如何。故而，早在 2003 年，萨瓦斯就已经通过大量的实证研究和数据对比得出政府和私营承包商在街道清扫和

---

① 〔荷〕瓦尔特·基克特：《荷兰的行政改革与公共部门管理》，国家行政学院国际合作交流部编译《西方国家行政改革评述》，国家行政学院出版社，1998，第 193 页。

② 张国庆：《公共行政学》（第四版），北京大学出版社，2017，第 520～521 页。

固体垃圾收集方面，竞争性合同外包极大地提高了生产率，降低了约35%的政府成本。① 在我国环卫外包实践进行了一段时间后，我国学者彭积敷就提出在环卫行业应该采用竞争机制，以此来提高产品供给的效率和质量，具体可以采取的方法包括以招投标的形式来确定包括道路保洁、绿化管理等工作的具体承担人。建立新型的开放式环卫服务，使企业加入进来，共同管理。竞争机制的建立，可以促进环卫管理的快速发展。② 随后，邓俊认为政府的主导角色和治理手段依然是环卫服务市场化实现好的关键。③ 近年来，环卫外包的研究转向质量评估体系和多元主体的研究，如黄锦荣等人强调了合同内容的模糊性和环卫服务质量检查评估的复杂性之间的矛盾。④

而西方经过了多年的实践和理论研究，已经在此时达成了阶段性成果，如格罗弗·斯塔林所总结的：国外环卫服务外包发展主要有三个阶段。第一个阶段是市场失灵与市政公用事业国有化。第二个阶段是政府失灵与新公共管理理论下的公用事业市场化。第三个阶段是20世纪末，政府管制下的新型公用事业服务性监管。经过数年发展，其已形成城市善治的思想，西方国家政府认为要实现公共利益最大化，必须要通过利益相关的共同努力，构建政府、社会、公民新型的合作关系和互动模式。⑤

近年来，涌现出的则大多是个案研究基础上的普遍性追寻。如刘波等从合作管理的源头性影响因素入手，在丰富的个案数量基础上通过SEM模型再次验证了环卫服务外包的影响因素，并得出合作管理、关系质量与外包效果的正相关关系。⑥ 而李彦博则选取沈阳浑南老城区作为研究对象，得出中国北方的老工业城市的环卫市场化普遍道路模式，为北方城市环卫改革提供了方向。⑦ 叶林等则从政府和市场关系、激励机制和委托代理的角度分析了广州市环卫发展的历史中的

---

① 〔美〕萨瓦斯：《民营化与公私部门的伙伴关系》，周志忍译，中国人民大学出版社，2003，第77页。

② 彭积敷：《论城市准公共物品的合理提供》，《经济经纬》2005年第3期。

③ 邓俊：《构建环卫公共服务市场供给机制中的政府定位》，《城市管理与科技》2006年第6期。

④ 黄锦荣、叶林：《公共服务"逆向合同承包"的制度选择逻辑》，《公共行政评论》2011年第5期。

⑤ 〔美〕格罗弗·斯塔林：《公共部门管理》，中国人民大学出版社，2013。

⑥ 刘波等：《环卫服务外包中合作管理、关系质量与外包效果关系研究——以深圳市为例》，《管理评论》2016年第2期。

⑦ 李彦博：《沈阳市购买环卫服务案例研究》，大连理工大学硕士学位论文，2017。

环卫供需矛盾与关系治理问题，得出了广州市从市场化到后市场化过程中的真正意义上的市场化背景下的自我培育才是广州市环卫的未来出路，并强调了市场机制的培育。① 任讷则提出，早在 20 世纪中后叶，西方国家已经通过规范化程序规制了环卫市场，并通过这种市场的规定培育了一批具有良好服务能力的合作企业。任讷还通过对南充市的个案研究发现了三点启示：要完善以事核费、以费养事的经费核算体系，确立高效可行的行政监督模式，多方位开展服务外包廉政制度。② 谭胜男选择阜阳市农村环卫服务为对象，得出了城中村、农村地区环卫外包的现状和改进方法的普遍性经验。③

也有学者从总体和创新性角度给出了相关论述。如张农科站在中国环卫市场化改革的宏观角度分析了目前我国环卫市场化改革存在的十大问题，并从市场、政府两大主体的角度给出了建设性意见。④ 田琦等认为"互联网 ＋"背景下的大数据智慧环卫管控体系有利于从信息化、操作化、网络化的角度优化环卫外包的工作内容和流程。⑤

从 20 世纪 70 年代至今国内外关于公共服务外包、环卫外包和环卫工人的研究中可以发现：外包作为一种公共政策手段，其目的是达成政府与市场之间更高效的资源配置，关于这种手段的理论基础、现实意义等理论研究已十分完备。但值得注意的是，无论是环卫外包还是其他公共职能的外包，在我国的具体实践中，还达不到理论的高效性和适用性。尽管已经有充足的个案研究资料，但学界对于不同发展程度、不同地域的具有特殊性的地区的环卫外包并没有给出建设性的指导方案。可以说，学界至今仍在指出与我国行政体制有关的种种问题，分析出种种模式，但几乎没有给出一个可操作的、可供基层政府参考的实际方案。大多数研究给出的对策和建议是按照多主体的单一主体分析进行的，即对照外包的发展现状对相关主体提出主体内或少数主体间的完善性建议，但多主体的协同治理方案未见表露。可以说，目前学界关于环卫外包的具有普遍性和参考性的多主

① 叶林、杨雅雯、张育琴：《公共服务的"后市场化"道路——以广州环卫服务改革为例》，《天津行政学院学报》2018 年第 1 期。
② 任讷：《南充市嘉陵区环卫服务外包运作案例研究》，电子科技大学硕士学位论文，2018。
③ 谭胜男：《阜阳市颍泉区农村环卫服务外包研究》，安徽大学硕士学位论文，2019。
④ 张农科：《中国环卫市场化改革的问题和出路》，《城乡建设》2018 年第 20 期。
⑤ 田琦等：《"互联网 ＋"背景下智慧环卫管控体系发展现状与优化》，《企业科技与发展》2019 年第 5 期。

体的协同治理方案还未涉及，而"哲学家们只是用不同的方式解释世界，而问题在于改变世界"。① 另外，有关我国发展了数十年的环卫市场化并没有全局性、整体性的阶段性分析，也没有从丰富的环卫市场化实践中得出可供处于不同发展阶段的地区进行借鉴的模式和路径。可以说，我国学界关于环卫市场化的研究与环卫市场化在我国的广泛实践不相匹配，研究还远远落后于我国的实践。

（二）关于环卫工人的研究

关于环卫工人的研究，大多集中于国内学者对于环卫工人权益、健康、社会地位等社会学研究。而国外专门针对环卫工人权益保障的研究较少，其主要原因是西方国家的环卫工人编制大多属公务员中的事务官，拥有较高的社会地位和收入，且工会在环卫工人的权益维护上发挥着重要作用，因此针对环卫工人的研究没有现实土壤。② 我国关于环卫工人的研究是从 21 世纪初开始的，学者们主要关注的是环卫工人的权益保障问题。如刘红升、闫一凡提出需要从公众素质、交通法规、安全作业培训、机械清洁、政府监管、清洁设备等方面完善环卫工人的工作环境，提高作业安全程度以促进环卫工人的安全保障。③ 郑杭生则从社会认同度的角度说明了环卫工人的人格权益受损的状态。④ 方金铭从工作环境角度说明了环卫工人的身体健康受损的状态。⑤ 郝美英则指出了环卫工人普遍的生存状况：文化程度低、年龄偏大是环卫工人群体的普遍状态，工作时间长、劳动强度大、工作环境危险系数高、薪酬水平低、缺少社保和公积金等福利是环卫工人普遍的工作状况，造成环卫工人缺乏自我认同感。⑥ 同样的，文玉群也指出，环卫工人面临着利益被侵害，但由于文化水平较低以及制度性因素，大多数环卫工人选择忍气吞声，默认自己的权益被侵害。⑦ 韩锦从公共服务外包的角度研究环卫

---

① 《马克思恩格斯选集》第一卷，人民出版社，1995，第 61 页。
② 韩锦：《公共服务外包背景下环卫工人权益保障研究》，西北大学硕士学位论文，2018。
③ 刘红升、闫一凡：《城市环卫工人的作业安全保障问题研究》，《陕西行政学院学报》2007 年第 4 期。
④ 郑杭生：《中国社会发展报告——社会认同的挑战》，中国人民大学出版社，2009，第 53 ~ 58 页。
⑤ 方金铭：《人工清扫街道的环卫工人作业疲劳研究》，首都经贸大学硕士学位论文，2011。
⑥ 郝美英：《社会共同关注营造关爱环卫工人良好氛围》，《电子制作》2015 年第 10 期。
⑦ 文玉群：《环卫工人权利缺失状况及其应对策略研究——以局部城市为例》，《法制与社会》2015 年第 20 期。

工人权益的保障问题,以西安市环卫工人为研究对象,指出了环卫工人安全权益、经济权益、人格权益受损的现状,并归因于环卫承包组织忽视环卫工人利益、政府监管缺失和环卫工人自身的局限性,提出要通过完善政策制度保障、加强落实监管、提高环卫工人综合素质、营造和谐的工作环境以及提高先进设备利用率等方面完善环卫工人权益保障。[1] 杨柯、张伟豪则从社会学的角度研究了山西省某县环卫工人的生存现状,指出了一些欠发达地区环卫工人的生存通病。[2]

可以看到的是,有关环卫工人的研究与环卫外包的研究有着相当大的间隙,类似于韩锦"公共服务外包背景下的环卫工人研究"较少,从环卫外包而言,忽略环卫工人这一研究对象,很难从宏观视角上整体把握我国环卫外包问题的复杂性和根源性;而从环卫工人而言,单纯社会学的视角下的环卫工人研究除了揭示环卫工人的生存境况之外别无他用,其背后的制度性因素并未得到充分关注。总的来说,在环卫服务视角下关于环卫工人的研究还处于一个较为初级的阶段。

二 环卫服务有效性的概念界定

"服务有效性"的概念来源于公共组织的绩效评估。周志忍提出"公共服务市场化、社会化,权力非集中化,公民为本和结果导向"[3] 是新公共管理运动对于绩效评估的重要贡献,而这些因素也是服务有效性判定的关键因素。[4] 韩清颖等人在 Petersen[5]、李晨行[6]等人的实证研究的基础上从服务评估主体的角度提出了"公共服务有效性"[7] 的概念,并讨论了影响这种有效性的公共服务执行因

---

[1] 韩锦:《公共服务外包背景下环卫工人权益保障研究》,西北大学硕士学位论文,2018。

[2] 杨柯、张伟豪:《当前城市环卫工人生存状况的调查与研究——以山西省 L 县为例》,《山西科技》2019 年第 4 期。

[3] 周志忍:《当代政府管理的新理念》,《北京大学学报》(哲学社会科学版) 2005 年第 3 期。

[4] 这里需要注意的是,"环卫服务有效性"并不等于"环卫服务的行政效率"。行政效率是从成本和产出关系而言的,而本文所指"有效性"是绩效评估中的结果状态。

[5] Ole Helby Petersen, Kurt Houlberg, Lasse Ring Christensen, "Contracting Out Local Services: A Tale of Technical and Social Services", *Public Administration Review*, 75 (4), 2015, pp. 560 – 570.

[6] 李晨行、史普原:《科层与市场之间:政府购买服务项目中的复合治理——基于信息模糊视角的组织分析》,《公共管理学报》2019 年第 1 期。

[7] 韩清颖、孙涛:《政府购买公共服务有效性及其影响因素研究——面向 153 个政府购买公共服务案例的探索》,《公共管理学报》2019 年第 7 期。

素。在此基础上，根据绩效评估理论与韩氏"公共服务有效性"，本文提出"环卫服务有效性"。

本文所指的环卫服务有效性，是指环卫服务供给和需求的平衡，即这种有效性是两方面的，一方面体现为政府的合法性；另一方面体现为社会公众的需求满足。因此，这种有效性实质上是一种布尔变量，而非求和量。① 因此，环卫服务有效性是环卫服务提供模式的内在核心，它反映出这种模式的当下适用度，这种适用度在宏观上就体现为环卫服务供需的平衡，在微观上体现为五个主体之间的相互作用平衡。

环卫服务有效性的学理逻辑来源于社会契约论和合法性理论，按照传统的社会契约论和哈贝马斯的合法性理论，公共服务职能的责任源头在于社会权利让渡的对象——政府。这是学理逻辑赋予政府不可推卸的、先天自在的固有身份属性，这也是政府行政权力的部分来源和始因。② 进一步来说，环卫服务有效性来源于公共行政学中的绩效评估，从关系上而言，环卫服务有效性是环卫服务绩效评估的结果概念，有效与无效是环卫服务绩效评估的二元结果状态，而有效性的分析可以得出这种状态。因此，这种有效性在逻辑上指向政府提供公共服务所带来的相关合法性。同样的，这也是环卫服务有效性的适用范围，这种有效性只有在多主体构成的"政治秩序"存在的现实下才有讨论的意义，如果政治秩序不受参与其治理的多主体共同影响，而完全受制于一个"大政府"或"大市场"，那么这种有效性的"有效"就没有参照主体，绩效评估本身不具有意义，那么有效性的评估也就不存在了。

如果按照此种路径，那么无论是何种达成公共服务职能效能的手段，都仅仅是这种规定的衍生和阐发：政府还是市场来配置公共资源满足公共需求，本身并不带有原罪，相反，这里唯一的原罪是低效率的资源配置，因此，只要一种配置资源的手段是有效的，无论是哪一个社会领域或社会分野，它都是目前情况下必要的。因为唯有在此项公共服务的提供上存在有效性，政府③自身才具有"某种

① 布尔变量是二元变量，其值为0或1，在此处意指有效性的二元性，即这种有效性只存在两种状态，一种是有效，一种是无效，并不存在"高有效性"和"低有效性"的区别。

② Jurgen Habermas, *Communication and the Evolution of Society*, Hoboken：John Wiley & Sons, 2015, p. 77.

③ 本文之后对于"身份"和"主体"讨论所指的政府，多指广义上的政府，既包括狭义上的行政部门，也包括具有政府性质的政府内部的企事业单位。

政治秩序被认可的价值"①，才能真正成为"为人民服务"的"服务型政府"。

同样的，我国的人民政府作为公共利益的代表，在内涵上与公共服务有效性存在同一性，这也就决定了我国社会、国家和个人的统一性。因此，公共服务有效性虽然来源于契约逻辑，但是其内核与我国的现代人民政府是相通的，故而这种有效性在我国的现实应用中会更明显、更贴合。故而，新时代中国特色社会主义的社会建设和政府能力建设，以及其背后的国家治理体系和治理能力建设都离不开具体服务提供的相关有效性。从这个角度上来说，环卫服务有效性是一个泛用性较广的概念。

三　我国环卫服务的类型、模式及内涵

环卫服务是我国公共服务的重要组成部分，但环卫服务的市场化方式与公共服务整体的市场化方式有着明显区别。从我国公共服务治理研究的历程来看，我国公共服务市场化在总体上有四种模式：合同外包模式（政府监管的服务外包模式）、政府经济资助模式（政府补助的社会治理模式）、政府参股模式（政府主导的共同承办模式）、特许经营模式（政府授权的非政府部门经营模式）。②

本文所讨论的环卫工作外包，基本上采用的都是合同外包模式，但细分可以分为全合同外包模式和人力资源外包模式，二者的区别在于外包的内容，相比于全外包模式，人力资源外包仅仅是将环卫工人的归所外包给人力资源公司，将其身份从原来的非编制内人员变为公司的员工。改变以往的环卫工人身份，使其成为雇佣工或租借工或合同工，而环卫工具、职能以及其他固定资产仍由政府管理。在合同外包模式下，公共服务的所有者仍是政府，但政府通过合同的形式将公共服务当作商品注入市场，只是变更了公共服务的直接提供者，而承包者也仅仅具有相关的经营权。简言之，这种模式是服务角色的一种代替和替换，监督、考核、评定以及最终责任并没有随着合同一起外包出去。

---

① Jurgen Habermas, *Communication and the Evolution of Society*, Hoboken: John Wiley & Sons, 2015.

② 王家合、赵喆、柯新利：《公共服务合作治理的主要模式与优化对策》，《中国行政管理》2018年第11期。

在下文所述的四种模式中，似乎这种纵向的观察带来的是线性的历史沿革和演进，而每一种更具有新意义的模式则总具有不可比拟的优势，而这种优势在现实性上又会促使目前处于不同阶段的负责主体趋向一个相同的目标。这个目标对于一些地区而言仍是市场化，而对于另一些地区而言则是"后市场化"或"逆市场化"，这正同我国目前环卫市场化的现状相符。因此，模式并非范本，社会历史中不存在放诸四海而皆准的普适制度、通用体系和学习模式，在每个模式之后，都有与之所在历史时期和情况相适应的综合性因素，这种综合性因素的加权集合本身不是线性变化的，相反，从系统论的角度而言，这种综合性因素在系统内部应当是一个均衡态。因此，并非处于低效模式的地区就应过渡至附庸模式，或者超前地跑步迈进效率模式，而是应当通过模式背后的综合性因素做出历史的、规律的判定。

对于这种综合性因素，如前所述，在环卫领域，称之为环卫服务有效性，这种有效性则是决定按照哪种方式进行环卫服务提供的决定性因素。这种有效性自然地拥有五个维度，这个维度数量的上限是由子系统数量的上限决定的，目前而言，环卫全外包所规定的子系统数量是最多的，且环卫全外包所展现出的服务提供流程是最接近委托代理机制本身的，那么环卫服务的有效性维度就应当从外包的各主体产生，即服务购买主体、购买服务承接主体、购买服务承担主体、服务使用主体和服务评估主体。这五个维度或者说五个主体的系统内部汲取和吸收作用共同产生、构成并影响的就是环卫服务有效性。

（一）传统体制下政府负责的低效模式

1. 低效模式的概念

对于传统体制下政府负责的低效模式有三个观察路径——"传统体制""政府负责""低效"，其中，传统体制与低效是同一个问题的两个方面，而政府负责是这两个方面的连接项。传统体制是指环卫服务的提供主体所采取的提供方式和责任主体是政府导向的；政府负责是指环卫服务的提供主体是政府；而低效，并非绝对意义上的低效，而是指在20世纪末21世纪初的历史区间中环卫服务提供质量的总体低效。这种低效并不仅仅是服务供给的低效，反而更多的是服务需求低下带来的低效现象。在这里采用"低效"模式来形容我国市场化之前的环卫服务提供模式的原因是：这种模式的存在根本就在于供求之间短暂的低效平衡。这种低效，本质上是低水平的意思①，而这种低水平则恰恰是这种模式能够存在的本质原因。另外，用"低效"这样一个似乎带有感情色彩的形容词来称呼这种模式也是从发展历史观的角度看待我国环卫服务的一种体现，即无论如何，这种"低效"模式的平衡终究不会长久。

因此，这里的"传统体制下政府负责的低效模式"是指，在传统的计划经济体制下完全由政府负责提供的和在传统经济发展水平下公众所要求的低水平的环卫服务供给和需求平衡模式。这种模式主要存在于我国环卫市场化改革之前，即还没有引入政府以外的其他主体进入环卫服务治理的时期，2000 年前，这种模式是我国环卫服务提供的主要模式；2000 年后，这种模式多向合同外包下政府主导的附庸模式转变，但从我国整体看来，这种模式还多存在于经济发展滞后地区与"老、少、边、穷"地区，整体呈现碎片化和边缘化的特征。

2. 低效模式的内涵

低效模式下，并不存在环卫服务购买现象，政府本身是这种服务的提供者和问责方，因此低效模式下的服务购买主体和购买服务承接主体是重合的，它们二者重合于政府。从形式的角度而言，可以将之视作政府向政府本身购买了环卫职能，只不过这种购买是政府内部的、部门间和上下级的职能性延展。至于购买服务承担主体，则是利用简易工具进行工作、境况尚可的环卫工人。而服务使用主体则当然是社会全体，即公众。服务评估主体则需要进行二分，在政府内部，也就是服务提供流程的内部评估，这种评估的主体是政府；在外部，也就是服务提供后的消费性评估，这种评估主体是公众。另外，由于服务购买现象本身不存在，故而此时还不存在第三方评估机构。

环卫服务的提供，本质上是公共需求的满足。在低效模式所在的时间节点上，恰恰服务使用主体——公众的公共需求是低水平的。首先，环卫的覆盖面积、负责项目的数量并不多；其次，公众对于街道环境卫生的要求不高；再次，与环卫相关的系列工作的工作量不大，垃圾清运频率、道路清扫频率都不需要那么高。而这种低水平的需求水平下必然出现的是低水平的供给，政府作为服务的

---

① 这种低水平是指，环卫服务需求和环卫服务供给的双重低下，例如，一个县城的主要街道的清扫任务和仅有的几个住宅区和商业区的垃圾清运工作构成需求，而相对应的政府所提供的环卫供给只需要满足低数量、低要求、低技术的环卫需求就能够实现供需平衡。

提供主体对外只需满足公众的价值性评估，对内则以一种低水平去要求实际的服务承担主体，因此环卫工人无论是数量还是工作强度都不是很大，简单的环卫工具就可以解决平日的任务。故而，这种有效性的达成相对较容易，在一级有效性关系上，政府只需与公众达成有效性认同，即公众认为政府所提供的环卫服务是可接受的，而政府自身也并没有对这种有效性的接受付出太多成本。在二级有效性关系上，政府的内部评估和外部的公众评估能够由于低水平达成又一层的有效性认同。在三级有效性关系上，服务承担主体能够实现工作对于自身生活的有效性输出，即在这个有效性系统中，各主体的输入和输出都达成了可接受范围内的平衡，因此这种低效模式是具备有效性的（见图1）。

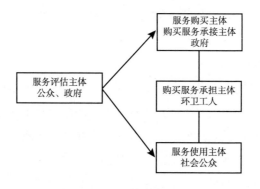

图1 低效模式

这也是目前我国广大以农业为主的县区级行政区划仍然未进行市场化改革的根本原因，然而，应该明确的是，低效模式的有效性存续是建立在低需求上的，一旦经济发展、政策要求或者城市定位带来环卫需求的上升，这种低效的平衡就将被打破，这种有效性也就不存在了。

（二）合同外包下政府主导的附庸模式

1. 附庸模式的概念

合同外包下政府主导的附庸模式同样也有三个观察路径："合同外包""政府主导""附庸"。合同外包是指，在这种模式下所采用的公共服务市场化模式是合同外包，这种外包是该模式的实现基础，也是多主体综合作用下的症结所在；政府主导是指，尽管在服务承接主体上引入了市场作为服务提供者，但是从治理逻辑而言，这种模式是由服务的购买者——政府在全方位上进行主导的，这种主导是导致合同外包成为"附庸"模式的权力基础；附庸是指，在合同外包下政府主导的现实中，其他服务治理主体在行为逻辑上成为政府行为的附庸，即它们的行为是政府行为的延续。

因此，这里的"合同外包下政府主导的附庸模式"是指，在以合同外包为基本的服务提供模式下，政府通过压力传导和行为逻辑的向下传递来控制其他参与的治理主体，并在现实性上达成其他主体对自身行为的附庸而构成的政府为实际控制者的多主体附庸模式。这种模式主要存在于我国环卫市场化改革以后，政府因为多方面原因而进行环卫服务外包，而此时有能力承接这种服务的市场主体还没有出现，一向强势的政府就通过自身的行为逻辑控制了这种外包，占据了附庸的主导权。2000年后，在城市化快速发展的南部、东部地区，这种模式一度成为各地政府进行环卫服务改革的标杆模式，直到2015年前后，北京、上海、广州地区对这种模式进行了突破，市场机制下政府创新的效率模式才浮出水面。现在我国绝大多数地区的换位服务提供模式都是这种模式。

2. 附庸模式的内涵

公共需求的提高导致低效模式失衡，环卫服务的名义提供者——政府则需要提高供给来满足这种由经济发展带来的环卫需求的提高。于是，环卫服务市场化成为政府节约财政资金的最佳选择。利用与原先水平持平甚至有所减少的财政资金，将更高要求的环卫服务提供交给市场，政府再通过规定和合同要求对环卫的质量进行限定。因此，这种对于政府而言十分现实的抉择，成为我国经济快速发展时期的普遍潮流，而其中的环卫有效性隐患则被一年又一年的GDP增速所掩盖。

如果说传统体制下政府负责的低效模式的有效性缺陷是不可避免的经济发展导致的结构性失衡，那么合同外包下政府主导的附庸模式则是压力传导型失衡。

值得注意的是，在附庸模式下的合同外包中，还有一种环卫行业人力资源的外包。在这种外包中，政府通过合同，将原隶属于政府管理的环卫工人转置于第三方人力资源企业，再通过与人力资源企业签订合同，向企业雇佣环卫劳动力，这部分环卫工人虽仍受政府部门的管理，实际提供着环卫服务，但其劳动关系则与政府无直接关系，完全属于人力资源公司。采取这种人力资源外包，在事实上确实能够延长附庸模式的环卫有效性，使其在更久的时间内不失衡，但这种延长，本质上是对实际服务承担主体的承压的延长，这种外包终究不能在附庸模式的体制下进行长久的存续（见图2）。

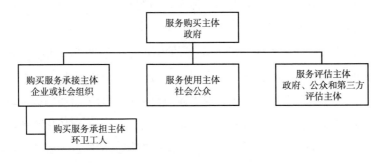

图2　附庸模式

因此，由上所述，附庸模式的环卫有效性存在不可调和的压力隐患，而政府在经济发展增速平稳、社会问题凸显后所选择的效率模式则是对附庸模式操作层面的反思，在这种反思下，市场主体的作用、环卫工人的权益、评估主体审核的重要因素、政府"环卫可以外包，责任不能外包"的意识都随着主体性因素的成长而凸显，效率模式带来的"逆市场化"和"后市场化"也就代替原先的"市场化"，成为一种新的潮流。

（三）市场机制下政府创新的效率模式

1. 效率模式的概念

市场机制下政府创新的效率模式有三个观察路径："市场机制""政府创新""效率"。市场机制是指，这种模式的底色或者说基础是市场机制，尽管在服务参与主体上，这种模式与低效模式相类似，但决定效率模式与低效模式不同的最重要因素就在于市场机制的健全和应用。政府创新则是相对于附庸模式而言的，它是指政府不再依靠传统的治理逻辑进行治理，而是通过两方面的创新：一是治理身份的创新，即政府不再是主导者，而是与其他主体平等的共治者；二是治理方式的创新，即政府主动负担起培育市场主体的责任，创造市场环境。效率也是相对于低效模式而言的，这也是实践层面这种模式能够存在的原因：通过市场主体的培育使环卫服务提供的质量和水平升级，能够满足高要求的环卫需求，这种高水平的效率是效率模式的根本追求。

因此，"市场机制下政府创新的效率模式"是指，在市场机制作用下，政府通过创新治理主体思维和治理逻辑，以培育高质量的市场主体为目的，能够在多元视角下提供与高水平环卫需求相适应的环卫供给的供求平衡模式。这种模式出现于2015年前后，但目前还未大范围在我国得到广泛应用，其实践多见于我国较发达地区，尤其是政府角色转变较好、经济活力较强的地区。可以说，这种模式还处于探索过程中。

2. 效率模式的内涵

在市场机制下政府创新的效率模式中，服务购买主体、购买服务承接主体仍合二为一地指向政府，但正如前一部分所指出的，这种合二为一，已不再是低效模式下的传统治理模式，而是以市场机制和市场主体为主要元素的创新模式，在这种模式下，多元化的主体被纳入政府的工作轨道，政府打破原有的治理思维和管理思路，将自身视作社会共治的一个主体、一个角色来参与环卫工作的社会治理，在这种模式下，权威不再来源于政府，而来自由政府、公众和第三评估方所共同构成的审核、评估意见。如此一来，官僚式的行动逻辑和压力传导体制就无处容身，任何一个参与环卫服务提供和接受的主体都成为环卫服务评估的重要因素，似乎这种模式能够在我国目前的发展状况下长久持续下去。

然而，效率模式本身也有其自身固有的环卫有效性缺陷。即使效率模式兼顾了多主体，照顾了多方面，并结束了原先的压力传导，但这种改变和革新是建立在市场主体和市场机制正在培育的基础上的，也就是说，这是我国经济发展平稳在环卫服务提供上的一种反映，这种反映的内在要求是，通过持续的政府、社会成本输入来培育独立的市场主体，这种共治本身并不是自然形成的，而是一种政府自身做出的改变，从源头上而言，仍然是政府在推动这种模式的延续。

在政府推动的"后市场化"运动中，对于市场主体的培育和市场机制的吸取和借鉴，政府是投入了大量成本和精力的，以广州市为例，自2015年起，广州市"政府内部的市场化运作模式"①，吸收了大量来自社会的民间资本，同时政府需要成立专门的机构，投入一定数目的预算对这种模式进行管理和维护。也就是说，这种效率模式的创新性，体现在与附庸模式和低效模式的运作方法比较

---

① 叶林、杨雅雯、张育琴：《公共服务的"后市场化"道路——以广州环卫服务改革为例》，《天津行政学院学报》2018年第1期。

中，但这种模式的最终导向，并不是一个具有持续性的发展模式，而是对于市场机制、市场主体和评估主体的培育，以期在这种培育完成后，再由有能力的市场来实际承接环卫服务工作，由社会公域中的第三方评估者和公众对这种服务进行核评（见图3）。

图3 效率模式

因此，效率模式虽是目前我国环卫市场化的有效出路，但这种改变并不是一劳永逸的，相反，这种改变对于新的内在因素的要求是十分严格的，这种类似于返回"低效模式"的做法，实际上是为了环卫公共服务的真正有效供给而进行的"退一步，进两步"的策略。其本质是在我国经济发展更上一个台阶后为环卫服务的多元主体有效共治提供一个台阶和过渡阶段。

（四）多元主体下有效共治的市场模式

1. 市场模式的概念

多元主体下有效共治的市场模式同样也有三个观察路径："多元主体""有效共治""市场"。多元主体是效率模式的必然结果，这种多元主体是指，服务购买主体、购买服务承接主体、购买服务承担主体、服务使用主体和服务评估主体；有效共治则是多元主体发挥作用的典型表现，是指在多元主体下共同进行的有效治理，其强调的是有效；市场则是有效共治的必然要求，在多主体的条件下，唯有市场可以为多主体提供有效而必要的平台，而这种效果的达成有赖于市场机制的完善。

因此，"多元主体下有效共治的市场模式"是指，在服务购买、服务提供、服务承担、服务接受和服务评估五个主体共同平等治理下，在市场机制的基础上能够实现环卫服务供需的有效平衡模式。这种模式是我国环卫服务发展的未来，目前而言，这种模式还没有存在的土壤，但是可以看到的是，我国多地由不同基础向市场化的新型转型是存在市场模式的因素的。

2. 市场模式的内涵

在效率模式下，作为服务购买主体的政府，作为购买服务承接主体的企业或有能力的社会组织，作为购买服务承担主体的高度信息化、机械化、智能化的环卫工人，作为服务使用主体的公众与共同组成服务评估主体的政府、公众和第三评估方能够以环卫服务的提供为基础形成共治，而这种共治是具有十足的环卫服务有效性的。

这种服务有效性的平衡在于市场模式的多元治理，因此也就内含了三个方面。首先，政府的角色转变完成，服务型政府有效构建，科学治理行为和模式有效落实，这是在市场模式下多元治理的行政基础，如果失去这种基础，那么市场模式就会重归附庸模式。其次，市场主体——企业的规模化形成，环卫服务的提供企业能够在这种公共服务的提供中赢利，并在这种赢利下改善环卫服务的提供效率，即企业或相关社会组织有能力、有规模将实际的购买服务承担主体科学地、人性化地组织起来提供更高质量的环卫供给。市场的规模化是这种有效性平衡的现实性基础。最后，是社会公域或者说市民社会的形成。在这种社会公域中，政府、公众和评估主体对于环卫公共服务的评估有着最终的或者法理上的决定权，也就是说，参与环卫服务提供和接受的四个主体都能将自身的利益表达上升为群体性意见并得以反馈。这种公意式的评估核准主体的存在是市场模式的环卫有效性的最终保障（见图4）。

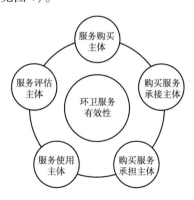

图4　市场模式

（五）各模式的比较与分析

从目的来看，我国环卫服务提供的四个模式的指向是一致的：达成环卫服务的供需动态平衡。有趣的是，在目的相同的情况下，从宏观而言，我国环卫服务的提供模式是有着历史性重复的（见表1）。

表1　各阶段模式主体一览

阶段	服务购买主体	购买服务承接主体	购买服务承担主体	服务使用主体	服务评估主体
低效模式	政府	政府	环卫工人	公众	政府、公众
附庸模式	政府	企业、社会组织	环卫工人	公众	政府、公众、第三评估方
效率模式	政府	政府	环卫工人	公众	政府、公众、第三评估方
市场模式	政府	企业、社会组织	环卫工人	公众	政府、公众、第三评估方

在低效模式下，政府作为环卫服务的责任提供者和实际提供者，兼领了购买主体和承接主体的身份，通常是市政局下的环卫科在进行全部环卫服务的供给。而环卫工人则作为"准事业编"，得到了相对满意的薪资和相关福利保障。此外，政府还和公众一起进行默契性的服务评估。因此，在"低效"的本质和仅有的三主体下，政府、公众和环卫工人很容易达成供需的结构性平衡。

进入附庸模式后，突然增加的市场主体使环卫服务的供求平衡在实际运作中不那么容易保持。企业或社会组织代替了政府成为服务承接主体，此外，为了核评其服务提供质量，政府往往会引入第三评估方作为主要的服务评估主体。这样一来，天平的两端就出现了两对砝码：第一对是原本存在的公众需求和环卫服务供给；第二对是服务评估方和被评估方的核评统一。因此，从平衡的达成条件而言，附庸模式的平衡更难达成，也更易失衡，而失衡点，如前所述，在于环卫工人主体的压力累计。

在效率模式下，从主体来看，似乎又回到了低效模式的起点，政府重新成为购买服务的承接主体，而唯一的区别在于服务评估主体以第三评估方为主。因此，效率模式的有效性平衡点在于评估的现实贴切性，即这种评估能否有效地反映现实中环卫服务的供给质量。这种现实贴切性同效率模式的目标——培育、壮大市场主体是相辅相成的。

至于市场模式，从五个主体来看，与附庸模式别无二致，但其内核却又有很大区别。在市场模式下，多主体的协同共治所要达成的平衡点是两两对应的，也就是说，这种平衡从条件上而言更难达成。但从单个主体来看，每一个主体都不再存在角色失范的情况，每一个主体能够契合自身的角色，完成其身份的规定性任务。这样来看，市场模式又在能力上相较于前三种模式更具有"动态平衡"的可能。

因此，综观我国环卫实践的四个模式，可以发现，每一个模式建立在前一个模式的失衡点上，而下一个模式又是此模式的前身的创新性"复刻"。整体而言，我国的环卫发展呈现出一种"螺旋式"的阶梯上升状态，这样的上升能够使制度因素在环卫实践过程中更多地发挥作用，从而建构一个具有"动态平衡"功能的多元共治的环卫制度体系。

五　不同环卫服务模式的实例举隅

（一）传统体制下政府负责的低效模式实例

目前，我国低效模式主要分布于我国中西部地区的城镇和小型城市。以山西省 L 县为例，该县目前还未进行市场化改革，还是由市政局的环卫工作队在负责环卫工作的日常运行。该县共有 600 余名环卫工人负责全县的环卫工作，环卫工人大多属临时工，其环卫机械化程度也几乎为 0，环卫工人手头的工具基本上只有扫帚和环卫三轮车，环卫工人自身整体年龄偏大，工资低，待遇不理想，安全与法律意识也较为淡薄。[1]

此外，以河南省巩义市为例，该市全年环卫经费的 85% 用于保障环卫人员工资，而工作风险因素多、安全防范措施不足、工作强度较大、工资收入低的问题同样存在。[2] 而结合目前我国中西部多个非省会城市以及县乡、镇所在场域，

---

[1] 详见杨柯、张伟豪《当前城市环卫工人生存状况的调查与研究——以山西省 L 县为例》，《山西科技》2019 年第 4 期。

[2] 详见刘雨萌《环卫工人生存状况调查分析——以巩义市东区为例》，《决策探索》（下）2019 年第 2 期。

可以发现，环卫工人境况差、环卫经费支出失衡、街道整洁度和垃圾清运程度下降是目前低效模式所面临的直接问题。

可观察到的地方案例表明，低效模式的低水平平衡在我国目前的环卫实践中正趋于失衡，单独依靠政府提供的环卫服务供给已经捉襟见肘，多数地区的环卫经费的绝大多数用于环卫工人的工资支付以及其他与环卫工人相关的支出，但尽管如此，环卫工人的生存现状也不容乐观。这进一步说明了低效模式在目前我国发展情况下的不可持续性，而这期间多个主体所面临的各自问题则是低效模式环卫服务有效性趋于失效的前兆。

（二）合同外包下政府主导的附庸模式实例

附庸模式的实践应用有很多，全国各地的丰富实践为不同时期的附庸模式提供了广泛的素材。附庸模式的初始阶段，即由低效模式转变而来的短暂红利期还在我国南北各地市不断上演着。

如深圳市罗湖区。1994年，深圳罗湖区率先开始在环卫服务的提供上进行了购买尝试。罗湖区政府为了改善环卫服务质量，开始引导环卫工人自己成立独立的环卫公司，政府向这些公司分片区购买环卫服务。这种尝试取得了好效果，相比原来的环卫服务方式，不仅节省了财政资金，服务质量也得到了明显提高。[①]

无独有偶，广东省肇庆市鼎湖区也是初始阶段的代表。鼎湖区与启迪桑德环境资源股份有限公司签订合约，通过环卫外包的方式，前者将城区一块面积达到230万平方米的环卫区域外包给后者。政府通过市场购买公共服务，开创了政府投资、企业管理、政府考核的新模式。政府每年投入2000余万元，由启迪桑德公司直接负责区域内的道路清扫、垃圾清运等环卫工作；环卫车辆及清洁设备也由启迪桑德公司负责提供。原先该区域的150余名环卫工人通过协商，自愿进入启迪桑德公司工作，经过扩招，该区域的环卫工人增加到约200名。这个案例推进了鼎湖区市容管理方式的创新，改变了该外包区域之前缺少环卫工人、清扫设备落后、环卫效果差的状况。[②]

---

① 详见林华琪《深圳市罗湖区城市更新中的政府事权配置问题研究》，深圳大学硕士学位论文，2017。

② 详见叶茜薇《启迪桑德环境资源股份有限公司发展战略研究》，湘潭大学硕士学位论文，2016。

另外，阜阳市颍泉区的农村环卫市场化改革也是该模式鲜明的写照。2015年底，阜阳市颍泉区开始了市场化的环卫公共服务提供，颍泉区采取了分段招标、分段承包的外包手段，并制定了相关的责任主体分工要求和监督考评办法，实行"日督查，周调度，月通报，季兑现"，对优秀的镇（街道、园区）进行现金奖励，而对考评不合格的镇（街道、园区）实行惩罚措施。这种富有立体性的环卫外包施行后，颍泉区农村环境卫生明显改善，满意度达90.6%，环卫基础设施也逐渐齐全。尽管目前该区仍存在低价竞标、监督考评体系不完善、人员队伍建设待加强（环卫工多是来自村中的村民，年龄大且文化程度低）等问题，但相比改革前，颍泉区的城市风貌显著改善，人民对于街道的整洁程度评价有了大幅度提高，更多原先在家待业的村民得到了环卫工作，解决了就业问题。[①]

而附庸模式的问题暴露阶段，也就是有效性不再、结构性失衡的案例在我国的实践中有所体现，如北京市。北京环卫在改革的初期采取分项承包模式，恰赶上2003年SARS暴发，进入北京的民营企业专业能力不足，面对突发事件缺乏应对办法，其规模小，与上级主管部门沟通不利，给北京市环卫形象造成了负面影响。[②]

广州市则是问题暴露阶段的典型。20世纪90年代，广州开始逐步扩大环卫服务市场化，推行市、区、街道三级系统分别负责不同的保洁区域。广州市除将其管辖的绝大部分市政道路、高速路等区域的清扫保洁外包外，其余地区的清扫保洁模式让各区自主选择，实行不同程度的市场化改革。然而，这种分区而治在经过十年的发展后遇到了重大的挑战，引发了广州市环卫服务的危机。[③]

西安市则是压力传导的典型。西安市的环卫工人年龄偏高，绝大多数在40岁以上，且多为农村户籍，月收入在2500元左右，学历大多处于初中毕业水平，近80%没有与用人单位签订劳动合同，每天工作时长远超8小时，且三成保洁员没有收到加班费，近2/3的保洁员遭遇过或大或小的工伤，社保、福利也近90%没有得到保障。近80%的环卫工人认为自己在工作中受到了歧视，加起来

---

① 详见谭胜男《阜阳市颍泉区农村环卫服务外包研究》，安徽大学硕士学位论文，2019。

② 详见阎露《当前我国政府购买公共服务存在的问题研究》，北京交通大学硕士学位论文，2015。

③ 详见叶林、杨雅雯、张育琴《公共服务的"后市场化"道路——以广州环卫服务改革为例》，《天津行政学院学报》2018年第1期。

近 90% 的环卫工人不知道或未参加工会。机械化设备利用率低，仅为 36%。而企业在这其中也难以赢利，"只能以低价'被中标'"。①

可以看到，附庸模式的多个阶段在我国广泛的实践中都有体现，总的分布趋势是自内陆向沿海逐渐后期化，这也说明，附庸模式是目前我国的主导环卫模式。而从目前来看，新进入附庸模式的地区能够较好地实现供求平衡，而随着时间的变化，经济发展程度提高，压力逐渐传导至环卫工人群体，导致环卫工人在实际承担服务中无法提供正常质量的环卫服务，从而导致附庸模式的有效性失衡。这种失衡，目前的转向是效率模式，以期培育高质量的市场主体。

（三）市场机制下政府创新的效率模式实例

效率模式的倾向在我国目前多地市已有体现，如南昌市东湖区。2013 年 9 月 5 日，南昌市东湖区通过公开招标的方式将环卫工作外包给洁亚公司，在外包后，东湖区的环卫效率得到了有效提高，相关的环卫设备也得到了完善和更新，市容市貌焕然一新，在环卫层面达到了政府、社会、市场三方满意的程度。但自 2015 年起，城管局环卫所又开始承担东湖区部分的保洁工作，之后的环卫工作也被陆续移交回城管局，其根本原因在于环卫工人的权益没有得到维护，洁亚公司的管理方式出现问题，环卫工人在增加工作时长和工作量的情况下，收入和福利却越来越差，甚至有拖欠工资、肆意处罚的事情发生。②

而 2015 年后的广州市则是效率模式的领头羊，广州市于 2015 年开始了"后市场化"的逆市场化，产生了空前的效果。改革主要体现为以激励弥补政府缺陷、以监管规范市场运作、将企业管理模式引入政府内部三方面。这种做法在市场机制和市场主体上进行了培育，因此，从这个角度而言，"政府内部的市场化运作模式"可能是附庸模式过渡以来的非整体外包的过渡出路。③

效率模式可以说是我国附庸模式转型的实践范例，一方面，附庸模式的发展催生了效率模式，而效率模式又脱离附庸模式，成为眼下转型时期过渡的其他选

---

① 详见韩锦《公共服务外包背景下环卫工人权益保障研究》，西北大学硕士学位论文，2018。
② 详见吴小湖、冯春丽、陆灵娇《民营化发展的困境——以南昌市垃圾外包为例》，《经济研究导刊》2016 年第 10 期。
③ 详见叶林、杨雅雯，张育琴《公共服务的"后市场化"道路——以广州环卫服务改革为例》，《天津行政学院学报》2018 年第 1 期。

择，可以看到的是，效率模式并不仅仅是由附庸模式转型而来，低效模式地区也可以依靠效率模式进行市场主体的有效培育。可以说，效率模式是我国环卫服务提供道路上十分重要的一环。

（四）多元主体下有效共治的市场模式实例

可喜的是，在我国目前的环卫市场化实践中，已有多元共治的市场模式的应用雏形。如沈阳市浑南区。2016 年 7 月改革前，沈阳市环卫系统大多属于事业单位，环卫工人属于差额事业编，给当地财政造成了巨大压力。因此，政府推动了市场化改革，在改革过程中，沈阳市以公开招标的方式进行外包，最终由一家福建省的颇具规模和能力的环卫企业中标。市场化运营既保证了环卫工人待遇只增不减，又更多地利用机械化作业。此外，沈阳市浑南区还联合市民和第三方评估企业，对浑南区的环卫服务进行了灵活评估，将要求和规范落实到每一小点，最终实现了环卫工作机械化、信息化等先进目标，达成了政府、企业、社会、环卫工人四方的共赢。[1]

另一个具有代表性的是南充市嘉陵区，南充市嘉陵区的共治也体现了市场模式的高效。2015 年 8 月，南充市嘉陵区决定进行以耀目路为试点的市容环卫服务外包运作尝试，在随后的两年里，新增了数个服务外包试点。与其他地区不同，嘉陵区的环卫服务外包以完善"以事核费、以费养事"的经费核算体系，确立高效可行的行政监管模式和多方位开展服务外包廉政制度的建设为基础取向，在制度上实现了从招标到转交职能过程中的一系列制度创新，使外包在四方协同中能够最大化效率和各方利益，尤其通过廉政制度的建设提高了腐败成本，从制度上保证了环卫工人权益的落实。[2]

可以看到，目前我国具有市场模式雏形的地区并不是传统意义上的发达地区，如北、上、广、深，相反，具有市场模式雏形的城市多为中等发达地区的城市或欠发达地区的省会（首府）城市，它们通过广泛的招投标，吸引发达地区的环卫主体来承接政府购买，而自身通过宏观、透明的行政制度来规范、约束整个购买过程，之后则主要通过第三方评估企业和社会公众来对工作细则和环卫质

---

① 详见李彦博《沈阳市购买环卫服务案例研究》，大连理工大学硕士学位论文，2017。

② 详见任讷《南充市嘉陵区环卫服务外包运作案例研究》，电子科技大学硕士学位论文，2018。

量进行合理化评估，达成动态平衡的环卫有效性。可以说，这样的实践是符合我国环卫服务发展的历史进程的。

六 我国环卫模式演变的内在逻辑

自 2000 年我国环卫市场化改革施行以来，我国发展状况不同的各地进行了广泛的实践，虽然整体来说实践呈区域化、碎片化，但从宏观脉络的角度来看，我国环卫市场化发展的 20 年还是有模式可循的。2000～2015 年是我国环卫市场化过程中追求市场化、社会化的阶段，其间我国环卫服务取得了许多新的成果，但也暴露出来许多问题。2015 年后，我国东南地区率先进入了"后市场化"时代，但从全国来看，我国的环卫市场化仍处于最初的实践阶段。近两年来，我国多地，如沈阳等城市进行了卓有成效的市场化改革。可以说，我国环卫服务的发展具有十分特殊的发展历程，而这种历程的内在脉络和内在原因则是需要注意的重点。然而，在改革过程中，出现了片面追求市场化的情况，即放弃效率的标尺，以行政上的市场化为标准，造成了我国多地区环卫工作质量的下降、环卫工人生活状况不乐观、政府资金投入大、承包企业怨声载道等多主体共输的局面。这引发了国内学界对于我国公共服务市场化的思考和反思，如前所述，很多学者在讨论公共服务市场化，尤其是环卫公共服务市场化的各方主体以及政府在这一过程中所担任的角色。

因此，目前阶段在我国，这种政府购买公共服务唯有相比于政府自身承担公共服务更有效、更经济，才是推行环卫市场化的根本圭臬，幸运的是，我国对于这种市场化的推行是正确而必要的：向企业或社会组织购买公共服务的有效性高于向事业单位购买服务的有效性。[①] 而值得注意的是，我国目前公共服务市场化的外包现状却是"官僚式外包"，"即在实施政府购买基本公共服务的过程中，行政权利用主导地位优势，采用惯性的行政化手段替代平等的市场化协作，导致行政权力对购买过程的过度干预和控制，既消解了社会组织作为基本公共服务生产主体的能动积极性，也抑制了公众作为基本公共服务享有主体的参与积极性，

---

① 韩清颖、孙涛：《政府购买公共服务有效性及其影响因素研究——面向 153 个政府购买公共服务案例的探索》，《公共管理学报》2019 年第 7 期。

从而影响了政府购买基本公共服务的政策绩效"①，而这种"官僚式外包"带来的最大危害则是对于公共资源分配，或者说公共服务职能的履行的相关主体的选择性忽视。在服务购买主体（各级政府）、购买服务承接主体（企业或社会组织）、购买服务承担主体（实际工作的承担者、一线工作者）、服务使用主体（社会大众、市民）和服务评估主体（政府、政府内评估机构、第三方评估机构与公众）五方中，占据主导地位的行政权力将服务购买主体放大化，通过行政手段和行政模式弱化了其他四个主体所应发挥的平等作用，而单独地以行政逻辑去干预事实上已经外包出去的公共服务，这样带来的是购买服务承接主体和服务评估主体的附庸，即市场化本身出现了变质（见图5）。

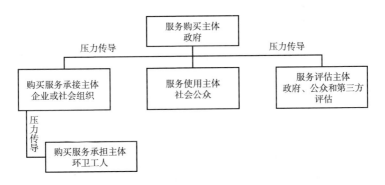

图5　官僚式外包的压力传导体制

非历史地追求的市场化会在一个侧面上严重打击非政府主体的成长与培育。目前我国从事环卫服务的市场企业有8000余家，而从事环卫服务的非营利组织则几乎没有，绝大多数企业的规模极小，能够发挥规模效应的优秀企业不到1%②

可喜的是，全国各地区的应对调整不是"逆市场化"就是"后市场化"，将大部分的环卫服务发包收回，却并不是走传统的、市场化改革之前的老路；而是大胆地将服务购买主体、服务承接主体、服务承担主体和部分服务评估主体完全整合进一个行之有效的体系中。用以代替附庸模式的不是传统的低效模式，而是权责对等、减少多级委托代理关系的政府主导的效率模式。这种模式的关键之处

---

① 姜晓萍、康健：《官僚式外包：政府购买公共服务中利益相关者的行动逻辑及其对绩效的影响》，《行政论坛》2019年第4期。
② 张农科：《中国环卫市场化改革的问题和出路》，《城乡建设》2018年第20期。

在于，政府无法再作为一个单纯的购买主体对其他客体进行主体性的规定，因为除了服务承担主体、服务使用主体以外，其他的无论是市场还是评估主体事实上都成了服务承接主体，即服务购买主体与承接主体相一致，政府必须自身对环卫工作进行规定、要求，并对此负责。这样一来，无论如何，政府的行为逻辑不会进行多层的传递，换言之，政府的所提出的压力必须由政府自身进行解决，而不是简单的分派。另外，服务承担主体——环卫工人则脱离了以往的"被委托"境况，或多或少成为政府下辖的工作人员，其工资、奖惩、规章制度、福利与保障的发放也直接由政府负责，其待遇也会有所保证。

这种效率模式在政府行政体制和政治文化尚未有创新性变革的节点具有重要意义。一方面，它能使环卫职能在政府主导下更具活力，使基层政府更加务实，将企业管理模式引入政府内部，在政府内部呈现出追求效率的市场化姿态；另一方面，它使政府能够从权责对等的角度规范自身行为，转变政府职能和传统的行为方式与行为逻辑，在根本上解决导致环卫市场化不那么有效的症结。最重要的是，政府在应用这种效率模式的过程中，会培育起一批具有地方特色的、因地制宜地成长起来的市场主体，在机制上为进一步全方位的、有效的市场化改革奠定基础。目前而言，市场机制下政府创新的效率模式还在探索和实践中，但可以预见的是，在市场主体培育完成、市场机制健全、政府行政权力规范使用的将来，市场化是必由之路，亦为应有之义。唯有如此，市场模式才能不再是雏形，才能真正广泛应用于我国广大的环卫实践中去。

七 结论与讨论

因此，尽管从全国范围来看，各地的环卫服务提供模式不尽相同，其未来选择也具有多样性，但是可以看出，我国目前的环卫服务提供现状是，以合同外包下政府主导的附庸模式为主，辅以欠发达地区的传统体制下政府负责的低效模式，加上较发达地区的市场机制下政府创新的效率模式。另外，多元主体下有效共治的市场模式雏形已经出现。对于我国而言，目前提高环卫服务质量的必由之路是培育市场主体，转变政府职能，经由市场机制下政府创新的效率模式走向多元主体下有效共治的市场模式，在此过程中，特别需要注意的是因地制宜地发展自身环卫模式，而这种因地制宜的实现则应从多主体的多方面因素入手。

（一）经济建设取得更大突破是环卫服务有效性构建的力量源泉

环卫问题终究是经济发展的附属问题，解决环卫问题，既不能像附庸模式那样，将环卫问题简单地交予其他主体自行治理，也不能将环卫问题视作根本目标，环境卫生的公共需求来自经济发展，无论是社会公众对于这种需求的要求提高，还是实际的环卫工作数量随着城市化和工业化的步伐大大增加，都是经济发展本身带来的子问题。此外，培育、壮大市场主体，本质上也离不开经济的持续健康发展。因此，解决环卫问题，要站在经济发展的长远角度进行统筹规划，坚定不移贯彻环卫新发展理念，坚决端正发展观念，转变发展方式，使环卫质量和效益不断提升。

（二）建设服务型政府是环卫服务有效性构建的行政基础

纵观我国环卫市场化改革的历史进程，可以发现，我国的环卫市场化路径如下：由低效模式到附庸模式，再由附庸模式到效率模式，最后由效率模式到市场模式。这一过程既是为了弥补我国环卫市场主体的规模缺失，也是我国行政体制和国家治理体系的变革所需要的。因此，转变政府职能对于包括环卫服务在内的公共服务提供有着重要的基础性意义，唯有政府将自身视为服务购买主体，以这个身份与相关主体一道参与公共利益的协同治理，我国环卫服务才能避免一味地市场化、社会化，才能真正从体制机制上激发活力和创造力。

（三）培育规模性的市场主体是环卫服务有效性构建的应有之义

目前，我国环卫市场化改革还面临着整体碎片化、低端化发展趋势严重的问题。规模性的环卫企业在我国8000家环卫企业中是凤毛麟角，低端化发展的环卫市场主体难以在技术、管理上对环卫行业有所创新和变革，甚至从目前来看，机械化都难以全面推行。因此，保证市场主体在环卫服务提供中赢利，给企业自身发展留有空间，才能在现实性上保证市场主体的有效成长。市场主体的有效成长，不应该依靠政府的财政补贴与合同补贴，更应该通过市场机制给予的平台和机会来赢利，唯有如此，在市场模式下，才有真正可以依靠的规模性环卫企业来承接环卫服务的供给。

（四）以人为本是环卫服务有效性构建的人文关怀

遍历世界任何一个国家和地区的任何模式下的环卫服务提供，其最终的购买服务承担主体都是环卫工人。可以说，环卫工人的生存状况、薪资酬劳、身心健康是该地区环卫服务有效性的晴雨表。如果环卫工人的生存状况差，工作时间长，工作薪酬低且工作强度大，那么这种模式的有效性就低，维持其平衡的可持续性就不明显。因此，保证环卫供给质量和保证环卫工人生存质量是环卫公共服务提供的两条基本原则，而以人为本、培育现代环卫工作主体则是必由之路。

（五）高参与度的服务使用主体是环卫服务有效性构建的现实土壤

服务使用主体——公众是环卫公共服务的最终指向，环卫公共服务的存在本质上是满足公众的环卫公共服务需求。因此，对于环卫服务的需求表达是环卫服务有效提供的原则性前提，没有准确的需求表达，就不会有相应的合适的公共服务。故而，唯有社会主体真正以服务使用主体的角色参与到环卫服务提供、使用和评估的过程中来，环卫服务有效性才能在社会意义上具有现实性。

（六）多元而独立的服务评估主体是环卫服务有效性的有力保障

在市场模式中，由政府、公众和第三方评估企业或组织组成的服务评估主体是环卫服务自身调整的自动阀门。因此，培育有效的监督主体，明确、细化监督和评估的各项指标，在环卫工作流程化、制度化、体系化的同时，也对环卫工作审核、监督和评估本身进行有效的规定和制约，让环卫服务制度化。这也是市场模式下不给寻租者空子钻的有力保证。

（指导教师：李硕）

基于性别差异的大学生恋爱暴力行为和影响因素的实证研究

——以北京市三所高校为例

孙　钰　马小涵　靳忠骥　江村卓玛　和雪莹*

摘　要　当今社会，大学校园里宽松的学术氛围、开放包容的思想观念给予大学生高度自由的发展空间，大学生恋爱现象普遍化的同时，恋爱关系的紧张以及恋爱关系中的暴力行为也屡见不鲜，暴力事件频发不仅不利于恋爱关系的稳定，甚至会影响大学生的身心健康，从而不利于学校对人才的培养。本次研究通过对北京三所高校学生的恋爱状况以及恋爱暴力行为的调查分析，对基于性别的不同恋爱行为的比较做描述性分析，并对导致恋爱暴力行为产生的影响因素进行简单分析，在此基础上提出几点防范恋爱暴力行为、稳定恋爱关系的建议。

关键词　大学生；恋爱暴力；影响因素

一　研究背景

随着当代各种社会思潮和西方流行文化在大学校园的聚集，大学生对于谈恋爱的态度越来越开放。由于性生理的成熟和性意识的苏醒，大学生谈恋爱已经成

孙钰，管理学院 2016 级本科生；马小涵，管理学院 2016 级本科生；靳忠骥，媒体学院 2016 级本科生；江村卓玛，媒体学院 2016 级本科生；和雪莹，管理学院 2016 级本科生。

为校园里的普遍现象。同时，大学生恋爱引发的各种问题屡见不鲜，其中恋爱暴力现象不同程度地存在于当今大学生恋爱中。

恋爱暴力指发生在恋爱期间的暴力行为，包括各种形式的身体、心理、性方面的暴力行为，手段包括殴打、捆绑、残害、拘禁、折磨、凌辱人格、精神摧残、遗弃以及性虐待等。[①] 恋爱暴力，与家庭暴力相比，因为处于未婚状态下，不受婚姻法保护。恋爱暴力不仅不利于恋爱关系的长久稳定，还会给恋爱双方造成生理、心理上的伤害。作为影响恋爱关系的重要因素，恋爱暴力问题已经引起社会学、心理学以及医学等领域人士的重视。不同形式的恋爱暴力行为在大学生群体中已经成为一个相当普遍的问题，一项对 32 个国家、68 所大学的 13601 名大学生的问卷调查表明，大学生恋爱肢体暴力发生率高达 1/3，一年中肢体暴力平均发生 13 次。[②] 国内关于大学生恋爱暴力的调查发现大学生恋爱暴力比例较高，暴力持续发生，且一旦经历严重暴力，受害者可能经历的严重暴力会更频繁。[③] 在恋爱暴力频发的同时，大多数大学生对于恋爱暴力仍然缺乏相应的认识，包括现状、形式以及成因等。

二　文献综述

美国社会学界通过近半个世纪的对亲密关系中的暴力研究，发现大学生恋爱期间发生暴力在世界范围内是相当普遍的现象。[④] 一项针对加拿大女大学生的调查研究显示，79% 的女大学生遭受过男友的精神虐待，28% 的女大学生曾经被性胁迫。[⑤] Lysova 对正处于恋爱状态中的 475 名俄罗斯大学生的调查发现，在最近

① K. M. Anderson, F. S. Danis, "Collgeiate Sororities and Dating Violence: An Exploratory Study of Informal and Formal Helping Strategies", *Violence Against Women*, 13 (1), 2007.

② Murray A. Straus. "Dominance and Symmetry in Partner Violence by Male and Female University Students in 32 Nations", *Children and Youth Services Review* 3, 2008, pp. 252 – 275.

③ 王向贤：《大学生恋爱暴力初步调查——以某高校 1035 名大学生为例》，《青年研究》2007 年第 8 期。

④ 王向贤：《大学生恋爱暴力初步调查——以某高校 1035 名大学生为例》，《青年研究》2007 年第 8 期。

⑤ D. M. Ackard, M. E. Eisenberg, D. N. Sztainer, "Associations between Dating Violence and High – risk Sexual Behaviors among Male and Female Older Adolescents", *Journal of Child & Adolescent Trauma*, 5 (4), 2012, pp. 344 – 352.

一年内受到恋人躯体暴力的大学生超过 25%，29% 的大学生曾经向恋人施加过恋爱暴力。① 上述三个恋爱暴力研究数据来自国外的相关调查结果，相较于国外的研究现状，我国的恋爱暴力研究虽然已取得一定的成果，但尚处在起步阶段。目前国内相关研究主要分为以下几个方面。

（一）恋爱暴力行为的现状研究

国内相关研究从恋爱暴力普遍现状出发，关注国内大学生恋爱暴力的主要形式、频次、发生率等情况，多以问卷调查的方式获取相关数据。2007 年，王向贤在天津共调查了 1035 名大学生，发现在过去一年间，有超过 50% 的恋爱中的大学生遭受过精神暴力，近 1/3 的学生遭受过恋人的身体暴力（其中，严重暴力的发生率超过 10%，并有近 10% 的学生在恋爱暴力行为中受伤）。② 何影等于 2012 年在南京、长沙、湘潭和贵阳等地的 14 所高校共调查了 3380 名大学生，发现有 42.4% 的大学生处于恋爱状态，恋爱中总体精神暴力发生率为 65.6%，躯体暴力发生率为 36.3%，性胁迫发生率为 11.0%，伤害发生率为 14.5%；其中，50% 以上大学生同时经历两种以上形式的暴力，精神暴力、躯体暴力经历者同时有施暴和受虐行为。③

（二）探析恋爱暴力发生因素及对策建议

国内相关研究关注恋爱暴力行为形成的机制及影响因素，有针对性地指出针对恋爱暴力行为的预防和干预措施。吕晓敏等人从个体、家庭、同伴三个层面阐述分析暴力行为发生发展的影响因素，其中个体主要包括性别和情绪因素；家庭主要包括父母教养方式和父母关系；同伴层面则主要为同伴关系。④ 王效广从马斯洛需要层次理论出发，从五个层面解释大学生恋爱暴力广泛存在的原因。⑤ 肖

---

① A. V. Lysova, "Dating Violence in Russia", *Russian Education & Society* 49 (4), 2007, pp. 43 –59.
② 王向贤：《大学生恋爱暴力初步调查——以某高校 1035 名大学生为例》，《青年研究》2007 年第 8 期。
③ 何影等：《大学生恋爱及恋爱暴力行为发生情况》，《中国学校卫生》2012 年第 10 期。
④ 吕晓敏、张野、张珊珊：《大学生恋爱暴力行为现状及影响因素分析》，《中国学校卫生》2015 年第 10 期。
⑤ 王效广：《大学生恋爱暴力现象探讨——基于马斯洛需要层次理论》，《江西教育学院学报》2013 年第 1 期。

耀科提出了四个主要的方面——传统性别观念的影响、缺乏应对恋爱暴力的方法、恋爱心理健康问题、大学恋爱教育落后，同时提出了四个相应的防治对策。[①]

（三）基于特定因素的关联研究

国内相关研究着眼于系列因素中的某一特定因素，详述其与恋爱暴力的关系。冀云基于儿童期的性虐待、躯体虐待、情感虐待，提出"儿童期受到的虐待越多，在成人后更易出现恋爱暴力。在不良环境下成长的人会形成畸形的心理状态，成年后很可能成为新的家庭暴力的实施者，形成恶性循环。这提示父母对儿童的教育方式对儿童成人后的心理与行为发展有预测作用"。[②] 奥登等人同样从童年期被虐待经历出发，提出"具有童年期被虐待经历的大学生遭受和实施恋爱暴力的比例均高于童年期没有被虐待经历的大学生，差异具有统计学意义（$p = 0.005$）。童年期遭受父母虐待经历对大学生恋爱暴力的发生具有一定影响"。[③] 朱琳等人探讨恋爱暴力与抑郁的关联研究，提出"恋爱暴力可以加重个体抑郁症状，抑郁症状也可能由恋爱暴力引发"，同时得出"高职学生中恋爱暴力行为比较普遍，有性暴力经历的高职学生可作为抑郁干预的重点人群"的结论。[④]

上述国内恋爱暴力研究的三个方面多以定量分析为主，利用人口学、统计学、犯罪学相关理论，或是以某一专业角度以及某一心理健康问题为切入点来研究此类问题。最近的、比较全面的中文文献在 2010 年，距今也有十多年时间。社会历经十多年的发展，大学生的思想观念、生活环境、所处的文化氛围都已经发生了巨大的改变，导致此前的研究结果并不能完全适应当下大学生恋爱暴力的情况。近年来我国高校大学生恋爱暴力现象日趋严重，甚至已经影响正常的学习和生活。而我国有关研究较少且仍处于起步阶段，特别是缺少从性别差异角度进行的实证研究。王向贤、何影等人在其研究中涉及性别差异的探讨，但只是将其作为恋爱暴力因素之一，缺乏全面综合的研究。因此，有必要分析基于性别差异的大学生恋爱暴力行为并探讨恋爱暴力行为形成的机制及影响因素。

---

① 肖耀科：《危险的爱情：大学生恋爱暴力问题探析》，《临沂大学学报》2015 年第 3 期。
② 冀云：《大学生的恋爱暴力与儿童期虐待》，《中国心理卫生杂志》2012 年第 1 期。
③ 奥登、周虹、白文兴：《童年期被虐待经历对大学生恋爱暴力发生的影响》，《中国儿童保健杂志》2014 年第 12 期。
④ 朱琳等：《高职学生恋爱暴力与抑郁的关联研究》，《中华全科医学》2015 年第 3 期。

三　研究内容

为进一步了解恋爱暴力行为的发生，分析性别差异条件下恋爱暴力的产生和行为有何异同，本次研究在北京市选取三所学校，采用自填式问卷调查法，并在成员微信朋友圈发布问卷星链接，抽取326名在校大学生作为调查对象；同时结合个别访谈，在北京高校中进行大学生群体恋爱暴力行为的实证研究。由此，研究内容主要包括：（1）了解高校大学生恋爱暴力的特点，如大学生恋爱暴力的普遍性、恋爱暴力的性别差异等；（2）从心理暴力、肢体暴力以及性暴力三个方面了解恋爱暴力对大学生的影响；（3）分析高校大学生恋爱暴力的影响因素，如家庭结构、个人成长环境、人际交往关系等。

四　研究方法

本次研究基于性别差异，对当下大学生群体的恋爱暴力问题进行以定量为主的研究，通过问卷调查的方式，分别分析男性和女性在恋爱暴力类别上不同的分布情况，并深入探讨造成这种行为的原因。

本研究采用实地问卷调查与网络问卷调查法，于2019年5月11~24日运用问卷星软件提交问卷，在问卷星官方后台审核后展开大规模的网络调查，同时成员于2019年5月11日在北京三所高校（北京邮电大学、北京理工大学、中央民族大学）进行实地问卷星二维码填写调查。调查过程中共收集468份问卷，共有153名男性和315名女性填写，年龄集中于20~23岁，此次调查最终收集有效问卷326份。

五　恋爱暴力相关理论的解释

（一）恋爱暴力概念界定

世界卫生组织（WHO）对于恋爱暴力的定义是，在浪漫的男女关系中，任何过度控制和攻击以及伤害对方的行为，无论借着言语、情感、身体、性关系或综合的形式出现的行为，包括躯体暴力、心理暴力和性暴力。

　　恋爱是男女双方培育爱情的过程，恋爱也是一种博弈。恋爱双方在交往过程中"争取"恋爱关系中的权力，有可能会出现一方使用"暴力战略"尝试主导恋爱关系。相较于以往传统认知，恋爱暴力除了躯体伤害，还包括心理、情感意识层面的伤害。如今学界关于恋爱暴力的界定大致可分为心理暴力、肢体暴力、性暴力三个方面。故此，本文所研究的恋爱暴力是指发生在恋爱期间的暴力行为，包括各种形式的身心及性方面的暴力，手段包括捆绑、残害、殴打、折磨、拘禁、精神摧残及性虐待等。[1]

（二）暴力的代际传播理论

　　暴力的代际传递是指儿童在目睹其父母的夫妻间暴力行为或遭受来自父母的亲子间暴力行为后会认为暴力在人际交往中是合理的，并在他们成年关系中模仿儿时学到的暴力内容。[2] 该定义指出原生家庭的夫妻间或亲子间的攻击行为会继续传递到个体子代成年后的家庭关系中。家庭暴力代际传递效应是指在原生家庭中，夫妻间或亲子间的攻击行为传递到子代，并在子代成年后的新生家庭中表现出继续侵害或者遭受侵害的现象。根据暴力对象划分，家庭暴力代际传递效应主要有夫妻间暴力、亲子间暴力和前两种暴力共存的三种传递类型。

（三）依恋理论

　　依恋理论指出，婴儿期与母亲的互动关系会对未来家庭关系产生重要影响，强调原生家庭的夫妻间暴力（主要丈夫对妻子的暴力）对母婴互动关系的负面影响，进而影响儿童成年后家庭关系中的行为表现。简单来说，家庭中的夫妻间暴力会影响母亲的照料行为，使婴儿在无安全感环境下成长。[3]

---

① 王向贤：《大学生恋爱暴力初步调查——以某高校 1035 名大学生为例》，《青年研究》2007 年第 8 期。

② B. Egeland, "A History of Abuse is a Major Risk Factor for Abusing the Next Generation", in R. J. Gelles and D. R. Loseke eds. , *Current Controversies on Family Violence*, Newbury Park, CA: Sage Publications, 1993, pp. 197 – 208.

③ Alytia A. Levendosky, Brittany Lannert, Matthew Yalch "The Effects of Intimate Partner Violence on Women and Child Survivors: An Attachment Perspective", *Psychodyn Psychiatry* 40 (3), 2012, pp. 397 – 433.

（四）成人依恋

成人依恋指个体与其重要他人形成的情感联结，并且这一联结是持久和强烈的，其会影响个体在人际关系中的认知、情感，并影响其行为方式，从而影响个体建立其他的社会关系。大学生处于成年早期，从成人依恋的角度对其依恋类型进行探究更为合适。现有研究证明，不同依恋类型会影响个体的亲密关系的建立，其中吸引力最强的是安全型依恋型个体。个体之间的依恋差异会对双方产生影响，如二者之间若有相似的依恋类型，会促进恋爱双方的亲密度。依恋会影响恋爱关系的发展，非安全型依恋的个体在亲密关系时间和关系质量上都劣于安全型依恋的个体。依恋会更为具体地影响双方的恋爱观念、恋爱体验和恋爱质量，体现在恋爱关系中的行为、恋爱暴力、恋爱幸福感、恋爱倦怠等方面。

六　研究结果

（一）样本特征

本次调查共收集有效问卷 326 份，其中男性占 32.69%，女性占 67.31%，年龄主要集中在 20～23 岁。调查对象专业主要集中于文史类，管理学与文学最多，分别占总样本的 23.34% 与 19.91%，理工科的样本量较少（见图 1）；受访者的家庭结构中，独生子女占 43.56%，非独生子女占 56.44%；单亲家庭占10.74%，双亲家庭占 86.50%，重组家庭占 2.76%。

（二）大学生恋爱暴力的现状

在受调查者的恋爱类型方面，异性恋占 85.28%，同性恋占 5.52%，双性恋占8.28%，其他占 0.92%；受访者的平均恋爱次数为 2～3 次（见图 2），恋爱持续时间平均约为 7 个月（见图 3）。这说明大学生恋爱现象已经比较普遍，且持续时间较长，情感比较稳定。本次研究使用具体指标测算恋爱暴力的发生率。比较各项指标得分发现，总体而言，恋爱暴力的发生率比较高，其中，心理暴力发生的频率最高，其次是性暴力，肢体暴力发生率远低于前两者。从性别角度而言，女性对恋人施加肢体暴力与心理暴力的比例高于男性，而男性对恋人施加性暴力的比例则要高于女性。

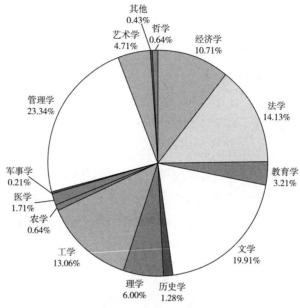

图 1　专业门类

注：各项加总和为 99.98%，系计算过程中四舍五入的结果。

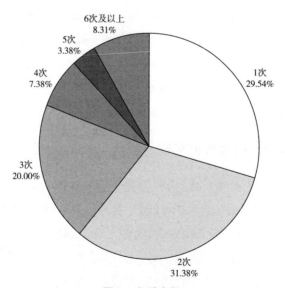

图 2　恋爱次数

注：各项加总和为 99.99%，系计算过程中四舍五入的结果。

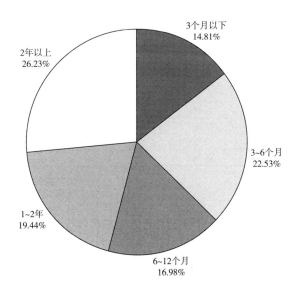

图 3　恋爱时长

注：各项加总和为 99.99%，系计算过程中四舍五入的结果。

（三）相关性分析

本次研究将以家庭环境、人际关系、成长环境、恋爱观以及恋爱关系中的依恋程度四个因素分别与恋爱暴力尤其是施暴者一方的相关性进行分析，探究导致恋爱暴力施暴的影响因素，基于此提出几点建议。

1. 家庭环境

问卷中以是否为独生子女、家庭结构以及家庭成员之间的暴力冲突三个维度来衡量个人的家庭环境。

（1）是否为独生子女：对是否为独生子女的三个维度得分进行正态性检验①结果见表 1（1 代表是，2 代表否）。

---

① SPSS 软件中也称"常态性检验"。

表 1 常态性检验

	您是否为独生子女	K – S 检验（K）*			S – W 检验		
		统计	自由度	显著性	统计	自由度	显著性
肢体暴力得分	1	0.298	142	0.000	0.559	142	0.000
	2	0.329	184	0.000	0.474	184	0.000
性暴力得分	1	0.466	142	0.000	0.349	142	0.000
	2	0.407	184	0.000	0.366	184	0.000
心理暴力得分	1	0.227	142	0.000	0.668	142	0.000
	2	0.248	184	0.000	0.605	184	0.000

＊里利氏显著性校正。

经检验，结果不满足正态分布，因此选择非参数检验，结果见表 2。

表 2 假设检验汇总

	原假设	检验	显著性	决策者
1	在您是否为独生子女类别上，肢体暴力得分的分布相同	独立样本 U 检验	0.322	保留原假设
2	在您是否为独生子女类别上，性暴力得分的分布相同	独立样本 U 检验	0.561	保留原假设
3	在您是否为独生子女类别上，心理暴力得分的分布相同	独立样本 U 检验	0.051	保留原假设

检验结果显示，保留原假设，即是否为独生子女与在恋爱关系中施加肢体暴力、性暴力以及心理暴力无关。因此，通常人们认为的非独生子女懂分享，会顾及他人感受，而独生子女可能更自私、霸道的想法与之并无相关性。

（2）家庭结构：对不同家庭结构的三个维度得分进行正态性检验，结果见表 3（1 代表单亲家庭，2 代表双亲家庭，3 代表重组家庭）。

表 3 常态性检验

	您的家庭结构	K – S 检验（K）*			S – W 检验		
		统计	自由度	显著性	统计	自由度	显著性
肢体暴力得分	1	0.321	35	0.000	0.654	35	0.000
	2	0.315	282	0.000	0.510	282	0.000
	3	0.339	9	0.004	0.671	9	0.001

续表

您的家庭结构		K－S 检验(K)*			S－W 检验		
		统计	自由度	显著性	统计	自由度	显著性
性暴力得分	1	0.469	35	0.000	0.425	35	0.000
	2	0.433	282	0.000	0.352	282	0.000
	3	0.288	9	0.030	0.652	9	0.000
心理暴力得分	1	0.212	35	0.000	0.831	35	0.000
	2	0.233	282	0.000	0.653	282	0.000
	3	0.313	9	0.011	0.715	9	0.002

＊里利氏显著性校正。

同理，检验结果不满足正态分布，则进行非参数检验，结果见表4。

表4　假设检验汇总

	原假设	检验	显著性	决策者
1	在您的家庭结构类别上,肢体暴力得分的分布相同	独立样本 K－W 检验	0.160	保留原假设
2	在您的家庭结构类别上,性暴力得分的分布相同	独立样本 K－W 检验	0.057	保留原假设
3	在您的家庭结构类别上,心理暴力得分的分布相同	独立样本 K－W 检验	0.099	保留原假设

注：显示渐进显著性，显著水平为0.05。

结果显示，保留原假设，家庭结构与施加肢体、性及心理暴力都无关，所以我们认为家庭结构与恋爱暴力的发生无关。可见家庭结构只是外在的，家庭对人的影响主要与家庭的教养方式、家庭成员之间的亲密程度以及家庭生活氛围有关。

（3）家庭成员之间的暴力冲突通过问卷中家庭成员之间是否发生以下行为：发生类似推搡、扔砸东西等肢体冲突，发生类似冷战、吵架等情感冲突来描述调查对象的家庭环境这一变量。通过相关分析结果我们可以看到，如果个体的家庭成员之间发生过肢体及情感冲突，那么个体的肢体暴力和心理暴力得分是更高的，即本研究结果显示家庭环境这一变量与恋爱暴力态度中的肢体暴力和心理暴力两个维度及总分均存在显著正相关，但与性暴力相关性并不是很显著（见表5）。

表 5　相关性分析

			发生类似推搡、扔砸东西等肢体冲突	发生类似冷战、吵架等情感冲突
斯皮尔曼等级相关系数	肢体暴力得分	相关系数	0.180 **	0.119 *
		显著性（双尾）	0.001	0.032
		N	326	326
	性暴力得分	相关系数	0.096	0.046
		显著性（双尾）	0.083	0.403
		N	326	326
	心理暴力得分	相关系数	0.293 **	0.349 **
		显著性（双尾）	0.000	0.000
		N	326	326

注：*，** 分别表示在 10% 和 5% 的统计水平下显著。

　　根据暴力行为的代际传播理论，家庭成员间的行为方式是个体早年学习一系列行为的重要榜样，伴侣间的暴力行为是通过对原生家庭内暴力行为（儿童期虐待或者目睹家庭暴力）的学习而形成的。可以说，家庭成长环境与恋爱暴力态度密切相关，父母对孩子的影响是深远持久、潜移默化的，父母之间的暴力行为不仅会影响儿童幼年的发展，而且对于大学生来说，虽然他们已经远离了家庭，但这种影响依然存在。社会学习理论认为父母是孩子的榜样，孩子会在无形中效仿父母的言行举止。在父母高度冲突、暴力频发的婚姻关系中，父母双方通常不会对冲突进行及时有效的沟通和解决，从而导致暴力行为的发生，这样孩子就学不到在亲密关系中所必要的对攻击性的控制、对亲密关系的经营。孩子会模仿父母亲面对冲突时采取的暴力行为，将其应用到自己的恋爱关系中。在处理亲密关系冲突的过程中，经常目睹父母暴力行为的孩子也表现出更多的暴力倾向。

　　学者 Riggs 提出青少年在童年时期目睹了父母间的暴力行为，或者在童年时期受到来自父母的暴力行为后，更容易将这种行为合法化，进而在恋爱中同样对另一方实施暴力行为。大量的研究证实了有过童年暴力经历的人在成年后更容易支持亲密关系中的暴力行为。他们认为暴力行为是一种解决问题的方式或者是提高自身地位的有效手段。且有研究表明童年有过暴力经历对男性的影响要大于女性，即有过暴力经历的男性会在恋爱关系中实施更多的暴力行为。此外也有研究表明在以往恋爱关系中经历暴力行为的个体倾向于更支持恋爱暴力。

因此可以得出结论，受到家庭暴力框架的影响，人们对亲密伴侣间的恋爱暴力行为形成了刻板印象：男性是施暴者，女性是永远而唯一的受害者。事实上在大学生恋爱暴力中，女大学生的恋爱暴力现象也十分常见，而且很多时候暴力行为是双方共同的，暴力形式的界限也是模糊的，很难定义它究竟是哪种形式的暴力。

2. 人际关系

研究中使用亲密朋友的个数作为考量调查对象人际关系的指标。将恋爱暴力的三个表现方面的得分与"不同亲密朋友个数"的三个维度得分进行正态性检验，结果见表6。

表6　常态性检验

	您有几个亲密的朋友	K－S检验（K）*			S－W检验		
		统计	自由度	显著性	统计	自由度	显著性
肢体暴力得分	1	0.270	7	0.132	0.776	7	0.023
	2	0.291	11	0.010	0.619	11	0.000
	3	0.282	148	0.000	0.724	148	0.000
	4	0.287	84	0.000	0.692	84	0.000
	5	0.380	76	0.000	0.377	76	0.000
性暴力得分	1	0.435	7	0.000	0.600	7	0.000
	2	0.467	11	0.000	0.460	11	0.000
	3	0.452	148	0.000	0.505	148	0.000
	4	0.492	84	0.000	0.398	84	0.000
	5	0.442	76	0.000	0.348	76	0.000
心理暴力得分	1	0.225	7	0.200*	0.844	7	0.109
	2	0.209	11	0.194	0.771	11	0.004
	3	0.189	148	0.000	0.718	148	0.000
	4	0.217	84	0.000	0.819	84	0.000
	5	0.268	76	0.000	0.648	76	0.000

＊里利氏显著性校正。

经检验，结果不满足正态分布，因此选择非参数检验对其分析，得到结果见表7。

表7　检验结果汇总

	原假设	检验	显著性	决策者
1	在您有几个亲密朋友类别上，肢体暴力得分的分布相同	独立样本 K–W 检验	0.001	拒绝原假设
2	在您有几个亲密朋友类别上，性暴力得分的分布相同	独立样本 K–W 检验	0.228	保留原假设
3	在您有几个亲密朋友类别上，心理暴力得分的分布相同	独立样本 K–W 检验	0.000	拒绝原假设

注：显示渐进显著性，显著水平为0.05。

经参数检验，亲密朋友个数与恋爱中肢体暴力、心理暴力的施加行为表现为显著相关；与性暴力无明显相关性。良好的人际交往关系能够培养大学生塑造积极向上的人生观，培养对于人际交往正确的认知，有利于控制与排解负面情绪。缺乏人际交往，缺乏心灵的沟通，有可能导致大学生对交往认知的扭曲，不善于排解负面情绪和自我调控情绪，并因此冲动对伴侣施加暴力行为并带来不良后果。女性相较于男性更依赖亲密朋友带来的依恋关系，倾向于从朋友的安慰中获得情感慰藉。

3. 成长环境

（1）校园成长环境：本次研究将校园暴力纳入影响因素中，将校园暴力分为遭受校园暴力、施加校园暴力、目睹校园暴力三类，分别与恋爱暴力的发生进行相关分析。

将恋爱暴力的三个表现方面的得分与"对是否受过校园暴力，如谩骂、殴打、孤立等"进行正态性检验，结果见表8。

表8　常态性检验

	您是否经受过校园暴力，如谩骂、殴打、孤立等	K–S检验（K）*			S–W 检验		
		统计	自由度	显著性	统计	自由度	显著性
肢体暴力得分	1	0.324	74	0.000	0.475	74	0.000
	2	0.308	252	0.000	0.542	252	0.000
性暴力得分	1	0.433	74	0.000	0.345	74	0.000
	2	0.431	252	0.000	0.376	252	0.000
心理暴力得分	1	0.237	74	0.000	0.595	74	0.000
	2	0.228	252	0.000	0.694	252	0.000

*里利氏显著性校正。

由于不满足正态分析，继续对其进行参数检验，结果见表9。

表9　检验结果汇总

	原假设	检验	显著性	决策者
1	在您是否经受过校园暴力，如谩骂、殴打、孤立等类别上，肢体暴力得分的分布相同	独立样本U检验	0.427	保留原假设
2	在您是否经受过校园暴力，如谩骂、殴打、孤立等类别上，性暴力得分的分布相同	独立样本U检验	0.573	保留原假设
3	在您是否经受过校园暴力，如谩骂、殴打、孤立等类别上，心理暴力得分的分布相同。	独立样本U检验	0.000	拒绝原假设

注：显示渐进性显著性，显著水平为0.05

经检验，恋爱暴力中的三个表现中，心理暴力与是否经受过校园暴力具有显著相关性（0.000＜0.005，拒绝原假设），肢体暴力与性暴力两方面都与是否经受过校园暴力不存在显著相关关系。

将恋爱暴力的三个表现方面的得分与"是否对别人施加过校园暴力，如谩骂、殴打、孤立等"进行正态性检验，结果见表10。

表10　常态性检验

您是否对别人施加过校园暴力，如谩骂、殴打、孤立等		K-S检验(K)*			S-W检验		
		统计	自由度	显著性	统计	自由度	显著性
肢体暴力得分	1	0.322	52	0.000	0.561	52	0.000
	2	0.312	274	0.000	0.590	274	0.000
性暴力得分	1	0.333	52	0.000	0.470	52	0.000
	2	0.452	274	0.000	0.362	274	0.000
心理暴力得分	1	0.269	52	0.000	0.682	52	0.000
	2	0.225	274	0.000	0.683	274	0.000

*里利氏显著性校正。

由于不满足正态分析，继续对其进行参数检验，得到结果见表11。

表 11　检验结果汇总

	原假设	检验	显著性	决策者
1	在您是否对别人施加过校园暴力，如谩骂、殴打、孤立等类别上，肢体暴力得分的分布相同	独立样本 Mann‐Whitney U 检验	0.001	拒绝原假设
2	在您是否对别人施加过校园暴力，如谩骂、殴打、孤立等类别上，性暴力得分的分布相同	独立样本 Mann‐Whitney U 检验	0.000	拒绝原假设
3	在您是否对别人施加过校园暴力，如谩骂、殴打、孤立等类别上，心理暴力得分的分布相同	独立样本 Mann‐Whitney U 检验	0.000	拒绝原假设

注：显示渐进性显著性，显著水平为 0.05。

检验结果表明，恋爱暴力的三个方面（包括肢体暴力、性暴力、心理暴力）三者都与"是否对别人施加过校园暴力"存在显著相关关系。

将恋爱暴力的三个表现方面的得分与"是否目睹过校园暴力"进行正态性检验，结果见表 12。

表 12　常态性检验

	您是否目睹过校园暴力	K‐S 检验(K)*			S‐W 检验		
		统计	自由度	显著性	统计	自由度	显著性
肢体暴力得分	1	0.317	210	0.000	0.489	210	0.000
	2	0.319	116	0.000	0.558	116	0.000
性暴力得分	1	0.403	210	0.000	0.405	210	0.000
	2	0.487	116	0.000	0.273	116	0.000
心理暴力得分	1	0.227	210	0.000	0.638	210	0.000
	2	0.252	116	0.000	0.638	116	0.000

＊里利氏显著性校正。

由于检验结果不符合正态分布，对其进行非参数检验，得到结果见表 13。

表 13　检验结果汇总

	原假设	检验	显著性	决策者
1	在您是否目睹过校园暴力类别上，肢体暴力得分的分布相同	独立样本 U 检验	0.201	保留原假设
2	在您是否目睹过校园暴力类别上，性暴力得分的分布相同	独立样本 U 检验	0.033	拒绝原假设
3	在您是否目睹过校园暴力类别上，心理暴力得分的分布相同	独立样本 U 检验	0.000	拒绝原假设

经检验，恋爱暴力中的三个表现中，性暴力和心理暴力与是否目睹过校园暴力具有显著相关性，肢体暴力与是否目睹过校园暴力不存在显著相关关系。

校园暴力的发生对于大学生恋爱暴力行为的影响是比较明显的，尤其在心理暴力方面，无论是作为校园暴力的受害者、施暴者或是目睹者，校园暴力都会影响其在恋爱中的行为。校园暴力的施暴者一方则在恋爱过程中，在肢体、性、心理三方面都不同程度受到该行为的影响。其深层原因可能在于，消极的校园氛围包含暴力、冲突、不团结、不信任等种种问题，在这种情境下，个体易形成错误的交往认知，并将其运用到恋爱中，增加其使用暴力解决恋爱问题的可能性。根据先前的研究，暴力经历在男女恋爱暴力行为中起着非常重要的作用，无论是来自家庭的暴力还是学校的暴力，暴力经历都会增加恋爱暴力的发生可能。这与我们的研究结果是一致的。

（2）负面文化：研究将暴力色情音像制品的观看频次作为负面文化对调查对象恋爱暴力行为影响的指标。将恋爱暴力的三个表现方面的得分与"是否观看过暴力色情音像制品"进行正态性检验，结果见表14。

表14　常态性检验

	您是否观看过暴力色情音像制品	K-S检验（K）*			S-W检验		
		统计	自由度	显著性	统计	自由度	显著性
肢体暴力得分	1	0.322	153	0.000	0.485	153	0.000
	2	0.297	173	0.000	0.583	173	0.000
性暴力得分	1	0.385	153	0.000	0.391	153	0.000
	2	0.464	173	0.000	0.312	173	0.000
心理暴力得分	1	0.227	153	0.000	0.649	153	0.000
	2	0.229	173	0.000	0.683	173	0.000

＊里利氏显著性校正。

由于不满足正态分析，继续对其进行非参数检验，结果见表15。

经检验，恋爱暴力中的三个表现中，性暴力和心理暴力与是否观看过暴力色情音像制品具有显著相关性，肢体暴力与是否观看过暴力色情音像制品不存在显著相关关系。总体来说，以暴力色情音像制品为代表的社会负面文化对于恋爱暴力发生情况的影响是显著的，尤其影响大学生在未来恋爱过程中向恋人施加性暴力与心理暴力的行为。因此需要加强社会对于这些负面文化的管制，减少这些负面文化对于青少年心理健康的影响，为青年建设一个健康、积极的社会氛围。

表 15　检验结果汇总

	原假设	检验	显著性	决策者
1	在您是否观看过暴力色情音像制品类别上,肢体暴力得分的分布相同	独立样本 U 检验	0.511	保留原假设
2	在您是否观看过暴力色情音像制品类别上,性暴力得分的分布相同	独立样本 U 检验	0.000	拒绝原假设
3	在您是否观看过暴力色情音像制品类别上,心理暴力得分的分布相同	独立样本 U 检验	0.000	拒绝原假设

注：显示渐进性显著性，显著水平为 0.05。

4. 恋爱观

恋爱观的衡量由以下两个问题构成，一是是否认为暴力可以解决问题；二是是否认可在感情中男女应该平等。结果见表 16。

表 16　恋爱观

题目/选项	很不同意	不同意	一般	同意	很同意
暴力可以解决问题	172(52.76%)	80(24.54%)	57(17.48%)	10(3.07%)	7(2.15%)
在感情中男女应该平等	23(7.06%)	5(1.53%)	14(4.29%)	89(27.30%)	195(59.82%)

可知，在恋爱观上，绝大多数大学生的恋爱观符合主流的价值观念，这是恋爱关系乃至日后的婚姻关系良好的基础，但是这些观念是否会切实影响人们的恋爱行为，恋爱暴力状况的出现是否会受到这些观念的约束呢？将这两个问题所分别与肢体暴力、性暴力、心理暴力得分进行相关性分析，结果见表 17。

表 17　相关性分析

			暴力可以解决问题	在感情中男女应该平等
斯皮尔曼等级相关系数	肢体暴力得分	相关系数	0.108	− 0.166 **
		显著性(双尾)	0.052	0.003
		N	326	326
	性暴力得分	相关系数	0.245 **	− 0.178 **
		显著性(双尾)	0.000	0.001
		N	326	326
	心理暴力得分	相关系数	0.313 **	− 0.085
		显著性(双尾)	0.000	0.124
		N	326	326

注：*，** 分别表示在 10% 和 5% 的统计水平下显著。

由表 17 可得，对于"暴力问题"的认知与施加肢体暴力不相关，与性暴力和心理暴力的施加相关。对于"男女地位问题"的认知与肢体暴力、性暴力相关，与心理暴力没有明显相关关系。正确的恋爱观对于恋爱行为的约束有一定积极作用，在一定程度上可以抑制冲动，但是，当代大学生处于一个激变的社会环境中，思想观念的形成受到同辈群体、大众传媒等多方面的影响。此外，大学生在富于理性的同时也不乏冲动，容易产生行动先于思考的现象，因此，在加强思想道德建设的同时也要将思想付诸行动，发挥意识对于实践活动给予应有的指导作用。

5. 依恋和迁就程度

通过问卷：您对恋人的依赖和迁就程度、恋人对您的依赖和迁就程度这两个问题来描述调查对象的迷恋型依恋这一变量。通过相关分析的结果我们可以看到，如果对恋人的依赖和迁就程度得分较高的话，那么个体的性暴力和心理暴力得分是更高的，即本研究结果显示依恋类型这一变量与恋爱暴力态度中的性暴力和心理暴力两个维度及总分均存在显著正相关，但与肢体暴力的相关性并不是很显著（见表 18）。

表 18　相关性分析

			您对恋人的依赖和迁就程度	对方对您的依赖和迁就程度
斯皮尔曼等级相关系数	肢体暴力得分	相关系数	0.049	0.077
		显著性（双尾）	0.378	0.163
		N	326	326
	性暴力得分	相关系数	0.144**	0.070
		显著性（双尾）	0.009	0.205
		N	326	326
	心理暴力得分	相关系数	0.156**	0.037
		显著性（双尾）	0.005	0.508
		N	326	326

注：*，** 分别表示在 10% 和 5% 的统计水平下显著。

成人依恋包括两个独立的维度概念——担心被抛弃和避免亲密，称为依恋焦虑和依恋回避。依恋焦虑表现为对自我的消极否定，不自信，担心被抛弃。相比之下，依恋回避表现对他人的否定，不信任别人，不愿意亲近，与亲密伴侣疏远。根据这一概念，更高水平的依恋焦虑或回避显示更大的不安全依恋。低水平的依恋焦虑和依恋回避被称为安全型依恋。安全型依恋个体认为自己是可爱的，他人也是值得爱和信任的。不安全依恋又分为三种——恐惧型、迷恋型和冷漠型。依恋焦虑和依恋回避两个维度都高，称为恐惧型，表现为不信任、焦虑和害怕被拒绝，因害怕拒绝而避免与他人发生关系。高焦虑低回避的焦虑型或迷恋型，具有焦虑和情绪化的特征，认为自己是不值得爱的，总是努力赢得他人的接纳，但是他人是可以接受的。低焦虑高回避的回避型或冷漠型，认为自己是有价值的，但对他人是消极的，会以避免与他人发生关系来保护自己不受伤害。

有研究显示，安全型和迷恋型依恋的检出率方面男生高于女生，而恐惧型和冷漠型依恋的检出率女生高于男生。不论男女，安全型依恋分布最少，恐惧型依恋分布最多，占一半左右。大多数研究结果认为，无论男性还是女性，依恋焦虑都是亲密伴侣主动躯体暴力的一项重要的风险因素，可以用来解释恐惧型和迷恋型恋爱暴力发生高于安全型和冷漠型的原因。在这里，我们重点研究一下迷恋型依赖与恋爱暴力的关系。

根据依恋理论，我们可以看到迷恋型依恋的个体一般独立性较差，会过多地依赖他人，这些特质会导致较为赞同恋爱暴力的存在，迷恋型就成为被动精神暴力的风险因素。因此，迷恋型依恋一方会舍弃眼下的利益来提升另一方的幸福感，但这种个人牺牲行为是一把双刃剑，如果这种牺牲行为能够得到对方的赞同和理解，那另一方会相对应地表现出更为珍惜、体贴、关心，同时增进伴侣双方的感情；但是如果这种牺牲行为是无限制、无自我、过分的，对方并不理解和接受，那么这种牺牲行为就是无用的。在大学生恋爱暴力行为中，一方无限制地忍让，不仅不会使另一方有所悔过，反而助长了其暴力行为，不断地侵犯底线，这种结果是情侣双方共同造成的。所以在不少大学生恋爱暴力的案例中，尽管一方常常遭到另一方的暴力侵害，却不愿意结束恋爱关系，无限度的个人牺牲行为助长了恋爱暴力的频繁发生。

另外，当自己的需求得不到满足时，迷恋型依恋人群在应对在恋爱关系的矛盾时也会选择暴力的方式。特别对于迷恋型依恋女生来说，主动精神与心理暴力发生率更高。当恋爱关系双方都积极应对矛盾冲突，对对方提出要求、骚扰和批评时，暴力行为就会不断升级。所以，不安全型依恋常常在矛盾中选择消极沟通。相比之下，更严重的是，冷漠型依恋回避维度高，可能更加不愿意承担矛盾冲突中的责任，导致在暴力行为发生之前亲密关系就破裂了。所以，冷漠型依恋在女生恋爱暴力特别是精神暴力方面成了保护因素。促进建立安全型依恋模型，可能会减少在冲突情况下破坏性的交互模式，改善亲密伙伴之间的沟通方式，维护双方的关系，减少暴力发生。

七　结论

大学生恋爱暴力行为普遍，但是程度不高，肢体暴力与性暴力的发生率低于心理暴力的发生率。女性相较于男性更倾向于进行肢体与心理暴力，而男性施加肢体暴力发生率高于女性。

基于恋爱暴力影响因素的相关分析，我们建立了如下模型（见表19）。

表19　恋爱暴力影响因素的相关分析

	家庭成员的暴力行为
	迷恋型依恋
相关	人际关系
	校园成长环境
	负面文化
	恋爱观
	家庭结构
不相关	性取向
	是否为独生子女

无论是家庭还是校园、社会，暴力经历将显著增加恋爱暴力的发生率。良好的人际关系可以减少恋爱暴力的发生。个体的依赖程度越高，越可能在恋爱中对对方施加暴力行为。

八　建议

首先应引导大学生树立正确的恋爱观。尽管在此次恋爱暴力的调查中，恋爱暴力行为比较轻微，但是仍然可能对大学生未来的身心健康发展造成影响。作为大学生应该明白，爱情应该维持彼此的独立性，不应过度控制彼此，也不应为对方过多牺牲；同时要自尊、自爱，并且尊重、关爱恋人。

加强人际交往，改善人际关系，建设友好、文明的校园环境。不和谐的校园环境影响青少年的情绪，进而影响其身心健康，缺乏良好的人际关系则导致负面情绪无法获得排解，影响个人对情感关系的认知与处理。因此应在校园中营造文明和谐的氛围，鼓励丰富多彩的校园活动与社团活动，引导青少年与人交往，锻炼其人际沟通与交流能力。推行恋爱教育，宣传性别平等观念，高等院校可以通过课堂教学、专题讲座的形式，宣传性别平等的理念，加强大学生性别平等意识。开设有关恋爱教育的课程，帮助大学生区分爱与控制，从多种角度理解大学生恋爱，培养恋爱的能力。宣扬健康向上的恋爱观。针对恋爱心理的辅导，学校的心理咨询中心可以适当开展部分团体心理辅导，在一个安全、封闭的团体中，学员会因为相互之间的相似之处而获得心理上的支持，但同时因为恋爱问题是比较隐私的个人话题，不同的人又会面临不同的问题，所以恋爱心理辅导也要主要适当地分层次辅导。同时全社会要关注消极文化对于青少年身心健康的影响，加强文化产品审核，截断青少年获取这些消极文化的途径，同时营造整个社会的和谐，加强社会主义核心价值观建设，培养大众自尊自爱、尊重他人、和谐友善的品质。

在家庭方面，家长应该加强交流沟通，正确处理夫妻的冲突。人的成长环境不同，对事物的看法自然也就不同。诸多的不同就会有诸多的分歧。夫妻间积极有效的沟通可以化解分歧、宣泄郁闷、增进感情、拉近彼此的心理距离。父母双方要相互理解，相互支持，遇事相互沟通，正确处理夫妻矛盾，拒绝暴力沟通。营造温馨的家庭教育氛围。个体在人际交往中出现的心理和行为问题有很大一部分都是在父母的影响下形成的，大学生恋爱暴力的发生也不例外。在教养孩子方面，拒绝棍棒教育，努力做到"零吼叫"父母，多学习科学的养育方式与方法，树立平等的亲子关系，遇事多与孩子沟通，让孩子从小在宽松、民主、有商有量的环境中成长，有助于孩子身心的健康发展。父母应当意识到，良好的家庭教育与家庭成长环境对于儿童成长的重要性。

九　研究不足

　　本次研究由于研究者个人精力有限等原因，收集的问卷数量并不非常充足，从而影响整个研究的效度。此次调查中，多个因素都与肢体暴力相关性不明显，可能与问卷的有效个数相关。由于研究者掌握的研究方法有限，在分析时主要考虑施暴者的恋爱暴力行为，并没有完全利用好问卷收集到的有效数据，忽视了对于受暴者的分析。整体上的 SPSS 分析上也有许多不足之处，数据处理存在不够严谨等缺陷。

（指导教师：梁金刚）

煤矿工人家庭氛围对青少年子女未来期望的影响

——以山西省 M 矿煤矿工人家庭为例

钟舒婷　常亚男[*]

摘　要　家庭环境对一个人的成长有至关重要的影响。由于煤矿工人职业性质的特点，煤矿工人家庭相比其他家庭具有一定的特殊性。本文通过问卷调查和深入访谈，深入研究了煤矿工人家庭氛围对青少年子女未来期望的影响。

关键词　煤矿工人家庭；青少年；未来期望；社会化

一　引言

（一）研究背景

青少年是祖国的未来、民族的希望，是社会主义现代化事业的建设者和接班人。党的十八大以来，以习近平同志为核心的党中央高度重视青少年和共青团工作，亲切关怀青少年健康成长。社会化是个人学习群体、社会文化，发展自己的社会性，把自己整合到群体中去的过程。青少年时期是一个人社会化的重要时

---

* 钟舒婷，管理学院 2016 级本科生；常亚男，管理学院 2016 级本科生。

期，在这一时期，青少年的生理心理日渐成熟，人生观价值观世界观逐步成型，青少年未来期望是其社会化的综合体现。

家庭是一个人进行社会化的起点，煤矿工人家庭相比其他家庭具有一定的特殊性。煤矿工人由于职业性质的特点，其自身的身心状态、个人作风、生活方式、家庭观念、教育理念等会对青少年子女未来期望产生一定的影响。在这样特殊的家庭环境之中，青少年子女往往会形成具有某种特征的性格和价值观，并且会在今后的社会生活中逐步成为扮演某类特定社会角色的人。

那么煤矿工人家庭青少年成长状况究竟如何？煤矿工人家庭与其青少年子女社会化存在何种关系？具体对青少年的个性、价值观、未来社会角色产生何种影响？这些青少年子女是否存在青春期危机？我们要解决这些疑问，就要走近煤矿工人家庭，了解其青少年子女的实际情况。

（二）研究意义

1. 理论意义

从某一具体类型的家庭着手，从社会化的角度探讨了家庭环境对子女未来期望的微观作用机制，能够深入理解初级群体对青少年社会化的作用。

2. 现实意义

关注煤矿工人群体的同时，更要重视其子女的教育和发展，以往的研究通常注重前者而缺少对于煤矿工人子女的细微观察。

未来期望连接着青少年的过去与未来，它既是十几年生活的微观缩影，也是未来社会角色的映射，对于青少年来说有重要意义。

青少年处于社会断乳期，心理尚未成熟，且经历着重大的身心变化，以往针对青少年成长的研究多关注宏观整体层面的探讨，所提供的建议也是以大部分青少年为对象，而事实上一个家庭中父母的职业背景对于子女的成长有着不容忽视的影响，特殊职业家庭青少年社会化的相关研究还比较稀缺。对特殊职业家庭青少年子女未来期望的研究，可以为预防青少年犯罪、应对青少年青春期危机等问题提供有效的参考资料。

（三）文献综述

家庭是人最早接受教育的地方，家庭所影响的并不只有物质生活，还有基于家庭环境潜移默化形成的性格和价值观，同时，家庭作为初级社会化的机构，成为文化传承的载体，对一个人的成长发展起着重要的作用。

1. 关于家庭教养方式的研究

家庭教养方式的分类因人而异，有学者划分为溺爱型、专制型、粗暴型、民主型。① 还有学者划分为权威型、专制型、溺爱型、忽视型。② 除此之外还有许多其他相似的划分方法。这些研究表明，家庭教养方式对孩子的性格、自尊、适应性、认知能力、自控能力、心理健康、价值观都会产生不同程度的影响。

（1）家庭教养方式与心理健康

在心理健康方面，权威型和溺爱型下的孩子心理健康状况好于专制型和忽视型。③ 瑞典 Umea 大学精神医学系 Perris 等人编制的父母教养方式评价量表（EMBU），经过国内岳冬梅等翻译修订为中文版后，将父母教养方式用 6 个因子进行评估，分别是情感温暖与理解、惩罚严厉、过分干涉、偏爱被试、拒绝否认、过分保护，其中父亲、母亲量表略有差异。

（2）家庭教养方式与价值观

在价值观方面，权威型教养方式对一般公正信念有积极影响，独裁型与纵容型对一般公正信念与个人公正信念有消极影响。并且这种差异还与家庭社会经济地位有关，权威型教养方式对社会经济地位较高家庭比对社会经济地位较低家庭中的儿童、青少年公正世界信念促进作用更大；独裁型与纵容型教养方式对社会经济地位较低家庭比对社会经济地位较高家庭中的儿童、青少年公正世界信念削弱作用更大。④

2. 关于贫困文化的研究

美国人类学家奥斯卡·刘易斯将"贫困文化"定义为：与社会主流文化明

---

① 汤虞秋：《家庭教育与学生成长发展关系的个案研究》，《赤峰学院学报》（自然科学版）2016年第32期。

② E. E. Maccoby, J. A. Martin, "Socialization in the Context of the Family：Parent – child Interaction", in E. M. Hetherington ed., *Handbook of Child Psychology*, Vol. 4：*Socialization, Personality and Social Development*, New York：Wiley, 1983.

③ 张皓辰、秦雪征：《父母的教养方式对青少年人力资本形成的影响》，《财经研究》2019年第2期。

④ 张羽等：《家庭社会经济地位与父母教养方式对儿童青少年公正世界信念的影响》，《心理发展与教育》2017年第33期。

显相区别的异质性文化，也即"贫困亚文化"。① 这种贫困亚文化是贫困地区的人们对自身所处环境的习惯与适应在文化层面的反映，其主要包括贫困阶层所特有的稳定的生活方式、思想观念、价值取向与心理状态等方面。对煤矿家庭成员来说，贫穷文化具有自身的模式以及明显的社会和心理后果，它影响着家庭中青少年的成长以及未来选择，并且这种未来选择中体现着文化的代际传承。

3. 关于青少年未来期望的研究

（1）职业期望

Trice 等人通过对纵向数据的二次分析得出结论：成年人的职业获得与其在青少年时期的职业期望有非常显著的相关性。② 因此研究青少年的未来期望具有现实意义。

国内学者童梅等人的研究发现，同性别权威模仿机制是青少年职业期望形成的重要影响因素，即青少年职业期望更多受到同性别父母职业的影响，青少年的职业期望表现出代际继承模式。③

煤矿工人家庭收入在社会上处于较低水平。有研究表明，由于贫困家庭父辈本身的文化素质较为低下，从事的又多为重体力低薪水的工作，无法对子辈进行基础教育与职业教育，从而限制了子辈的职业选择。尽管依照个人意愿，有近九成的人都不愿继承自己父母的工作，然而由于教育水平、职业技能、社会网络等的限制，他们不得不从事与其父辈类似的低端工种，如服务员、快递员、运输员、建筑工等。④

（2）学历期望

贫困户具有受教育程度普遍偏低的情况，相关研究表明，父辈的学历对下一代学历的影响明显，随着父辈的文化程度的上升，子辈的学历也会呈现上升的趋

---

① 〔美〕奥斯卡·刘易斯：《桑切斯的孩子们——一个墨西哥家庭的自传》，李雪顺译，上海译文出版社，2014，第14、2页。

② A. D. Trice, N. Mcclellan, "Do Children's Career Aspirations Predict Adult Occupations? An Answer from a Secondary Analysis of a Longitudinal Study", *Journal of Psychological Reports*, Vol. 72, No. 2, 1993.

③ 童梅、姚远、张顺：《父母对子女的职业，何者更具影响力？——青少年职业期望的代际继承及其性别差异》，《西安交通大学学报》（社会科学版）2019年第2期。

④ 刘冠秋等：《山区贫困县贫困代际传递的特征与机制研究》，《福建师范大学学报》（自然科学版）2017年第33期。

势，然而就受教育程度而言，子辈的学历却依然处于低水平重复状态。贫困文化等的影响也让其子女觉得读书无用或太难，早早进城打工积累资本而放弃学业。①

4. 已有文献的不足之处

关于家庭教养方式与青少年心理健康、青少年价值观形成的研究已经比较充分，多数采用已有的心理学量表进行测评，样本量也足够庞大，但是这些研究大多针对具有普遍性的整体，并没有关注某一具体群体，虽然发现了家庭环境对青少年影响在许多不同类型家庭的共性，但没有发现个性特征。特殊职业家庭父母的生活习惯、言谈举止、行为方式等因素都在潜移默化地影响其子女，特殊职业家庭环境对青少年成长产生的影响绝不仅是从家庭教养方式、家庭社会经济地位等方面能够完全论述充足的，还有很多影响青少年成长的因素有待进一步研究。

5. 本研究的创新之处

本研究针对山西省 M 矿煤矿工人家庭 16～25 岁的青少年子女进行调查，群体定位精确，研究比较有针对性，在已有文献的基础上力求做到群体上的创新性，为以职业为分类的家庭环境对青少年未来期望研究提供参考。

在研究方法上，本研究从家庭环境出发，分三个维度进行分析。在家庭教养方式对未来期望的影响上，并不直接得出关于不同家庭子女未来期望特征的结论，而是从心理健康、价值观两个中间影响因素观察家庭对一个人未来期望的微观机制。另外，本研究突出煤矿工人家庭的子女数量上的特点以及文化上的特点，将家庭子女数、文化环境与青少年的未来期望关联，为现有研究提供一种新的思路。

二　概念界定与研究方法

（一）概念界定

1. 煤矿工人家庭

根据观察，山西省煤矿工人家庭中父亲为煤矿工人，母亲几乎没有正式的工

---

① 刘冠秋等：《山区贫困县贫困代际传递的特征与机制研究》，《福建师范大学学报》（自然科学版）2017 年第 33 期。

作，因此本研究将煤矿工人家庭界定为父亲从事与直接开采煤矿相关的职业，母亲职业不限。本研究将与煤矿直接开采相关的职业划分为井上、井下煤矿工人，井上、井下管理人员四类。

2. 煤矿工人家庭氛围

本研究将煤矿工人家庭氛围分为教养方式、子女数量、贫困亚文化三个层面。教养方式对青少年成长起到直接作用，同龄群体对子女社会化同样重要，而家庭在一定程度上又作为当地文化传递的载体，潜移默化地将煤矿工人的生活习惯、行为方式等特点传递给下一代子女，同样具有重要影响，因此采用这样的操作方式。

3. 家庭教养方式

由于煤矿工人家庭基本上都是核心家庭，本研究的家庭教养仅限父亲和母亲的教养。家庭教养方式具体是指家庭生活中以亲子关系为中心的，父母在对孩子进行抚养和教育的日常活动中所表现出来的一种对待孩子的相对稳定的、固定的行为模式和行为倾向。① 本研究借鉴了《常用心理评估量表》中的一些操作方式，同时结合煤矿工人家庭的特点，将家庭教养方式分为温暖理解、控制干涉、拒绝否认、惩罚严厉。由于不同的教养方式对孩子产生或积极或消极的影响，根据文献回顾和初步的探索性研究，将这些教养方式进行以下界定：温暖理解为积极的教养方式；控制干涉、拒绝否认、惩罚严厉为消极的教养方式。

4. 家庭社会经济地位

个人或一个群体在社会中依据其所拥有的社会资源而被界定的社会位置，常以家庭经济收入、父母受教育水平与父母职业作为客观度量指标。②

5. 煤矿工人子女价值观

本研究所涉及价值观包括公正世界信念，入世、出世目标，人生意义。

公正世界信念是指人们相信自己所处的世界是公正有序的，人人得其所得，所得即应得，它反映了个体对公平性的感知。③ 具体分为内在公正感、内在不公

---

① 王一晶：《父母教养方式研究综述》，《西部皮革》2017 年第 39 期。

② 曾伟楠等：《家庭动力在家庭社会经济地位与子女心理健康关系中的作用》，《中国卫生事业管理》2017 年第 34 期。

③ M. J. Lerner, "Evaluation of Performance as a Function of Performer's Reward and Attractiveness", *Journal of Personality & Social Psychology*, Vol. 1, No. 4, 1965.

正感、终极公正感。内在公正感是指人们认为已经发生的或现有的事情是公正的；内在不公正感是指人们认为已经发生的或现有的事情是不公正的；终极公正感是指人们认为世界上所有事情的结局终将是公正的。[①]

入世、出世目标。入世是对社会现实的肯定与投入，出世是对社会现实的否定与超越。入世目标可分为拼搏精神、在乎结果两个维度；出世目标可分为平常心、低要求两个维度。[②]

人生意义指人生目标清晰程度和追求目标的动力的强弱。

6. 煤矿工人子女心理健康

本文所指心理健康包括煤矿工人子女的安全感和孤独感。

7. 未来期望

未来期望是指根据个人的价值偏向、生活中长辈的指导意见、同辈朋友的兴趣影响等因素所做出的立足当下、放眼未来的态度取向。作为本次研究最终要探究的因变量可被分为期望收入、期望学历、期望职业、期望居住地。

（二）研究思路

本文从教养方式、子女数目、矿区亚文化三个方面论述煤矿工人家庭的特征以及对其青少年子女未来期望的影响（见图1）。

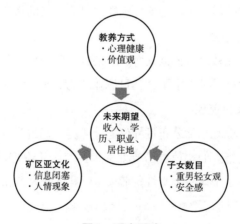

图1　研究思路

① 戴晓阳、张进辅等：《常用心理评估量表》，人民军医出版社，2010，第318页。
② 戴晓阳、张进辅等：《常用心理评估量表》，人民军医出版社，2010，第310页。

在教养方式方面，以心理健康和价值观为中介变量，研究家庭教养方式对青少年未来期望选择的影响。

在子女数目方面，探究煤矿工人家庭子女成长的特殊环境对未来期望的影响。

在矿区亚文化方面，家庭作为子女初级社会化场所，实现了矿区文化的代际传承本文。探究在这样的文化氛围下、在这样的家庭环境中，煤矿工人青少年子女会做出何种未来期望的选择。

（三）研究方法

1. 定量研究

（1）资料搜集方法与分析方法

问卷法，其中一些问题借鉴了《常用心理评估量表》中的部分量表。使用SPSS17.0进行统计分析。

（2）抽样方法

雪球抽样。

（3）数据来源

山西省 M 矿煤矿工人家庭 16～25 岁的青少年子女；参照群体对象父母职业满足"国家机关、党群组织、企业、事业单位负责人"或"专业技术人员"或"办事人员和有关人员"或"商业、服务业人员"，年龄为 14～24 岁的青少年。

（4）回收率

本次调查共发放煤矿工人家庭问卷 105 份，回收 102 份，经整理后有效问卷87 份，有效回收率85.29%。参照群体问卷共发放 118 份，回收 118 份，有效问卷 52 份，有效回收率44.07%。

（5）样本基本信息

本次研究研究对象为煤矿工人家庭 16～25 岁的青少年子女，性别上男生稍多于女生，年龄主要集中在 20～22 岁（见表1、表2、表3）。

参照群体女生偏多，且年龄集中在 20～22 岁。

2. 定性研究

资料收集方法与分析方法为访谈法；抽样方法为判断抽样；数据来源为山西省 M 矿煤矿工人家庭的青少年子女；调查样本基本信息见表4。

表1 煤矿工人家庭父亲工作岗位统计

	频次	占比	累积占比
井下煤矿工人	62	71.30%	71.30%
井上煤矿工人	7	8.00%	79.30%
井下基层管理人员	8	9.20%	88.50%
无须下井的高层管理人员	10	11.50%	100.00%
总计	87	100.00%	

表2 煤矿工人子女性别年龄统计

		频次	占比	累积占比
性别	男	48	55.17%	55.17%
	女	39	44.82%	100.00%
年龄	16~19岁	16	18.39%	18.39%
	20~22岁	45	51.72%	70.11%
	23~25岁	26	29.88%	100.00%
总计		87	100%	

表3 参照群体性别年龄统计

		频次	占比	累积占比
性别	男	13	25.00%	25.00%
	女	39	75.00%	100.00%
年龄	14~19岁	9	17.30%	17.30%
	20~22岁	42	80.76%	98.07%
	23~25岁	1	1.92%	100.00%
总计		52	100.00%	

表4 访谈对象基本信息

编号	性别	年龄	受教育程度	户口类型	就学/就业状态	备注
1	女	22	大学本科	农业户口	上学	家中排行老大,有一个弟弟,父亲为煤矿基层普通工人,母亲无工作
2	女	22	大学本科	城市户口	上学	家中排行第二,有一个姐姐,一个弟弟,父亲为煤矿基层管理人员,母亲无工作
3	男	21	大学本科	城市户口	上学	独生子,父亲为煤矿管理层人员,母亲在煤矿附属单位上班
4	女	23	大专	农业户口	工作	家中排行老三,上有两个姐姐,还有一个抱养的弟弟,父亲为煤矿下井工人,母亲无工作

三　煤矿工人家庭社会经济地位与参照群体的比较

为进一步了解煤矿工人家庭受社会阶层、社会地位的影响，为凸显煤矿工人这一行业对其青少年子女的影响，本研究选取父母职业为"国家机关、党群组织、企业、事业单位负责人""专业技术人员""办事人员和有关人员""商业、服务业人员"的青少年作为参照群体。参照群体的社会经济地位明显高于煤矿工人家庭。在参照群体家庭中，母亲学历大专及以上的占50%，月收入3000元以上的占90.38%，父亲学历大专及以上的占53.85%，月收入8000元以上的占44.23%，能够与煤矿工人家庭形成比较鲜明的对照，从而凸显煤矿工人家庭的特殊性。

（一）煤矿工人家庭社会经济地位

1. 父母受教育水平中等

调查中的煤矿工人家庭父母亲的教育水平集中在初、高中，几乎都是高中及以下水平，但从其成长的社会环境、社会成员整体的受教育水平来看，处于中等水平（见表5）。

表5　父母受教育程度统计

		频次	占比	累积占比
母亲	小学毕业及以下	10	11.5%	11.5%
	初中毕业	50	57.5%	69%
	高中毕业	21	24.1%	93.1%
	大专及以上	6	6.9%	100%
父亲	小学毕业及以下	9	10.3%	10.3%
	初中毕业	50	57.5%	67.8%
	高中毕业	20	23%	90.8%
	大专及以上	8	9.2%	100%

2. 父母收入低

调查中煤矿工人家庭中有62.1%的父亲月收入低于5000元，按照2018年最新的个税改革方案，一半多的调查家庭中的父亲是不需要缴纳个税的。此外，父亲月收入在 8000 元以下的人占 90.68%，而且多数人的月收入集中在 3000 ~ 5000 元，这也侧面说明了煤矿工人收入在整个社会阶层中处于中低层。母亲收入多集中在 3000 元以下，现实情况是母亲通常做一些小买卖、小生意贴补家用，并无正式工作，还有些甚至是无收入来源（见表6）。

表 6　父母月收入水平统计

		频次	占比	累积占比
母亲	3000 元以下	78	89.70%	89.70%
	3000 ~ 5000 元	7	8.00%	97.70%
	5000 ~ 8000 元	0	0.00%	97.70%
	8000 ~ 10000 元	1	1.10%	98.90%
	10000 ~ 15000 元	1	1.10%	100.00%
父亲	3000 元以下	7	8.00%	8.00%
	3000 ~ 5000 元	47	54.00%	62.10%
	5000 ~ 8000 元	25	28.70%	90.80%
	8000 ~ 10000 元	7	8.00%	98.90%
	10000 ~ 15000 元	1	1.10%	100.00%

中年煤矿工人抚养子女和赡养老人的负担重，高强度的工作内容和高风险的工作环境使其自身工伤和患病的可能性较普通职业更高。

3. 母亲大多数没有正式工作

调查显示 70.1% 的煤矿家庭妇女无正式工作，80.5% 的煤矿工人属于井下煤矿工人（包括工人和基层管理人员）。可见煤矿工人家庭经济收入主要依靠父亲，且他们多从事风险高、强度大的井下工作（见表7）。

表 7　父母工作统计

		频次	占比	累积占比
母亲	无正式工作	61	70.10%	70.10%
	有正式工作	26	29.90%	100%
父亲	井下煤矿工人	62	71.30%	71.30%
	井上煤矿工人	7	8.00%	79.30%
	井下基层管理人员	8	9.20%	88.50%
	无须下井的高层管理人员	10	11.50%	100%

（二）参照群体家庭社会经济地位

本研究通过判断抽样选取父母职业为"国家机关、党群组织、企业、事业单位负责人""专业技术人员""办事人员和有关人员""商业、服务业人员"的家庭作为参照群体，整体上看其收入、学历都显著高于煤矿工人家庭，数据具有一定可比性（见表8）。

表8 参照群体父母职业分布

		频次	占比	累积占比
母亲	国家机关、党群组织、企业、事业单位负责人	27	51.90%	51.90%
	专业技术人员	3	5.80%	57.70%
	办事人员和有关人员	8	15.40%	73.10%
	商业、服务业人员	14	26.90%	100.00%
父亲	国家机关、党群组织、企业、事业单位负责人	30	57.70%	57.70%
	专业技术人员	8	15.40%	73.10%
	办事人员和有关人员	4	7.70%	80.80%
	商业、服务业人员	10	19.20%	100.00%

1. 参照群体家庭父母受教育程度

参照群体家庭父亲学历在大专及以上的人数占53.8%，母亲学历在大专及以上的人数占50%，而这一数字对于煤矿工人家庭来说父母人数占比皆不到10%。具体看来，参照群体家庭中母亲具有初中及以下学历的人占26.9%（煤矿工人家庭为69%），父亲具有初中及以下学历的人占21.2%（煤矿工人家庭为67.8%），参照群体家庭父母学历整体高于煤矿工人家庭（见表9）。

表9 参照群体父母学历

		频次	占比	累积占比
母亲	小学毕业及以下	4	7.70%	7.70%
	初中毕业	10	19.20%	26.90%
	高中毕业	12	23.10%	50.00%
	大专及以上	26	50.00%	100.00%

续表

		频次	占比	累积占比
父亲	初中毕业	11	21.20%	21.20%
	高中毕业	13	25.00%	46.20%
	大专及以上	28	53.80%	100.00%

2. 参照群体家庭父母收入水平

参照群体家庭父亲月收入在 8000 元以上的占 44.2%，这一数据在煤矿工人家庭为 9.2%，并且月收入较为均匀地分散在 3000~5000 元、5000~8000 元、8000~10000 元，与煤矿工人家庭有一定的差异性。

参照群体家庭母亲都有正式的工作，且 90.4% 的母亲月收入在 3000 元以上（这一数据在煤矿工人家庭为 10.3%），明显高于煤矿工人家庭母亲的收入（见表 10）。

表 10　参照群体父母收入

		频次	占比	累积占比
母亲	3000 元以下	5	9.60%	9.60%
	3000~5000 元	18	34.60%	44.20%
	5000~8000 元	15	28.80%	73.10%
	8000~10000 元	8	15.40%	88.50%
	10000~15000 元	3	5.80%	94.20%
	15000 元及以上	3	5.80%	100%
父亲	3000 元以下	2	3.80%	3.80%
	3000~5000 元	14	26.90%	30.80%
	5000~8000 元	13	25.00%	55.80%
	8000~10000 元	15	28.80%	84.60%
	10000~15000 元	4	7.70%	92.30%
	15000 元及以上	4	7.70%	100%

四　煤矿工人家庭青少年子女未来期望的特征

对于个人的社会化过程来说，明确人生目标、正确扮演社会角色是其重要内容。一个人对未来的期望既受到长辈的直接引导，也建立在早先形成的心理基础和价值观之上。父母潜移默化的影响和生活环境的限制、特定阶层的日常谈资都会影响青少年子女的思想和价值观的形成。

对于家庭来说，煤矿工人子女承担着家庭在整个社会阶层中的向上流动的期望。库利的"镜中自我"理论说明了自我观念的形成与初级群体的密切联系。在日常生活的教化、学习与互动中，家庭中的子女继承家庭价值观念，家庭是青少年子女从自我走向社会的桥梁，从而体现出路径依赖的性质。

相比于社会经济地位偏高的家庭，煤矿工人家庭青少年子女未来期望的特征既体现出比较强烈的向上流动的意愿，也体现出现实的些许无奈感。

（一）向上流动的意愿强烈

由表 11、表 12 可知，煤矿工人子女未来理想的月收入主要集中在 1 万元到 10 万元，并且比较均匀地分布在三个区间，即"1 万~3 万元""3 万~5 万元""5 万~10 万元"，显示出煤矿工人子女选择存在个人因素上的差异，与参照群体相比，又明显高于其期望收入。参照家庭的子女未来期望收入主要集中在 5000~30000 元，低于煤矿工人家庭。

正如马尔萨斯贫困的激励理论所言，在家庭拮据的环境下长大，青少年的物质需求一直处于得不到充分满足的情况，他的物欲是压抑的。在影视剧作品中另一种生活景象的鲜明对比下，童年欲望的压抑成为他们追求高收入的一个主要原因。

另外，随着中国物价的不断上涨，住房、教育和生活成本不断提高。客观现实需求是青少年追求高收入的一个重要原因。除此之外，社会价值观的影响也是很大的一个原因。当代人们定义成功的一个主要尺度就是收入，当媒体上每天赞赏所谓的"成功人士"时，要想证明自己成功，青少年可能首先想到的就是高收入这一衡量标准。

而在学历方面，煤矿工人家庭和参照家庭子女的期望受教育程度整体来看都比较高，煤矿工人家庭的青少年对自身未来的学历期望略高于参照群体。煤矿工人家庭青少年子女中期望学历在硕士及以上的人占比高达 94.3%，参照群体中这一占比为 73.08%。这与家庭对教育的重视程度及青少年自身内心成熟度有关。煤矿工人家庭的父母受教育程度普遍不高，所以都期望子女能接受更高层次的教育，也是家庭社会经济地位得以提升的主要途径之一。青少年子女由于其内心成熟较早，对待教育多以积极的态度接受；并且渴望通过受教育脱离其家庭所处的生活环境，获得更高水平和更高质量的生活。

无论是精英理论还是社会阶层的流动理论，都告知我们高学历是实现自己社会经济地位提升的主要途径。而对于家庭资本薄弱的煤矿家庭子女来说，这似乎是唯一途径。

访谈对象1说："从小我爸我妈就特别注重教育，每天说的话几乎句句不离成绩。他们就想我将来不用受和他们一样的苦，只有好好学习，才能有好的工作、稳定的生活。"

对于自己向往的生活要奋力拼搏是煤矿家庭子女的普遍共识，而实现这一梦想，他们唯一能做的就是争取用高学历来实现自己的经济自由，成功实现社会经济地位的跨越。

表 11　煤矿工人家庭青少年子女期望收入、学历

		频次	占比	累积占比
期望收入	5000 元以下	1	1.10%	1.10%
	5000~10000 元	10	11.50%	12.60%
	1 万~3 万元	25	28.70%	41.40%
	3 万~5 万元	21	24.10%	65.50%
	5 万~10 万元	19	21.80%	87.40%
	10 万元及以上	11	12.60%	100%
期望学历	高中	1	1.10%	1.10%
	大学本科	4	4.60%	5.70%
	硕士研究生	62	71.30%	77.00%
	博士研究生	20	23.00%	100%
	总计	87	100%	

表 12　参照群体期望收入、学历

		频次	占比	累积占比
期望收入	5000 元以下	0	0%	0%
	5000~10000 元	16	30.77%	30.77%
	1 万~3 万元	24	46.15%	77.31%
	3 万~5 万元	6	11.54%	88.85%
	5 万~10 万元	0	0%	88.85%
	10 万元及以上	6	11.54%	100%

续表

		频次	占比	累积占比
期望学历	高中	0	0%	0%
	大学本科	14	26.92%	26.92%
	硕士研究生	28	53.85%	80.77%
	博士研究生	10	19.23%	100%
	总计	52	100%	

（二）大众化的职业期待与现实的束缚

从整体上看，国家机关事业单位工作人员、企业管理人员、科学家或工程师、教师、医生、律师、设计师是煤矿工人家庭子女的热门期望职业，其中传统稳定的国家机关事业单位仍是大多数人的理想职业，挑战性高的企业管理人员也是不少人心仪的选择（见表13、表14）。

表13 煤矿工人家庭青少年子女期望职业

		频次	占比	累计占比
理想职业	国家机关事业单位工作人员	18	20.68%	20.68%
	企业管理人员	17	19.54%	40.22%
	科学家或工程师	12	13.79%	54.01%
	教师	8	9.20%	63.21%
	医生	6	6.90%	70.11%
	律师	7	8.05%	78.16%
	设计师	5	5.75%	83.91%
	艺术表演人员	3	3.45%	87.36%
	专业运动员	3	3.45%	90.81%
	技术工人（包括司机）	2	2.30%	93.11%
	警察	4	4.60%	97.71%
	其他	2	2.30%	100%
	总计	87	100%	

表 14　参照群体期望职业

		频次	占比	累计占比
理想职业	国家机关事业单位工作人员	14	26.90%	26.90%
	企业管理人员	7	13.50%	40.40%
	科学家或工程师	8	15.40%	55.80%
	教师	6	11.50%	67.30%
	医生	1	1.90%	69.20%
	律师	3	5.80%	75.00%
	设计师	2	3.80%	78.80%
	艺术表演人员	1	1.90%	80.80%
	技术工人（包括司机）	1	1.90%	82.70%
	警察	1	1.90%	84.60%
	其他	8	15.40%	100%
总计		52	100%	

　　煤矿工人家庭青少年子女的职业选择并没有显著的特殊性，与参照群体的各项指标在一定程度上相近，但这并不说明煤矿工人家庭的子女对理想职业期望的形成机制与参照群体相同。煤矿工人家庭的青少年子女在做职业规划时，往往不能按照原本设想的理想职业进行选择，在现实情况中通常是降低自己的要求。理想很丰满，现实很骨感，作为工人的子女，职业选择依据主要源于个人的兴趣偏好、父母期待和家庭经济情况。个人兴趣爱好的应答人数占比为90.8%，父母期待的应答人数占比为66.7%，家庭经济情况的应答人数占比为72.4%，这些数据都显著高于参照群体，可见大多数青少年子女还是会在尊重自身兴趣爱好的基础上，综合考虑父母期待和家庭经济情况做出未来职业选择。

　　与此同时，工人家庭的子女相比社会经济地位较高的家庭，受到亲朋好友、特殊榜样的影响更明显，即有更多的外部影响参与到职业选择的过程当中。这种职业选择即便冠以"个人兴趣"之名，但从其大众化的数据结果上看，又是丧失特殊性的，表现出受到现实多种因素的束缚（见表15、表16）。

表15　煤矿工人家庭青少年子女职业选择依据

		应答次数		应答人数占比
		频次	占比	
职业选择依据	个人的兴趣偏好	79	35.00%	90.80%
	父母期待	58	25.70%	66.70%
	家庭经济情况	63	27.90%	72.40%
	影视剧、偶像的影响	13	5.80%	14.90%
	亲朋好友的影响	12	5.30%	13.80%
	其他	1	0.40%	1.10%
总计		226	100.00%	259.80%（87）

表16　参照群体职业选择依据

		应答次数		应答人数占比
		频次	占比	
职业选择依据	个人的兴趣偏好	43	47.30%	82.70%
	父母期待	20	22.00%	38.50%
	家庭经济情况	19	20.90%	36.50%
	影视剧、偶像的影响	2	2.20%	3.80%
	亲朋好友的影响	4	4.40%	7.70%
	其他	3	3.30%	5.80%
总计		91	100.00%	175.00%（52）

（三）向发达地区流动意愿更加强烈

煤矿工人家庭青少年子女的理想居住地集中在北上广深一线城市和其他省会城市，北上广深一线城市的应答人数占比为70.1%，其他省会城市的应答人数占比为62.1%。可见其对未来的居住地的憧憬都在经济发达、生活水平和质量较高的大城市（见表17、表18）。

与参照群体家庭的子女相比，煤矿工人子女希望定居一线城市的人数更多，想要移居国外的人更多，整体表现出更强的流向经济发达地区的意愿。

"我妈对我将来在哪儿生活没有太多要求，就是别回山西就好。"

"我理想的居住地是厦门，厦门风景宜人，居民素质好。但考虑到现实，还是很有可能就在太原。"

表17　煤矿工人家庭青少年子女期望居住地统计

		应答次数		应答人数占比
		频次	占比	
期望居住地	北上广深一线城市	61	34.50%	70.10%
	其他省会城市	54	30.50%	62.10%
	三四五线城市	15	8.50%	17.20%
	乡镇农村地区	4	2.30%	4.60%
	国外	32	18.10%	36.80%
	不能确定	9	5.10%	10.30%
	无所谓	2	1.10%	2.30%
总计		177	100.00%	203.40%（87）

表18　参照群体期望居住地统计

		应答次数		应答人数占比
		频次	占比	
期望居住地	北上广深一线城市	18	25.70%	34.60%
	其他省会城市	32	45.70%	61.50%
	三四五线城市	8	11.40%	15.40%
	乡镇农村地区	0	0%	0%
	国外	4	5.70%	7.70%
	不能确定	5	7.10%	9.60%
	无所谓	3	4.30%	5.80%
总计		70	100.00%	134.60%（52）

受采访对象的家庭本身处于二三线城市，还有些人童年时期长时间居住在小城镇和农村。生活基础设施简陋和发展机会有限带来种种生活上的不便给他们留下了深刻的印象。同时，留在落后的家乡还意味着高昂的机会成本，放弃自我发展的机会就意味着将来依然要过基本小康的生活。在贫困的激励下，在这样的生活背景下，在整个家庭的期待下，煤矿工人家庭子女打破眼前贫困落后的局面，渴望离开当前的生活环境，努力去追求更舒适更惬意的生活的意愿更加强烈。

五　煤矿工人家庭青少年子女未来期望影响因素分析

(一) 教养方式的影响

对于煤矿工人家庭来说，温暖理解的教养方式是大多数家庭的选择，但也存在拒绝否认、惩罚严厉的教养方式。父母对孩子的理解对孩子的成长起着重要的影响，煤矿工人家庭充满了温暖、爱和理解，其子女在这种环境之中健康茁壮地成长，有利于其形成健康的人格、培养良好的社会适应能力和各种优良品质。但是我们仍然可以发现，在温暖理解的教养方式为主的情况下，控制干涉的教养方式也不在少数，对子女施加控制和对生活过度干涉，对子女的成长将产生双重影响。这种影响在子女的心理健康、目标追求、价值观方面都有不同程度的体现，从而影响子女的未来期望（见图2）。

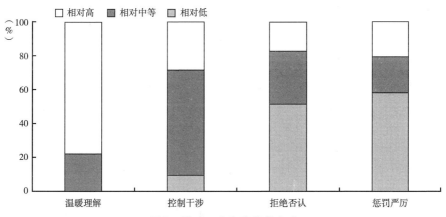

图2　煤矿工人家庭教养方式

从社会化的角度来说，群体在群体成员的成长过程中，会对其寄予一定的期望，主要表现为对成员价值观、人生观的培养，对个性的塑造等方面，所以在本小节引入中间变量——心理健康、价值观，以教养方式对中间变量的影响和中间变量对未来期望的影响，来分析教养方式对一个人未来期望的具体影响，探索其内在的机制。

1. 教养方式对中间变量的影响

（1）温暖理解的教养方式增强青少年的公正感和入世目标感

使用皮尔逊系数对教养方式与价值观之间的相关性进行分析，结果表明，一些变量之间存在显著正相关（α=0.05），见图3。温暖理解的教养方式使该家庭的青少年有更强的公正信念感、入世目标感、人生意义感。

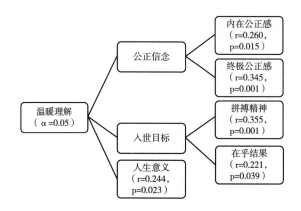

图3　教养方式与价值观相关分析

注：r为皮尔逊相关系数，|r| ∈ [0, 1]，|r| 越大，相关性越强。p为观测的显著水平，即在原假设为真时的前提下，检验统计量大于或等于实际观测值的概率。

本研究中 α=0.05，因此当 p<0.05 时拒绝原假设，接受备择假设，即两变量间关系显著。

由于大多数家庭属于温暖理解的教养方式，在样本总量中也呈现这样的倾向，即在内在公正感、终极公正感、拼搏精神、在乎结果、人生意义感方面呈现出较高的水平（见图4）。

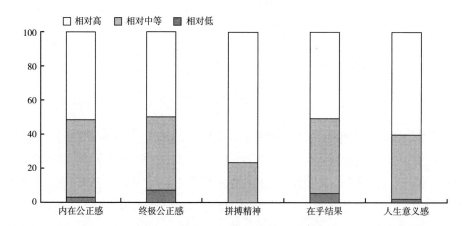

图4　教养方式与心理健康、价值观

内在公正感和终极公正感较高说明青少年们认为已经发生过的或现有的事情是公正的、世界上所有事情的结局终将是公正的，这是一种积极看待社会的态度，有利于青少年未来融入社会、形成和谐的人际关系。在入世目标方面，拼搏精神和在乎结果两方面都相对较高，青少年表现出对社会现实的肯定与投入、积极向上的生活态度。因此，青少年努力进取的动机能够得以激发，从而不断追求实现目标、满足自我提升的需要。

总之，温暖理解的教养方式培养出努力奋斗、积极进取的青少年。但同时，在乎结果反映了青少年比较在意奋斗的结果，做事情过于注重结果，其情绪情感易受成败左右，一旦得不到预期结果，就会内心失衡，不能客观理性地面对失败，容易形成脆弱的心理。这时可能会导致青少年"轻生"和"犯罪"问题的出现。

（2）消极的教养方式增加子女孤独感和内在不公正感

消极的教养方式包括控制干涉、拒绝否认、惩罚严厉。经过皮尔逊相关分析的检验，这三种教养方式都给子女带来了负面影响，所以称之为消极的教养方式。

首先可以发现，三种方式都使青少年子女产生了不同程度的孤独感和内在不公正感，若长时间的孤独感不能得到缓解，容易使青少年产生多种心理健康问题。而内在不公正感，即认为已经发生过的或者现有的事情是不公正的，会打击他们融入社会的积极性，对生活产生逆反心理，尤其是反社会性会被激发出来。

其次，控制干涉的教养方式产生的影响更加复杂。在入世、出世目标方面更多体现的是出世的目标，即"低要求"和"平常心"。"低要求"反映被测者在生活中会降低要求满足自己的心理，"平常心"反映被测者比较超脱，其情绪、情感不易被成败左右。结果显示，控制干涉的教养方式在"在乎结果"方面也会产生显著的影响，"在乎结果"意味着被测试者过于注重结果，情绪易受成败左右。这是一种既忽略结果又看重结果的双重心态，反映了在这种教养方式下成长的青少年内心的纠结与矛盾。而内在不公正感与终极公正感，既认为已经发生过的或者现有的事情是不公正的，又坚信世界上所有事情的结局终将是公正的，在现实的消极情绪中又表现出一种对未来的理想化的期盼，同时印证前文所述的矛盾心理。

最后，父母对孩子生活的控制干涉、对孩子行为的拒绝否认会增加其子女的终极公正感，即在这种环境之下成长的孩子更加相信，世界上所有事情的结局终将是公正的，表出对未来的寄托、期盼，或许与其不如意的生活环境相关。

2. 中间变量对未来期望的影响

使用等级相关的方法对价值观与期望收入、期望学历之间的相关性进行分析，结果表明，一些变量之间存在显著正相关（α = 0.05），见图5。

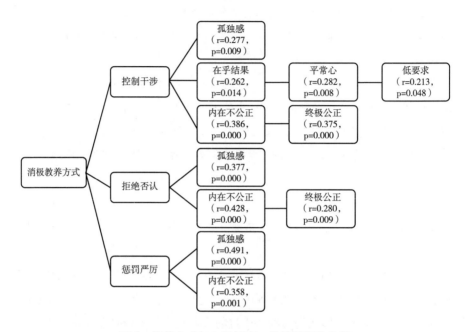

图 5 教养方式与心理健康、价值观相关分析

注：r 为斯皮尔曼等级相关系数，| r | ∈ [0，1]，| r | 越大，等级相关性越强。

总体来说，期望收入受到内在公正感、安全感、成熟度、人生意义感、拼搏精神、平常心的影响，这些都是积极正面的心态和价值观。

内在公正感在许多方面都起到激励作用，当人感到自己得到公正的待遇、自己的所见所闻都是公正的、处在一个公正友好的环境之中，就会受到积极的激励作用。这符合组织激励理论中的公平理论，即组织成员感到自己得到了公平对待，就会有积极性的行为；反之，会变得消极。当一个人认为世界已经发生过的事是公正的时，显然他对未来会有美好的期待。煤矿工人家庭具有强烈的向上流动的意愿，愿意付出辛劳和汗水，既然努力会得到相应的报酬，更能让自己的家庭从工人阶层得到一定的提升，自己受再多的苦也没关系，积极进取的拼搏精神更让煤矿工人子女敢于畅想未来，相信自己未来能够有所作为，并获得一份与之相匹配的收入。

煤矿工人家庭青少年子女内心较同龄人较成熟，由于其家庭成长环境的原因，从小在物质金钱方面就一直处于得不到充分满足的状况，提高个人及家庭生活水平较为迫切，同时，这些子女对具有人生意义的生活的追求能够激发未来期望，从而影响期望收入。

安全感对于未来期望的影响实际上是家庭结构对未来期望的影响，在后文中详细论述。平常心使青少年子女敢于追求高收入，因为即使失败，这种失败带来的失落感、挫折感、丧气感也不会持久，因为心情很容易平复，不易受成败左右，反而更加敢想敢做。

期望学历受到低要求和内在公正感的影响。低要求与期望学历呈负相关，一个人平时对自己要求低，显然对未来的期望也不会高。内在公正感不仅增加了对未来收入的期望，在学历方面也起到相同的作用（见图6、图7）。

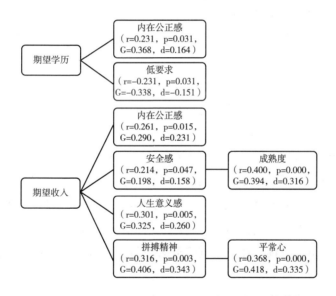

图6　未来期望与价值观、心理健康相关分析

注：r为斯皮尔曼等级相关系数，│r│∈ [0，1]，│r│越大，等级相关性越强。p为观测的显著水平，即在原假设为真时的前提下，检验统计量大于或等于实际观测值的概率。

本研究中α=0.05，因此当p＜0.05时拒绝原假设，接受备择假设，即两变量间等级相关关系显著。

G为Gamma等级相关系数，│G│∈ [0，1]，│G│越大，等级相关性越强。d为等级相关系数，│d│∈ [0，1]，│d│越大，等级相关性越强。

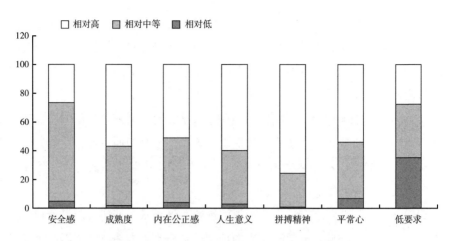

图7　煤矿工人子女心理健康、价值观概况

3. 教养方式对未来期望的影响

经过一系列的皮尔逊系数、等级相关系数的检验，以及对中间变量的内在作用的论述，可以得知家庭教养方式对未来期望的影响机制。

温暖理解的教养方式起正向激励的作用，不仅增加子女内在公正感、拼搏精神，明确其人生目标，从而正向影响其未来期望收入，而且增加子女内在公正感，促进了其对更高学历的追求。

控制干涉的教养方式对子女产生双重影响，即对未来未知生活的期待的提高和对当前已知生活的未来期望的降低。处在青少年时期的子女，生活依然在父母的管控下，控制干涉的教养方式会培养了子女的平常心态和低要求心态。平常心态使子女看淡眼前的得失，转向对未来脱离控制生活的期待，增加未来期望收入，而低要求的心态会使其降低对当前生活的努力，从而降低了未来期望学历。

此外，消极的教养方式，包括控制干涉、拒绝否认、惩罚严厉，都增加子女的内在不公正感，从而综合抑制其未来收入、学历期望。

（二）家庭子女数目的影响

1. 重男轻女观念增强经济独立意愿

本次涉及调查的煤矿工人大多为农业户口，中年人为主，家中子女数以两到三个为主。调查显示煤矿工人家庭只有16%是独生子女家庭，51%的家庭有两个子女。根据 1999 年 4 月 6 日山西省第九届人民代表大会第二次会议修订通过的《山西省计划生育条例》，其中第十五、第十六、第十七条说明了符合特殊情况的家庭可以生第二个子女。第十六条写明夫妻双方均为农业人口，且只有一个女孩的家庭可以生育第二个子女。[1] 由此可以理解二胎家庭的比例较高，但数据显示 34% 的家庭孩子数量超过了当时规定的数量，属于超生（见表 19）。

表 19　家庭类型与子女性别

		男	女	总计
家庭类型	独生子女家庭	6	8	14
	二胎家庭	27	17	44
	超生家庭	15	14	29
总计		48	39	87

"农村户口都允许头胎不是男孩可以生两个，而且有典型的重男轻女思想，落后迂腐。生三个的就是重男轻女了，不是男孩不罢休的那种，两个以上就超生了，得交超生费，而且在当年还很贵，1997 年左右的时候上万吧。男生是老大的，就是那些刚放开二胎政策的 30 多岁的人家里；在父母是中年人的两个孩子的家庭里，基本都是女孩老大。"（访谈对象 1，见表 20）

表 20　父母年龄统计

	最小值	最大值	均值	方差
爸爸的年龄	40	65	46.80	15.00
妈妈的年龄	27	65	45.10	20.12

可见在 2000 年前后，即使超生面临罚款，依然有许多家庭愿意承担。在当时政策的影响下，有限的生育空间和农村传统的性别偏好结合在一起，更加导致人们在生育时抱有强烈的性别选择观念。重男轻女这种封建迂腐的思想在经济发展比较落后的地区依然存在，并且影响当地青少年的价值观念形成和社会化进程。

在访谈对象 4 的描述中，我们得知，当地的煤矿家庭主要由两部分组成，一

---

[1]　山西省人民代表大会：《山西省计划生育条例》，http://www.taiyuan.gov.cn/? sj = 33714，1999 年 4 月 6 日。

是本地人，二是移入民。移入民由两部分组成，一是山西其他农村地区第一批离开农村外出打工者，二是从湖南、四川、重庆等地来的打工者。而重男轻女现象比较严重的是山西其他农村地区的移入民。访谈对象 4 就来自山西其他农村地区，因为家中三代单传的缘故，爸爸妈妈抱养了一个弟弟。访谈对象 3 提道："我就想通过自己的努力实现经济自由，再不用花家里的钱，不用听父母的左右。"可见，在重男轻女的环境中长大的女性，追求高学历、高收入的主要原因多是想经济独立，摆脱家庭束缚，满足自己对美好生活的需求，成就自己的人生。

而兄弟姐妹三个的访谈对象 2 说，她并没有感觉到重男轻女，反而有点重女轻男。至于南方农村和北方农村在重男轻女方面是否存在差异还需进一步调查研究。所以重男轻女现象更多是存在山西农村地区的现象，并不是煤矿家庭的普遍现象。

2. 子女数目越多期望收入越高

家庭和同龄群体都是社会化的重要机构。父母对孩子的陪伴往往是自上而下的，他们既没有孩子的思维和视角，又没有相似的兴趣爱好，相互之间不能理解，甚至会形成代沟，因此，孩子仅有父母的陪伴显然是不足的。兄弟姐妹有相同的成长环境，其认知能力、兴趣爱好、思维水平都比较相似，相比之下有更多的共同语言，并且兄弟姐妹之间的沟通对人的身心发展具有重要意义。

同龄群体对社会化的影响是通过在游戏中扮演角色而实现的，在游戏中，相互传递各自的知识，尝试运用社会角色的扮演而过虚拟的生活。在游戏中伙伴们的相互纠正和补充会起到学习知识和实践规范的效果。① 可见，同龄群体的陪伴是一个人成长中的重要环节，如果缺失了这一环节，有可能会导致青少年成长中的许多不良状况出现。

经过检验可以发现，家庭中是否有兄弟姐妹的陪伴，对子女安全感有显著影响。有兄弟姐妹陪伴的孩子，其安全感会更高。使用皮尔逊系数对子女数目与子女安全感之间的相关性进行分析，结果表明，二者之间存在显著相关（$r = 0.196$，$p = 0.048 < 0.05$）。$r > 0$，说明子女数目越多，安全感越高。子女数目多，青少年在其儿童期会有同龄人的陪伴与成长，能适当弥补家长陪伴不足的缺憾（见表 21）。

---

① 王思斌：《社会学教程》，北京大学出版社，2015，第 54 页。

表 21　子女数目与安全感

		1	2	3	≥4	总计
安全感分级	相对低	1	2	0	0	3
	相对中等	13	30	14	3	60
	相对高	0	12	9	3	24
总计		14	44	23	6	87

　　使用等级相关的方法检验期望收入、期望学历与安全感之间的关系是否显著，得到以上结果，即安全感与期望收入呈正相关（α = 0.05）。因此可以发现，一个家庭中子女数量越多，其子女安全感越高，对未来的期望收入也会越高。煤矿工人家庭子女数量普遍较多，也能在一定程度上解释其期望收入在整体上高于社会经济地位偏高且以独生子女为主的家庭子女期望收入（见图 8）。

图 8　期望收入与安全感等级相关检验

　　注：r 为斯皮尔曼等级相关系数，｜r｜∈ [0, 1]，｜r｜越大，等级相关性越强。p 为观测的显著水平，即在原假设为真时的前提下，检验统计量大于或等于实际观测值的概率。

　　本研究中 α = 0.05，因此当 p < 0.05 时拒绝原假设，接受备择假设，即两变量间等级相关关系显著。

　　G 为 Gamma 等级相关系数，｜G｜∈ [0, 1]，｜G｜越大，等级相关性越强。d 为等级相关系数，｜d｜∈ [0, 1]，｜d｜越大，等级相关性越强。

（三）矿区贫困亚文化

1. 信息闭塞增加子女压力，限制未来期望选择

　　家庭在闲暇时间关注的话题，能够体现这个家庭与外界联系的紧密程度、家庭内部结合的密切程度以及青少年子女的社会化程度。此外，家庭闲暇时关注的话题也能够在一定程度上反映青少年子女文化资本的积累。家庭是文化资本以身体化、客观化的形式长时间积累的重要场所。从调查结果来看，煤矿工人子女闲暇时间和父母讨论的话题多与家庭内部及个人发展相关，较少关注当下社会问题及时政新闻，更关注家庭微观层面的琐碎，较少看到社会宏观层面的趋势，这也

与其特定的社会经济地位相关（见表22）。

具体来看，煤矿工人家庭闲暇话题主要集中在学习成绩、学校表现、生活需求、未来规划和家庭琐事方面，特别是在学习成绩和学校表现、父母工作、生活需求、未来规划四个维度的关注度明显地高于参照群体家庭（见表23）。

表22　煤矿工人家庭闲暇氛围

| | | 应答次数 | | 应答人数占比 |
		频次	占比	
闲暇氛围	学习成绩和学校表现	81	15.64%	79.41%
	亲朋好友	67	12.93%	65.69%
	父母工作	56	10.81%	54.90%
	生活需求	74	14.29%	72.55%
	影视娱乐	37	7.14%	36.27%
	当下社会问题	43	8.30%	42.16%
	时政新闻	28	5.41%	27.45%
	未来规划	68	13.13%	66.67%
	家庭琐事	64	12.36%	62.75%
总计		518	100.00%	507.84%

表23　参照群体闲暇氛围

| | | 应答次数 | | 应答人数占比 |
		频次	占比	
闲暇氛围	学习成绩和学校表现	27	11.70%	51.90%
	亲朋好友	33	14.30%	63.50%
	父母工作	20	8.70%	38.50%
	生活需求	27	11.70%	51.90%
	影视娱乐	21	9.10%	40.40%
	当下社会问题	21	9.10%	40.40%
	时政新闻	19	8.20%	36.50%
	未来规划	25	10.80%	48.10%
	家庭琐事	37	16.00%	71.20%
	其他	1	0.40%	1.90%
总计		1	0.40%	1.90%

首先，煤矿工人家庭高度关注子女的学习成绩和学校表现，体现对子女的高要求和高期待。当今社会普遍认为，只有学习成绩好考上名牌大学，才能有好出

路，通过"一考定终生"的高考制度，实现阶层的飞跃，等等。常言道，知识改变命运，爱拼才会赢，这些观念在经济收入比较低、信息较为闭塞的煤矿工人家庭中更加鲜明。

其次，父母的工作是家庭的经济来源，是一个家庭重要的物质基础，对父母工作的高度关注，更是煤矿工人家庭收入普遍较低的重要表现。

再次，本文所指的生活需求是指物质方面的需求，如生活日用品、家用电器、水电气等，从马斯洛需求层次来看，生活需求主要对应生理的需求，属于较低层次的需求。因此，对生活需求关注较高说明低层次的需求尚未得到充分的满足。

最后，未来规划体现煤矿工人家庭对未来的憧憬，在一定程度上体现了对现实生活的不满和无奈。只有做好未来规划，能过富足的生活，才能让父母们担忧、焦虑的心平复下来。而这种高期待和高要求也将潜移默化地影响子女的未来期望和实际行动。

此外，与参照群体家庭相比，煤矿工人家庭对时政新闻关注度相对较低，信息内部循环，较少使外部信息流入，从而形成了比较封闭的信息环境。贫困文化理论认为贫困者有独特的生活方式，使他们在社会生活中相对隔离，产生脱离主流社会文化的贫困亚文化。圈内交往得到加强并被制度化，进而维持着贫困的生活，在这种环境中长大的人自然习得贫困文化，于是贫困文化世代传递，塑造着人的基本特点和人格。

闭塞的信息环境不能为青少年提供多样化的选择，从而减少了青少年子女对未来各种期望的可能。

"我们的生活环境和职业规划和其他同龄人不同，我觉得在矿区长大，就感觉职业比较单一，对自己的职业生涯没什么概念，我们在矿区接触到的职业种类真的很少。"（访谈对象2）

受访对象也表示自己从小到大接收到的信息并没有给自己提供多样的未来选择，从根本上抑制了煤矿工人青少年子女就学就业的多种途径。

2. 人情现象激起社会公正意识

由于矿区普遍处于城市外围，城市化和现代化程度还不高，民风淳朴，人际关系单纯，当煤矿工人家庭子女考取大学、走向经济发达地区之后，感受到了前所未有的"世间险恶"，在融入大学生活或者大都市生活时，有明显的力不从心感。

"来上海上大学之后，才觉得我小时候的生活环境简直太友好了，人和人之间没有明显的距离感，邻里和睦，民风淳朴。"（访谈对象2）

"矿区的成长环境让我看到了很多社会不良现象，比如当科长可以挣到更多的钱，人和人之间要讲人脉关系。科长、区长之类的，等级森严。"（访谈对象3）

另外，由于人与人之间的联系比较紧密，对人际关系的教导也体现在日常家庭教育中。许多青少年在父母的言谈举止、周围朋友邻里的耳濡目染下，形成了对人情关系的个人认识。

由于供给侧改革，"去产能"使山西省关闭了很多小煤矿，现存煤矿大多属于国有独资企业，这些国有企业内部管理具有很多明显的"科层制"的缺陷，如管理层腐败问题滋生、内部等级森严等。

面对社会的不公正现象，如靠"走后门""讲关系"得到机会和资源，访谈对象2表示自己的理想职业是公务员，立志为人民服务，改善这种社会不良现象，不公正的人情现象不仅没有挫败他，反而激励他产生了一种拼搏精神和社会公正意识，体现矿区人情关系的正向功能。

"我未来可能会选择成为一名公务员，像耿彦波和我父亲一样，为人民服务。"（访谈对象3）

耿彦波担任过山西省大同市市长、太原市市长，在BBC纪录片《中国市长》中，耿彦波以强硬的工作作风和实干精神，诠释了什么是"人民公仆"，在山西人耳中，耿彦波这个名字从不陌生。当然访谈对象2也提到，由于自己是独生子女，而且父亲的收入也还不错，所以自己没有很大的经济压力，可以从事自己梦想的职业，即使公务员的工资并不是很高。"但是为人民服务，用自己的力量改善社会，建设家乡这才是真正有意义的事情。"他如是说道。

六 结论与讨论

（一）主要结论

本文从家庭教养方式、家庭子女数目、矿区贫困亚文化的角度论述了煤矿工人家庭氛围对青少子女未来期望的影响。

在家庭教养方式方面，温暖理解的教养方式起正向激励的作用，它增加子女内在公正感、拼搏精神，使子女明确人生目标，从而正向影响期望收入；此外还增加子女内在公正感，促进了对更高学历的追求。控制干涉的教养方式对子女产生双重影响，即对未来未知生活的期待的提高和对当前已知生活的未来期望的降低。最后，消极的教养方式，包括控制干涉、拒绝否认、惩罚严厉，都增加子女的内在不公正感，从而综合抑制未来收入、学历期望。

在家庭子女数目方面，煤矿工人家庭存在严重的超生现象，山西农村地区疑似存在重男轻女现象，在这样的环境下许多青年对未来有较高期望，力求经济独立，摆脱家庭束缚。此外，家庭子女数量在一定程度上增加了子女的安全感，从而使其具有更高的收入期望。

在矿区贫困亚文化方面，煤矿工人家庭日常闲暇话题主要关注家庭内部，形成比较封闭的信息环境，对其子女的高要求、高期待，给子女造成较大压力，与此同时闭塞的信息条件阻碍青少年畅想未来的各种可能，眼界限制职业选择、居住地选择等，从而使贫困传递下去。另外，煤矿工人家庭所处环境具有较强的共同体特征，讲求人情关系从而滋生种种不公正现象，但正是这种不公正现象激发一部分青少年子女立志改善社会风气，树立社会公正意识，在职业规划方面起到积极作用。

（二）对策建议

1. 政府

（1）引导群众树立正确的生育观念

随着二胎政策的落实和推进，经济发展相对落后、思想观念仍较落后的农村地区，可能还会受"重男轻女"观念的影响。政府通过宣传工作和成人教育工作可以在引导群众树立正确的生育观念上有所作为。

（2）确保特殊职业社会保障万无一失，加强安全监管

煤矿工人属于高危行业，尤其在山西 M 煤矿中存在的这种家庭分工模式中，父亲几乎是家中"顶梁柱"的角色，所以应确保煤矿工人的社会保险，尤其是医疗保险和工伤保险在缴费到报销这一过程中的万无一失；同时健全对特殊行业的安全生产监察制度、行业安全基础管理指导制度和特大事故调查处理制度。

（3）"去产能"过程中保障煤矿工人的收入来源

煤矿工人作为高强度、高风险的工种之一，尤其是井下煤矿工人，劳动的辛

勤和报酬多少的不匹配形成强烈对比。保障煤矿工人的福利待遇，尤其是在加快转变经济发展模式、"去产能"的过程中，更要保障工人的收入来源。如国有企业在裁员方面，要做好员工安置和再就业的培训工作，充分考虑员工家庭的实际情况，切不可主观随意做决策。

（4）加强对国企的内部监督，杜绝腐败

加大对国有企业的纪律监督，严惩收受贿赂现象，正面宣传社会公正。国企的腐败问题不仅关乎当地公平、正义的社会风气形成，更关乎国家资产的保值增值问题。这个问题不从根本上解决，损失的是国家利益。

2. 学校

（1）关注特殊职业家庭子女的心理健康

学校在青少年成长过程中扮演着十分重要的角色，对于预防青少年子女犯罪和"轻生"都发挥着至关重要的作用。学校应定期开展心理健康检查，老师密切关注和反映班级学生的精神面貌状态，做到青少年问题早发现、早治疗，降低青少年犯罪和"轻生"事件的发生率。

（2）减轻初小学生的课业压力，丰富其课余生活

初小学生的家庭环境和学校生活都可能是造成其精神压力过大、心理年龄过度成熟的原因。从学校角度，减轻初小学生的课业压力，尤其是特殊职业家庭的孩子，减少他们在学习方面的精神压力，同时丰富其课外活动，鼓励其发展课余爱好，疏解其在家庭受到的来自家长方面的压力。访谈发现，煤矿工人家庭子女都有不符合其年龄的心理成熟度，而儿童和青少年本该享受属于他们的无忧无虑的成长过程。

（3）中学教育适当增加职业生涯规划相关课程

很多大学生面临着职业生涯的迷茫，究其根本是中国缺乏职业教育。生活在职业单一的生活环境中的青少年更是如此。中学阶段正是青少年逐步树立职业观的阶段，在这一时间段，通过学校教育渗透职业教育，不仅可以帮助矿区少年开阔视野，也可以帮助其提前思考未来职业选择，更好地发挥自身潜能。

3. 家庭

（1）提倡积极的教养模式

积极的教养模式对于培养青少年正确的价值观有重要作用。家庭和睦会影响子女的心理期望。这样家庭环境中的子女会有一个健康向上的生活态度，无论在

学习还是生活中都会积极进取，奋力拼搏。同时家长应该注重挫折教育，青少年要更多享受成长过程中的乐趣，而不是只注重得失、注重结果。只注重得失和结果会使人生的体验感降低，也不利于青少年应对未来将要发生的种种坎坷。

（2）尽量使成人世界的烦恼远离青少年子女

不要过早将生活艰苦和社会的残酷面展现在孩子面前，首先还是要保证孩子的健康快乐成长。至于望子成龙、望女成凤的期盼，要等孩子达到一定的心理接受年龄，能正确看待父母的殷切希望和自我需求时，再说不迟。否则，容易造成青少年子女形成唯利是图的观念。要让成人世界的烦恼远离青少年的世界，这不是他们能解决的问题，只能变相加重其心理负担。这也不是过度保护，而是保护其身心健康成长发展。

（3）关注社会热点，向青少年展示更精彩的世界

帮助孩子树立正确的人生目标，就要先让他们认识世界、读懂世界，再通过逐渐融入、适应这个社会，真正寻到属于自己未来的人生之路。

（指导教师：吴丽丽、郭磊）

从使用与满足理论浅析当下中老年人游戏参与动机

颜钰杰　马毓泽　汤廷焯　王　乐　陈克正*

摘　要　截至 2018 年 12 月，我国 40 岁以上网民已占网民总人数的 28.1%，人数达到了近 2.3 亿。中老年人已成为互联网用户的重要一员。大量中老年人开始使用手机进行游戏，经过调查，课题小组发现中老年人参与游戏具有轻型游戏居多、游戏时间投入适中、游戏金钱投入较少等特点；通过进一步的深度访谈，课题小组总结了中老年人进行游戏具有人际交往动机、休闲娱乐动机、益智健身动机、好奇探索动机和求实心理动机。在当今中国人口老龄化趋势增强的背景下，研究中老年人的游戏动机可以更好地了解把握中老年人的精神文化需求，对满足人民美好生活的向往具有参考作用。

关键词　中老年人；游戏；动机研究；使用与满足

一　引言

中国互联网络信息中心（CNNIC）于 2019 年 2 月 28 日第 43 次发布了《中国互联网络发展状况统计报告》，报告显示，截至 2018 年 12 月底，中国网民规

---

* 颜钰杰，新闻传播学院 2018 级本科生；马毓泽，法学院 2019 级本科生；汤廷焯，新闻传播学院 2018 级本科生；王乐，法学院 2019 级本科生；陈克正，马克思主义学院 2018 级本科生。

模达 8.29 亿，其中手机网民规模达 8.17 亿，全年新增手机网民 6433 万。[①] 移动互联网的井喷式发展伴随着智能手机的普及，创造了大量的互联网终端，访问互联网已经越来越轻松便捷。与此同时，中国的老龄化问题也愈发严重，世界卫生组织《中国老龄化与健康国家评估报告》显示，"中国人口老龄化进程要明显快于其他中低收入国家。到 2040 年，60 岁及以上人口的比例将从 2010 年的12.4% 上升至 28%。女性寿命高于男性；与城市人口相比，老年人占农村人口比例更高"。[②] 习近平总书记在党的十九大报告中对当前我国社会主要矛盾做出与时俱进的新表述，指出"中国特色社会主义进入新时代，我国社会主要矛盾已经转化为人民日益增长的美好生活需要和不平衡不充分的发展之间的矛盾"，随着生活水平的显著提高，人民对美好生活的向往更加强烈，呈现出多样化多层次多方面的特点。身处互联网时代的中老年人有许多新的特征，越来越多的中老年人在满足基本物质需求的前提下提高了精神方面的追求，休闲游戏同样成为中老年人群体精神娱乐的载体。在移动互联网高速前进的今天，手机游戏市场一片生机，各类休闲小游戏层出不穷，除了经典的消除类游戏、扫雷等小游戏之外，也出现了例如"王者荣耀""刺激战场"等制作精良的大型手机游戏，游戏的丰富性和手机的便携性使人们随时随地享受自己喜欢的游戏成为可能；同时，微信、支付宝等常用应用程序中的部分功能也加入了许多休闲娱乐的游戏元素，如微信中的小游戏平台、支付宝中的"蚂蚁森林"等，日用软件的加入使游戏更加触手可及。因此，大量的中老年人有条件主动或被动地加入手机休闲游戏玩家的行列。本课题将研究主体聚焦在中老年人群体，通过深访的方式，调查中老年人进行移动互联网休闲游戏的相关问题；发现中老年人在进行游戏的过程中，有时间投入少、进行的游戏相对简单（以棋牌类为主）、金钱投入少甚至基本没有等特点；在对游戏动机的调查中，发现中老年玩家进行游戏除了休闲娱乐、人际交往动机之外，还有益智健身动机、好奇探索动机与求实动机。

① 中国互联网络信息中心：《中国互联网络发展状况统计报告》，2019 年 2 月 28 日，http://www.cac.gov.cn/wxb_pdf/0228043.pdf。
② 世界卫生组织：《中国老龄化与健康国家评估报告》，2016，https://apps.who.int/iris/bitstream/handle/10665/194271/9789245509318-chi.pdf。

二 研究背景

使用与满足理论是从受众角度分析媒介使用的重要理论。媒介使用者会根据自身的偏好寻求不同的媒介，在完成自身需求的同时也会受到特定媒介的影响。电子游戏的特点包括：过程强调规则（为玩家如何达到目标做出限制）、内置反馈系统（告诉玩家距离实现目标还有多远）、追求目标（玩家需要努力达成一个具体结果）与自愿参与（要求玩家知道并接受游戏中的目标、规则和反馈）。① 其中，游戏特点中的追求目标与自愿参与符合使用与满足理论的前提。因此，使用与满足理论可以应用在电子游戏的参与过程中。

近年来，国内学者对社会大众与网络游戏的研究不断升温，但多数学者较关注儿童、青少年这类网络游戏主要群体与网络游戏的关系，一定程度上缺乏对以中老年人为主体的网络游戏参与行为的关注。《中国互联网发展状况统计报告》（2019）显示，截至 2018 年 12 月，我国 40 岁以上网民已占网民总人数的 28.1%，人数达到了近 2.3 亿。中老年人已成为互联网用户的重要一员。② 本研究旨在回答一个问题，为什么越来越多的中老年人开始接触网络游戏？换言之，他们参与网络游戏的动机是什么？他们参与网络游戏获得了哪些效用？研究中老年参与网络游戏的动机的意义在于：动机是需求的反映，动机解释了中老年人参与网络游戏的原因，掌握动机能够帮助社会与家人深入了解中老年人参与网络游戏的社会和心理因素。

课题开展前期，课题小组成员阅读了大量现有文献作为参考，其中《老年电视受众使用与满足研究》③《老年群体对广播的使用与满足研究》④ 两篇文章介绍了中老年人的精神文化需求，研究了老年人使用大众传播媒体的使用与满足，从中了解到中老年人精神生活现状以及对于大众传媒的使用动机。《儿童

---

① 〔美〕简·麦戈尼格尔：《游戏改变世界：游戏化如何让现实变得更美好》，闾佳译，北京联合出版公司，2016，第 21 页。
② 中国互联网络信息中心：《中国互联网络发展状况统计报告》，2019 年 2 月 28 日，http://www.cac.gov.cn/wxb_pdf/0228043.pdf。
③ 李一龙：《老年电视受众使用与满足研究》，郑州大学硕士学位论文，2014。
④ 吕琳：《老年群体对广播的使用与满足研究》，《广东技术师范学院学报》2008 年第 10 期。

参与"摩尔庄园"网络游戏的内在动机研究》①《新生代农民工在网络游戏中建构的身份认同——基于对 13 位〈王者荣耀〉新生代农民工玩家的访谈》② 两篇则采用了深度访谈与参与观察的方法研究了儿童与青壮年群体参与网络游戏的内在动机。《小程序游戏走红背后的传播学分析——以"跳一跳"为例》③《游戏类小程序的主要特征与传播策略》④《传播游戏观视域下的"碎片化"娱乐研究——以微信"跳一跳"小游戏为例》⑤ 三篇则研究新媒体时代新应用的传播与推广,通过传播学视角研究了微信平台小游戏的传播特征,并分析了其用户量短时间内剧增的原因。基于以上的研究,我们发现关于传统游戏的研究,不论是游戏形态还是受众群体,都已经十分充分,尤其是对于青少年群体的研究更是完备;对于新媒体时代基于社交的新型游戏,基于传播学视角的研究成果也十分丰富。但是当研究主体变为中老年人时,不论是传统游戏还是新游戏,相关的研究则很少。因此,本小组在前人研究的基础上,将研究聚焦在中老年人身上,集中研究中老年人群体在当前的互联网生态下进行游戏的动机。

三 研究方法

本次课题主要采用的研究方法为深度访谈法与参与式观察。所谓深度访谈,指的是一种无结构的、直接的、个人的访问,在访问过程中,调查员深入地访谈一个被调查者,以揭示对某一问题的潜在动机、信念、态度和感情等。课题组的四位成员利用假期对自己身边有参与游戏习惯的中老年人进行深访,通过访前的信息了解、拟定采访大纲和深度采访等几个环节,了解到受访者参与的游

① 杨银娟:《儿童参与"摩尔庄园"网络游戏的内在动机研究》,《国际新闻界》2009 年第 12 期。

② 方晓恬、窦少珂:《新生代农民工在网络游戏中建构的身份认同——基于对 13 位〈王者荣耀〉新生代农民工玩家的访谈》,《中国青年研究》2018 年第 11 期。

③ 陈涵、黄天鸿:《小程序游戏走红背后的传播学分析——以"跳一跳"为例》,《今传媒》2018 年第 6 期。

④ 胡泊:《游戏类小程序的主要特征与传播策略》,《青年记者》2018 年第 24 期。

⑤ 王欣悦:《传播游戏观视域下的"碎片化"娱乐研究——以微信"跳一跳"小游戏为例》,《新闻世界》2018 年第 2 期。

戏、接触游戏的年龄、在游戏上投入的时间和金钱等信息。参与式观察，指研究者深入到研究对象的生活背景中，在实际参与研究对象日常社会生活过程中所进行的观察。为了更好地理解受访者参与游戏的动机及其对参与游戏的态度，课题组成员也加入了受访者正在参与的游戏当中，在参与游戏的过程中对文章中涉及游戏的设置、策略和特点等都有了更深入的了解，为课题的进行做了更加充分的准备。综上所述，两种研究方法的结合运用，让本次课题得以展开并取得成果。

本课题研究的深访对象基本情况汇总见表1。

表1　深访对象基本情况

编号	年龄	职业	参与游戏	开始游戏年龄	游戏频率/时间	游戏上金钱投入
F1	58	退休职工	蚂蚁庄园、蚂蚁森林	56	1天3次/1次10分钟左右	无
M1	50	医生	俄罗斯方块、扫雷	26	1周1~2次/小于30分钟	无
F2	60	退休职工	天天爱消除	55	1周4~5次/每次时间不等	无
F3	50	教师	金币庄园	43	1周2次/30分钟左右	无
F4	42	经商	打砖块、蚂蚁森林、麻将	33	1天3~4次/30分钟左右	无
M2	52	务农	欢乐斗地主、王者荣耀	50	2小时/每日	200元
M3	44	个体商户	斗地主	40	1天1~2次/20~30分钟	无
F5	45	务农	刺激战场、斗地主	45	1天1次/30分钟	无
M4	43	专业技术人员	中国象棋	40	偶尔/有时3~5小时	无
M5	46	党政机关工作人员	棋牌类游戏（斗地主）	25	1天1小时	100元
F6	47	管理人员	益智类、休闲类、经营类（手机平台）	21	1天2小时	100~200元
M6	48	专业技术人员	第一人称射击	17	工作日无、周末3~4小时	无

四　动机分析

（一）休闲娱乐动机

当今社会中，大多数中老年人正处于过渡阶段。中年人尚未达到退休年龄，工作面临的压力仍然存在，子女大多数处在求学或工作阶段，多数家庭中尚没有需要照顾的婴幼儿；老年人群体已经退休或闲居家中，因此可供自由支配的时间较为充裕。在这种特定的情况下，随着中年人工作压力的增加和老年人休闲时间的增加，根据使用与满足理论①，中老年人需要一定的娱乐活动来满足其缓解压力或消磨时间的心理需求。

这时，游戏这一活动形式便走入了中老年人的日常生活当中。一方面，中老年人群体通过游戏来休闲娱乐和缓解压力，从游戏中得到放松。② 受访者 M6 表示，现在儿子已经离家上大学，平日的工作时间也相对灵活，这样以往用来陪伴子女的周末时间便空闲了下来，因此能够有时间进行游戏。她也表示平日银行工作压力相对较大，回到家的空闲时间通过玩小游戏有很好的休闲减压效果。同样的还有受访者 M1，作为一名医生，其在工作中感到了一定的压力。因此，闲暇时放松身心的游戏也成为他的选择。另一方面，中老年人群体通过游戏来让自己的休闲时间更加丰富充实。受访者 M4 表示平日里工作压力较小，从事的不是什么高强度的工作，而是重复性的劳动居多；因为工作已经习惯了，想在大量的空闲时间给自己找点娱乐的事情，放松一下身心。受访者 M2 表示因为务农，劳动时间集中，劳动强度大，到了农作物播下去、收起来以后，大量的空闲时间就产生了。受访者 F5 也提到，在农休期间，自己时间很充裕，有时间进行娱乐休闲。受访者 M3 表示家里的儿子去上大学了，加上自己是个体商户，平日里工作强度不大，工作时间也不长，空闲时间较多，也不是特别想去玩某个游戏，只是为了消磨一下时间。

---

① 梅宁：《使用与满足：从受众心理层面解构微信小游戏"跳一跳"》，《西部广播电视》2018 年第 7 期。
② 宋琳琳：《从精神分析角度解读网络游戏的使用与满足》，《商业文化》（下半月）2011 年第 6 期。

无论是青少年群体还是中老年人群体，作为游戏玩家参与游戏的动机都是以休闲娱乐为主。通过参与游戏来获得的放松感和娱乐感满足了中老年群体工作状态下追求放松和退休生活中追求充实的心理需求，从而使中老年人能够长期保持游戏习惯。

（二）人际交往动机

人际交往，指个体通过一定的语言、文字或肢体动作、表情等表达手段将某种信息传递给其他个体的过程。随着互联网移动端的发展，社交软件游戏化和游戏软件社交化的趋势出现，游戏的娱乐功能与社交功能出现了相互融合，极大促进了人与人之间的交往联系。游戏玩家参与游戏的动机之一就有人际交往。[①] 无论是微信、QQ 这一类社交软件，还是"天天爱消除"这一类游戏软件，都成为中老年人手机中通过游戏进行人际交往的重要载体。一系列轻型游戏如微信"跳一跳"、支付宝"蚂蚁森林""蚂蚁庄园"等通过植入社交软件，被赋予了"人际交往"的功能；传统的游戏软件如"欢乐斗地主""天天爱消除"等通过与微信、QQ 的账号共享、好友共玩等制度设计，增强了游戏玩家之间的联系和互动，加大了用户黏性，有效满足了用户的人际交往需求。

人际交往是中老年人日常生活的一部分，游戏的出现以及好友共同参与游戏的设定让游戏的社交功能得到延伸，游戏中的互相帮助甚至是互相"偷能量"等多种多样的交往形式，满足了中老年人的人际交往需求。正如受访者 F1，其在参与"蚂蚁森林"和"蚂蚁庄园"的游戏过程中，通过"偷"好友的"绿色能量"和帮好友的"小鸡"喂饲料等功能，既有参与游戏得到的娱乐满足，也达到了与好友交往的目的，得到了好友之间通过游戏来进行互动的满足感。人际交往包含家庭成员之间的互动与交往。游戏同样是家庭成员中保持联系的载体。由于子女外出求学工作，大多数中老年人与子女的联系机会减少，从而导致中老年人与子女沟通交往的需求增加。游戏则处在青年人与中老年人之间，成为帮助两类群体进行互动的桥梁，缩小了两代人之间的代沟，成为两代人沟通过程中一个重要的共同话题。受访者 F3 提及自己会在淘宝的"金币庄园"及"蚂蚁庄

---

① 钟智锦：《使用与满足：网络游戏动机及其对游戏行为的影响》，《国际新闻界》2010 年第 10 期。

园"等游戏中与自己的子女进行互动，自己关心子女的需求也在游戏中得到了满足，从而形成了良性的交往过程。

游戏作为一种媒介，利用其"参与性强"的特点同样在当下人际交往的过程中发挥了重要作用，满足了中老年群体的人际交往需要，成为中老年人与好友、家人互动的载体。

（三）益智健身动机

益智游戏，指通过一定的逻辑或是数学、物理、化学，甚至自己设定的原理来完成一定任务的小游戏，使人在游戏中得到了脑、眼、手的锻炼，提高了逻辑力和敏捷力。回到游戏的本身，任何一种游戏的玩法或策略在一定层面上都是对游戏参与者脑力、眼力等素质的综合考验。因此，无论是不是益智游戏，其都存在一定的益智作用。

在青少年群体当中，游戏玩家的游戏动机大多集中在休闲娱乐等因素中，因而游戏的"益智作用"常常被忽视。有别于青少年玩家，中老年人群体对游戏参与过程中"益智健脑"的作用表现得更加重视。2018 年 9 月 21 日第七个世界"阿尔茨海默病日"，国际阿尔茨海默病协会官网发布了《世界阿尔茨海默病 2018 年报告》，报告显示，2018 年全球约有 5000 万人患有痴呆。[1] 痴呆已经成为世界问题。就部分中老年人而言，他们希望通过一系列活动使自己头脑保持在活跃、灵活的状态中。游戏因此成为他们进行脑力活动的一个途径。采访过程中，受访者 F6 表示她独爱益智类的小游戏，例如"开心消消乐"和"祖玛"，她特别强调说："我现在还在玩游戏还有一个重要的原因，就是经常动动脑子可以防止老年痴呆。"受访者 M5 也提到，他对自己的记忆力和学习能力比较有自信，可以认为一定程度上是游戏起到的作用。同时，他认为适当游戏可以使自己保持用脑的频率，不断尝试一些新鲜的游戏如微信小游戏等，也可以锻炼自己的接受能力，保持一种开放的思想。游戏除了益智健脑的作用外，还有促进身体健康的作用。不可否认，当今游戏领域中具备健身功能的典型性游戏并不多，但在调查过程中，调查小组也了解到部分中老年人通过游戏进行健身的参与动机。例

---

[1]　Alzheimer's Disease International（ADI），《世界阿尔兹海默病 2018 年报告》，2018 年 9 月 21 日，https://www.alz.co.uk/research/WorldAlzheimerReport2018.pdf.

如，在支付宝内置的"蚂蚁森林"游戏当中，获取绿色能量的一大途径便是"行走"，玩家在当天行走的步数越多，次日可获得的绿色能量越多。为了更好地参与游戏，受访者 F1 常常在茶余饭后散步行走，在生活中减少代步工具的使用，也达到了健身的效果。她表示，"蚂蚁森林"的游戏能鼓励自己多走路，既可以做运动，又可以玩游戏，参与捐步同时得到了游戏和健身的满足感。

中老年人群体由于其特殊的年龄状况与大多的青少年游戏玩家存在差异，因此其在游戏的参与过程中相应地注重了对其自身"益智健身"的考量，"益智健身"也成为他们进行游戏的动机之一。

（四）好奇探索动机

互联网在中国发展二十多年以来，中老年人群体作为"网络移民"逐渐接触了互联网和智能手机。当下社会中，多数中老年人对网络、手机的操作和使用尚停留在较浅的层面。对他们而言，手机使用仅限于拨打电话、接收短信、微信沟通以及手机支付等主要功能。科技的进步以及手机等智能产品的交互性不断增强，参与游戏的难度不断降低，为中老年人群体参与游戏提供了条件，在一定程度上增加了中老年人群体的手机使用方式。同时，丰富多样的手机游戏刺激了中老年人对手机游戏的好奇心和探索心理，鼓励中老年人参与到手机游戏当中。游戏对于中老年人群体同样有着吸引力，无论是出于休闲娱乐、人际交往还是益智健身等其他动机，中老年人能够长期参与游戏的原因还有"好奇探索"心理。

手机或电脑游戏等作为互联网发展带来的典型产物，对中老年人群而言还是较为新鲜的，以棋牌类游戏为例。受地域文化等因素的影响，在参与网络游戏之前，中老年人所接触到的棋牌类游戏种类相对单一且规则相对简单固化，可供玩家探索的游戏空间并不多；随着棋牌类游戏转为互联网游戏后，游戏的扩展空间加大，对于同一款游戏也出现了多种多样的规则和玩法，可接触到的游戏玩家更加广泛，丰富了玩家的游戏选择，开拓了玩家的游戏空间，提高了玩家的游戏体验。正如受访者 M3 和 F5 在采访中提到的，与用扑克牌玩斗地主不同，手机上的欢乐斗地主游戏提供了"经典玩法""癫子玩法""不洗牌玩法""欢乐挑战赛"等玩法，玩家可以选择自己喜欢的玩法参与游戏，满足玩家对游戏的好奇探索动机。游戏参与的好奇探索动机也体现在"闯关"和"升级"的游戏进化设置上。如同人的成长过程一般，大多数游戏开发者也为游戏玩家设定了游戏参与的成长过程，如游戏分数的累加、游戏关卡的增加、游戏等级的提高等。尽管游戏设置各有不同，但深挖其本质仍然是玩家在参与游戏的过程中取得的进步或进化。这样的设置提升了游戏的魅力，进而引导游戏参与者去探索更高级的游戏玩法以及更奇特的游戏体验。例如，受访者 F2 参与的天天爱消除和 F6 参与的经营类游戏，前者是通过不断挑战难度更高的新关卡来继续游戏；后者则是通过游戏经营获得相应的游戏积累来发展升级。总之，中老年人作为游戏领域的"新人"，这样的游戏设定使其好奇探索的心理需求得到了满足，从而更加投入地参与到游戏当中。

（五）求实心理动机

与青少年群体通过游戏获得娱乐满足的主要特点不同，中老年人群体在面对游戏时表现得更为理性和自控。根据表 1 可以发现，中老年人在参与游戏的过程中整体呈现出以轻型游戏（如棋牌类游戏、休闲类游戏等）居多、游戏时间和游戏频率把握得当、游戏金钱投入较少甚至基本没有的特点，这反映出中老年人群体与青年群体存在显著差异的一个方面，即求实心理。从经济学角度来看，"求实心理"指的是一种以注意商品的实际使用价值为主要特征的心理。但与经济学不同，本文当中认为的"求实心理"指的是一种讲求实际、不追求空洞而不切实际的满足而着眼于真实获得的心理，即我们所认为的"求实心理"更表现为中老年人群体立足于理性看待游戏，不盲目地将时间和金钱投入到游戏当中并期待从游戏参与中获得一定的回报或满足。

根据使用与满足理论，中老年人参与游戏的重要动机就是其存在一定的使用需求。一方面，出于社会责任和销售策略的考虑，一些手机软件产品当中内置了一系列的带有一定公益性质的游戏，如支付宝当中的"蚂蚁森林"和"蚂蚁庄园"。"蚂蚁森林"是通过鼓励支付宝玩家通过如行走、乘坐地铁等绿色出行方式以及减少出行、减纸减塑等多种低碳生活方式来收集绿色能量，玩家通过自己收集到的绿色能量来参与植树等环保项目的公益活动。"蚂蚁庄园"则通过喂养小鸡收获爱心并捐赠爱心的方式参与公益项目。二者的游戏设定虽然存在不同，但其核心的方向都指向了"公益"。这就是中老年人群体在游戏中更加重视的内容，即参与公益所获得的"满足感"。根据深访了解，完成公益的需求也是受访者 F1 和 F4 参与游戏的重要动机之一，他们希望能够尽自己所能，通过一些并不困难的事情来参与公益活动，进而收获充实感和幸福感。另一方面，中老年游戏玩家的求实心理动机还体现在通过游戏参与获取一定利益。为了加强与用户的互动及增加用户黏性，一些应用在其软件内开发游戏，激励用户通过参与游戏来获得一定的奖励回报。受访者 F3 参与手机淘宝中的金币庄园游戏就是此类游戏，玩家通过在庄园中每日签到和种植作物等方式收获一定的淘金币，游戏获取的淘金币则可在淘宝购物时得到相应的优惠，从而满足了玩家利用参与游戏而获得一定利益的需求。不可否认，大多手机软件中游戏的设置是出于提高用户体验、增强用户黏性的目的，但这些游戏同样迎合了中老年人求实的心理动机，因此受到了中老年群体的欢迎。

五　研究结论

经过调查研究，研究小组发现了当下的中老年人生活中的几个问题。第一是中老年群体的人际交往需求。随着经济发展和城市化进程加快，中老年群体的传统社交习惯日益被改变，游戏已然成为其社交活动的新方向。因为工作压力等诸多情况，其社交需求不减反增，但传统社交的方式还停留在网络聊天或者电话短信上，游戏的出现则为中老年人提供了新的社交场所，满足其人际交往需求。第二是中老年人的娱乐需要。当今中老年人的娱乐方式以棋牌、广场舞和电视广播等活动居多，而中老年人由于自身空闲时间较多，对消磨时间的娱乐方式需求更加强烈，游戏因而成为他们另外的选择。第三是中老年人缺少陪伴的问题。父母生活的问题是中国社会发展的必然产物，尤其在老年人群体中，子女大多外出求学工作，缺少子女的陪伴照顾关怀、缺少和子女的互动等现象日益普遍。第四是益智健身的问题，随着年龄增长，人的大脑和身体难免出现衰退的情况，以前老人通过打麻将、跳广场舞、打太极来满足需求，现在互联网普及和网络游戏发展，网络同样是他们健脑健身的新平台，手机及一系列游戏的特别设定正鼓励中老年人多出去走走，达到健身的目的。

中老年人越来越积极地参与到游戏当中。由于中老年人相对理性和克制的特点，通过游戏获得娱乐和需求满足主要发挥着积极的作用。但不可否认，当游戏对中老年玩家的吸引力过大而使其沉迷时，容易对其日常生活如生活习惯和日常作息等产生不良的影响。例如，长时间的游戏或不正确的游戏习惯容易对中老年人的身体健康造成损害，影响其颈椎活动和视力。另外，中老年群体作为"网络移民"，对互联网的接触和了解并不深入，对网络生态现状也并不明晰，因此，中老年群体在网络使用过程当中，由于安全防范意识不强，可能在游戏过程中受到网络诈骗或无良推销的影响，容易陷入一些诈骗案件当中。

通过调查研究，我们希望社会各界以合理适当的方式，帮助中老年人更好地享受游戏。从游戏开发者的角度而言，可以针对中老年群体开发与之兴趣、喜好和认知习惯相符合的游戏，提高中老年人的游戏体验，使参与游戏除满足其游戏动机的之外产生更多积极影响。就社会层面而言，各界应当做好净化网络空间的任务，建立起防诈骗、防沉迷体系等游戏机制。同时，社会需要提高对中老年人社会诉求与心理诉求的关注，以相对合理的方式使其得到满足。从子女的角度来说，子女应该经常与父母交流沟通，让他们在现实生活中获得更多的关注。子女一代作为互联网的"原住民"，则应当利用其对网络深入了解的先天优势，从父母参与游戏的"玩伴"和"领路人"的角度出发，对其进行积极正面的帮助和引导，使游戏尽可能发挥积极的作用。

（指导教师：吴玥）

关于大学生对高校思政课程学习态度与反馈的研究

谈蕙鸣　黄筠葳　辛浩然　董　涵　杨佳佳*

摘　要　新时代背景下，高校的思想政治教育承担着引导大学生树立和践行正确价值观的使命，而了解在校大学生对现有思政课程的学习态度与反馈对探索如何有效开展高校思政教育具有重要的理论意义和现实意义。本文通过问卷调查并结合深入访谈的方式对部分大学生展开调查，发现大多数大学生对于思政课程持接受态度，但未能认识到思政教育的意义。而其学习态度和反馈与课程相关知识、课堂氛围、教师水平、教学方式、考试形式及分数、是否利于自身发展等因素密切相关。

关键词　高校；大学生；思想政治教育；学习态度与反馈

绪　论

一　研究意义与目的

高校是思想文化交流互动的重要场所，也是思想教育工作的前沿阵地。大学

---

* 谈蕙鸣，媒体学院 2016 级本科生；黄筠葳，媒体学院 2016 级本科生；辛浩然，媒体学院 2016 级本科生；董涵，媒体学院 2016 级本科生；杨佳佳，媒体学院 2016 级本科生。

生思想政治教育具有政治功能、文化功能和话语功能。思想政治教育引导大学生做出正确的价值辨识和策略选择，促进大学生在国家改革发展中站稳政治立场、增强政治定力、履行政治责任和使命。加强大学生思想政治教育，事关国家和社会的长治久安。

近十年来，随着改革开放的深入和各类社会思潮的传播，大学生思想政治教育研究受到政府和思想政治教育工作者的关注，对大学生思想政治教育的战略意义、内容特性、现实路径、推进理路等问题的研究正不断深化开展。

本课题旨在调查高校大学生对思想政治教育课程的学习态度如何，并浅析影响大学生对于课程的反馈情况的因素。虽然当下研究大学生思想政治教育途径和方法的成果不少，但是大部分偏向理论研究，实证调研相对匮乏，以致提出的一些对策和建议流于形式，缺乏可操作性。本课题采用量化研究的方法，调查了解在校大学生对现有的思想政治教育课程所持有的学习态度并浅析影响其学习态度的原因，希望为高校思想政治教育的开展提供一些有益的参考。

二　文献综述

（一）概念界定

思想政治教育是社会或社会群体用一定的思想观念、政治观点、道德规范，对其成员施加有目的、有计划、有组织的影响，使他们形成符合一定社会所要求的思想品德的社会实践活动。思想政治教育课程是中国每位高校学生必修的课程。

学习态度是指学习者对学习较为持久的肯定或否定的行为倾向或内部反应的准备状态。它通常可以从学生对待学习的注意状况、情绪状况和意志状态等方面加以判定和说明。学生的学习态度，具体又可包括对待课程学习的态度、对待学习材料的态度以及对待教师、学校的态度等。

（二）高校进行思想政治教育的重要性

高校之本在于立德树人，立德树人的关键在于增进高校学生对国家主导思想政治的话语认同，也正是从这个意义来讲，高校学生思想政治话语认同关涉民族国家未来的价值取向。

对于高校学生而言，思想政治话语认同事实上成为青年学生自觉或不自觉建构其价值取向的精神源泉。高校学生正值价值观塑造的关键时期，具有寻求、识别和坚持价值取向的主观需要，也正值极易被错误思潮诱导利用的潜在危险期。因此，通过科学有效的方法，增强高校学生思想政治话语认同对于建构和维系民族国家的精神生活秩序具有深刻的价值意蕴。高校在知识传授和智慧启迪的过程中承担着坚守思想政治阵地的神圣使命，高校学生思想政治话语认同关涉立德树人的根本问题。在多元多样政治话语体系对话与对抗并存、交融与消融共在的背景下，社会发展的现实矛盾、单向度的主体建构模式、西方话语的滥觞等因素交织叠加、相互羁绊，对高校学生思想政治话语认同造成困扰与挑战。①

（三）高校思想政治教育现状

1. 社会发展的现实矛盾制约高校学生思想政治话语认同的物质根基

当前高校学生对世界和社会的认知更多依赖于互联网信息传播，在裹挟负面信息的网络舆情宣泄中，贫富差距已不只是纯粹的经济发展问题，可能会逆变成为激化社会矛盾和主流思想政治话语认同危机的导火索。高校学生面对的是开放的而不是封闭的话语世界，由于思想政治话语具有天然的排他性，一旦高校学生选择接纳其中一种话语模式，则必然挤压其他话语的生长空间。

2. 单向度的主体建构模式冲击高校学生思想政治话语认同的社会向度

在和平发展的时代，高校学生的生存境遇发生着深刻变化，个人与社会相互促进的双向建构模式遭遇单向度主体建构模式的冲击。尽管多数学生依然保持着关心社会和国家发展的初心，秉持责任担当意识，但不容忽视的现象是个人主义、功利主义、实用主义、消费主义等社会思潮对主体建构的精神侵蚀。

3. 西方话语的滥觞弱化高校学生思想政治话语认同的文化自觉

高校是"以文化人"的重要场域，文化认同是高校学生思想政治话语认同的重要途径和表现形态。那些蕴含西方文化传统和制度建构理念的西方话语进入中国以后，经由学术和文化的改造与包装，往往演变成为对抗社会主义意识形态的社会思潮。这样的流行话语与社会思潮假借"去政治化""学理化"的华丽外衣，充斥于学术专著、文化论坛以及网络空间中，试图颠覆马克思主义宏大叙事

---

① 张志丹：《意识形态功能提升新论》，人民出版社，2017，第 123 页。

的学术话语体系，试图以西方的意识形态立场和价值尺度来任意解读中国的历史、现实与未来。①

（四）高校思想政治教育实现路径

1. 创新高校思政课堂，增进意识形态话语的时代认同

高校思想政治教育具有突出的属性和功能，是高校学生政治话语认同的主阵地、主渠道。创新高校思政课堂，增进主流思想政治的时代认同，必须实现思想政治教育从抽象上升到具体的逻辑转换。②

2. 拓宽高校学生政治社会化平台，增强思想政治认同

政治社会化是"政治体系通过各种途径，将主导政治意识在全体社会成员中扩散和传播，促使社会成员接受特定的政治信息、政治情感政治信仰，并按照得到认可的共同模式进行政治活动"。政治认同是政治社会化的目标诉求，也是特定政治主体推行思想政治教育的重要桥梁。

3. 涵养高校学生社会主义文化价值观，推进思想政治教育的文化认同

实现高校学生思想政治，并非要让思想政治遍布于高校学生所有的知识学习中，而是要让学生掌握文化价值判断和话语批判的马克思主义立场观点与方法。

（五）大学生思想政治教育实效性的重要评价指标

对大学生思想政治教育实效性的检验，很重要的一个标准是要看思想政治教育是否切实对大学生产生了影响，是否达到了内化于心、外化于行的效果。教育部社科司负责人《2017 年高校思想政治理论课教学质量年专项工作总体方案》答记者问中指出，思想政治理论课应坚持效为根本，将不断增强师生特别是大学生对思政课的获得感作为评价工作成效的根本指标，不断提高思政课教学的亲和力和针对性。③"获得感"的提出为大学生思想政治教育实效性评价提供了新的指标，它将传统立足于教育者视野的评价标准转向大学生实际获得，是传统思想

---

① 侯惠勤：《马克思主义意识形态论》，南京大学出版社，2011，第 22 页。

② 朱培丽：《高校学生意识形态话语认同面临的挑战及实现路径》，《赣南师范大学学报》2018 年第 5 期。

③ 《教育部社科司负责人就〈2017 年高校思想政治理论课教学质量年专项工作总体方案〉答记者问》，http：//www. moe. gov. cn/jyb_ xwfb/s271/201705/t20170511_ 304335. html。

政治教育理论灌输法到以大学生学习成长规律为本实施理性疏导的一次重大升级，有利于推动思想政治教育评价由强调思想政治教育结果到过程与结果并重、由强调教师科研成果到注重学生实际教学、由将教育要求与教学目标教条化到注重学生成长发展规律与实际需求的转变，是遵循思想政治教育发展的本质规律的体现。以大学生获得感作为思想政治教育实效性评判标准，将促使思想政治工作者不断反思自身教育方式与法，提升自身教育能力与水平，使"有方法、有效用"的思想政治教育评价助力思想政治教育质量的提升。①

（六）当代大学生对主流思政文化认同状况

吴东姣等人基于社会主义核心价值观个人层面价值准则，从爱国价值观、敬业价值观、诚信价值观、友善价值观四维度，采用自编博士生价值观问卷，对全国35 所高校博士生进行问卷调查，对中国博士生群体现阶段价值观现状形成了全面的了解。② 结果显示，总体上中国博士生价值观现状水平比较乐观，但仍然有很大的提升空间：博士生政治表达意愿不足，各年龄段爱国主义价值观水平有所差异；敬业价值观结构性矛盾突出；学术道德水平建设有待提高；友善价值观主动性不足等。

万欣荣等人针对当前大学生对主流意识形态的宣传与教育的认同现状，采用离散选择模型（probit）方法中的定性变量赋值方法，对调研中的各种问题进行定性变量赋值，然后进行实证分析，结果显示，主旋律影视节目吸引力的提升、高校思想政治理论课教学效果的增强、高校中相关人员对主流思想政治宣传与教育的重视程度等，都会显著地影响大学生的认同。③

三 研究方法

本课题采用问卷法进行调查研究。问卷由封闭式问题和开放式话题相结合，问卷有网络问卷和纸质问卷两种形式，皆为随机发放。

---

① 汪康：《大学生思想政治教育获得感探析》，《河北工业大学学报》（社会科学版）2018 年第 10 期。
② 吴东姣、马永红、张飞龙：《中国博士生社会主义核心价值观调查研究——全国 35 所高校 4476 份问卷数据分析》，《重庆大学学报》（社会科学版）2019 年第 1 期。
③ 万欣荣、叶启绩：《当代大学生对主流意识形态宣传与教育认同状况研究——基于离散选择模型的实证分析》，《教学与研究》2011 年第 10 期。

四　研究人员组成及分工

　　研究小组成员共5人，均为中国社会科学院大学媒体学院2016级广电一班学生，人员及分工见表1。

表1　人员及分工

姓名	分工
谈蕙鸣	查找文献为研究做参考、分析个别科目问卷数据、深入访谈、讨论研究数据得出结论
黄筠葳	设计访谈提纲、分析个别科目问卷数据、深入访谈、讨论研究数据得出结论
辛浩然	设计访谈提纲、分析个别科目问卷数据、深入访谈、讨论研究数据得出结论
董　涵	查找文献为研究做参考、横向比较所有科目数据、深入访谈、讨论研究数据得出结论
杨佳佳	设计问卷、讨论研究数据得出结论、深入访谈、整理分析所得数据完成论文

五　研究与发现

　　本次课题设计的网络调查问卷通过问卷星在网络上发放，另有纸质问卷，最后回收的问卷数量达402份，其中有效问卷达300份。问卷填写者来自国内93所大学。问卷回收后，借助SPSS和excel软件的数据统计与分析功能，我们对数据进行了初步的统计、分析，以表格或图表的形式直观地呈现出调查结果。之后，我们再结合深度访谈得到的材料，结合数据进行进一步的分析总结，得出最后结论。

（一）大学生对思政课的学习态度总体状况

　　通过调查高校思政课的教授形式，我们发现，随着时代的发展，讲授者对于课堂教学的方式也进行了进一步的改革，教学形式多样化，除课堂讲授外，讲座、社会实践等教学方式也发挥着其重要作用。现在大多高校的教学方式是以课堂为主、其他课外拓展为辅的教学方式；同时利用互联网，保证优质授课内容能得以广泛传播，进一步提升思政教育的水平与质量。

　　上课时，学生们的学习状态在问卷中的呈现分为"认真听课""玩手机""睡觉或发呆""写别的作业"。在这几门思政课中，数据大致相同。"认真听课"

的同学占总人数的极小部分，而在"玩手机"人群中，约有一半的人是一节课大多数时间都在玩。部分同学可能会倾向于选择思政课来完成其他学科的作业，而聊天或者睡觉之类实在有违基本课堂纪律，所占比例也偏少。可以看出大部分学生在课堂上并没有完全投入课堂内容，而是较为沉浸于自己的事情之中，即使听课，但也偏向于"一心二用"，课堂教学质量难以得到有效反馈。

在调查了学生的课堂笔记记录情况时，我们发现，在记笔记的学生中，记重点和考点的占大多数，部分记录"自己觉得重要的"。结合前一问题对课堂教学的听课度来看，学生可能偏向于在听到几个重要的知识点的时候对其进行记录，其效果和有效性质量得不到保证。学生不记笔记或者只挑选重点内容进行记录实际上阻碍了思政文化的完整、有效化传播，而对于学生自己来说，这样的学习方式使学习效果也难以得到有效保证和提升。

另外，多数学生不选择在课下阅读推荐书目，其中又以觉得对个人能力提升不大为主要因素。且期末设计考卷多以书本内容知识为主，故阅读课外书目在大多数学生看来对学习作用影响性不大。

从课前预习、课堂表现及课下进一步复习巩固或者深入研究方面看来，绝大多数同学对思政课程的学习积极性并不高，容易出现旷课或者迟到早退的现象。虽然有部分同学认同课程所带来的对于知识层面的提高和对自身成长的意义等方面的作用，但大部分同学对于学习的态度仍处于较为被动的状态，依赖于期末结课形式而对此门课的上课应对方式进行调整。这种被动学习实际上对学习效果有一定程度上的损害，不能很好地保证课程讲授的知识被学生所接受，不利于学习效果的提升。

但在形势与政策课堂上，多数同学出勤率是较高的，老师上课是否点名与学生迟到逃课现象关系不大，期末考试的形式与上课行为关系较大。可见还是有一部分同学是以考试为导向学习形势与政策的知识，而不是出于自身爱好或认识到这门课程的重要性。调查数据显示，对于形势与政策、军事理论这两门课，大部分同学认为课上老师的讲解示例带来过思维或主观印象上的冲击。可以看出，虽然大部分同学认同本门课程所带来的对于知识层面的提高和自身成长的意义等方面的作用，但面对形势与政策这门课的学习态度还是相对被动、消极的。

此外，大部分学生对于思政课程的设置倾向性不太明显，接受或无感占较大比例。学生把思政课程当作一门课程，更多偏向性是对于课程设立的学分，偏极端思想较少。

从分数上来看，多数同学仍处于"良"这一阶段。

在访谈过程中，笔者发现，大部分人对思政课程持无感态度，学习态度主要受老师的教学风格影响，同学们不在乎教学内容是否对个人有意义或是能学有所成，而是出于完成学业的需要，更注重考试重点和考试成绩。

> 何同学："给分会影响我对这门课的态度。"
> 张同学："及格就好。"
> 刘同学："老师教学方式对于我的学习态度影响不大，毕竟我对于每门课都不会太敷衍，总不能和自己过不去吧……反正肯定不能挂科。"
> 吴同学："老师画重点的时候我才会主动听课。"

很多同学表示，课堂氛围也会影响自己对思政课程的学习态度，他们觉得，如果老师只是干巴巴读PPT，而周围同学只是埋头睡觉或看手机，则学习态度比较消极；如果课堂讨论激烈，则自己也想主动加入。这一点在访谈中很清晰。

> 花同学："玩手机的人多了自己心就会很痒，大家都在讨论的时候自己就会很想加入进去。"
> 龚同学："老师是比较重要的，感觉好多老师上课都在照着PPT念，那就很没有意思。特别是马原毛概这种，思想本来就是以了解为主，还需要考试那就很过分了。"
> 黄同学："我感觉主要还是兴趣问题，课堂氛围会有一点影响。因为好的课堂氛围总是有原因的，而自己也会被这些原因影响，进而会比较认真。"
> 刘同学："如果我的舍友都在玩手机，我也会掏出手机。"
> 张同学："讲课有吸引力的老师可以直接影响我对于课程的兴趣，影响我是否愿意上课学习。"
> 何同学："生动活泼自由的课堂氛围更有利于主动去学习接受知识。"

受访者表示，这类课程由于"成绩影响操行排名""挂科就不能毕业"或"毛概成绩等会影响个人评优、党员发展等"，对自己最大的影响是体现在考核成绩上。也有一位受访者范同学表示，学习道德与法律对平时生活的各方面有所帮助，从小学开始学习思政课程，有利于形成正确的世界观、人生观、价值观，有利于提高自身修养，有利于提升个人素质，为中国的现代化建设做贡献。

（二）学生个人状况与学习态度的相关性

以下数据为被调查者个人信息（政治面貌、年级、近亲中是否有党员）与被调查者最喜欢的课、最不喜欢的课以及对思政课程整体接受程度（即反馈）之间的交叉分析结果。

1. 政治面貌

（1）政治面貌与最喜欢的课程交叉分析

从表 2 可以看出，无论是群众、共青团员还是预备党员或党员，"中国近代史纲要"都是最受喜欢的课程。21 名群众中有 11 人（52.38%）最喜欢该课程；255 名共青团员中有 84 人（32.94%）最喜欢该课程；24 名预备党员或党员中有 6 人（25%）最喜欢该课程。

表 2　学生政治面貌与最喜欢的课程

课程名称 / 政治面貌	思想道德修养与法律基础	毛泽东思想和中国特色社会主义理论体系概论	马克思主义基本原理概论	形势与政策	大学生军事理论	中国近现代史纲要	合计
A. 群众	3(14.29%)	1(4.76%)	1(4.76%)	3(14.29%)	2(9.52%)	11(52.38%)	21
B. 共青团员	64(25.10%)	27(10.59%)	20(7.84%)	40(15.69%)	20(7.84%)	84(32.94%)	255
C. 预备党员或党员	4(16.67%)	5(20.83%)	4(16.67%)	4(16.67%)	1(4.17%)	6(25.00%)	24

而预备党员或党员与群众、共青团员之间最大的区别在于预备党员或团员中有更大比例的人喜欢"毛泽东思想和中国特色社会主义理论体系概论""马克思基本原理概论"这两门课程。

由图 1 可以直观看出，不同的政治面貌对于"最不喜欢的课程"的选择是有很大差别的。其中差异最大的是"马克思主义基本原理概论"这门课，在群众和共青团员中把它选为"最不喜欢课程"人数占比是最高的，但在预备党员或党员中选它作为"最不喜欢课程"的人是最少的。

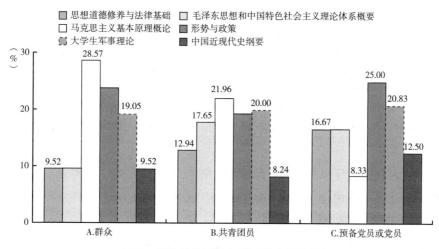

图1　学生政治面貌与最不喜欢的课程

（2）政治面貌与对思想政治教育课程整体接受程度交叉分析

根据表3我们可以看出，52.38%的群众对这些思政课程整体是持"接受"态度的，33.33%的"群众"对思政课程"无感"，选择"抵制排斥""不能接受""非常支持"的人都占4.76%；共青团员中大多数人选择的是"接受"和"无感"，分别占43.14%和42.75%，选择"不能接受"和"非常支持"的人都占5.88%，2.35%的人选择"抵制排斥"；62.5%的预备党员或党员能够"接受"思政课程，25%的预备党员或党员持"无感"态度，8.33%持"不能接受"态度，没有人选"抵制排斥"。

表3　学生政治面貌与课程整体接受程度

接受程度 政治面貌	抵制排斥	不能接受	无感	接受	非常支持	合计
群众	1（4.76%）	1（4.76%）	7（33.33%）	11（52.38%）	1（4.76%）	21
共青团员	6（2.35%）	15（5.88%）	109（42.75%）	110（43.14%）	15（5.88%）	255
预备党员或党员	0（0%）	2（8.33%）	6（25.00%）	15（62.50%）	1（4.17%）	24

2. 年级

（1）年级与对思想政治教育课程整体接受程度交叉分析

由表4可以看出，大多数大一的同学对思想政治教育课程整体持"接受"态度，占55.74%；大二、大三同学更多持"无感"态度，占比分别为48.72%和47.69%；大四同学更多持"接受"态度，占55.71%。

表4 学生年级与课程整体接受程度

年级＼接受程度	抵制排斥	不能接受	无感	接受	非常支持	合计
大一	1(1.64%)	1(1.64%)	21(34.43%)	34(55.74%)	4(6.56%)	61
大二	1(2.56%)	3(7.69%)	19(48.72%)	15(38.46%)	1(2.56%)	39
大三	2(1.54%)	12(9.23%)	62(47.69%)	48(36.92%)	6(4.62%)	130
大四	3(4.29%)	2(2.86%)	20(28.57%)	39(55.71%)	6(8.57%)	70

由此可以得出年级和对思政教育课程整体接受程度没有太大联系，无论年级是什么，大多数人都持"接受"和"无感"态度。

4. 近亲是否有党员

（1）近亲是否有党员与最喜欢、最不喜欢的课的交叉分析

根据表5可以看出，无论近亲中是否有党员，被调查者们最喜欢的课都是"中国近代史纲要"，紧随其后的都是"思想道德修养与法律基础"。"近亲中有或没有党员"在最喜欢的课程选择上没有太大差异。

表5 学生近亲政治面貌与最喜欢的课程

	思想道德修养与法律基础	毛泽东思想和中国特色社会主义理论体系概论	马克思主义基本原理概论	形势与政策	大学生军事理论	中国近现代史纲要	小计
有	27(19.57%)	15(10.87%)	11(7.97%)	22(15.94%)	15(10.87%)	48(34.78%)	138
没有	44(27.16%)	18(11.11%)	14(8.64%)	25(15.43%)	8(4.94%)	53(32.72%)	162

根据表6可以看出，"近亲中有党员"的被调查者中最不喜欢"形势与政策"的人数最多，"近亲中没有党员"的被调查者中最不喜欢"马克思主义基本原理概论"的人数最多。近亲中有没有党员与最不喜欢的课程选择没有太大关联。

表6 学生近亲政治面貌与最不喜欢的课程

	思想道德修养与法律基础	毛泽东思想和中国特色社会主义理论体系概论	马克思主义基本原理概论	形势与政策	大学生军事理论	中国近现代史纲要	小计
有	15(10.87%)	28(20.29%)	29(21.01%)	31(22.46%)	30(21.74%)	5(3.62%)	138
没有	24(14.81%)	23(14.2%)	35(21.6%)	29(17.9%)	30(18.52%)	21(12.96%)	162

（2）近亲是否有党员与思想政治教育课程整体接受程度交叉分析

根据表7可以看出，"近亲中有党员"的被调查者中持"无感"态度的人数最多，"近亲中没有党员"的被调查者中持"接受"态度的人数最多。

表7　学生近亲政治面貌与课程整体接受程度

	抵制排斥	不能接受	无感	接受	非常支持	合计
有	3(2.17%)	10(7.25%)	64(46.38%)	52(37.68%)	9(6.52%)	138
没有	4(2.47%)	8(4.94%)	58(35.8%)	84(51.85%)	8(4.94%)	162

（三）大学生对具体思想政治教育课程的学习态度与反馈的横向比较

大学思想政治教育课程包一般包括"马克思主义基本原理概论"（简称"马基"）、"毛泽东思想和中国特色社会主义概论"（简称"毛概"）、"中国近现代史纲要"（简称"近纲"）、《思想道德修养和法律基础》（简称"思修"）、"形式与政策"和"军事理论"（简称"军理"）。我们的问卷中对思想课程包里的各门课程进行了具体调查，通过横向比较，得到了以下数据。

从图2看，大学思想政治教育课程作为大学生的基础必修课，普及率较高，均达到了总调查人数的70%。

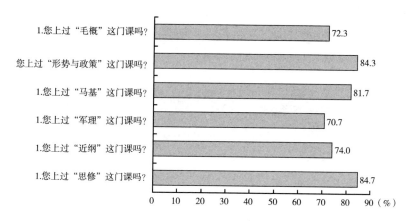

图2　学生中思想政治教育课程普及情况

从表8题目"上课玩手机一般玩多久"可以看出，"形势与政策"课程"全程在玩"的占比最大，占总人数的8%，"军理"课程"一节课大概玩十分钟"

的占比最大，占总人数的 9.67%。大部分同学选择了"一节课的大多数时间都在玩"，这体现了大学生课堂手机依赖的现状。随着社会和科技的发展进步，手机功能日益强大。在当代大学生眼中，手机已不再是传统的通信工具，其网络、门户、视频、音乐、游戏等新功能越来越受欢迎，大学生使用手机的频率越来越高，甚至对手机产生了依赖的心理，该现象已逐渐蔓延到课堂。

表 8　学生在思想政治课程上手机使用情况

课程	题目	选项	频数	占比(%)
马基	上课玩手机一般玩多久？	-3*	152	50.67
		全程在玩	14	4.67
		一节课的大多数时间都在玩	85	28.33
		一节课大概玩十分钟	49	16.33
毛概	上课玩手机一般玩多久？	-3	178	59.33
		全程在玩	16	5.33
		一节课的大多数时间都在玩	65	21.67
		一节课大概玩十分钟	41	13.67
形势与政策	上课玩手机一般玩多久？	-3	171	57
		全程在玩	24	8
		一节课的大多数时间都在玩	64	21.33
		一节课大概玩十分钟	41	13.67
军理	上课玩手机一般玩多久？	-3	200	66.67
		全程在玩	17	5.67
		一节课的大多数时间都在玩	54	18
		一节课大概玩十分钟	29	19.67
近纲	上课玩手机一般玩多久？	-3	195	65
		全程在玩	10	3.33
		一节课的大多数时间都在玩	46	15.33
		一节课大概玩十分钟	49	16.33
思修	上课玩手机一般玩多久？	-3	184	61.33
		全程在玩	12	4
		一节课的大多数时间都在玩	61	20.33
		一节课大概玩十分钟	43	14.33

　　*本次调查对象是大一到大四的学生，因为每所高校思政课程设置不同，所以会存在部分调查对象在填写问卷时还未上过该课。在系统导出分析数据时，这部分调查结果就会显示为"-3"，即未填写此题的人数。下同。

从表9题目"您上这门课时会记笔记吗"可以看出，"近纲"这门课上记笔记的人数最多，占上过这门课总人数的58.11%；"军理"课上不记笔记的人数最多，占上过此课人数的65.57%，"形势与政策"课程上不记笔记人数紧随其后，占上过此课人数的64.43%。而其他三门课程，记笔记人数与不记笔记人数相差不大，基本五五分成。

表9　学生在思政课上做笔记情况

课程	题目	选项	频数	占比(%)
马基	您上这门课会记笔记吗？	-3	55	—
		会	124	50.61%
		不会	121	49.39%
毛概	您上这门课会记笔记吗？	-3	83	—
		会	105	48.39%
		不会	112	51.61%
形势与政策	您上这门课会记笔记吗？	-3	47	—
		会	90	35.57%
		不会	163	64.43%
军理	您上这门课会记笔记吗？	-3	88	—
		会	73	34.43%
		不会	139	65.57%
近纲	您上这门课会记笔记吗？	-3	78	—
		会	129	58.11%
		不会	93	41.89%
思修	您上这门课会记笔记吗？	-3	46	—
		会	135	51.15%
		不会	119	46.85%

注：因为未修课程的同学的回答无意义，没有计算其占比，特此说明。

记笔记对大学生构建知识体系、提高学习效率帮助很大。思政课堂上大学生记笔记较少的原因可能与多媒体技术的应用相关，但也体现了大学生在思政课堂上对记笔记的兴趣不高。

从表10题目"您上课笔记一般都记什么"可以看出，"思修"课程"老师说的重点、考点"占比最大，占总人数的35%，"形式与政策"和"军理"课程"老师说的重点、考点"占比最小，都占总人数的20%。从上一题关联题目可以看出，也是"思修"课程"会"占比最大，"形式与政策"课程"不会"

占比最大，而"形势与政策""军理"两门课程，"不会"记笔记人数高于"会"的人数。由此可见，"形势与政策""军理"两门课程，同学们不仅"不会"记笔记，而且记"老师说的重点、考点"笔记数量较少，对这两门课程的记笔记情况兴趣较低。

表 10　学生在思政课上的笔记内容

课程	题目	选项	频数	占比(%)
马基	您上课笔记一般都记什么？	-3	176	58.67
		老师说的重点、考点	85	28.33
		自己觉得重要的	38	12.67
		老师说什么我都记	1	0.33
毛概	您上课笔记一般都记什么？	-3	195	65
		老师说的重点、考点	81	27
		自己觉得重要的	22	7.33
		老师说什么我都记	2	0.67
形势与政策	您上课笔记一般都记什么？	-3	210	70
		老师说的重点、考点	60	20
		自己觉得重要的	29	9.67
		老师说什么我都记	1	0.33
军理	您上课笔记一般都记什么？	-3	227	75.67
		老师说的重点、考点	60	20
		自己觉得重要的	12	4
		老师说什么我都记	1	0.33
近纲	您上课笔记一般都记什么？	-3	171	57
		老师说的重点、考点	88	29.33
		自己觉得重要的	37	12.33
		老师说什么我都记	4	1.33
思修	您上课笔记一般都记什么？	-3	165	55
		老师说的重点、考点	105	35
		自己觉得重要的	27	9
		老师说什么我都记	3	1

从表 11 题目"我课下会主动预习和复习"可以看出，"近纲"课程"完全符合"与"比较符合"占比较大，可见同学们在"近纲"课程上主动预习、复习较多；"马基"课程"完全不符合"与"不太符合"占比较大，同学们在马基课程上主动预习、复习较少。

表 11 学生对思政课的预习与复习情况

课程	名称	选项	频数	占比（%）
马基	我课下会主动预习和复习。	-3	55	18.33
		完全不符合	95	31.67
		不太符合	63	21
		一般	69	23
		比较符合	12	4
		完全符合	6	2
毛概	我课下会主动预习和复习。	-3	83	27.67
		完全不符合	76	25.33
		不太符合	50	16.67
		一般	65	21.67
		比较符合	14	4.67
		完全符合	12	4
形势与政策	我课下会主动预习和复习。	-3	47	15.67
		完全不符合	91	330.33
		不太符合	59	19.67
		一般	73	24.33
		比较符合	16	5.33
		完全符合	14	4.67
军理	我课下会主动预习和复习。	-3	88	29.33
		完全不符合	78	26
		不太符合	45	15
		一般	67	22.33
		比较符合	9	3
		完全符合	13	4.33
近纲	我课下会主动预习和复习。	-3	78	26
		完全不符合	61	20.33
		不太符合	41	13.67
		一般	81	27
		比较符合	25	8.33
		完全符合	14	4.67
思修	我课下会主动预习和复习。	-3	46	15.33
		完全不符合	80	26.67
		不太符合	50	16.67
		一般	91	30.33
		比较符合	18	6
		完全符合	15	5

课外学习也是大学生学习的重要组成部分，在关注大学课堂教学的同时，更应强调从预习、课程作业、课外阅读等五个方面做好课堂教学的延伸，使其成为课堂教学的有益补充。[①]但所有课程在题目"我下课会主动预习和复习"上，都更侧重于"完全不符合""不太符合"或"一般"，可见同学们对思政课程"主动预习和复习"普遍兴趣不高，学习态度不积极。

从表12题目"如果课堂上老师不点名，我会迟到或缺勤或早退"可以看出，"思修"课程"完全不符合"与"不太符合"占比较大，可见同学们在"思修"课上迟到或缺勤或早退较少；"毛概"课程"比较符合"与"完全符合"占比较大，可见同学们在"毛概"课上迟到或缺勤或早退较多。

但总体来说，所有课程在题目"如果课堂上老师不点名，我会迟到或缺勤或早退"都更侧重于"完全不符合""不太符合"或"一般"，可见在思政课堂上，大学生逃课与教师点名之间的相关性较低，即使课堂上老师不点名，大部分学生还是更侧重不会迟到或缺勤或早退。

表12　思政课老师点名与学生出勤关系

课程	名称	选项	频数	占比(%)
马基	如果课堂上老师不点名,我会迟到或缺勤或早退。	-3	55	18.33
		完全不符合	113	37.67
		不太符合	49	16.33
		一般	41	13.67
		比较符合	19	6.33
		完全符合	23	7.67
毛概	如果课堂上老师不点名,我会迟到或缺勤或早退。	-3	83	27.67
		完全不符合	79	26.33
		不太符合	42	14
		一般	55	18.33
		比较符合	20	6.67
		完全符合	21	7

---

① 王莅：《对高校课堂教学延伸的思考》，《宿州教育学院学报》2009年第1期。

续表

课程	名称	选项	频数	占比(%)
形势与政策	如果课堂上老师不点名,我会迟到或缺勤或早退。	-3	47	15.67
		完全不符合	109	36.33
		不太符合	44	14.67
		一般	61	20.33
		比较符合	21	7
		完全符合	18	6
军理	如果课堂上老师不点名,我会迟到或缺勤或早退。	-3	88	29.33
		完全不符合	80	26.67
		不太符合	47	15.67
		一般	48	16
		比较符合	19	6.33
		完全符合	18	6
近纲	如果课堂上老师不点名,我会迟到或缺勤或早退。	-3	78	26
		完全不符合	86	28.67
		不太符合	51	17
		一般	54	18
		比较符合	15	5
		完全符合	16	5.33
思修	如果课堂上老师不点名,我会迟到或缺勤或早退。	-3	46	15.33
		完全不符合	111	37
		不太符合	54	18
		一般	64	21.33
		比较符合	16	5.33
		完全符合	9	3

从表13题目"我上课时会和老师积极互动"可以看出,"近纲"课程"完全符合"与"比较符合"占比较大,可见同学们在"近纲"课上与老师互动较多,对此课程兴趣较高;"形势与政策"课程"完全不符合"与"不太符合"占比较大,可见同学们在"形势与政策"课上与老师互动较少,对此课程兴趣较低。

但总体上来看,所有课程在题目"我上课时会和老师积极互动"都更侧重于"完全不符合""不太符合"或"一般",可见在思政课程上,同学们不乐于和老师积极互动。

表 13　思政课上学生与老师互动情况

课程	名称	选项	频数	占比（%）
马基	我上课时会和老师积极互动。	-3	55	18.33
		完全不符合	63	21
		不太符合	53	17.67
		一般	90	30
		比较符合	23	7.67
		完全符合	16	5.33
毛概	我上课时会和老师积极互动。	-3	83	27.67
		完全不符合	59	19.67
		不太符合	42	14
		一般	78	26
		比较符合	26	8.67
		完全符合	12	4
形势与政策	我上课时会和老师积极互动。	-3	47	15.67
		完全不符合	74	24.67
		不太符合	57	19
		一般	97	32.33
		比较符合	14	4.67
		完全符合	11	3.67
军理	我上课时会和老师积极互动。	-3	88	29.33
		完全不符合	73	24.33
		不太符合	43	14.33
		一般	74	24.67
		比较符合	8	2.67
		完全符合	14	4.67
近纲	我上课时会和老师积极互动。	-3	78	26
		完全不符合	52	17.33
		不太符合	44	14.67
		一般	81	27
		比较符合	30	10
		完全符合	15	5
思修	我上课时会和老师积极互动。	-3	46	15.33
		完全不符合	68	22.67
		不太符合	39	13
		一般	100	33.33
		比较符合	34	11.33
		完全符合	13	4.33

　　大学生的课堂"出勤率"一直是困扰教育界的难题之一。相较于"出勤率","抬头率"是一个更难以衡量和把握的问题。[①] 在思政课堂上,虽然"出勤率"较高,但"抬头率"不甚理想。

　　此外,课堂是高校教学的主渠道,大学生是高校课堂教学活动的重要参与者,大学生课堂有效参与是指大学生积极构建课程内容,主动参与课堂教学活动,是积极的认知参与、思维参与、行为参与、情感参与的综合体,是高等教育质量的重要保证。[②] 同学们在思政课堂上学习态度差、参与的水平层次低、被动参与和不参与课堂教学的现象,严重影响了思政课堂教育质量。

　　从表14题目"课下我会与老师交流联系"可以看出,"近纲"课程"完全符合"与"比较符合"占比较大,可见同学们在"近纲"课上与老师课下交流联系较多,对此课程兴趣较高;"马基"课程"完全不符合"与"不太符合"占比较大,可见同学们在"马基"课上与老师课下交流联系较少,对此课程兴趣较低。

表 14　学生在思政课下与老师互动情况

课程	名称	选项	频数	占比(%)
马基	课下我会与老师交流联系。	- 3	55	18.33
		完全不符合	89	29.67
		不太符合	61	20.33
		一般	67	22.33
		比较符合	21	7
		完全符合	7	2.33
毛概	课下我会与老师交流联系。	- 3	83	27.67
		完全不符合	69	23
		不太符合	53	17.67
		一般	68	22.67
		比较符合	14	4.67
		完全符合	13	4.33

---

①　彭志军:《素质教育背景下大学生课堂"抬头率"研究——以"博物馆学概论"课程为例》,《南昌师范学院学报》2018 年第 1 期。

②　张娟娟:《大学生课堂有效参与研究》,华中农业大学硕士学位论文,2016。

续表

课程	名称	选项	频数	占比（%）
形势与政策	课下我会与老师交流联系。	—3	47	15.67
		完全不符合	81	27
		不太符合	63	21
		一般	86	28.67
		比较符合	12	4
		完全符合	11	3.67
军理	课下我会与老师交流联系。	—3	88	29.33
		完全不符合	78	26
		不太符合	52	17.33
		一般	61	20.33
		比较符合	9	3
		完全符合	12	4
近纲	课下我会与老师交流联系。	—3	78	26
		完全不符合	61	20.33
		不太符合	49	16.33
		一般	78	26
		比较符合	21	7
		完全符合	13	4.33
思修	课下我会与老师交流联系。	—3	46	15.33
		完全不符合	72	24
		不太符合	61	20.33
		一般	90	30
		比较符合	22	7.33
		完全符合	9	3

　　提高高校思想政治理论课的实效性，不仅要充分发挥课堂教学和实践教学的作用，还要加强师生课外交流。通过师生课外交流把课堂教学与日常生活融为一体，使教学逐步生活化，提供一个倾听学生心灵呼声的舞台，以平等民主的态度与之交流思想、交换意见、互相启发，从而提高思想政治理论课的教学效果。①但总体上来看，所有课程在题目"课下我会与老师交流联系"都更侧重于"完

---

① 冯淑慧、魏振波：《提高高校思想政治理论课实效性的探讨——谈师生课外交流》，《黑龙江教育（高教研究与评估）》2006 年第 10 期。

全不符合""不太符合"或"一般",可见在思政课程上,同学们不乐于在课下和老师交流联系。

　　从表15题目"我会主动当这门课的课代表"可以看出,"思修"课程"完全符合"与"比较符合"占比较大,可见同学们在"思修"课上兴趣较高,较为积极主动;"马基"课程"完全不符合"与"不太符合"占比较大,可见同学们在"马基"课上兴趣较低,并不积极。

表15　学生担任思政课课代表意愿情况

课程	名称	选项	频数	占比(%)
马基	我会主动当这门课的课代表。	-3	55	18.33
		完全不符合	118	39.33
		不太符合	67	22.33
		一般	47	15.67
		比较符合	6	2
		完全符合	7	2.33
毛概	我会主动当这门课的课代表。	-3	83	27.67
		完全不符合	89	29.67
		不太符合	59	19.67
		一般	51	17
		比较符合	9	3
		完全符合	9	3
形势与政策	我会主动当这门课的课代表。	-3	47	15.67
		完全不符合	98	32.67
		不太符合	64	21.33
		一般	69	23
		比较符合	12	4
		完全符合	10	3.33
军理	我会主动当这门课的课代表。	-3	88	29.33
		完全不符合	86	28.67
		不太符合	54	18
		一般	53	17.67
		比较符合	9	3
		完全符合	10	3.33

续表

课程	名称	选项	频数	占比（%）
近纲	我会主动当这门课的课代表。	-3	78	26
		完全不符合	72	24
		不太符合	60	20
		一般	66	22
		比较符合	13	4.33
		完全符合	11	3.67
思修	我会主动当这门课的课代表。	-3	46	15.33
		完全不符合	83	27.67
		不太符合	70	23.33
		一般	74	24.67
		比较符合	18	6
		完全符合	9	3

但总体上来看，所有课程在题目"我会主动当这门课的课代表"都更侧重于"完全不符合""不太符合"或"一般"，可见在思政课程上，同学们对于当课代表并不热衷。

从表16题目"我会留意这门课的课外信息（最新学术研究、课外讲座）"可以看出，"近纲"课程"完全符合"与"比较符合"占比较大，可见同学们在"近纲"课上兴趣较高，会关注学术研究与课外讲座；"马基"课程"完全不符合"与"不太符合"占比较大，可见同学们在"马基"课上兴趣较低，不会关注学术研究与课外讲座。

专题讲座在教学内容的选取方面兼顾知识结构，从学生的关注点或困惑点切入，吸引学生参与到教学组织中，进而开展课堂教学。① 但总体上来看，所有课程在该题目都更侧重于"完全不符合""不太符合"或"一般"，可见在思政课程上，同学们不太会关注学术研究与课外讲座。

---

① 张波：《专题讲座教学在〈中国近现代史纲要〉课程中的实效性探究》，《太原城市职业技术学院学报》2018 年第 7 期。

表 16　学生对思政课课外信息关注度

课程	名称	选项	频数	占比(%)
马基	我会留意这门课的课外信息（最新学术研究、课外讲座）。	-3	55	18.33
		完全不符合	88	29.33
		不太符合	71	23.67
		一般	57	19
		比较符合	21	7
		完全符合	8	2.67
毛概	我会留意这门课的课外信息（最新学术研究、课外讲座）。	-3	83	27.67
		完全不符合	69	23
		不太符合	61	20.33
		一般	58	19.33
		比较符合	19	6.33
		完全符合	10	3.33
形势与政策	我会留意这门课的课外信息（最新学术研究、课外讲座）。	-3	47	15.67
		完全不符合	78	26
		不太符合	61	20.33
		一般	75	25
		比较符合	23	7.67
		完全符合	16	5.33
军理	我会留意这门课的课外信息（最新学术研究、课外讲座）。	-3	88	29.33
		完全不符合	68	22.67
		不太符合	46	15.33
		一般	64	21.33
		比较符合	18	6
		完全符合	16	5.33
近纲	我会留意这门课的课外信息（最新学术研究、课外讲座）。	-3	78	26
		完全不符合	55	18.33
		不太符合	48	16
		一般	72	24
		比较符合	29	9.67
		完全符合	18	6
思修	我会留意这门课的课外信息（最新学术研究、课外讲座）。	-3	46	15.33
		完全不符合	71	23.67
		不太符合	52	17.33
		一般	88	29.33
		比较符合	30	10
		完全符合	13	4.33

从表17题目"该课期末考试的形式（开卷、闭卷、论文）会影响我的上课行为"可以看出，"马基"课程"完全符合"与"比较符合"占比较大，可见同学们在"马基"课上较为被动，上课行为受考试形式影响较大；"近纲"课程"完全不符合"与"不太符合"占比较大，可见同学们在"近纲"课上较为主动，上课行为受考试形式影响较小。但总体上来看，所有课程在该题目都更侧重于"比较符合"或"一般"，可见在思政课程考试形式一定程度上会影响同学们的上课行为。

表17　思政课期末考试形式对学生上课行为的影响

课程	名称	选项	频数	占比（%）
马基	该课期末考试的形式（开卷、闭卷、论文）会影响我的上课行为。	-3	55	18.33
		完全不符合	23	7.67
		不太符合	37	12.33
		一般	67	22.33
		比较符合	73	24.33
		完全符合	45	15
毛概	该课期末考试的形式（开卷、闭卷、论文）会影响我的上课行为。	-3	83	27.67
		完全不符合	29	9.67
		不太符合	34	11.33
		一般	56	18.67
		比较符合	62	20.67
		完全符合	36	12
形势与政策	该课期末考试的形式（开卷、闭卷、论文）会影响我的上课行为。	-3	47	15.67
		完全不符合	41	13.67
		不太符合	40	13.33
		一般	74	24.67
		比较符合	62	20.67
		完全符合	36	12
军理	该课期末考试的形式（开卷、闭卷、论文）会影响我的上课行为。	-3	88	29.33
		完全不符合	39	13
		不太符合	16	5.33
		一般	71	23.67
		比较符合	54	18
		完全符合	32	10.67

续表

课程	名称	选项	频数	占比(%)
近纲	该课期末考试的形式(开卷、闭卷、论文)会影响我的上课行为。	−3	78	26
		完全不符合	32	10.67
		不太符合	23	7.67
		一般	74	24.67
		比较符合	61	20.33
		完全符合	32	10.67
思修	该课期末考试的形式(开卷、闭卷、论文)会影响我的上课行为。	−3	46	15.33
		完全不符合	35	11.67
		不太符合	35	11.67
		一般	83	27.67
		比较符合	73	24.33
		完全符合	28	9.33

从表18题目"我认为这门课对于自身成长有意义"可以看出,"近纲"课程"完全符合"与"比较符合"占比较大,可见同学们认为"近纲"课程对自身成长有较多意义;"形势与政策"课程"完全不符合"与"不太符合"占比较大,可见同学们认为"形式与政策"课程对自身成长有较少意义。从总体上来看,所有课程在题目"我认为这门课对于自身成长有意义"都更侧重于"比较符合"或"一般",可见同学们对于思政课程还是较为认可的,认为其对自身成长有意义。

表18 学生对思政课与自身成长关系的评价

课程	名称	选项	频数	占比(%)
马基	我认为这门课对于自身成长有意义。	−3	55	18.33
		完全不符合	18	6
		不太符合	28	9.33
		一般	92	30.67
		比较符合	78	26
		完全符合	29	9.67
毛概	我认为这门课对于自身成长有意义。	−3	83	27.67
		完全不符合	25	8.33
		不太符合	26	8.67
		一般	88	29.33
		比较符合	58	19.33
		完全符合	20	6.67

续表

课程	名称	选项	频数	占比（%）
形势与政策	我认为这门课对于自身成长有意义。	-3	47	15.67
		完全不符合	32	10.67
		不太符合	37	12.33
		一般	99	33
		比较符合	58	19.33
		完全符合	27	9
军理	我认为这门课对于自身成长有意义。	-3	88	29.33
		完全不符合	32	10.67
		不太符合	25	8.33
		一般	85	28.33
		比较符合	46	15.33
		完全符合	24	8
近纲	我认为这门课对于自身成长有意义。	-3	78	26
		完全不符合	16	5.33
		不太符合	21	7
		一般	88	29.33
		比较符合	67	22.33
		完全符合	30	10
思修	我认为这门课对于自身成长有意义。	-3	46	15.33
		完全不符合	26	8.67
		不太符合	23	7.67
		一般	108	36
		比较符合	69	23
		完全符合	28	9.33

从表 19 题目"我认为这门课对当代大学生培养有意义"可以看出，"马基"课程"完全符合"与"比较符合"占比较大，可见同学们认为"马基"课程对大学生成长有较多意义，大学生需要了解这门课程；"军理"课程"完全不符合"与"不太符合"占比较大，可见同学们认为"军理"课程对大学生成长有较少意义。

高校思政理论课是大学生的基础必修课，在整个大学思想教育生涯中占据重要地位，是国家和教育部进行青年大学生思想教育的重要手段。① 从总体上来

---

① 王婷、丁健：《问题意识导向下的高校思政理论课教学研究》，《山东农业工程学院学报》2018年第 8 期。

看，所有课程在题目"我认为这门课对当代大学生培养有意义"都更侧重于
"比较符合"或"一般"，可见同学们对于思政课程还是较为认可的，认为其对
大学生成长有意义。

表 19 学生对思政课程开设意义的认知

课程	名称	选项	频数	占比（%）
马基	我认为这门课对当代 大学生培养有意义。	-3	55	18.33
		完全不符合	21	7
		不太符合	16	5.33
		一般	87	29
		比较符合	84	28
		完全符合	37	12.33
毛概	我认为这门课对当代 大学生培养有意义。	-3	83	27.67
		完全不符合	20	6.67
		不太符合	21	7
		一般	90	30
		比较符合	62	20.67
		完全符合	24	8
形势与政策	我认为这门课对当代 大学生培养有意义。	-3	47	15.67
		完全不符合	23	7.67
		不太符合	22	7.33
		一般	105	35
		比较符合	69	23
		完全符合	34	11.33
军理	我认为这门课对当代 大学生培养有意义。	-3	88	29.33
		完全不符合	24	8
		不太符合	21	7
		一般	90	30
		比较符合	48	16
		完全符合	29	9.67
近纲	我认为这门课对当代 大学生培养有意义。	-3	78	26
		完全不符合	13	4.33
		不太符合	17	5.67
		一般	87	29
		比较符合	69	23
		完全符合	36	12
思修	我认为这门课对当代 大学生培养有意义。	-3	46	15.33
		完全不符合	23	7.67
		不太符合	22	7.33
		一般	104	34.67
		比较符合	74	24.67
		完全符合	31	10.33

从表20题目"课上，老师的讲解或示例给我带来过思维或主观印象上的冲击"可以看出，"马基"课程"完全符合"与"比较符合"占比较大，可见"马基"课程对同学们的思维或主观印象上的冲击较大，影响较大；"形式与政策"课程"完全不符合"与"不太符合"占比较大，可见"形式与政策"课程对同学们的思维或主观印象上的冲击较小，影响较小。

但总体上来看，所有课程在题目"课上，老师的讲解或示例给我带来过思维或主观印象上的冲击"都更侧重于"比较符合"或"一般"，可见在思政课程上，老师的讲授对同学们的思维或主观印象上的冲击较大，同学们受到部分启发。

表20　思政课教师授课对学生启发情况

课程	名称	选项	频数	占比（%）
马基	课上,老师的讲解或示例给我带来过思维或主观印象上的冲击。	-3	55	18.33
		完全不符合	30	8.67
		不太符合	26	8.67
		一般	77	25.67
		比较符合	83	27.67
		完全符合	29	9.67
毛概	课上,老师的讲解或示例给我带来过思维或主观印象上的冲击。	-3	83	27.67
		完全不符合	26	8.67
		不太符合	35	11.67
		一般	69	23
		比较符合	65	21.67
		完全符合	22	7.33
形势与政策	课上,老师的讲解或示例给我带来过思维或主观印象上的冲击。	-3	47	15.67
		完全不符合	33	11
		不太符合	39	13
		一般	103	34.33
		比较符合	51	17
		完全符合	27	9

续表

课程	名称	选项	频数	占比(%)
军理	课上,老师的讲解或示例给我带来过思维或主观印象上的冲击。	-3	88	29.33
		完全不符合	32	10.67
		不太符合	21	7
		一般	90	30
		比较符合	46	15.33
		完全符合	23	7.67
近纲	课上,老师的讲解或示例给我带来过思维或主观印象上的冲击。	-3	19	26
		完全不符合	24	6.33
		不太符合	86	8
		一般	60	28.67
		比较符合	33	20
		完全符合	23	11
思修	课上,老师的讲解或示例给我带来过思维或主观印象上的冲击。	-3	46	15.33
		完全不符合	30	10
		不太符合	29	9.67
		一般	100	33.33
		比较符合	64	21.33
		完全符合	31	10.33

从表21题目"你会在课下继续学习老师推荐的额外补充教材吗"可以看出,"近纲"课程"会"占比较大,可见同学们对"近纲"课程兴趣较高,较为积极主动;"形式与政策"课程"不会"占比较大,可见同学们对"形势与政策"课程兴趣较低,并不积极。

课外阅读作为引导大学生思想政治素质中核心部分——世界观、人生观、价值观形成的活动,是思想政治教育的重要载体,同时,思想政治教育所特有的功能也对引导大学生课外阅读行为具有重要作用。[1] 但总体上来看,所有课程在题

---

① 谢建宁:《思想政治教育视角下大学生课外阅读状况研究》,辽宁师范大学硕士学位论文,2018。

目"你会在课下继续学习老师推荐的额外补充教材吗"都更侧重于"不会"，可见在思政课程上，同学们对于阅读课外教材并不热衷。

表 21 思政课下学生学习补充教材的积极性

课程	名称	选项	频数	占比(%)
马基	你会在课下继续学习老师推荐的额外补充教材吗？	-3	55	18.33
		会	74	24.67
		不会	171	57
毛概	你会在课下继续学习老师推荐的额外补充教材吗？	-3	83	27.67
		会	63	21
		不会	154	51.33
形势与政策	你会在课下继续学习老师推荐的额外补充教材吗？	-3	47	15.67
		会	79	26.33
		不会	174	58
军理	你会在课下继续学习老师推荐的额外补充教材吗？	-3	88	29.33
		会	56	18.67
		不会	156	52
近纲	你会在课下继续学习老师推荐的额外补充教材吗？	-3	78	26
		会	94	31.33
		不会	128	42.67
思修	你会在课下继续学习老师推荐的额外补充教材吗？	-3	46	15.33
		会	88	29.33
		不会	166	55.33

从表 22 题目"你对这门课的整体接受程度"可以看出，"近纲"课程"非常支持"与"接受"占比较大，可见同学们对于"近纲"课程比较接受与喜爱；"形势与政策"课程"抵制排斥"与"不能接受"占比较大，可见同学们对于"形势与政策"课程接受程度低，兴趣较小。

但总体上来看，所有课程在题目"你对这门课的整体接受程度"都更侧重于"接受"或"无感"，可见在思政课程上，同学们整体接受程度较高，学习态度较好。

表 22　学生对思政课各门课程的整体接受程度

课程	名称	选项	频数	占比（%）
马基	你对这门课的整体接受程度是？	-3	55	18.33
		抵制排斥	74	2
		不能接受	171	2.67
		无感	55	38.67
		接受	74	32.67
		非常支持	171	5.67
毛概	你对这门课的整体接受程度是？	-3	83	27.67
		抵制排斥	4	1.33
		不能接受	7	2.33
		无感	100	33.33
		接受	93	31
		非常支持	13	4.33
形势与政策	你对这门课的整体接受程度是？	-3	47	15.67
		抵制排斥	8	2.67
		不能接受	10	3.33
		无感	116	38.67
		接受	105	35
		非常支持	14	4.67
军理	你对这门课的整体接受程度是？	-3	88	29.33
		抵制排斥	3	1
		不能接受	12	4
		无感	100	33.33
		接受	81	27
		非常支持	16	5.33
近纲	你对这门课的整体接受程度是？	-3	78	296
		抵制排斥	3	1
		不能接受	7	2.33
		无感	70	23.33
		接受	109	36.33
		非常支持	33	11
思修	你对这门课的整体接受程度是？	-3	46	15.33
		抵制排斥	5	1.67
		不能接受	13	4.33
		无感	106	35.33
		接受	104	34.67
		非常支持	26	8.67

从表 23 题目"您××课的分数"可以看出，"思修"课程在"90～100 分"与"80～90 分"分数段占比较大，可见同学们"形势与政策"课程分数较高；"军理"课程在"低于 60 分"与"60～70 分"分数段占比较大，可见同学们"军理"课程分数较低。

但总体上来看，所有课程在题目"您××课的分数"都更侧重于分数段"70～80 分"与"80～90 分"，可见在思政课程上，同学们总体分数较高，学习态度较好。

表 23　学生思政课程得分情况

课程	名称	选项	频数	占比（%）
马基	您马基课的分数是？	−3	55	18.33
		低于 60 分	1	0.33
		60～70 分	30	10
		70～80 分	92	30.67
		80～90 分	94	31.33
		90～100 分	28	9.33
毛概	您毛概课的分数是？	−3	83	27.67
		低于 60 分	1	0.33
		60～70 分	24	8
		70～80 分	77	25.67
		80～90 分	81	27
		90～100 分	34	11.33
形势与政策	您形势与政策课的分数是？	−3	47	15.67
		低于 60	2	0.67
		60～70	33	11
		70～80	71	23.67
		80～90	99	33
		90～100	48	16
军理	您军理课的分数是？	−3	88	29.33
		低于 60 分	1	0.33
		60～70 分	36	12
		70～80 分	60	20
		80～90 分	66	22
		90～100 分	49	16.33

课程	名称	选项	频数	占比(%)
近纲	您近纲课的分数是?	-3	78	26
		低于60分	0	0
		60~70分	23	7.67
		70~80分	74	24.67
		80~90分	86	28.67
		90~100分	39	13
思修	您思修课的分数是?	-3	46	15.33
		低于60分	1	0.33
		60~70分	32	10.67
		70~80分	77	25.67
		80~90分	105	35
		90~100分	39	13

综合表24中的四个问题，我们可以看出同学们在"最为喜欢的课"更倾向于"近纲"与"思修"，在"最不喜欢的课"更多选择了"马基""形势与政策""军理"。

表24　学生对具体思政课程的偏好及原因

1. 请从以下课程中选出您最为喜欢的课(单选题)

选项	合计	比例
思想道德修养与法律基础	71	23.67%
毛泽东思想和中国特色社会主义理论体系概论	33	11%
马克思主义基本原理概论	25	8.33%
形势与政策	47	15.67%
大学生军事理论	23	7.67%
中国近现代史纲要	101	33.67%
本题有效填写人次	300	

2. 您为什么最喜欢这门课？(多选题)

选项	合计	比例
对相关知识感兴趣	189	63%
教师专业水平高	128	42.67%
教学方式新颖	106	35.33%
课堂氛围活跃	124	41.33%
有利于自身发展	99	33%
受周围同学影响	23	7.67%
其他	31	10.33%
本题有效填写人次	300	

3. 请从以下课程中选出您最不喜欢的课（单选题）

选项	合计	比例
思想道德修养与法律基础	39	13%
毛泽东思想和中国特色社会主义理论体系概论	51	17%
马克思主义基本原理概论	64	21.33%
形势与政策	60	20%
大学生军事理论	60	20%
中国近现代史纲要	26	8.67%
本题有效填写人次	300	

4. 您为什么最不喜欢这门课？（多选题）

选项	合计	比例
对相关知识不感兴趣	144	48%
教师专业水平低	49	16.33%
教学方式无聊	141	47%
课堂氛围沉闷	141	47%
与自己生活没有多大关系	62	20.67%
受周围同学影响	16	5.33%
其他	34	11.33%
本题有效填写人次	300	

六　结论

结合以上对于思政课程包的横向比较，以及学生最喜欢课程与最不喜欢课程的原因分析，我们不难发现以下几点。

（1）学生对课程相关知识不感兴趣、课堂氛围沉闷是影响学习态度的主要原因，而上课玩手机时间更长的现象也更多地出现在同学们不喜欢的课程上。

（2）对相关知识感兴趣、课堂氛围活跃是影响学习态度的主要原因，而在同学们更为喜欢的课程上，迟到或缺勤或早退的情况较少。

（3）教师水平高、教学方式新颖也是影响学习态度的重要原因。在这样的课程上，学生更倾向于课上记笔记、与老师互动较多、课下主动预习与复习、与老师交流联系、主动当课代表、会留意课外学术研究与讲座、学习额外教材。

（4）在"其他选项"的填空答案中，我们发现，考试形式与考试分数也是影响学习态度的重要因素。在对思政课程包的横向比较中也可以看出，课程期末考试的形式对于上课行为的影响越大，同学们对该课程的喜爱程度越低；同学们对于课程的喜爱程度在考试分数上有较为明显的表现。

（5）影响学习态度的另一个重要因素是是否有利于自身的发展。在对思政课程包各门具体课程的横向比较中可以看出，同学们认为对于自身成长和大学生成长有意义的课程通常也是他们更为喜欢的课程。

因此，综合上述发现，大学生对校内思想政治教育课程的学习态度以及反馈与课程相关知识、课堂氛围、教师水平、教学方式、考试形式与分数、是否利于自身发展等因素密切相关。

这次课题研究以问卷调查并结合深入访谈的方式展开调查，我们发现，虽然高校思政课堂在不断创新，学校相关部门也在努力拓宽高校学生政治社会化平台，但并没有对学生的意识形态话语的时代认同、思想政治认同有明显的增进作用。大多数当代大学生对于思政课持接受态度，但是并没有能充分认识到课程存在的意义，因此对于思政课的学习也多是出于学校要求，学习态度并没有如预期般积极。尽管多数学生依然保持着关心社会和国家发展的初心，秉持责任担当意识，但不容忽视的现象是个人主义、功利主义对主体建构的精神侵蚀。

（指导教师：王怡琳）

从旅游社会学视角进行的游客调查

——以山西大同为例

王钦冉　吴　优　郑　涛　李鹏辉　王　盼*

摘　要　社会旅游是指与人类社会生活有紧密联系的事物和活动。社会旅游资源与人的社会性、资源范畴的拓展性、旅游需求的多样性高度契合，是最具活力和潜力的旅游资源类型；它是指以一定的空间和时间为载体，具有旅游吸引力的当代人类；及由当代人类所创造的、不以旅游为主体功能的，与人的生产生活密切相关的事物、现象和活动；它与遗存的人文旅游资源、当代人文旅游资源共同组成人文旅游资源。本次主要采用问卷法、访谈法对大同游客进行调查，并用定性分析方法对搜集的问卷及资料进行分析。在旅游需求与动机方面，在游客的主观意识中，身体文化动机、自我实现的需求最强，社交需求、人际动机次之，生理需求较弱，而尊重需求、地位声望动机较少被认识到或主观上认识不到。

关键词　旅游；旅游社会学；旅游城市建设

一　引言

作为目前世界上最大的产业之一，旅游已经深入社会生活的各个层面，成为

---

*　王钦冉，媒体学院 2016 级本科生；吴优，媒体学院 2016 级本科生；郑涛，媒体学院 2016 级本科生；李鹏辉，媒体学院 2016 级本科生；王盼，媒体学院 2016 级本科生。

一种不可或缺的、持久的社会活动。本研究的主要目的是从社会学的角度研究山西省大同市主要旅游景区的游客特征，主要从旅游动机、旅游者类型与旅游消费三个方面调查，综合得出结论。

从社会学视角研究旅游始于1930年，研究视角主要集中于旅游行为的性质、旅游与社会文化以及旅游者角色分类、旅游动机等，目前该领域中各方面的研究方法尚无标准化定论，有多种研究模型，但旅游本身是涉及政治、经济、文化等方面的复合社会现象，从社会学视角研究旅游具有其独特的优势和科学性。本调查集中于大同市，研究游客的旅游动机及旅游消费，同时结合地域特殊性区分游客类型。学术意义在于应用不同方面的模型与调查方法绘制限定区域内的游客肖像，具有实验性质。

大同市在2008年开始提出转型发展战略，开发旅游资源是重要方面之一，也已经在发展旅游城市方面做出了很大努力，近几年成果初步展现。本调查的实践意义在于得出的结论可为大同旅游经济发展提供参考依据，以游客为导向制订发展计划。

二　文献综述

（一）旅游社会学

旅游社会学是一门以旅游行为为研究对象的新兴学科，虽然"目前处于一种萌芽变迁状态，正在寻求认同"[①]，但旅游本身作为一种"对现代社会产生的深远影响超过了其他现代工业部门"的社会现象，从社会学视角对其进行研究具有独特的意义和合理性。理查德·沙普利在《旅游社会学》中表述道："旅游虽然规模庞大，但是更重要的是认识到旅游的核心在人，千百万的个体在进行着国内或国际旅行，体验和影响着不同的社会，旅游者在旅游的途中，影响着自己或东道主社区的态度、期望、观点以及最终的生活方式。简言之，旅游的根基是

---

① 〔英〕理查德·沙普利：《旅游社会学》，谢彦君、孙佼佼、郭英译，商务印书馆，2016，第3页。

人与社会。因此，对于旅游的研究不能抛开'旅游社会学'。"①

目前，旅游社会学也有其一定的学术基础。"Cohen、MacCannel、Urry、Lanfant 等著名社会学家的工作及其著作，为从社会学角度研究旅游业奠定了坚实的基础。无论旅游业究竟是什么，它可以是商业化的热情好客、民主化的旅行、现代的休闲活动、传统的朝圣旅行、文化主题的表达、新殖民主义等等。但它仍然是一种复杂的政治、经济、社会文化现象，因此从社会学的角度对其进行研究是非常必要的。"②

旅游社会学与旅游人类学之间也存在区分，应该被当作一个独立的学科看待。关于其与其他学科间的区分，理查德·沙普利的阐述是："社会学研究本质上说是'关于人类社会结构和行为的研究'。社会学的基础是社会，社会由个人组成，社会中的人都在实践或参与日常生活中各式各样的研究。但是，人体的行为通常由社会规则所限制或决定，因此，社会学不仅关注社会的结果及其成员的行为，同时也关注规则，或是更广泛的、决定社会结构和行为模式的社会力量，这就造就了社会学与人类学之类的其他学科之间的区分。"③

（二）理论基础

1. 旅游需求与消费

按照马斯洛的需求理论，"在工作之余，希望到宜人的气候和环境之中，获得进一步的精神满足，以增长知识，获得美的享受，所以旅游需要是一种较高层次的精神需要"。④ 一位旅游者在旅游过程中有着综合复杂的需要，且不同的人有不同层次的需求，某一旅游地可以满足游客每种需要的程度也不同。所以该理论可应用于研究游客需求。

麦金托什和戈尔德纳于 1990 年提出了四类基本旅行动机。

（1）身体动机。心理动机与休息、参与运动、放松娱乐以及其他的健康类

---

① 〔英〕理查德·沙普利：《旅游社会学》，谢彦君、孙佼佼、郭英译，商务印书馆，2016，第2页。
② 〔英〕理查德·沙普利：《旅游社会学》，谢彦君、孙佼佼、郭英译，商务印书馆，2016，第12页。
③ 〔英〕理查德·沙普利：《旅游社会学》，谢彦君、孙佼佼、郭英译，商务印书馆，2016，第14页。
④ 尹德涛等：《旅游社会学研究》，南开大学出版社，2006。

的相关需要。

（2）文化动机。文化动机表现为观察音乐、饮食、历史、宗教及艺术等的欲望。

（3）人际动机。人际动机包括探亲访友、结交新友以及逃离日常社会环境。

（4）地位和声望动机。与地位和声望动机相关的是自我提升及被认可、被欣赏、受关注和个人改善的欲望。

此模型存在一定缺陷，即它"描述的是来自某个特定需求的、以结果或目标为导向的行为，而非真正的动机本身"。① 但本次调查限定在具体的地域内，不试图提出新的研究方法，且变量具体、易于收集，故采用。

2. 旅游消费

霍尔特四种消费类型理论如下。

（1）作为体验的消费。旅游消费作为体验的观点关注的是消费者对特定消费对象的主观或情感反应。

（2）作为融合的消费。消费者通过消费能够将自身与客体对象融合，从而使自己获得客体对象的象征属性。

（3）作为玩耍的消费。人们将消费对象当作一种与其他消费者进行交流的源泉，而不会特别关注此消费对象的经验或特征。

（4）作为阶层划分。消费者使用消费对象以创造自我认同并以"相关的他者作为参照来对自己进行归类"。

人们赋予消费对象以不同的意义并以不同的方式消费它们，在这一点上，旅游消费与其他消费对象没有差别。因此，该分类可以被应用于旅游中以揭示在文化上塑造旅游消费不同的意义和内涵。②

（三）游客类型

科恩与史密斯等学者提出了多种游客分类方法，但其"旅游"概念是最广义的概念，对象都是传统意义上的长途跨国旅行者，对本研究适用性差。而维肯

---

① 〔英〕理查德·沙普利：《旅游社会学》，谢彦君、孙佼佼、郭英译，商务印书馆，2016，第34～35页。

② 〔英〕理查德·沙普利：《旅游社会学》，谢彦君、孙佼佼、郭英译，商务印书馆，2016，第40页。

斯通过对希腊哈尔基迪基地区游客的调查得出了具有地区特殊性的分类方法——文化遗产探访者、交际者、寻找浪漫的单身女性、"太阳崇拜者"、每一年都会造访同一地的度假者。① 这种分类方法为本研究提供了参考，即通过大同游客的某些地域性特征，得出特殊的分类方法。

（二）社交货币

社交货币是新兴的社交媒体经济学理论中的一个概念，由美国宾夕法尼亚大学沃顿商学院市场营销学教授乔纳·伯杰提出。其概念为"社交货币简单地说就是利用人们乐于与他人分享的特质塑造自己的产品或思想，从而达到口碑传播的目的"。②

旅游动机、游客分类、旅游消费都与社交分不开，社交货币也与旅游有着密切的关系。"人们在旅游前、旅游中或旅游后通过微信朋友圈、QQ 空间、微博、博客等网络社交媒体分享照片及相关文字，俨然成为一种时尚，这使得旅游逐渐成为一种社交货币。具体而言，人们通过微信等网络社交媒体分享整个旅游过程，全方位展现自己出游的相关信息，表面上看，类似于一种炫耀或寻求认同，譬如点赞、评论等互动行为，往往可以排遣无聊，从心理上获得对选择某一旅游产品本身的一种自我认同和满足感。但是在潜意识里，人们是想利用出游的照片、文字等相关'证据'，来完成自我的'标签化'，成为别人眼中富裕的、有品位的、理想的自己。在这里，旅游活动就成为一种'社交货币'。""人们使用现实货币购买旅游服务，又通过分享旅游服务整个过程，使之转化为一种社交货币，最后获得朋友或同事更多的好评和关注，使自己看起来更优秀、更潇洒。"③

三　研究方法

（一）研究方法

主要采用问卷法、访谈法和定性分析对大同游客进行调查。

---

① 〔英〕理查德·沙普利：《旅游社会学》，谢彦君、孙佼佼、郭英译，商务印书馆，2016，第45页。
② 〔美〕乔纳·伯杰：《疯传：让你的产品、思想、行为像病毒一样入侵》，乔迪、王晋译，电子工业出版社，2016。
③ 〔美〕乔纳·伯杰：《疯传：让你的产品、思想、行为像病毒一样入侵》，乔迪、王晋译，电子工业出版社，2016，第53页。

（二）问卷调查法

运用旅游社会学的相关理论，利用问卷星平台创建问卷，在大同本地旅游景点当场发放问卷，同时在社交媒体上向不同年龄、地域、身份的曾去过大同的游客发放问卷。

（三）访谈法

发放问卷的过程中，课题组发现收集不到 60 岁以上群体的信息，而实地发放时又发现中老年人游客数量并不少，所以对 60 岁以上的游客采取访谈调查的方式。中老年游客多结伴出行，访谈时每一组中会有一两人作为代表回答问题，共访谈 4 组、6 人。

为了得出具体的游客分类，筛选问卷数据，以年龄、性别、居住地、职业、旅游时期望获得的体验、旅游消费项目和时间花费偏好为筛选条件，选取某个选项为关键词，观察选择该项的受调查者是否在其他方面展现出了共同点，是否与平均值产生显著差距，且人数占总量超过 10%，则将其归为一个群体，最终分出三个群体。每个群体中随机抽样三份留下联系方式的问卷，对填写者进行线上访谈，以进一步获得分类的具体特征，并验证分类的合理性。

（四）定性分析

以问卷统计结果、访谈结果对大同游客进行定性分析。

四　大同的游客

（一）游客描述

本次问卷共收到回复 126 份，没有无效问卷；其中男性 45.24%，女性 54.76%；18 ~ 29 岁的年轻人居多，占总数的 53.97%，30 ~ 39 岁和 40 ~ 49 岁的各占 19.05%，50 ~ 60 岁的和 0 ~ 18 岁的共占 8.93%，无 60 岁以上者填写问卷。企事业单位人员占到最大比例，为 46.03%，其次为学生，为 35.71%，另 18.25% 为公务员或自由职业。学历方面，大部分受访者都受过高等教育，其中最高学历为本科的占 60.32%，硕士及以上学历占到 23.02%，其余为大专、中学或更低学历。月收入分布较为均匀，如图 1 所示。外地游客占到总数的 72.22%，大多数来自北京、天津及省内其他城市等周边地区。

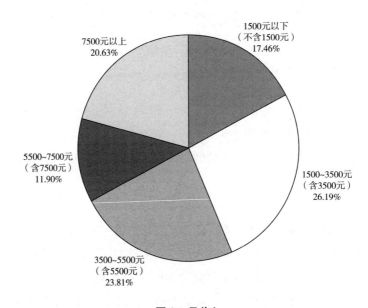

图1　月收入

（二）游客分类

本游客分类通过实地考察、访谈以及问卷的数据筛选得出，按照受调查的游客中出现较为频繁的共性特征将游客分类。

1. 周末休闲旅游者

在企事业单位拥有稳定工作，年龄在 29～49 岁之间，大多受过高等教育，有本科以上学历。月收入按地域区分，北京、天津等高收入地区月收入为 7500 元以上，山西省内则是 3500～4500 元居多。另外小部分的学生也属于该类型。偏好知名度高、旅游资源质量较好的大众旅游景点，自然与人文景观同样喜爱，如云冈石窟、恒山、华严寺等景点。

这个群体旅游的主要目的是逃离长期工作生活的环境，减轻工作压力以及与亲友享受快乐，常常在周末进行 2～3 天的短期旅游，与 2～4 位家人或朋友结伴自助出行，一般不与父母出行。他们将旅游作为一种玩耍的形式，但通常并不愿意在酒吧、游乐场等娱乐场所进行娱乐，认为此类活动过于耗费精力，有悖放松身心的初衷，也会影响旅游结束后的工作。他们更偏爱特色餐饮、民俗文化体验、打牌、玩桌游等活动。有时这类人只是被某一非景点的要素吸引，如美食、节庆活动等，在大同体现为老火锅、刀削面、烧卖等著名美食以及每年的古都灯会这一大型活动。

通常有制订好的出行计划。追求更舒适的旅游体验，选择目的地时注重交通通达度，愿意在交通、住宿、餐饮方面花费更多金钱，不期望在旅游中开阔眼界或提升素质。为了提升舒适度和自由度，他们常放弃火车、巴士等更加方便经济的交通方式而使用私家车或租车，住宿方面较为高档的民宿优先级高于快捷酒店，餐食非特色即精致。但只要满足基本需求，也不是不可以接受质量相对差的服务。他们在选择目的地时仍会最多考虑自然人文景观的质量，虽然主要目的不是游览，但还是会将大部分时间投入当地著名旅游景点。

这类游客一般不会将旅游经历作为社交货币使用，也不会因发表在社交媒体上的照片产生优越感，拍照多为留念。另外，当在旅游地对某项活动或某种美食满意时，他们可能多次光顾同一旅游地，购买特产，并介绍给其他人。一位北京游客第一次去大同是跟随女友返乡，因为迷恋右玉县特产的沙棘汁，多次主动前往大同，且推荐给了同事，随后结伴前去。

2. 狂欢者

这类旅游者最显著的特点是将在酒吧、游乐场、夜店、电影院、商场等娱乐场所的活动作为旅游中的重要项目，愿意在这些活动上花费的时间、金钱等同甚至超过游览景点。他们大多是 18～29 岁、家境较好的学生，月生活费有 3500～5500 元，另有一小部分月收入在 7500 元以上的企事业单位工作者，全部来自周边高收入地区。这群人最喜欢和恋人、朋友、同学同行，他们在选择出行目的地时将娱乐活动丰富程度与旅游资源质量看得同等重要，几乎不考虑价格。

这类游客不愿跟团旅行，因为团队活动会让他们花太多的时间在景点上而没有足够的精力玩乐。他们在游览景点时往往走马观花、不很细致，对人文自然景观的兴趣都一般，但享受在城市繁华地段的活动，如看夜景、登高楼等。旅游的主要目的是换一个环境进行娱乐活动，用他们自己的话来说："出游的意义在于走出去本身，而不是看了什么。"他们在旅游地的作息时间与假期惯常时间一样，会熬夜玩到凌晨，上午很晚起床或直接中午起床，所以同样看重住宿条件，从不入住廉价旅馆，一般不选择快捷酒店，而是喜欢在五星级酒店、高档客栈住宿，甚至租短租别墅。餐饮方面他们会专门品尝有所耳闻的著名美食，但大部分餐食会选择自己熟悉、喜欢的食物。交通方面因为大多是学生，所以火车、飞机成为主要交通工具，在城内的交通多为出租车或包车。

他们承认自己旅行的同质化，在不同地区的旅行活动类型都差不多，但也认为每次旅行都是独特的。他们可以发现不同城市商圈的独特之处，如建筑与商铺的布局、不同品牌的潮牌店、同一品牌卖品的区别、酒吧的环境和出售酒的品种、电玩厅的游戏种类和玩家水平、连锁餐厅的不同口味等，甚至在电影院看一场电影也能让他们有不同的体验。他们喜欢拍照并把照片晒到社交媒体，对"当有人点赞时会高兴"和"发照片会产生优越感"的认同度明显高于平均水平。而这一行为的原因则比较多样，有人纯粹喜欢分享生活，有人期望得到朋友的认可，还有人是因为孤独想寻求交流。

前往大同的狂欢者们大多不是出于自身选择，而是出于探亲目的或同伴的决定。他们也对大同的娱乐活动、基础设施和服务、交通舒适通达度极其不满意，抱怨大同夜生活不丰富、商铺和公共交通太早歇业、缺乏酒吧商圈，且当地氛围有些保守、过于冷清。一位来自北京的游客表示自己与同学结伴来大同，三天行程的第一天过后她就开始厌倦，宁愿在旅馆待一天上网也不愿意出去玩，且批评了酒店的设施和装修风格过于老旧。大多游客表示不会将大同作为旅游城市推荐给别人。

3. 中老年团体

该群体的信息来自访谈与社区观察。50岁以上的中老年人通常会选择抱团出行，女性居多，他们的出行往往只是为了消磨时间、排遣寂寞、结交同龄人新友和脱离日常生活环境。这个群体中都是退休人员或农业从事者，有充足的时间供出游，身体健康。儿女在外工作且有稳定的收入，但没有时间陪同父母。所以他们的出游伙伴一般是伴侣或同龄人朋友，且偏向于与附近社区的同龄人一同出行。其中收入较高、旅游经验较丰富者喜欢与10个左右的朋友结伴而行，而收入较低、旅游经验少的则选择报旅游团出行，在收入条件允许的情况下，后者随着旅游经验的丰富有向前者过渡的倾向。有几位来自浙江的退休职工游客表示他们已经跟团去过很多地方，对这种方式开始产生不满和厌倦，下次希望进行一次去日本的自助游。

他们喜欢有效率的旅行，希望将旅途中除了休息之外的大部分时间都用在游览景点上。无论报团还是自助，行程、餐饮、住宿都习惯严格遵守旅行社或领头者的时间安排，自主性不强，没有安排时反而会感觉不安。他们出行时可以接受在交通费或团费上多花费金钱，而旅途中较为节俭，对额外项目、娱乐活动和餐饮住宿的要求不高，甚至水平可以降到最低；比较能接受新鲜事物如饮食、民俗活动。高收入者、城镇居民会购置包括土特产、服装、装饰品、工艺品在内的多种物品，有些会专门购物，如三位吉林的女性游客专门安排了半天时间去怀仁（大同周边县级市）海宁皮革城购买皮草，也有些会购买高价工艺品、收藏品。低收入群体则几乎不进行任何购物行为，但他们都反对行程中安排购物。

有趣的是，老年人团体在旅游价值判断的某些方面与狂欢者类似，即认为"出门见世面"本身的意义大于究竟见到了什么；而且虽然年龄偏大，他们却很有探索和猎奇心，喜欢到离居住地远的地方旅行，也很少在意目的地的气候、地形、环境对身体条件可能的限制。受调查的四个团体只有一个来自省内，其他分别来自福建、浙江和吉林。另外，他们的旅行照片多是纪念性留影，热衷将自己的旅游经历分享给亲友。

4. "游学"者

"游学"者们并不是真正意义上的游学，而是喜欢在旅途中获得更多对提升自身素质有用的知识甚至技能，或者只是简单地开阔眼界。这一群体的年龄集中在18~39岁，学生与企事业单位工作者各占一半，全部受过高等教育，拥有硕士以上学位者占比高于平均水平和其他群体；没有明显的客源地特征，收入水平参差不齐，从无收入到月薪7500元以上的高收入者都有，但无论收入水平高低，他们都进行乘坐火车的自助旅行。虽然他们中的大部分出行时喜欢与2~4人结伴，但对和谁结伴没有很明确的偏好，且事实上他们对行程的重视程度远远大于与谁结伴。在旅行中很少有玩要行为，有时与同伴在行程安排上产生冲突，此时他们不会寻求统一意见，而是分头行动。不过如果有志同道合、观念相近的游伴，他们会十分欣慰。

他们在选择出行目的地时对古都、历史文化名城有着特殊的偏好，几乎不考虑娱乐设施的因素，将城市文化底蕴看得与旅游资源质量一样重要。除了有探亲需要者，其他游客都是主动选择大同为旅游目标；有自己独特的游览方式，即"探索"式游览。除了游览已开发景点，他们会在当地人的生活区没有明确目的地漫步，希望在饮食、生活方式上认识、体验当地人的生活方式，发现独特的文化景观，如历史遗存建筑、特殊生活用具、独特生活习惯等。但这一切仅限于短期，他们并不希望长期与当地居民共同生活。他们将尽可能多的时间用在游览景点和探索式游览上，且相对于自然景观，更喜欢游览人文景观，对大同博物馆的游览意愿高于平均水平。

拍照方面，他们对留影纪念的行为不感兴趣甚至厌恶，对照片的审美需求较高，发布社交媒体与否取决于自己对照片是否满意。而对于旅游舒适程度、住宿交通的要求和购物行为，他们表示不是特别关注，达到舒适水平即可，也很少为了节省而将交通住宿水平降到最低且不进行购物，但在资金紧张或者迫不得已的情况下可以接受。一位北京学生表示她某年春节前去大同时因为旅店房源紧张，第一晚的住宿预订不到，选择了火车站附近的一家老旧且条件极差的小旅馆住宿一晚。另一位在内蒙古企业工作的青年男性游客因旅店溢价过高超出预算，且独自出行，选择无座夜车前往大同以节省一晚住宿费。

（三）游客消费

调查结果显示，95.24%的人更愿意结伴出行，90.48%的人在出行时更愿意选择自助出行，而在更愿意跟团出行的人中又有83.33%的人倾向于保留自由时间和选择余地。这表明绝大多数去往大同的游客希望在旅游时拥有更大的选择空间。同时，他们更希望能和熟人一起出游，而不是和旅行团中的陌生人一起。由霍尔特提出的四种旅游消费可以解释这种现象，这四种消费如下。

（1）作为体验的消费；

（2）作为玩耍的消费；

（3）作为融合的消费；

（3）作为等级划分的消费。

其中将旅游消费作为玩耍消费的观点认为，人们将消费对象当作一种与其他消费者进行交流的源泉或焦点，而不会特别关注此消费对象的经验性特征。这指的是旅游这一行为在很大程度上被用作一种与其他旅游消费者进行社交活动以及分享特定体验的工具。"与消费对象的共同交融使旅游者能够建立起亲密联系或体验交融之感。"[1] 这表明前往大同的游客们更希望通过旅行与已经相识的同行

---

① 〔英〕理查德·沙普利：《旅游社会学》，谢彦君、孙佼佼、郭英译，商务印书馆，2016，第175页。

者建立更加亲密的人际关系。

大多数前往大同的游客，愿意在更舒适的住宿与交通以及特色餐饮、民俗体验两个方面投入更多的金钱，二者的比例分别为 73.02% 和 65.08%。前者同上文中"绝大多数去往大同的游客希望在旅游时拥有更大的选择空间"的推断，表明前往大同的游客希望能在旅途中获得不同于平日工作时的较为轻松、不受约束的体验；而后者则体现了将旅游消费作为一种融合的观点，即游客通过作为融合的消费"将自身与客体对象相融合，从而使自己获得对象的象征性属性"。大多前往大同的游客，希望通过对当地的特色餐饮以及民俗体验进行消费以调整自己的自我概念，使自己看起来符合大同的形象，然后融入大同当地的文化当中。

时间方面，绝大多数游客希望在旅游景点游览上花费更多时间，占到总数的 87.7%，这是一种审美行为，即对特定消费对象的主观情感反应，属于作为体验的消费。作为融合消费的餐饮民俗体验次之，占总数的 47.5%。

有 93.65% 的游客表示自己会在旅游时拍照，76.27% 的人会把旅行的照片发布在社交媒体上，69.49% 的人会在发布旅行照片时产生优越感。出现上述现象是因为作为旅游消费的照片同时是参观过某地的实证。游客们不仅会拍摄标志性地点作为自己参观过该地的证据，也会将自己拍进照片中以证明自己曾到此一游。这也表明了旅游消费被作为一种阶层划分的方式。人们会模仿更高或更富裕阶层的旅游行为，并通过与他人分享来追求更高的社会地位。

（四）旅游动机

1. 基本情况

问卷主要收集的变量如下。

（1）个人基本信息，包括居住地；

（2）在大同旅游的偏好及满意度；

（3）旅游动机；

（4）旅游消费习惯；

（5）出行考虑的因素。

问卷通过旅游时期望获得怎样的体验、景点偏好考虑等方面的问题得出大同游客的旅游动机；通过时间分配、金钱消费等方面得出游客消费类型；综合个人信息结合以上两个方面分出游客类型；以各方面满意度及游客提出的意见评价大同旅游业存在的问题和提出建议。本地游客与外地游客所填写的问卷会有所不同。

2. 旅游动机

外地游客以大同为目的地的原因集中在观赏景观、体验民俗生活方式、探亲三个方面。其中有 19 人单纯选择对民俗文化感兴趣，26 人单纯选择被自然人文景观吸引，27 人是单纯探亲目的，另有 8 人兼有三种复合目的（见图 2）。远离压力、放松身心是外地人最希望获得的旅游体验，感受文化和与亲友享受快乐次之，最少是提升学识眼界（见图 3）。而本地人则更偏重与家人朋友共享快乐、体验文化（见图 4）。总体上来讲，三者所占的比例大致相同（见图 5）。

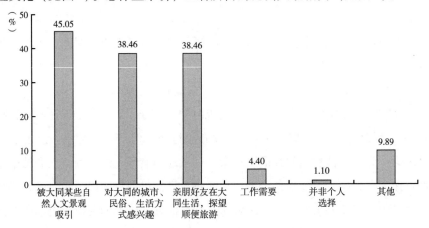

图 2　非本地人选择大同为旅游目的地的原因

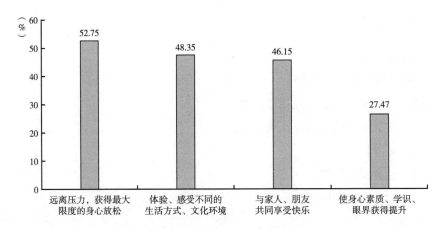

图 3　旅游时希望获得怎样的体验（非本地人）

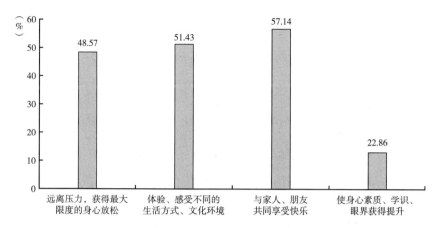

图 4　旅游时希望获得怎样体验（本地人）

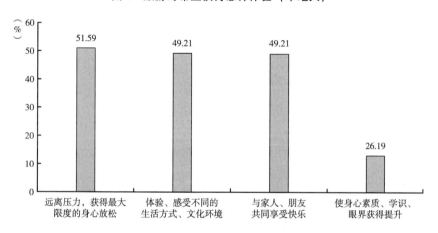

图 5　旅游时希望获得怎样的体验（总体）

　　除了游览旅游景点这一旅游基本目的之外，游客最愿意花费时间的活动是餐饮民俗体验，之后是参与娱乐活动和观看演出（见图6）。90%以上的受访者会在旅游时拍照（见图7），而其中76.3%都对将旅行照片发表在社交媒体上表示支持或中立，旅游照片获得别人的点赞肯定后也有67.8%的人会感到高兴，69.5%的人表示不反对发布旅行照片让他们产生优越感的说法（见图8）。

　　按照马斯洛的需求理论，人的需求层次分为生理、安全、社交、尊重、自我实现五个层次，在本次问卷中，代表生理需求的选项为"餐饮民俗体验""休息疗养"，安全需求因当地治安稳定不做考虑，"与家人、朋友共同享受快乐"为社交需求，"希望别人看到照片、点赞时感到高兴"为尊重需求，"游览景点"

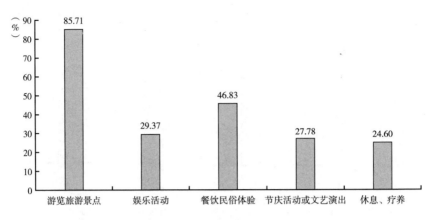

图 6　旅行时您更愿意在以下哪种活动中投入更多时间

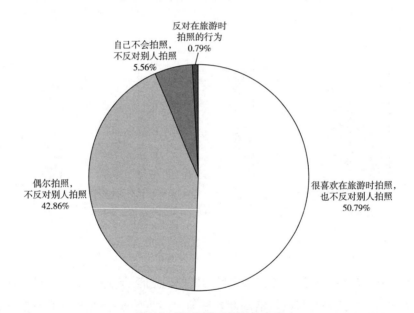

图 7　对于旅游时拍照的态度

"提升身心素质、眼界得到提升""体验不同文化、放松身心"为自我实现需求。

结果表明，在与更高层次的需求相比时，生理需求较弱，游客在旅游时最强的需求为自我实现需求。同时，放松身心、体验文化这类在自我实现中属于"做自己想做的事情"的需求也远强于"提升素质与眼界"的提升自我需求。社交是大同游客的另一重要需求，96.83%的游客喜欢结伴出行，本地人旅游的社交需求相对外地游客更加强烈。虽然在访谈中，受访的 15 人中只有 3 人明确表

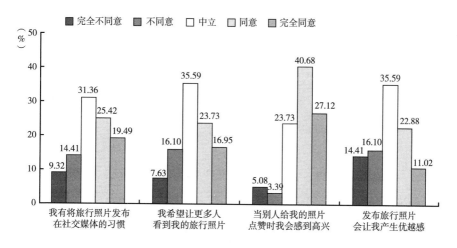

图 8   对旅游照片发表社交媒体的看法

示自己会将旅行经历本身作为社交货币使用以获得他人的尊重，但多数游客在旅行时喜欢拍照，也有不少有发朋友圈的习惯，说明游客在旅游时的社交需求也较为旺盛，但常以不自觉的形态展现。总体来讲，大同游客最强的需求是自我实现，社交与尊重需求也较为强烈，而生理需求则相对弱。

按照麦金托什和戈尔德纳的动机分类方式，旅游动机分为身体、文化、人际、地位声望四个动机。身体动机在本次调查中占到的总体比重最大，文化动机与人际动机持平，且与身体动机差距不大，而地位声望动机占比最小，且与前三者差距较大。另外，超过90%的游客都抱有多于一种的复合动机。

在动机的实现方面，游客对在大同旅游的体验整体满足度较高，所有方面评分平均达到4.22（满分5分）（见图9）。相对来说，交通、住宿等基础服务，休闲与娱乐设施的评分相较其他方面为低；对旅馆老旧、城市管理落后、服务人员素质差、小餐馆环境差、网约车不方便、出租车行业混乱等方面多有诟病。这说明大同在满足游客的生理需求、部分自我需求动机、生理方面的身体动机方面表现较差；而自然人文景观、文化底蕴的评分则相对较高，说明在满足大部分自我动机、心理方面的身体动机、文化动机方面表现较好。

另根据访谈结果，15名受访者中没有一人会将在大同的旅游经历主动作为社交货币使用，虽然有11人表示在社交媒体上发布了大同的旅行照片或感想的评价文字，获得好友点赞后会感到高兴，但他们也表示在交通等方面的不佳体验

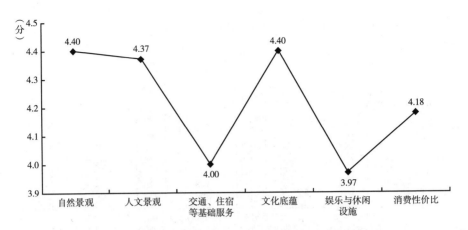

图9 请根据自身的旅游体验对以下大同市进行评分

影响了内心对此次旅行的总体评价，并抑制了在社交媒体上发布好评的欲望，甚至有3人发表过负面评价。另外，休闲和娱乐设施的缺乏也让游客不能在玩耍消费上获得足够满足，从而影响社交需求的实现。所以大同在满足游客社交需求上表现欠佳。

生理与社交需求的短板，会对游客的旅行体验造成负面影响，对周末旅行者与狂欢者的影响最严重。尤其是生理需求作为最基础的需求，会直接影响其他更高层次需求的实现。

五 结论、讨论

（一）调查结论

大同的主要游客类型可区分为注重体验、以休闲为主要目的的周末旅行者，娱乐至上的狂欢者，组织性强、集体行动的中老年人团体以及知识水平高、对文化底蕴挑剔的"游学"者。游客的消费中多包含作为玩耍的消费，主观消费意愿集中在用更多的时间与金钱进行作为体验、融合的消费。旅游需求与动机方面，在游客的主观意识中，身体文化动机、自我实现的需求最强，社交需求、人际动机次之，生理需求较弱，而尊重需求、地位声望动机较少被认识到或主观上不愿承认。客观事实则是生理需求的水平会影响更高层次的需求实现，而社交需求与人际动机则在不自觉的情况下成为社交货币，实际需求与动机较为强烈，作为等级划分的消费也在其中体现。而大同目前的状况无法满足现有的几种游客类型，生理需求与身体动机是最不能满足的方面，文化动机与自我实现需求则最能满足。

（二）对大同发展旅游城市的评价与建议

（1）大同市的旅游资源兼具人文与自然景观，文化底蕴丰厚，近几年开发保护卓有成效且在不断进步，旅游资源质量方面可以满足游客的需求并获得了较好评价。尚有不足之处在于古城区尚有建筑垃圾未处理、景观也未完全建成，处理好古城建设的收尾工作是提升旅游资源质量的最关键举措。

（2）大同物价水平低，消费性价比较高，但消费层次偏低，无法满足来自周边高收入地区游客的消费需求，且城市缺乏现代化的商圈，没有市中心，活力不足。目前随着方特欢乐世界和万达的建成营业，大同的情况有所好转，但都在南郊，周围的餐饮、住宿和公共交通十分不便，距离其他景点距离也很远，且知名度不高。古城内部尝试建设高档购物餐饮街区——鼓楼东街也不见起色。下一步需要做的是强化万达、方特周边基础设施和公共交通的建设，以及可以考虑将高人气传统商业街仿古街的消费层次升级，使其成为古城内的商业娱乐中心。

（3）交通与基础设施是目前最大的问题。首先除自驾之外，前往大同的其他交通非常不便，没有高铁，火车速度慢、环境差，航班也偏少。市内的公共交通更加落后，大部分公交车在晚上8点左右就会停运，通往旅游景点的公交车线路少、等候难。出租车的状况更加糟糕，虽然定价较便宜，但司机态度差，拒载、乱要价的行为层出不穷，车型落后，车内环境差，乘坐体验极差。网约车也几乎约不到。住宿面临着相似的问题，市内的几家快捷酒店甚至五星级酒店的设施老旧，长久不更新，服务质量不高，高档客栈数量少，没有短租房。而游客又有较强意愿在更方便舒适的交通和住宿上投入更多金钱，所以改善基础设施是目前的当务之急。

（指导教师：张薇薇）

关于大学生法语学习中英语负迁移现象的实证研究

熊小梅　徐　赛　杨婧怡*

摘　要　该调查报告旨在探讨大学生法语学习中的英语负迁移，调查运用了问卷和访谈相结合的方法，调查了 96 名大学生，研究了大学生在学习法语的过程中在词汇和语法层面受英语负迁移影响的相关情况。调查结果表明：第一，法语词汇中的英语负迁移多于语法中的英语负迁移；第二，英语法语词汇对比记忆法也可能对法语词汇学习产生消极影响；第三，随着法语学习的深入，法语中的英语负迁移现象不一定会减少。希望以上研究结果能对大学法语教学有所启示。

关键词　法语学习；英语；词汇；语法；负迁移

引　言

众所周知，由于英语、法语同属印欧语系，分别隶属于日耳曼语族和罗曼语族，两者具有一定相似性，且各种历史原因导致英语中包含大量法语词汇，所以英语和法语词汇之间存在许多相似之处。在全球范围内英语是非常重要的沟通工具，所以在中国高校中已有较好英语学习基础的法语学习者所占比重较大，这些

---

* 熊小梅，国际关系学院 2016 级本科生；徐赛，国际关系学院 2016 级本科生；杨婧怡，国际关系学院 2016 级本科生。

法语学习者在学习过程中也难免受英语因素的干扰。

根据一些法语学习者的学习经验，在入门学习阶段其法语学习就受到英语因素的影响，法语的词汇拼写错误可直接体现在学生的试卷上，因此研究英语因素对法语学习的干扰成为很多学者的研究重点，他们往往通过分析大量案例、列举易错词汇来展开研究。很多研究都表明，英语会对法语学习者造成干扰。尤其在词汇方面，由于英语词汇与法语词汇高度相似，学生极易产生负迁移，且常常无法准确拼写法语单词、正确记忆法语词词义。

一　文献综述及相关概念的定义

（一）文献综述

关于英语因素对法语学习的负迁移影响，在词汇和语法方面前人已经做过许多研究，但是其中大多是文献研究，实证研究的论文占少数。

相关的文献研究大多以语言迁移理论或语言的对比分析法为基础，研究方向大致可以分为两类：一是从英法语言的对比教学来分析，主要从语音、词汇、语法等方面来对比英法两种语言之间的相同点和不同点并对法语教学提供建议①；二是分析英语对法语的负迁移在语音、词汇、语法上的表现，从而对英法两种语言之间的易混点进行总结②。

实证研究大多是基于三语习得理论和错误分析法的研究，按照研究工具的不同可大致分为两类：一是使用测试的方法收集被调查者的法语写作和口语数据，对其中的错误进行归类，分析学生在语音、词汇、语法、句法和语篇等方面的犯错情况③；二是通过调查问卷的方式分析学生在语音、词汇、语法方面犯错的原因和受英语影响的情况④。

---

① 龙立群：《对比教学法在二外法语教学中的应用研究——基于语言迁移理论》，《科教导刊》2018 年第 12 期；黄绍华：《论针对英语专业学生的二外法语教学》，《科教文汇》2010 年第 10 期。

② 王晓慧：《探讨法语学习中英语负迁移现象及策略》，《文学教育（下）》2018 年第 4 期。

③ 张岚：《汉语和英语对法语句法学习的影响》，《科教文汇（中旬刊）》2009 年第 9 期；付静媛：《母语和二语的迁移对二外法语学习的影响》，黑龙江大学硕士学位论文，2008。

④ 张菊：《汉语、英语对英语专业学生二外法语学习的迁移研究》，河北大学硕士学位论文，2013。

以上两种研究均有其优点，也有其局限。大多数的文献研究在专注于总结两种语言的不同和相同之处时，侧重点在于对语言本身的总结和归纳上，少有研究学习过程中的另一主体——学生的接受情况。这些研究倾向于从知识点的角度来推测学生可能遇到的学习难题；实证研究无论是通过测试收集写作数据和口语数据进行错误的归类和分析，还是问卷调查研究，虽然兼顾了语音、词汇、语法等多个方面，对于某一个发音、某一种词类、某一语法现象受英语负迁移影响的专门研究的文章数量却并不多，关于研究学生在语音、词汇、语法哪一方面受英语负迁移影响更严重的文章也不多。因此一些研究者专门针对某一类词汇的实证研究的资料显得尤其珍贵，如彭佳宁的论文《中国英语专业大学生二外法语代词习得实证性研究及其教学启示》中针对法语代词的实证研究。[①]

因此，为了探索英语对法语的干扰在语法和词汇两方面的差异情况，更多地从学生的角度来研究英语对法语学习造成的干扰，本文运用调查问卷和访谈相结合的方法，讨论法语学习者在不同法语词汇上受负迁移作用的差异，主要为法语语法的单复数、阴阳性、动词变位上受负迁移作用的差异，具体要研究的问题如下。

（1）法语中的同形异义词、同形近义词、近形同义词所造成的影响是否有显著差异？这三类词对专业不同的法语学习者造成的影响如何？

（2）法语学习者对动词变位、单复数和阴阳性的学习受英语的影响是否有显著差异？这三个方面对不同专业的法语学习者影响如何？

（3）法语学习者在词汇和语法哪一个层面受英语的干扰更大？不同专业的法语学习者在这两个层面上受的影响如何？

（4）英法对比记忆是否有助于减少英语的负迁移影响？

（5）学生受到英语因素影响的程度是否和法语学习年限或每周法语学习时长有关？

（二）语言迁移理论

最早的语言迁移研究由行为主义者提出，不过普遍为人们接受的语言迁移的定义是由 Lado 提出的，他认为语言迁移其实是"跨语言影响"，语言学习者学

---

① 彭佳宁：《中国英语专业大学生二外法语代词习得实证性研究及其教学启示》，兰州理工大学硕士学位论文，2014。

习新语言时不仅受自身母语的影响，也受到其他正在学习的语言的影响。① 在本次调查中，调查对象母语为汉语，第二语言为英语，在学习法语的过程中不仅可能受母语汉语的影响，也受已经习得或正在学习的第二语言——英语的影响。

语言迁移中消极的影响为负迁移。根据一些学者的说法，语言迁移理论认为两种语言间的相似程度越大产生迁移的可能性越大。② 一些研究者通过实证调查指出在词汇和语法层面英语对法语的负迁移都比汉语对法语的负迁移作用更强，而词汇的负迁移又要大于语法的负迁移。

（三）法语中与英语相似词汇的分类

根据法语词汇和英语词汇之间的相似性，已经有许多研究者做过分类，为了使表述更加简明易懂，我们根据一些已有研究的表述对法语词汇进行了如下的简单归类。③

（1）同形异义词。与某一英语单词拼写完全相同，词义却完全不同的法语词汇，如 course（法语：跑，赛跑；英语：过程，课程）。

（2）同形近义词。与某一英语单词拼写完全相同，词义相近但不完全相同的法语词汇，如 voyage（法语：旅行；英语：航海），crayon（法语：铅笔；英语：蜡笔）。

（3）近形同义词。与某一英语单词拼写相似但不完全相同，但词义相同的法语词汇，如公寓（法语：appartement；英语：apartment），胃口（法语：appétit；英语：appetite）。

二　研究设计

（一）调查对象

参加本次问卷调查的学生共有96人，其中法语专业学生17名，英语专业66

---

① 朱效惠：《三语习得中语言迁移研究及其对双外语专业教学的启示》，《广东外语外贸大学学报》2008年第5期。

② 王晓慧：《探讨法语学习中英语负迁移现象及策略》，《文学教育（下）》2018年第4期。

③ 关潇玥：《二外法语教学中的英语迁移及其规律应用》，黑龙江大学硕士学位论文，2011；王晓慧：《探讨法语学习中英语负迁移现象及策略》，《文学教育（下）》2018年第4期。

名，其他专业 13 名。关于学习法语的时间，学习了 1 年及以下的有 74 人，1～3 年的有 20 人，3 年以上的有 2 人。96 人中目前在学习英语的有 81 人，停止了英语学习的有 15 人。

（二）研究工具

本次调查使用的问卷"关于英语因素对法语词汇学习的影响的研究"由调查小组三位成员根据法语学习体验共同设计。问卷由四部分组成：（1）个人基本情况；（2）法语词汇方面；（3）法语语法方面；（4）法语学习策略。问卷上的题目均为选择题，第一部分共 5 道题，其中有一道多项选择题；第二部分共 6 道题，每类词汇下各设 2 道题；第三部分共 6 道题，考察动词变位的有一道题，考察单复数的有 4 道题，考察动词固定搭配的有一道题，第二部分和第三部分选项设置相同，学生需从 5 个选项中选择一个答案：数字 1 代表"几乎每次都会"，数字 2 代表"多数时候会"，数字 3 代表"偶尔会"，数字 4 代表"从来不会"，数字 5 代表"不确定"。第四部分共有 3 道题，前两道的选项设置为"1 非常符合，2 比较符合，3 不太符合，4 非常不符"，最后一道的选项设置为"1 每次，2 经常，3 一般，4 很少，5 从来不"。

（三）数据收集和分析

数据的收集分为两部分，问卷数据收集和访谈数据收集。

研究小组在 2019 年 4 月初利用问卷星在网上发放问卷，选取了方便样本。参与调查的学生有：中国社会科学院大学 2014～2016 级二外为法语的英语专业同学、2018 级法语系同学。由于样本数量仍然不够，后来参与填写问卷的还有来自北京外国语大学、天津外国语大学、中南政法大学等学校的学生。利用问卷星收集到数据之后，将导出的 excel 表格输入社会科学统计软件（SPSS），并对数据进行了分析。数据分析从四个方面进行。

（1）用描述统计分析了各项变量的频率。

（2）用效度分析将各个因子进行归类，用信度分析检验数据是否达到统计意义，得到 KMO 的检验值为 0.766 处于一般水平，Bartlett 球形检验的显著性水平为 0.000，表明数据适合做因子分析（见表 1）。

（3）用相关分析研究了变量之间的关系。

（4）用独立样本 T 检验分析了不同专业的学生在语法和词汇层面受负迁移影响的差异。

表 1　KMO 检验和 Bartlett 球形检验

取样足够多的 KMO 度量	0.766
Bartlett 的球形检验	
近似卡方	539.563
自由度	171
显著性	0.000

从表 2 可看出各因子的分组情况，根据成分数值的大小归类，该数据可以被分为大致三类：词汇项目、语法项目和学习方法。表 3 显示了词汇项目因子包含的 4 个问卷问题，表 4 表明词汇项目因子包含的信度分析可靠性统计量为 0.678，虽然没有达到 0.7，但仍大于 0.5 的信度要求标准，由此可以判断其有可分析价值。

表 2　因子分析

旋转成分矩阵

	成分					
	1	2	3	4	5	6
名词单复数出错	0.774					
动词单复数出错	0.768					
形容词阴阳性出错	0.735					
形容词单复数出错	0.706					
动词选择错误	0.694	0.356				
动词变位	0.662					
同形近义词影响速度		0.785				
同形异义词影响速度		0.663	0.391			
同形近义词		0.616	0.830			
同形异义词	0.359	0.473	0.783			
英法词汇对比记忆的频率			0.724			
总结词汇差异						
是否有意识寻找学习方法						
近形同义词影响速度				0.835		
近形同义词	0.333	0.414		0.564		
每周学习时间					−0.800	
专业					0.750	
学习年限						0.768
是否仍学习英语			0.305		−0.303	0.686

表3 项总计统计量

	项已删除的刻度均值	项已删除的刻度方差	校正的项总计相关性	项已删除的α信度系数
同形异义词	8.30	7.792	0.451	0.620
同形异义词影响速度	8.17	8.288	0.493	0.592
同形近义词	8.60	8.579	0.465	0.610
同形近义词影响速度	8.55	8.124	0.437	0.627

表4 可靠性统计量

α信度系数	项数
0.678	4

表5显示的是语法项目类因子包含的6个问卷问题。表6显示信度系数为0.842，已超过0.7，说明该量表的内在一致性较好。综上所述，因子分组较合理，可以使用这些因子进行进一步的数据分析。

表5 结构效度检验旋转成分矩阵

名词单复数出错	0.774
动词单复数出错	0.768
形容词阴阳性出错	0.735
形容词单复数出错	0.706
动词选择错误	0.694
动词变位	0.662

表6 可靠性统计量

α信度系数	项数
0.842	6

问卷数据收集完成之后进行了访谈数据收集。参加本次访谈调查的学生共有三人，均为中国社会科学院大学2016级英语专业一班和二班学生，选择的是对法语学习有浓厚兴趣且愿意接受访谈的学生。三人均从大二下学期开始选择法语作为第二外语开始学习，目前已经学习法语两学期，且上大学前至少已经学习了6年英语。访谈提纲根据问卷问题设置，均为开放性问题，问题指向关于学习者

在法语学习中受到英语因素影响的基本情况（不局限于词汇和语法两方面）以及各自的学习方法。访谈过程每人持续 10 分钟左右，使用了手机对每个人的访谈进行录音。访谈结束后小组成员对录音进行了文字转写，并从中总结和概括出了学生访谈中的要点和大意。

三　研究结果与讨论

（一）词汇层面数据分析

1. 不同词类影响程度比较

为了比较不同词汇对法语学习者的影响，通过频率分析（见表7），可以看出三种词类的中位数分别是 2.47、2.26 和 2.52，因为中位数代表选项分数，值越大意味着出错的频率越小（调查问卷中，选项依次递增，犯错频率依次递减），可以看出近形同义词的犯错频率最小，同形近义词的犯错频率最大。原因可能是学生们在看到近形同义词时很容易联想到相似英语词的意思，而且该词在英法语中意义一致，不可能产生混淆，因此较少犯错。而错误率最高的同形近义词，因为词形完全一样，而且意义相似却又有细微差异，所以同学们很容易混淆英语词和法语词的意思。同时，因为词义相近，并没有给予足够关注，所以这类词出错率最高。

表7　不同词汇犯错频率对比

		同形异义词	同形近义词	近形同义词
样本总数	有效值	96	96	96
	缺省值	0	0	0
平均值		2.47	2.26	2.52
中位数		2.50	2.00	3.00
众数		3	2	3

2. 不同专业在不同词类上所受影响差异比较

接下来将样本进行单因素方差分析（One Way Anova），以便观察不同专业法语学习者在词汇上受英语负迁移影响的差异是否显著（见表8）。根据单因素方差分析表格可知，词汇项目类的显著性 Sig = 0.100 > 0.05，即样本群之间并没有显著差异。由此可知，法语、英语和其他专业的学生，虽然专业不同，但是在三类英法易混淆词汇（同形异义词、近形同义词和同形近义词）的辨析中，犯错的可能性是没有显著差异的，即不论专业是什么均有学生在上述三类词汇中犯错。因为调查者多为本校学生，英语专业和其他专业只有一年的法语学习经验，法语专业因为是新开设的专业，课程学习仅进行到第一个学期，法语专业的同学还处于初级法语学习入门阶段，因此在犯错频率上并没有太大的差异。但是，随着法语学习的深入，专业法语学习者和业余法语爱好者可能会有更显著的差距。

表 8　单因素方差分析（1）

		平方和	自由度	均方	组方差值	显著性
词汇总分	组间方差	111.754	2	55.877	2.361	0.100
	组内方差	2200.871	93	23.665		
	总和	2312.625	95			
语法总分	组间方差	70.770	2	35.385	1.219	0.300
	组内方差	2699.970	93	29.032		
	总和	2770.740	95			

表 9　单因素方差分析（2）

因变量	(I)英法词汇对比记忆的频率	(J)英法词汇对比记忆的频率	平均差(I-J)	标准误	显著性	95% 置信区间	
						下限	上限
词汇总分	每次	经常	-3.10119	2.80372	1.000	-10.6614	4.4591
		很少	-5.93939	2.85297	0.241	-13.6324	1.7536
		从来不	-7.08333	3.61345	0.318	-16.8270	2.6603
	经常	每次	3.10119	2.80372	1.000	-4.4591	10.6614
		很少	-2.83820*	1.03826	0.045	-5.6379	-0.0385
		从来不	-3.98214	2.44858	0.644	-10.5848	2.6205
	很少	每次	5.93939	2.85297	0.241	-1.7536	13.6324
		经常	2.83820*	1.03826	0.045	0.0385	5.6379
		从来不	-1.14394	2.50483	1.000	-7.8982	5.6103
	从来不	每次	7.08333	3.61345	0.318	-2.6603	16.8270
		经常	3.98214	2.44858	0.644	-2.6205	10.5848
		很少	1.14394	2.50483	1.000	-5.6103	7.8982

续表

因变量	(I)英法词汇对比记忆的频率	(J)英法词汇对比记忆的频率	平均差(I−J)	标准误	显著性	95% 置信区间	
						下限	上限
语法总分	每次	经常	−.99405	3.19268	1.000	−9.6031	7.6150
		很少	−3.09091	3.24876	1.000	−11.8512	5.6694
		从来不	−1.83333	4.11475	1.000	−12.9288	9.2621
	经常	每次	.99405	3.19268	1.000	−7.6150	9.6031
		很少	−2.09686	1.18230	.477	−5.2849	1.0921
		从来不	−.83929	2.78828	1.000	−8.3579	6.6793
	很少	每次	3.09091	3.24876	1.000	−5.6694	11.8512
		经常	2.09686	1.18230	.477	−1.0912	5.2849
		从来不	1.25758	2.85232	1.000	−6.4337	8.9489
	从来不	每次	1.83333	4.11475	1.000	−9.2621	12.9288
		经常	.83929	2.78828	1.000	−6.6793	8.3579
		很少	−1.25758	2.85232	1.000	−8.9489	6.4337

＊平均差的显著性处于 0.05 水平。

3. 英法对比记忆

同样，为了研究被调查者的法语学习方式（英法词汇对比记忆）对其词汇学习是否有影响，接下来仍采用单因素方差分析（见表10）。通过单因素方差分析，发现经常采用英法词汇对比记忆和很少采用这一方法的同学有较大差异（Sig 值为 0.045，小于 0.05，说明有显著差异）。而从表 11 的中位数数据可以看出，经常运用英法词汇对比学习方法的同学选项得分均值为 15.7679，而很少使用这一方法的同学平均得分为 18.6061，得分越高代表出错频率越小，因此，经常使用英法词汇对比记忆的方法并不一定有助于记忆法语词汇，也即英法词汇对比记忆法不一定对记忆所有法语词都适用。英语和法语在词汇上有一定相似性，且有大量同形异义词、近形同义词和同形近义词。在对法语单词做出判断时，由于已有的英语词汇会首先提示英语意思及英语词形，所以当法语学习者在对比英语和法语词汇时，如果没有对两者的差异进行深入理解，或者虽然知道两者的有差异，但是没有熟记各自的差异，词汇对比法使用不当就可能导致相反的效果。

同时，也可能对比学习法本身并不适用于所有词汇学习，对有些词汇的学习有积极作用，对其他词汇的学习有消极作用，关于这一点有待进一步研究。最后由于调查样本数量有限，被调查者存在个体差异，加上问卷设计等方面原因，并不排除结果出现误差的可能。

表 10　对比记忆法单因素方差分析（1）

因变量	(I)英法词汇对比记忆的频率	(J)英法词汇对比记忆的频率	平均差	标准误	显著性	95% 置信区间	
						下限	上限
词汇总分	每次	经常	-3.10119	2.80372	1.000	-10.6614	4.4591
		很少	-5.93939	2.85297	0.241	-13.6324	1.7536
		从来不	-7.08333	3.61345	0.318	-16.8270	2.6603
	经常	每次	3.10119	2.80372	1.000	-4.4591	10.6614
		很少	-2.83820	1.03826	0.045	-5.6379	-0.0385
		从来不	-3.98214	2.44858	0.644	-10.5848	2.6205
	很少	每次	5.93939	2.85297	0.241	-1.7536	13.6324
		经常	2.83820	1.03826	0.045	.0385	5.6379
		从来不	-1.14394	2.50483	1.000	-7.8982	5.6103
	从来不	每次	7.08333	3.61345	0.318	-2.6603	16.8270
		经常	3.98214	2.44858	0.644	-2.6205	10.5848
		很少	1.14394	2.50483	1.000	-5.6103	7.8982

表 11　对比记忆法单因素方差分析（2）

		样本点数	平均值	标准差	标准误	95% 置信区间	
						下限	上限
词汇总分	每次	3	12.6667	2.51661	1.45297	6.4151	18.9183
	经常	56	15.7679	4.20386	0.56176	14.6421	16.8937
	很少	33	18.6061	5.32059	0.92620	16.7195	20.4927
	从来不	4	19.7500	7.50000	3.75000	7.8158	31.6842
	总和	96	16.8125	4.93391	0.50356	15.8128	17.8122
语法总分	每次	3	17.6667	5.50757	3.17980	3.9851	31.3482
	经常	56	18.6607	5.38441	0.71952	17.2188	20.2027
	很少	33	20.7576	5.37953	0.93646	18.8501	22.6651
	从来不	4	19.5000	5.44671	2.72336	10.8331	28.1669
	总和	96	19.3854	5.40053	0.55119	18.2912	20.4797

4. 每周学习时长与词汇学习的关系

要分析被调查者每周学习的时间和其词汇出错情况之前的关系，我们通过相关分析，得到了如表 12 所示的数据结果。在表 13 中，相关系数结果显示为 Sig = 0.911，而 Sig < 0.05 才有显著性意义，由此得出每周学习的时间和词汇方面取得的成果并没有显著的相关性。大概是因为调查者多是英语专业的学生，法语仍不是重要的学习科目，因为他们每周也仅有一次三课时的法语课。在初学法语时，学生们接触的大多是新知识，自学有时费时费力而可能未必起到很好的效果。另外，由于本次调查样本数量较少，可能出现较大误差。或许，等学生学习到一定深度，有了独立理解句子语法结构的能力，每周投入更多的学习时间，学习效果会更好。

表 12　每周学习时间和词汇得分情况的相关性分析（1）

单位：课时

	平均值	标准差	样本总数
每周学习时间	1.86	1.032	96
词汇总分	16.8125	4.93391	96

表 13　每周学习时间和词汇得分情况的相关性分析（2）

单位：课时

		每周学习时间	词汇总分
每周学习时间	皮尔逊相关系数	1	0.011
	双侧检验显著性		0.911
	样本总数	96	96
词汇总分	皮尔逊相关系数	0.011	1
	双侧检验显著性	0.911	
	样本总数	96	96

4. 法语学习年限与词汇学习的关系

为了更好地分析法语词汇学习和哪些因素有关，通过对被调查者的学习年限和法语词汇的相关分析，调查小组得到了如表 14 所示的数据结果。表 15 为相关系数表，Sig = 0.652，大于 0.05，因而并没有显著的关联。这表明和学习年限较短的同学相比，学习年限较长的同学在法语词汇上不一定就更少地犯错；因为法语词汇上的错误有时是英语负迁移引起的，所以似乎学习年限更长不一定减少了英语负迁移，这可能是由于大多数被调查者学习年限都不长，学习年限长的样本数量很少，导致样本没能很好地代表总体的情况，产生了一定误差。

表14 法语学习年限和词汇得分情况的相关性分析（1）

	平均值	标准差	样本总数
学习年限	1.25	0.481	96
词汇总分	16.8125	4.93391	96

表15 法语学习年限和词汇得分情况的相关性分析（2）

		每周学习时间	词汇总分
学习年限	皮尔逊相关系数	1	0.047
	双侧检验显著性		0.652
	样本总数	96	96
词汇总分	皮尔逊相关系数	0.047	1
	双侧检验显著性	0.652	
	样本总数	96	96

（二）语法层面数据分析

1. 动词变位、单复数、阴阳性犯错差异比较

为了比较法语中不同的语法知识对法语学习者的影响，我们进行了频率分析，从中可以看出不同语法知识犯错频率的中位数（见表16）。中位数代表选项分数，值越大意味着出错的频率越小（调查问卷中，选项依次递增，犯错频率依次递减）。由数据分析结果可知，同学们在动词选择上的犯错频率最低，在动词变位上犯错频率最高。在三位被采访者中，有两位同学表示法语的动词变位最难，因为其变位与否、属于哪一组动词变位形式都需要反复无规则记忆。这一调查结果也表明，在法语学习和教学过程中，法语学习者和法语教师都应该注重动词变位这一难点的教学。

表 16　不同语法知识犯错频率对比

		动词变位	名词单复数出错	动词单复数出错	形容词单复数出错	形容词阴阳性出错	动词选择错误
样本总数	有效值	96	96	96	96	96	96
	缺省值	0	0	0	0	0	0
平均值		2.53	2.75	2.63	2.75	2.77	2.80
中位数		3.00	3.00	3.00	3.00	3.00	3.00
众数		3	3	3	3	3	3

2. 三类专业英语语法项目负迁移差异比较

为比较三类专业的法语学习者在语法方面受英语负迁移影响程度的差异，调查对语法项目因子进行了单因素方差检验。根据问卷题目设置，表 18 中平均值（即 Mean 值）越大，该组样本受英语负迁移影响越小。由表 18 可知，三类专业的学生中，"其他专业"学生学习法语时语法方面受英语负迁移影响最小，其次为英语专业，最后为法语专业，其中英语专业和法语专业数据相近，可忽略数据间的差异。由表 19 可知三类专业之间的差异均未达到显著性水平（Sig > 0.05）。分析其原因，法语专业学生学习法语的强度高于英语专业和其他专业学生，法语语法知识掌握得更好，而英语专业学生接受高强度的英语学习，英语语法掌握更好；又因为英法语之间的相似性很多，根据许多语言学家的研究，两种语言间的相似程度越高越容易产生迁移，但不一定都是正向迁移，所以可能两种语言专业的学生更易产生知识点混淆的情况。另外，由于此项调查问题中三个专业分组人数所占比重悬殊，法语、英语、其他专业所占比重分别为 17.71%、68.75%、13.54%，实验结果也可能受人数占比影响而产生误差。

表 17　三类专业方差齐性检验

	显著性
语法总分	0.837

表 18 三类专业法语学习者语法受负迁移影响描述统计

		样本总数	平均值
语法总分	法语	17	19.5882
	英语	66	18.9242
	其他	13	21.4615
	Total	96	19.3854

表 19 单因素方差检验结果

		平方和	自由度	均方	显著性
语法总分	组间方差	70.770	2	35.385	0.300
	组内方差	2699.970	93	29.032	
	总和	2770.740	95		

3. 每周学习时间和语法犯错情况

为了更好地研究语法犯错是否和每周学习时间有关，我们对被调查者的学习时间和语法进行相关分析，得到了如表 20 和表 21 所示的数据结果。在表 21 中，Sig = 0.453，大于 0.05，因而可以看出每周学习时间和语法犯错情况之间并没有显著关联。这表明和每周学习时间较短的同学相比，每周学习时间较长的同学不一定就更少地在法语语法上犯错，可能因为法语语法出错有时是英语负迁移引起的，而增加每周的学习时间并不一定减少了英语负迁移，另外，这可能和被调查者的学习效率有关，也可能是由于大多数被调查者属于英语专业，每周学习法语的时间都很短，而参加调查的法语专业学生虽然每周学习时间长一些，但是样本数量很少，导致样本没能很好地代表总体的情况，产生了一定误差。

表 20 描述性数据

	平均值	标准差	样本总数
每周学习时间	1.86	1.032	96
语法总分	19.3854	5.40053	96

表 21 相关性数据

		每周学习时间	语法总分
每周学习时间	皮尔逊相关系数	1	0.077
	双侧检验显著性		0.453
	样本总数	96	96
语法总分	皮尔逊相关系数	0.077	1
	双侧检验显著性	0.453	
	样本总数	96	96

4. 法语学习年限和语法犯错情况

为了探究语法学习是否和法语学习年限有关，通过对被调查者的学习年限和语法的相关分析，调查小组得到了如表 22 和表 23 所示的数据结果。在表 23 中 Sig = 0.393，大于 0.05，因而并没有显著的关联。这表明法语学习年限越长，法语水平越高，但是学生在语法层面犯错概率似乎并未减少。根据收集到的访谈数据，三位接受采访的同学均认为法语学习越深入，法语中的负迁移会越少。由此可以推测，学生在语法层面犯错与否不仅受英语负迁移的影响，还和法语语法规则本身的难度有关，虽然随着法语学习的深入，英语负迁移可能减少，但是接触到的更复杂的法语语法知识同样会导致学生不断犯错，因此学生在语法层面的错误总体来看未见减少。

表 22 语法和学习年限描述性数据

	平均值	标准差	样本总量
语法总分	19.3854	5.40053	96
学习年限	1.25	0.481	96

表 23 语法和学习年限相关性数据

		语法总分	学习年限
语法总分	皮尔逊相关系数	1	0.088
	双侧检验显著性		0.393
	样本总数	96	96

续表

		语法总分	学习年限
学习年限	皮尔逊相关系数	0.088	1
	双侧检验显著性	0.393	
	样本总数	96	96

5. 词汇和语法干扰程度对比

通过对词汇因素和语法因素的配对样本检验，我们得到了如表24、表25和表26所示的数据结果。在表25中，相关度为0.524，为中度相关，说明词汇和语法在同学们的法语学习中仍有一定的相关性。在法语学习中易受英语词汇干扰的同学在语法方面也容易受到英语语法的影响。而Sig的数值为0，这表明词汇和语法层面对学生造成的负迁移差异显著。词汇总分的均值（16.8125）明显小于语法总分的均值（19.3854），表明同学们在词汇方面所受的英语干扰大于语法方面。这可能是由于英语和法语词汇"看似"相似之处更多，实际上许多相似的英法词汇并非同源词，而且在法语学习的初级阶段，学生容易"生造"法语词，导致词汇层面的负迁移更可能发生。另外，因为本次调查中的样本多是本校学生，三类专业学生由同一老师教授，且均只有一年的法语学习经历，由于初学法语老师上课时多讲解课文和词汇，语法知识的学习尚不深入，可能导致同学们在词汇方面所受的英语干扰要大于语法上所受干扰。

表24　词汇因子群和语法因子群的配对样本检验

		平均值	样本总数	标准差	平均值标准误
配对1	词汇总分	16.8125	96	4.93391	0.50356
	语法总分	19.3854	96	5.40053	0.55119

表25　配对样本相关性数据

		样本总数	相关性	显著性
配对1	词汇总分 & 语法总分	96	0.524	0.000

表 26　语法和词汇差异显著性水平

		配对差值					t 检验值	自由度	双侧检验显著性
		平均值	标准差	平均值标准误	95% 差值置信区间				
					下限	上限			
配对 1	词汇总分 - 语法总分	- 2.57292	5.05911	0.51634	- 3.59799	- 1.54785	- 4.983	95	0.000

四　结论

（一）主要结果

（1）法语学习者在词汇方面受到的英语负迁移影响比语法方面更多，且差异显著，而不同的专业之间却没有显著的差异。这表明这三类专业的法语学习者在词汇方面所受的干扰均大于在语法方面所受干扰，而不同专业的学生在词汇和语法方面所受干扰的程度不会因为专业不同而有所差异。

（2）数据显示，法语词汇层面犯错频率与词汇对比学习方法有关，并且英法词汇对比法不一定有助于同形近义词、同形异义词和近形同义词三类法语词的学习。

（3）学习者在词汇方面或语法方面的英语负迁移和法语学习的年限或每周学习法语的时长都没有明显关联，也即法语学习时间越长，英语负迁移不一定更多或更少。

（二）研究结果的意义

（1）调查结果表明，学生在词汇层面所受的英语负迁移大于语法层面所受的英语负迁移，所以在法语教学中教师可以更加关注学生法语词汇的学习，提醒学生要注意区别英语词汇和法语词汇。

（2）调查结果显示，在学习同形异义词、同形近义词和近形同义词时，英法词汇对比学习法并不一定有效，甚至还可能带来负面影响，对法语词汇的学习造成干扰。因此法语学习者在采用学习方法时要有选择性，并且对比学习法不一定适用于所有词汇的学习，即对比学习法也有其弊端。

（3）在探究法语学习时间和英语负迁移的关系时，我们发现无论是在词汇层面还是在语法层面，出错数量并不会随法语学习时间增加而减少，这意味着随着学习的深入，学生接触到的知识点和语法现象也更多，犯错的可能性并不会随法语知识的增加、对法语的熟练程度而有所降低，因此法语学习者在学习法语的过程中应该始终有语言负迁移的意识，区别两种语言之间的相似之处，减少语言负迁移带来的错误。

（三）对未来研究的建议

1. 该项目的不足之处

由于项目小组成员缺少实证研究经验，且法语水平有限，该项目的不足之处包括以下几个方面。

（1）被调查学生人数少，且选取的是方便样本，通过网络扩散，代表性不够广泛。

（2）问卷设计不够专业，题量偏少，访谈设计不够周密，且访谈人数较少，很难控制相关变量，因此对数据的解释多样化。

2. 未来研究可关注的方向

一些国内的论文提到美国语言学教授 Terence Odlin 的观点："熟练程度是决定语言迁移能否发生的最重要因素"，处于低水平阶段的三语学习者易受语言负迁移的影响。[①] 在本次调查中，三位参与访谈的同学也都认为负迁移将随学习的深入而减少，所以今后的研究可以对不同水平的法语学习者的负迁移差异进行更深入的研究；在调查中我们发现对比学习法可能不利于部分法语词汇的学习，因为调查中只调查了同形近义词、同形异义词和近形同义词三类词，所以无法确定对比学习法对其他不在本次调查之列的词类的影响如何。因为这个发现有悖于人们一直以来的观点，即对比学习法对英语和法语的学习有益，所以在这一点上进行深入的研究是十分有意义的，我们建议未来的研究者可以考虑研究对比学习法对不同词类学习的影响，或者对不同水平和年龄段的学习者的影响，但是由于时

---

① 转引自张菊《汉语、英语对英语专业学生二外法语学习的迁移研究》，河北大学硕士学位论文，2013。

间和精力有限，本次调查没有在这一方面进行更加深入的研究。另外，本次调查未研究法语各类冠词和介词对学生造成的影响，但是在访谈过程中我们发现这些小词对学生造成的干扰也不可小觑，未来的研究也可以采用实证研究的方法对这个方面进行研究。

（指导教师：马玉学、郑晨怡）

面向文科专业开设移动应用开发课程的可行性分析

卢凤仪　陈振嘉　林宇锋*

摘　要　面向文科学生的计算机信息科学教学一直是一个难点，由于课程本身的复杂性和学生学习兴趣的缺乏，师生在教学过程中都感到相当困难。近十年来，移动互联网的迅速发展与普及使这一情况发生了变化。本文着眼于文科类大学，对开设移动应用开发课程的可行性进行分析。首先，计算思维的培养要求和移动互联网飞速发展的社会背景表明了课程开设的必要性；其次，开设移动应用开发课程进行信息科学教学有诸多优点；最后，提出一些在移动应用开发课程教学中需要重视的问题。

关键词　移动应用开发；教学研究；文科专业

近十年来，我国移动互联网快速发展，应用程序爆发式增长，遍布电子商务、生活娱乐、交通出行等领域。原本作为计算机信息科学领域专业课程的移动应用开发课程逐渐吸引了众多非理工科学生的注意力，诸多高校也顺势面向文科生开设移动应用开发公选课程。[①] 掌握基本的计算机知识，具备现

---

* 卢凤仪，马克思主义学院 2018 级本科生；陈振嘉，经济学院 2018 级本科生；林宇锋，经济学院 2017 级本科生。

① 陈耀东：《师范类院校〈移动应用开发〉公选课教学原则探索》，《教育教学论坛》2018 年第 45 期。

代化计算思维，是当今世界发展需要的人才应当具备的能力。为了更好地提高学生综合素质，实现人才培养根本目标，高校需要将此项能力的培养作为重点。

一　文科生学习移动应用开发的必要性

在当今世界趋势下，编程能力是一项极其重要的能力，被称为 21 世纪的"新读写能力"。编程的核心是计算思维。计算思维最早在 2006 年由卡内基梅隆大学计算机系主任周以真提出。周教授认为，计算思维是运用计算机科学的基础概念进行问题求解、系统设计以及人类行为理解等涵盖计算机科学之广度的一系列思维活动。通过学习移动应用开发，学生可以获得的能力是逻辑、算法、数据、系统、出错调试等。2010 年 7 月，九校联盟发表《九校联盟（C9）计算机基础教学发展战略联合声明》，明确提出要把计算思维能力的培养作为计算机基础教学的核心任务，加强以计算思维能力为核心的计算机基础教学课程体系和教学内容的研究。[1] 在当今社会，为了更好地实现人才培养目标，高校应该让更多的文科生接触、了解并掌握计算思维。移动应用开发课程的开设就是培养和锻炼计算思维的一个良好途径。

随着移动互联网的飞速发展，人们对于智能手机的依赖性越来越强，移动程序渐渐从 PC 端转移到移动端，渗透入社会的方方面面。2016 年，针对西北师范大学学生 App 使用情况的研究报告显示，高达 98% 的学生对于 App 具有一定了解。学生使用 App，目前主要用于社交娱乐，娱乐用途所占比例明显高于学习用途。学习类 App 数量较少，还有很大发展空间。信息技术对教育发展具有革命性影响，《教育信息化十年发展规划（2011～2020）》提出，要在教育思想、理念、方法和手段方面实现全方位的创新。文科学生可以依照兴趣学习计算机知识，提高计算机素养与综合素质，满足个性化学习需要；在掌握一定的应用开发知识之后，也可以根据自己的实际需要和使用习惯尝试制作 App；如制作专属于自己的打卡、备忘录 App，或是制作专属于本校学生、本专业领域之间的交流App。移动应用知识在未来就业上也有诸多裨益，除上文提到的计算思维和计算

---

① 《九校联盟（C9）计算机基础教学发展战略联合声明》，《中国大学教学》2010 年第 9 期。

机素养外，它还能为同学在创新工作方式方法上提供启发，如对于将来有志于从事教育的同学，通过理论知识与互联网技术相结合的方式，对教学形式进行创新。可以看出，学习移动开发课程，对于文科学生理解社会的运转以及学习、未来工作也有帮助。

二 采取"Java + Android Studio"模式开设课程的优势

面向文科专业，采取"Java + Android Studio"的模式进行教学是一个优秀的选择。

Java 语言是当今互联网时代重要的计算机语言之一，近年来在 TIOBE 编程语言排行榜稳居前列。随着科技的发展，大数据技术被推广及广泛应用，Java 渗透的领域正逐步扩大，其编程思想与设计模式已经深刻影响了国际厂商及各行各业。Java 语法结构比较严谨，对于作为初学者的文科专业学生而言，是一门非常好的铺垫语言，不仅有助于文科专业学生形成良好严谨的计算思维，还有助于学生日后在学习其他语言时触类旁通。此外，Java 语言还具有面向对象、与平台无关、安全、稳定和多线程的优良特性，特别适合网络环境下应用程序的开发。[①]

Android 是占据市场份额最大的移动平台，使用开源的 Linux 操作系统作为底层构架，Java 作为其主要开发语言，十分适合作为移动应用开发课程的主要内容。而 Android Studio 是由 Google 推出、专门为 Android "量身订做"的平台，功能强大且完善，也十分适合作为移动应用开发课程的基本载体。

移动应用开发课程教学由浅至深，先从用户界面设计了解 UI 设计相关内容，再深入学习 Activity、Intent 等核心技术。UI 设计知识能够增强学生的鉴赏能力、设计能力以及自主创新能力，核心技术的学习则可以培养学生日常使用智能手机时的观察能力与批判能力。

移动应用开发课程是一门理论联系实际的课程，能够在一定程度上锻炼文科专业学生的实践能力和面对难题时的解决能力，提高文科学生的计算机素养。顺

---

① 徐力杰、王磊、黄璞：《面向文科专业的 Java 语言课程教学方法研究》，《现代计算机》（专业版）2018 年第 25 期。

应"互联网＋"的时代潮流，文科专业学生可以通过运用移动应用开发所学，结合自身专业知识，寻找到一条实现自身价值的新途径。

三　教学中需要重视的问题

虽然移动应用设计课程有着上述诸多优点，但在实际教学过程中仍需注重结合文科学生特点，做到以下几点。

首先，应将课程与实际生活相结合，激发学生兴趣，培养学生信心。相比于理工科专业的学生，文科学生具有基础相对薄弱、对编程知识的理解和动手实践能力较差的劣势。再加上 Java 语言本身的复杂性和社会普遍认为文科生不擅长编程的固有观念，文科学生在学习相关课程时容易产生畏难和自我否定的心理。对于这种情况，教师在教学过程中可以列举大量身边实例，向学生表明非理工科专业的学生一样可以学好这门课程，帮助学生树立信心。

教学过程中，教师应尝试将课程内容与学生的实际生活相结合，运用编程的方法解决与学生实际生活相关的问题，使学生体验到学习此门课程的乐趣。例如，在讲解 Image Button 控件时，可以从学生喜爱的 App 游戏（如开心消消乐、神庙逃亡等）入手，教授学生学习如何制作游戏开始界面的登录按钮；将原本枯燥的代码讲解与轻松有趣的游戏相结合，给学生带来新颖愉悦的上课体验，帮助学生更加深刻地学习 App 开发知识。

其次，需要选择适合教材，选择正确教学方法。一些文科学生在学习本门课程之前没有接触或只接触过较为简单的计算机编程语言，对于 Java 语言理解接受能力稍弱。对于这种情况，首先需要选择适合的教材。尽量选择内容翔实、浅显易懂、偏向应用操作的教材。[①] 侧重理论的教材对于文科学生可能会过于枯燥无味，对教学产生负面效果。在为本门课程选择教材时，我们初步选择了《零基础学 Android》和《第一行代码》（第 1 版）两本好评度高的书籍。经过对两者细致比较后，最终决定将第一本书作为讲解教材。后一本书对简单的知识点讲解详细，但对于部分重点难点讲解篇幅较少，没有解释清楚；部分知识点讲解也不够全面，例如在讲解页面布局时，相对布局与

---

① 李亚飞、吕培、李亚军：《探讨移动编程课程教学实践改革》，《计算机教育》2018 年第 5 期。

表格布局中许多属性都没有提及。相比之下，《零基础学 Android》内容更加丰富，设计的程序代码也都给出了详细的注释，更适合作为缺乏基础的文科学生的入门教材。而《第一行代码》则更加适合有一定 Java 基础和对 Android 有一定了解的同学来阅读。

再次是选择正确的教学方法，采用理论与实验相结合的教学模式。教师在机房中进行知识讲解和案例分析，随后学生即在机房中进行实际操作，边讲边练，将案例驱动贯穿于教学过程之中。[①] 在这种模式下，理论与实践交互进行，有利于学生理论知识的巩固、动手能力和解决实际问题能力的提高。

最后，要引导学生突破固有想法，树立正确观念。许多文科学生认为，移动应用开发课程与自己所学专业关联度小，学习之后难以结合，因此普遍缺乏自我驱动力。对于这种观念，教师需要让学生明白，学习移动应用开发，并非只是为了在 IT 行业谋职，它还可以锻炼人的思维能力，帮助解决现实生活中的实际问题，对学生的发展有所裨益。以课堂中讲授的"通过触摸屏幕帮助企鹅戴好帽子"为例，学生们通过学习该程序的编程逻辑，自我梳理从添加监听器、添加触发事件，到生成图片的整个过程，锻炼了思维能力。通过学习移动应用开发，可以解决生活中的一些小问题。比如学生编程创建一个目标事项管理系统，通过添加目标事件，直接获取计划数据，通过数据来管理日程。在现代信息技术飞速发展的社会环境中，学习计算机科学知识也是人不断充实和提升自我的重要方式之一。

在信息化时代，传统文科专业与移动应用相结合，可以增加学科学习的趣味性，促进学科知识普及。以学习强国 App 为例，将习近平新时代中国特色社会主义思想借助 App 平台呈现在大众面前，跳出固有形式，使大众可以充分利用碎片化时间便捷地进行阅读，这样就促进了知识文化的传播与普及。

四　结语

综上所述，在信息化时代大背景下，移动应用开发技术的学习对文科学生同

[①]　庄旭菲、刘志强、王晓强：《基于"卓越计划"的移动设备应用软件开发课程的教学研究》，《才智》2019 年第 8 期。

样有所裨益。教师在教学过程中应当注意使用正确的教学方法，多鼓励、启发学生，激发学生对于课程的热情和培养学生对于事物的创造性思维，满足教学需要。这样，才能让面向文科学生的移动应用开发课程顺利地发展下去。

（指导教师：朱俭）

图书在版编目（CIP）数据

人文社会科学新苗支持计划优秀论文选. 第一辑/
林维主编. --北京：社会科学文献出版社，2021.5
ISBN 978 - 7 - 5201 - 8124 - 2

Ⅰ.①人… Ⅱ.①林… Ⅲ.①社会科学 - 文集 ②人文
科学 - 文集 Ⅳ.①C53

中国版本图书馆 CIP 数据核字（2021）第 050973 号

人文社会科学新苗支持计划优秀论文选（第一辑）

主　　编／林　维

出 版 人／王利民
组稿编辑／祝得彬
责任编辑／仇　扬

出　　版／社会科学文献出版社·当代世界出版分社（010）59367004
　　　　　地址：北京市北三环中路甲29号院华龙大厦　邮编：100029
　　　　　网址：www. ssap. com. cn
发　　行／市场营销中心（010）59367081　59367083
印　　装／三河市龙林印务有限公司

规　　格／开　本：787mm×1092mm　1/16
　　　　　印　张：24.5　字　数：426千字
版　　次／2021年5月第1版　2021年5月第1次印刷
书　　号／ISBN 978 - 7 - 5201 - 8124 - 2
定　　价／128.00元